Spécimen.

LECTURES MORALES

Programme officiel du 31 mai 1902

A L'USAGE

DES ÉLÈVES DES CLASSES DE TROISIÈME A ET B

PAR

G^{ve} CHATEL

Professeur agrégé au lycée de Rennes.

DEUXIÈME ÉDITION REVUE

PARIS

HENRY PAULIN ET Cie, ÉDITEURS
21, RUE HAUTEFEUILLE, 6^e

—

1905

Prix du volume, cartonné à l'anglaise . . . . . . 3 fr.

LECTURES MORALES

LECTURES MORALES

Programme officiel du 31 mai 1902

A L'USAGE

DES ÉLÈVES DES CLASSES DE TROISIÈME A ET B

PAR

G^{ve} CHATEL

Professeur agrégé au lycée de Rennes.

DEUXIÈME ÉDITION REVUE

PARIS

HENRY PAULIN ET Cie, ÉDITEURS

24, RUE HAUTEFEUILLE, 6^e

1905

Tous droits réservés.

PROGRAMME

LA MORALE SOCIALE

Lectures, récits, entretiens méthodiques propres à faire comprendre la valeur des fins de l'homme en société.

La solidarité. — Action et réaction des individus les uns sur les autres. — Ce que l'individu reçoit de la société : répercussion de ses actes dans le milieu social. — Les devoirs qui résultent de la solidarité. — Obligations créées par l'instruction que l'on a reçue.

Justice et fraternité sociale. — Les droits de l'individu. — La liberté de penser; la tolérance. — L'assistance.

La famille. — Rôle social et moral de la famille.

La profession. — L'obligation morale et sociale du travail. — Le travail professionnel comme fonction sociale. — Les vertus professionnelles. — Esprit d'initiative et esprit d'association.

La nation. — L'idée de la patrie. — Éducation du patriotisme : le sentiment de la patrie dans l'accomplissement de nos devoirs professionnels.

L'État et les lois. — La légalité. — Les fonctions de l'État. — La démocratie et les principes de 1789.

L'humanité. — Les relations des nations entre elles : justice internationale. — La civilisation humaine.

Liberté individuelle et discipline sociale. — Le bon citoyen.

AVANT-PROPOS

En 4ᵉ, l'esprit de l'écolier s'est ouvert à cette idée qu'il doit avoir souci de l'éducation de son être moral et qu'il doit maîtriser par une volonté, que guide la raison, ses instincts et ses penchants, afin de respecter en lui la dignité humaine.

Il lui reste, en 3ᵉ, à connaître ses devoirs envers ses semblables dans la société. Ce qui importe dans cette classe, comme dans la précédente, c'est, non pas d'édicter une série de règles fixes et mécaniques qui dispensent de réfléchir et ne sauraient du reste prévoir tous les cas; c'est bien plutôt de créer chez l'enfant et l'adolescent une disposition morale qui lui permettra de se formuler à lui-même sa règle de conduite d'après des principes arrêtés. L'effort vers ce but est facilité, dans ce recueil, par le choix des morceaux, par l'ordre adopté, par l'intercalation de pensées appropriées : il a été composé sur le même plan, avec la même méthode que celui de 4ᵉ.

Très sensible à l'injustice dont il se croit la victime, l'enfant a beaucoup moins de scrupules à l'égard de ses associés. Développer et fortifier en lui le *sens social*, faire pénétrer dans son cœur le sentiment de la solidarité et le souci des déshérités, montrer à l'enfant des classes bourgeoises qu'il reste, malgré tout, un privilégié, habituer son égoïsme à l'idée de justice, faire comprendre à l'adolescent la grandeur et l'utilité de l'idée de patrie, tout en le mettant en garde contre le chauvinisme, lui inspirer l'horreur de la guerre, mais lui rappeler qu'il doit le sacrifice de sa vie quand il s'agit de défendre le sol sacré de la France, — en un mot, poser devant sa jeune intelligence tous les problèmes sociaux qui se poseront demain devant un jeune Français à son entrée dans la société (dans cette société où une tâche l'attend), l'intéresser à quelqu'un de ces problèmes : telle est l'idée maîtresse de ce recueil.

Les encouragements n'ont pas manqué à mon travail. M. Darlu, inspecteur général de l'Instruction publique, M. Thamin, recteur de l'Académie de Rennes, ont bien voulu m'aider de leurs conseils. Je leur adresse l'expression de ma gratitude. Je serais heureux si j'avais pu donner à ce livre, suivant la recommandation de M. Darlu, un tour « actuel, réel, concret ». Je dois beaucoup aussi à M. Ch. Turgeon, professeur de droit à l'Université de Rennes : soit par de longues causeries, soit par des emprunts faits à plusieurs de ses ouvrages, il m'a aidé à préciser les notions si complexes de *Solidarité*, d'*État*, de *Patrie*. Je lui en reste très reconnaissant[1].

---

[1] M. Girod, principal du collège de Saint-Servan, a bien voulu me communiquer des notes et des extraits d'auteurs. — M. Thouin,

Mes élèves de 4e A, à l'esprit ouvert et réfléchi, n'ont pas été sans me rendre service ; quand l'occasion s'en présentait, ils abordaient avec intérêt la discussion de quelques-unes des questions traitées dans ce recueil et ils m'ont permis de juger qu'il restait toujours à la portée de jeunes élèves. Mais ce qui m'a été le plus sensible, c'est l'ardeur avec laquelle ils se sont intéressés à une œuvre de solidarité sociale, à l'œuvre des *Colonies de vacances* en faveur des élèves des écoles primaires : ils ont créé une société qui prospérera grâce à leur vaillance ; ils peuvent déjà, vu le peu de temps qu'ils avaient devant eux, se montrer satisfaits des résultats acquis.

G. CHATEL.

Rennes, le 23 juin 1904.

---

directeur de l'école de la Halle-aux-Toiles, à Rennes, a mis à ma disposition les richesses de sa bibliothèque, si variée et si intéressante. Je leur adresse à tous deux mes sincères remerciements.

LECTURES MORALES

CHAPITRE PREMIER

LA SOLIDARITÉ

I. — La solidarité et le sens social.[1]

Action et réaction. — Pour l'homme, la société est une association naturelle et nécessaire. Les individus y vivent dans un contact perpétuel, et y sont soumis, pour leur corps et pour leur âme, à des rapports de dépendance réciproque. Vous allez voir un camarade atteint de la rougeole ; vous risquez de gagner sa maladie. Vous bavardez pendant la classe, et vous empêchez votre voisin d'écouter le maître. Celui qui est paresseux ne manque pas d'imitateurs. Le professeur s'efforce de faire pénétrer dans l'intelligence de ses élèves les éléments de la grammaire ; et, pour se faire comprendre, il a dû lui-même se rendre un compte plus exact et se faire une idée plus précise de ce qu'il doit enseigner. La sévérité excessive des parents rend souvent les enfants menteurs et dissimulés ; leur faiblesse, audacieux et insolents ; le souci de l'éducation des enfants développe chez le père et la mère la maîtrise de soi, un sentiment plus net de leur responsabilité, l'esprit de sacrifice. Les besoins de notre vie matérielle ne nous lient pas moins à nos semblables ; pour nous procurer ce qui est nécessaire à la vie, nous ne sommes pas astreints à faire chacun tous les métiers ; tous les hommes travaillent

---

[1] Ce premier morceau est un résumé de tout le chapitre.

pour chacun de nous ; nous devons notre pain au boulanger, nos vêtements au tailleur, notre viande au boucher : nous dépendons d'eux tous ; et, en retour, chacun d'eux dépend, pour les mêmes besoins, de tous les autres. Cette action et cette réaction des individus les uns sur les autres, c'est la solidarité. Je suis lié à mes contemporains (c'est la *solidarité géographique* en quelque sorte [1]) ; je suis lié aussi à mes parents et à mes ancêtres (*solidarité historique* [2]) : n'est-ce pas d'eux que je tiens et mon état social, et mes qualités et mes défauts, et mon caractère ?

Ce que l'individu reçoit de la société : répercussion de ses actes dans le milieu social. — L'individu ne dépend pas seulement des autres individus, considérés isolément : sa situation est la même vis-à-vis de l'association humaine. Si l'enfant trouve à sa naissance des langes, des draps, des couvertures, un berceau pour l'accueillir, ce bien-être, dont les sauvages sont encore privés, à qui le doit-il ? Il le doit aux inventeurs et aux artisans (agriculteurs, filateurs, tisserands, etc.), dont les connaissances acquises et l'expérience se sont transmises au cours des siècles de génération en génération. Si, à mesure qu'il grandit, il ne manque ni de mots pour exprimer sa pensée, ni d'idées, ni de livres pour développer son intelligence, ni d'outils pour travailler, ni de bicyclettes pour se promener, à qui le doit-il ? Il n'a qu'à puiser dans l'héritage accumulé par les ancêtres ; il dispose tout de suite d'un « capital immense qu'ont épargné les générations antérieures. L'homme naît, comme le dit M. Léon Bourgeois, débiteur de l'association humaine ».

Malgré cette dette, l'individu a une tendance à se considérer comme perdu et isolé dans l'immensité du milieu

---

[1] Ce qu'en terme de philosophie on appelle *solidarité dans l'espace*.
[2] En terme de philosophie, *solidarité dans le temps*.

social : quelle répercussion[1] un de ses actes pourrait-il avoir sur ce vaste ensemble ? De quelles conséquences pourrait-il être[2] ? — Dans une classe, un élève intelligent qui s'abandonne à l'indiscipline et à la paresse est tout d'abord un élément de trouble et de désordre. Il y a plus : d'autres l'imiteront ; enfin, son activité et son intelligence, qu'il laisse sans emploi, auraient été des éléments de force dont il prive l'ensemble de ses condisciples, la classe : il diminue l'émulation, il abaisse le niveau des études ; en se faisant tort à lui-même, il porte dommage au groupe tout entier. Les choses ne se passent pas autrement dans la société. Rien ne s'y perd. L'individu qui, au lieu de faire servir dans l'industrie ou le commerce ou l'agriculture son activité et ses ressources, se laisse vivre doucement, est cause, par son oisiveté, d'une perte sèche pour la société : l'association humaine était en droit de compter sur lui pour conserver et accroître le patrimoine de civilisation légué par les ancêtres ; tous auraient profité du progrès, du bien-être et de l'amélioration sociale, et lui-même y était intéressé. Le fraudeur rejette sur ses associés une charge qu'il devait partager avec eux ; il enlève ainsi à chacun un peu de son bien, et il donne à tous un mauvais exemple, celui de la désobéissance à la loi : si cet exemple est suivi, il en est responsable. Chacun de nos actes agit sur nous-mêmes et sur nos semblables : il modifie notre caractère et celui d'autrui en même temps. Toute action, bonne ou mauvaise, porte des fruits non seulement pour l'individu, mais pour son milieu et sa descendance ; elle prépare pour la génération suivante une tâche plus ou moins facile. Pas un ne peut faillir

---

[1] Action de frapper, — par un retour en arrière.

[2] Il ne s'agit pas ici de l'influence évidente des grands hommes, — des Christophe Colomb, des Gutenberg, des Descartes, — mais des conséquences, qui passent inaperçues, des actions de tout individu, quelle que soit sa condition.

sans dommage pour tous; nul ne peut bien faire, sans que tous en profitent.

Devoirs qui résultent de la solidarité. — Ainsi l'individu ne saurait se considérer comme isolé dans le milieu social. Il est lié à ses semblables, à ses concitoyens dans le passé, le présent, l'avenir : — dans le passé, par l'hérédité ; — dans le présent par un échange de services réciproques : pour vivre et développer son être il a besoin du laboureur, du maçon, du boulanger, du boucher, de l'épicier, du drapier, du professeur; et chacun d'eux, à son tour, a besoin du travail de tous ses associés ; — dans l'avenir [1], parce que tous ses actes tendent à façonner et à modifier la société qu'il transmettra à ses descendants.

L'individu n'est donc qu'une partie dans un tout, il est solidaire et dépendant; il doit considérer l'ensemble, le milieu social dans lequel il vit, voir quelle place il occupe dans cet ensemble. Si au lieu de ne voir que lui, au lieu de se prendre lui-même pour un tout, pour un être indépendant, il se rend compte de ce qu'il doit aux autres associés et en même temps des services qu'il leur rend à son tour, s'il comprend quelle serait sa misère à l'état isolé, s'il évalue le bien-être, s'il apprécie la vie intense de l'intelligence et de l'âme que lui procure la société, il aura acquis le *sens social;* la vie dans l'association lui apparaîtra, non plus comme une lutte, mais comme la collaboration à une œuvre commune : le développement et le progrès de la civilisation, de la justice de l'état social et, plus haut encore, de l'esprit humain ; les associés ne sont plus pour lui des adversaires, mais des alliés. Les forces individuelles, qui tendent à être divergentes, coordonneront leurs efforts et les subordonneront au but commun : par cette coopération voulue l'individu s'acquitte de sa dette envers la société.

[1] Encore par l'hérédité.

Cette solidarité fait naitre des devoirs. L'individu cultivera son intelligence, fortifiera sa volonté, gardera son corps sain, non seulement par dignité personnelle et respect de soi-même, mais parce que la plus-value de son être moral[1] est la condition qui lui permet de bien remplir son devoir social, de jouer son rôle dans la société. L'individu respectera ses semblables parce que chacun d'eux possède, comme lui, la faculté de développer son activité physique, intellectuelle, morale ; mais aussi parce que, s'il portait atteinte à la vie, à la propriété, à l'honneur, à la liberté de ses associés, il diminuerait leur valeur sociale, et ferait perdre à la société des forces sur lesquelles elle a le droit de compter pour accroître son bien-être et sa moralité. Enfin, les avantages que nous procure l'association ne sont pas répartis entre tous les associés d'une façon équitable : les uns ne participent que faiblement au bien-être matériel, ne reçoivent qu'une instruction limitée ; ils vivent dans des taudis, manquent souvent de pain, sont condamnés à l'ignorance et à une volonté pour le bien chancelante : pour eux « la vie misérable des ancêtres est encore aujourd'hui la seule part du patrimoine commun » ; tandis que d'autres, les heureux du sort, héritent de la plus grande somme des avantages sociaux. L'individu n'aidera pas seulement par pitié ceux qui sont frustrés, mais par un sentiment de justice. Il sait aussi que son sort est lié au leur ; il les aidera, pour restituer ainsi à la société des éléments de force et de production, en les mettant en état de remplir leur devoir social. Ainsi comprise, la solidarité perd le caractère de fatalité et de nécessité qu'elle tient de l'échange des services : elle devient réfléchie, active, voulue. « Le bien moral est de nous vouloir et de nous concevoir comme membres de la

---

[1] On verra plus loin dans le morceau l'*Ennemi du peuple* si la solidarité est vraiment le tout de l'homme, ou si sa vie intérieure, sa vie morale ne l'emporte pas sur elle en valeur.

société ; le mal sera de nous isoler, de nous séparer du corps dont nous sommes les membres. » (Secrétan.)

Obligations créées par l'instruction que l'on a reçue. — Puisque l'individu naît débiteur de la société, plus forte est la somme d'avantages qu'il aura reçus de l'association humaine, plus il devra se croire obligé, en retour, de faire participer ses associés aux bienfaits qu'il leur doit. Et de ces bienfaits le plus grand n'est-il pas l'instruction ? Elle nous arme pour l'existence, nous libère des préjugés, nous fait vivre d'une vie plus intense, plus humaine. Aurions-nous pu acquérir cette instruction, « si tant d'autres hommes n'avaient tourné leur effort vers les besognes matérielles dont nous nous sommes trouvés ainsi déchargés ? » Et combien de ces associés sont, sous ce rapport, des déshérités, — au sens propre du mot, — puisqu'ils n'ont pas part à l'héritage de science légué par nos ancêtres ? L'instruction véritable est parmi nous un privilège, — un privilège de la fortune et de la situation sociale. Beaucoup d'enfants ne reçoivent qu'une instruction restreinte, sont forcés, pour gagner leur vie, de quitter l'école dès onze ou douze ans. Il faut que l'instruction soit donnée à tous ceux qui en sont dignes ; il faut que ceux qui la possèdent communiquent ce dépôt précieux à ceux qui en sont privés. Que les jeunes gens instruits aillent aux déshérités, les mains pleines de vérités, « non pour tenir prudemment ces mains fermées, mais pour les ouvrir largement, comme celles du bon semeur ».

Qu'ils se gardent surtout d'avoir l'orgueil de leur science, et qu'ils ne s'isolent pas par fierté et dédain de ce peuple d'ouvriers qui travaillent pour eux. Il ne faut pas seulement « le haranguer[1] », mais il faut le rechercher, se lier avec de jeunes ouvriers, fonder même des sociétés où l'on se rencontrerait avec tous les éléments qui forment

[1] WAGNER. *Jeunesse.*

une patrie...... On ne se connaît pas les uns les autres, c'est pour cela qu'on ne s'entend pas...... La rencontre habituelle et bienveillante des différents éléments sociaux détruit une foule de préjugés habilement entretenus. Ce n'est pas par une action d'ensemble sur les masses qu'on pourra remédier à l'émiettement social et à la méfiance universelle. La confiance demande à être reconquise par le détail. »

C'est l'œuvre qui s'impose à l'activité sociale de la jeunesse, si elle veut faire disparaître les préjugés, désarmer les haines, ces haines qui sont faites d'ignorance.

(G. C.)

2. — Action et réaction des individus les uns sur les autres

Par la force même des choses, l'homme naît et vit dans ce groupement humain qui s'appelle la *société*. « Il n'est pas de Robinson dans la vie réelle. » L'homme est attaché par des liens, visibles ou invisibles, aux autres hommes; et, le voulût-il, il ne pourrait rompre ces liens, il ne pourrait s'isoler et se séparer de ses semblables. Il ne le pourrait pas, celui qui réussirait à « fuir les humains » et à vivre dans le désert. Ce qui est vrai de Robinson serait vrai de lui. « Robinson n'est pas l'homme neuf et nu, tant s'en faut. Il a vécu dans la société civilisée; il a puisé dans le trésor d'idées que notre espèce avait mis en commun depuis la naissance des premiers hommes jusqu'au siècle de Louis XIV; ses mains robustes ont reçu l'éducation du travail. Il apporte avec lui tout le matériel d'une civilisation avancée, tel qu'on le trouve concentré à bord d'un navire : il a des vêtements, des chaussures, des outils, des armes, des munitions, des livres, la semence du blé cultivé[1]. »

[1] E. About. *Le Progrès*, p. 66.

Isolé dans son île déserte, Robinson s'y trouvait soumis encore à l'action des autres hommes. Cette dépendance forcée va apparaître plus manifeste pour ceux qui ne sortent pas du milieu social. Il se passe dans ce milieu quelque chose d'analogue à ce qui se produit dans une foule : vous subissez la poussée de vos voisins, et, de votre côté, vous exercez une pression sur eux. Mille liens enchaînent notre vie physique, notre sensibilité, notre intelligence, notre volonté, notre activité à la vie physique, à la sensibilité, à l'intelligence, à la volonté, à l'activité de nos semblables.

Vous mangez un morceau de pain. Donnez-vous la peine de suivre l'histoire de sa confection : combien de travailleurs ont dû y mettre la main pour vous rendre service ! Et, à votre tour, à combien ne rendez-vous pas service ! car, si personne ne mangeait le pain, tout le travail qu'il a coûté serait perdu pour ceux qui ont donné leur temps et leur fatigue.

Vous êtes bien portant : mais votre « santé n'est-elle pas sans cesse menacée par les maladies des autres hommes, dont, en retour, la vie est menacée par les maladies que vous pouvez contracter ? » Un élève a la coqueluche : au début, il peut se croire atteint d'un simple rhume ; il ne s'isole pas ; et, à son insu, il communique le mal à ses camarades. Celui-ci est tuberculeux ; sans souci de la propreté, il crache par terre, en cour, dans la rue, en wagon. Ses crachats se dessèchent, répandent à l'infini, dans l'air respiré par tous, les germes infectieux du terrible mal.

Vous rencontrez un mendiant, non pas un de ces professionnels qui se sont fait de l'habitude de tendre la main un moyen de vivre sans travailler et vous réclament : « Un petit sou », comme s'il leur était dû, mais un de ces pauvres honteux réduits par la maladie, le chômage ou une misère imprévue à implorer votre charité !

Son air de souffrance, son attitude embarrassée, son visage amaigri, aux traits tirés, aux joues creuses font naître en vous un sentiment de pitié. Vous ne vous contentez pas de lui donner votre aumône; vous lui adressez la parole; vous vous inquiétez de ce qu'il est; vous lui témoignez de l'intérêt pour sa situation; vos paroles de compassion, vos encouragements sont pour lui un adoucissement à sa peine; il se sent réconforté!

Notre intelligence est soumise, elle aussi, à cette action et à cette réaction. Les enfants adoptent les façons de penser, de sentir, de s'exprimer, les jugements, les préjugés de leurs parents sur les choses de la vie; dans leurs réflexions sur ce qui les entoure, ils ne font que répéter ce qui a été pensé et dit dans leur famille. C'est à charge de revanche. N'agissent-ils pas à leur tour sur l'esprit de leurs parents? Ne leur font-ils pas partager leurs appréciations sur leurs camarades ou sur leurs maîtres, leur parti-pris contre tel ou tel professeur? Leur imagination exagère les faits, amplifie, au gré de leur intérêt, le moindre incident de la vie scolaire; leur égoïsme a l'habileté de faire passer pour une injustice ce qui n'est que l'application de la règle; leur mémoire oublie ce qui leur est défavorable : comment des récits si adroitement combinés ne jetteraient-ils pas la prévention dans l'esprit de leurs parents?

Notre volonté, par cela même qu'elle est libre, échappe-t-elle à cette réciprocité d'action? Nullement. Voyez ce qui se passe autour de vous. Le bon élève, par son mérite, par son intelligence, par son travail conquiert la bienveillance et l'affection de son maître; cette bonne opinion de son professeur, il tient à honneur de ne pas la démentir; elle est pour lui une sorte de tutelle morale qui le garde des chutes : perdre cette estime serait pour lui un malheur et il s'efforce sans cesse de l'accroître. Il ne dispose pas moins ses camarades à une sympathie, mêlée d'une

1.

sorte d'admiration, pour son ardeur : « Un tel? quel travailleur! » Par là même, il exerce, sur tous ceux qui l'apprécient, quelque autorité et, en tout cas, développe chez eux l'esprit d'émulation. Mais sa propre activité, en même temps qu'elle y trouve une récompense, n'est-elle pas stimulée par cette admiration flatteuse de ses condisciples? Son sentiment de dignité personnelle n'en est-il pas fortifié[1]?

Ces mêmes influences s'exercent aussi pour le mal. Il n'est pas rare de voir dans une classe un paresseux, qui, tout entier au plaisir et au jeu, n'apprend pas ses leçons, remet des devoirs faits à la hâte ou n'en remet pas; bavard, entêté, raisonneur; à la moindre observation il fait valoir ses prétendus droits. Les mauvais écoliers, — ceux que leurs penchants poussent à une secrète sympathie pour lui, mais qui, par poltronnerie, n'osent l'imiter, — heureux de trouver réalisé leur idéal, sont tout disposés à l'admirer, à l'exalter, à se laisser dominer par lui : « Quelle tête ! » Le paresseux se juge grandi par ces éloges; sa conscience s'oblitère tout à fait; il se croirait déshonoré s'il ne donnait des exemples d'indiscipline de plus en plus hardis; il devient incorrigible; il entraîne ses camarades; il crée une émulation mauvaise et malsaine. Perverti par les autres, il les pervertit à son tour. C'est une corruption mutuelle.

L'action que les hommes en société exercent les uns sur les autres n'a pas toujours des conséquences aussi graves. Heureusement : car elle revêt des formes multiples et s'étend à tous nos rapports. Quand deux hommes sont en présence et en contact prolongé, quelle que soit la différence de leur condition sociale, si haut que soit l'un et si bas que soit l'autre, ils finissent par s'imiter réciproquement. Ce n'est pas seulement le noble qui est copié par le

---

[1] Consulter MARION, *Solidarité morale* (F. Alcan, édit.).

roturier [1], le riche par le parvenu, le parisien par le provincial, l'homme de la ville par le paysan ; mais le gentilhomme campagnard, si dédaigneux soit-il, en arrivera à ressembler un peu, même malgré lui, par l'accent, les manières, la tournure d'esprit à ses domestiques et à ses fermiers ; l'argot devient de bon ton parmi les personnes du monde ; des locutions de la campagne s'introduisent dans le langage des villes ; les lycéens ne s'effrayent pas des locutions vulgaires et triviales des enfants mal élevés.

Cette loi de réciprocité s'étend à tous les actes de notre vie, à notre activité tout entière : « les produits de notre activité profitent à d'autres, comme les produits du travail d'autrui sont indispensables à la satisfaction de nos besoins. » Le boulanger, pendant qu'il pétrit sa pâte, sait que le vigneron lui récolte du vin, que le tailleur lui coud des habits, que la blanchisseuse lui repasse ses chemises, que le boucher lui tue un bœuf. Le travail de l'homme n'a d'autre but que l'échange mutuel de ces services divers. L'un compose le livre que vous tenez en main, l'autre l'imprime, celui-ci fabrique le savon dont vos mains sont lavées, celui-là la pendule qui interrompra la classe en sonnant l'heure de la sortie ; le maçon vous a bâti cette maison ; le couvreur a posé les ardoises ; le charpentier a construit les escaliers [2]. Et, pendant que tous ces ouvriers peinaient, d'autres travaillaient pour assurer à leurs compagnons de labeur les vivres, les habits et le logement.

Ainsi tous les hommes sont, entre eux, placés et retenus dans des liens de dépendance réciproque : cette dépendance, on l'appelle la *solidarité*. « La solidarité [3] est un

---

[1] D'après TARDE, l'*Imitation* (F. Alcan, édit.).
[2] Lire le *Songe* de SULLY-PRUDHOMME. « Le laboureur m'a dit... »
[3] G. MOCH. *L'Ère sans violence*, p. 33. (*Questions de morale*, F. Alcan, édit.)

lien naturel, permanent, qui unit tous les hommes, bon gré mal gré, et qu'ils en aient connaissance ou non[1]. »

(G. C.)

**

La politesse n'est guère que la réciprocité dans la flatterie.

(A. Tarde.)

**

Nous sommes tous comme des semeurs dont le sac est percé; la graine, bonne ou malfaisante, se répand derrière nous, quoi que nous fassions, et d'elle-même elle pousse, elle pousse sans fin, nourrissant ou bien empoisonnant les hommes.

(Paul Desjardins.)

**

Rien n'est plus contagieux que l'exemple[2] et nous ne faisons jamais de grands biens ni de grands maux qui n'en produisent de semblables.

(La Rochefoucault.)

**

Le besoin d'imiter le supérieur, d'être obéi, d'être servi, d'être habillé comme lui est une force virtuelle qui a facilité les transformations sociales.

---

[1] *Solidarité* vient de *solidus* : massif, consistant, compact et, par suite, qui forme un tout. — Ce mot semble avoir été employé pour la première fois par Fontenelle dans le sens de « solidarité des sciences » (Compayré, Discours de rentrée de la Faculté de Lyon, nov. 1903) : il y a solidarité entre les découvertes des savants d'un même pays et des autres. — Il y a vingt-sept ans, Littré définissait encore la solidarité : « la responsabilité mutuelle qui s'établit entre deux ou plusieurs personnes »; c'était le sens du langage courant. Ce mot avait en outre une signification : 1° comme terme de droit : « Engagement par lequel des personnes s'engagent les unes pour les autres et chacune pour tous »; 2° comme terme de physiologie : il exprimait une relation nécessaire entre un acte de l'organisme avec tel ou tel autre acte différent (Ex. : *Les membres et l'estomac*).

[2] L'exemple met en liberté nos mauvaises inclinations que la honte retenait prisonnières (Marion).

Le sans-gêne et le laisser-aller démocratiques, toujours croissants, découlent de l'absolutisme monarchique.

(D'après TARDE.)

Les généraux qui commandent les divers corps d'une armée doivent, sans attendre un ordre, marcher au canon. Sous Napoléon Ier cette solidarité fut toujours pratiquée. Dans la guerre de 1870, nos généraux laissaient écraser les troupes du corps d'armée voisin sans aller à leur secours.

La loi de solidarité fait souvent, avec injustice, une situation cruelle aux femmes et aux enfants des criminels.

Nous sommes nés pour vivre en commun; notre société est une voûte de pierres liées ensemble qui tomberait si elles ne se soutenaient l'une l'autre.

(SÉNÈQUE.)

Un général peut-il dire comme le comte de Gormas (*Le Cid*): « Ne devoir qu'*à soi* le gain d'une bataille? »

3. — LES MALINGEAR ET LES RATINOIS

Labiche, dans la comédie de la *Poudre aux yeux*, nous a montré l'action et la réaction des individus les uns sur les autres dans la société.

M. Malingear est un médecin sans clientèle ; ce qui a peu d'importance, vu ses vingt mille livres de rente. Mais sa femme est froissée dans sa vanité de voir le cabinet du docteur si peu fréquenté : elle l'accuse de manquer de savoir-faire. Ah ! s'il imitait les autres médecins ! Plus habiles, ils commencent par effrayer leurs malades ; pour le moindre mal, ils demandent un confrère en consultation, à charge de revanche. Ils savent se faire valoir et se faire connaître. Mais M. Malingear rassure tout d'abord ses malades; il est trop sincère; les clients n'ont pas confiance en lui et le délaissent.

Mme Malingear ne sera pas aussi maladroite quand il s'agira de marier sa fille. Ses contemporains ne font attention ni à la simplicité, ni au naturel, ni à la modestie; eh bien! elle imaginera une mise en scène pour jeter de la poudre aux yeux des parents du jeune homme qui prétend à la main de sa fille. Avant de faire la demande officielle, souhaitée par leur fils, M. et Mme Ratinois se présentent, sous prétexte de louer un appartement, chez M. et Mme Malingear : ils veulent, sans être connus, se rendre compte du train de maison. Mais Mme Malingear a été prévenue de la visite; elle est bien décidée à ne rien laisser deviner de la simplicité relative de leur vie ordinaire. Elle métamorphose son mari, — ce médecin qui ne soigne que les accidents de la rue, les gens qu'on écrase, — en un docteur célèbre, par qui se font soigner les artistes en renom et les duchesses ; il a un service à l'Hôtel-Dieu ; il serait, s'il le voulait, membre de l'Académie de médecine. Sa fille, — qui ne dédaigne pas de s'occuper des soins du ménage, — ne s'abaisse pas, à entendre Mme Malingear, à de si vulgaires occupations : elle est élève d'un grand peintre, « barbouille » des toiles ; elle est une musicienne distinguée. Le docteur et sa femme ont une loge aux Italiens, possèdent chevaux et voiture, reçoivent dans leur salon les célébrités mondaines.

Les Ratinois sont éblouis : « C'est bien mieux que chez nous! Jamais de si grands personnages ne voudront de notre fils pour gendre ! » Ils vont essayer pourtant de ne pas manquer ce mariage, cette alliance qui flatte leur amour-propre. Et c'est au tour des Ratinois, entraînés par l'exemple, de faire étalage et parade d'un luxe qui n'est pas le leur, d'imaginer une mise en scène qui ne le cède en rien à celle des Malingear. L'ancien confiseur se transforme en *Raffineur* retiré des affaires : par ce mensonge, il croit devenir l'égal du « célèbre docteur ! » Il a honte de ses habitudes et de ses goûts modestes : il loue une loge pour la saison aux Italiens, lui aussi ; à la vérité, il s'ennuie d'y entendre toujours chanter la même pièce et dans une langue qu'il ne comprend pas. Il loue au mois une voiture et se désole de voir les chevaux dépaver sa cour. Mais il est devenu l'égal des Malingear ! Son train de maison vaut le leur. S'il les invite à dîner, il promet de ne rien changer à son ordinaire ; et vite il commande un festin de Lucullus chez Chevet ! Les Malingear avaient un chasseur au costume tout reluisant d'or : il en aura un, lui aussi. Et il se fait prêter par ses voisins leur valet de pied, un nègre !

Les Malingear sont à leur tour la dupe de ce luxe factice et emprunté. Ils ne veulent pas se laisser dépasser. Quand la question de la dot vient à être traitée, Ratinois et Malingear renchérissent si bien l'un sur l'autre, qu'ils en arrivent à rompre, ne pouvant plus tenir leurs promesses : par vanité et par entraînement mutuel ils en arrivent à sacrifier le bonheur de leurs enfants.

(G. C.)

**

Tout bourgeois veut bâtir comme les grands seigneurs ;
Tout petit prince a des ambassadeurs ;
Tout marquis veut avoir des pages.

(La Fontaine. — *La grenouille qui veut se faire aussi grosse que le bœuf.*)

**

Quand on a besoin des hommes, il faut bien s'ajuster à eux ; et, puisqu'on ne saurait les gagner que par là, ce n'est pas la faute de ceux qui flattent, mais de ceux qui veulent être flattés.

Valère. (*L'Avare*, acte Ier, sc. I.)

4. — La solidarité dans l'espace et dans le temps

La solidarité des individus ne se limite ni à un point, ni à un moment : elle s'étend à l'infini dans l'espace ou dans le temps.

Vous dépendez de tous vos contemporains, de vos voisins comme des plus éloignés, de vos compatriotes comme des étrangers. Les locataires qui habitent à l'étage supérieur dans votre maison peuvent vous incommoder par leurs danses et leurs chants. L'ouvrier tailleur qui fait vos vêtements a eu la scarlatine ou la variole : pressé par le besoin il a voulu, pour réparer le temps perdu, se remettre au travail avant d'être complètement guéri. Il sème votre costume de débris de croûtes ou de pellicules ; et vous revêtez, à votre insu, une véritable tunique de Nessus. La distance ne vous met pas à l'abri de cette dépendance : les grèves de mineurs vous exposent à manquer de charbon. « Si les pèlerins de la Mecque sont malpropres, le choléra peut venir désoler votre pays et votre famille. » Il n'est pas jusqu'aux rats de l'Inde qui vous imposent leur solidarité ! de temps à autre ne vous menacent-ils pas de la peste ?[1]

Dépendant de ses contemporains à chaque instant de sa vie, l'individu ne l'est pas moins de ses ancêtres.

« Malgré *lui* tous les morts l'ont fait leur héritier » : nos pensées, notre langage, nos coutumes, nos institutions,

---

[1]. La santé de l'Europe est mieux défendue maintenant qu'autrefois grâce aux mesures prises en commun par les différents Etats. La facilité des communications par terre et par mer leur faisait une loi de s'unir contre ces fléaux communs. Qu'on se rappelle la peste de Marseille en 1720 (lire Michelet), le choléra en 1832 et en 1865.
Le 3 décembre 1903, les représentants officiels de vingt nations ont signé à Paris un acte par lequel ces nations s'engagent à observer, chacune pour leur part, les mesures qui doivent empêcher la propagation des épidémies lointaines. La Turquie a refusé d'y adhérer à cause des pèlerinages de la Mecque.

nos arts, notre littérature, tout est pour nous héritage du passé : chaque individu reçoit, avec la vie, son tempérament, son intelligence, les dispositions essentielles de son caractère ; il trouve préparées par ses parents les conditions dans lesquelles son activité devra commencer à se déployer ; devenu citoyen, il doit accepter la situation politique que ses ancêtres ont créée, à l'intérieur comme à l'extérieur, pendant le cours des siècles [1]. Et, à son tour, l'individu aura la même influence sur ses descendants, qui seront ce qu'il aura contribué à les faire.

Aussi un événement historique n'est-il jamais le fait de la seule initiative individuelle, ni le produit d'une sorte de génération spontanée. La Révolution française est la conséquence des abus, des injustices, des perfidies accumulées de génération en génération jusqu'au jour où Jacques Bonhomme rejeta brusquement le fardeau des iniquités.

Ce legs du passé, qui provoque une révolution, empêche aussi qu'elle ne porte tous ses fruits : si elle ne fait ni tout le bien qu'on en espérait d'abord, ni tout le mal qu'on craignait, c'est que l'élan vers un état social meilleur est retardé par l'inertie des consciences, qu'enchaînent un long passé d'obéissance, le respect des traditions, l'habitude de garder ce qu'ont fait les ancêtres. La coutume, qui se transmet du père aux enfants, entrave la brusque modification des façons de penser et de sentir [2], mais les

---

[1] Voir MARION. *Solidarité morale*, p. 314-316 (F. Alcan, édit.).

[2] La coutume ne s'oppose pas moins aux innovations qu'amène l'imitation de l'étranger ou du voisin, — imitation que favorise la facilité des communications et qui tend à donner une manière d'être uniforme aux habitants des différentes nations. Mais quand on connaît l'étranger et le voisin assez pour n'avoir plus la tentation de l'envier ou de l'admirer, on cesse de prendre modèle sur lui ; les peuples reprennent conscience de leur individualité propre, de leur originalité distincte, reviennent à leurs usages et à leurs mœurs ; il se fait un retour à l'esprit de nationalité ou de province,

tendances nouvelles, pour se répandre et durer, profitent ensuite de cette même force qu'elles avaient contre elles.

A moins de fuir la société, les individus ne peuvent se soustraire à l'action des autres, ni échapper à la nécessité de réagir sur eux.

(G. C.)

∴

Tous les âges sont enchaînés par une suite de causes et d'effets qui lie l'état du monde actuel à tous ceux qui l'ont précédé.

(Turgot.)

∴

Les pères ont mangé des raisins verts, et les dents des enfants en sont agacées.

(Ezéchiel.)

∴

Louis XV pouvait-il dire : « Après moi, le déluge ! »

∴

Nous ne sommes pas des isolés dans le temps; tout ce que la vie a pour nous soit de commodité, soit de noblesse, c'est à nos pères, à nos aïeux, à nos ancêtres que nous le devons; nous devons aux morts la culture même d'esprit qui nous permet, sur certains points, de penser autrement qu'eux et mieux, je l'espère; enfin, suivant le beau mot d'Auguste Comte, « l'humanité est composée de plus de morts que de vivants. »

(Jules Lemaître.)

∴

Nous sommes liés les uns aux autres, comme ceux qui s'en vont sur la neige des sommets, et l'un de nous ne peut glisser

— comme en France en ce moment. (D'après Tarde, l'*Imitation*, F. Alcan.)

sans qu'une secousse se propage à l'autre, n'arrache à la fois du sol toute la grappe humaine.

(GUYAU.)

**

Nous revivons par nos aïeux, par le sang qu'ils nous ont légué, et nos aïeux revivent en nous par ce même sang que nous leur devons.

(LACORDAIRE.)

5. — LA SOLIDARITÉ PHYSIOLOGIQUE

Chez les animaux inférieurs, il n'y a pas de partie déterminée du corps qui soit affectée à une fonction spéciale : il n'y a pas un organe propre aux actes de nutrition, un autre à la faculté de sentir, un troisième à la faculté de se mouvoir; toute portion de l'organisme est un agent commun, un instrument qui sert à tous les usages; la destruction d'une partie du corps n'entraîne la perte d'aucune faculté de l'individu. Si on le coupe en morceaux, chaque fragment constitue un nouvel être vivant.

Mais à mesure qu'on s'élève dans la série des êtres, « chaque acte nécessaire à la vie tend à s'effectuer au moyen d'un instrument particulier » : la respiration se fait au moyen des poumons ; le cœur est l'agent de la circulation ; l'estomac et les intestins ceux de la digestion ; les aliments gras sont transformés par telle partie de l'organisme et par telle sécrétion d'un organe, les fécules par une autre : les facultés se divisent et se localisent. Chaque organe remplit d'autant mieux son rôle que ce rôle est plus spécial ; et la machine vivante est d'autant plus parfaite que cette spécialisation est poussée plus loin.

Cette multiplication des organes dans les êtres parfaits a pour conséquence un autre fait non moins important. Chaque organe a en quelque sorte une vie et un développement qui lui sont propres : il constitue un individu dans l'individu complet. Mais toutes ces fonctions particulières ne sont ni en opposition les unes avec les autres, ni même simplement juxtaposées : ces organes travaillent d'une façon harmonieuse à assurer la vie et le développement de l'organisme entier ; leurs actions sont coordonnées ; ils sont associés. Leur association « contribue et au développement du tout qu'ils forment et au développement de chacun d'eux ».

Par cela même, ils ont entre eux des rapports de dépendance. Si l'un d'eux subit un arrêt ou une altération, il y a répercussion sur l'organisme entier. Une blessure à la main ou au pied donne la fièvre à tout l'organisme ; un coryza [1] cause un malaise général, à plus forte raison un estomac qui digère mal. Si les reins sont atteints gravement, le cœur et le foie en souffrent. La vie et le développement de chaque associé est subordonné à la vie, au développement de chacun des autres.

Division du travail et attribution de chaque fonction à un organe spécial; coordination du travail et dépendance de tous les organes, qui ont chacun leur vie propre, autrement dit *association*, telles sont les lois d'après lesquelles est constitué l'individu physiologique.

(G. C.)

* * *

Un tas de cailloux est un *agrégat*, et non un organisme : pour quelle raison ?

6. — LES MEMBRES ET L'ESTOMAC

Je devais par la royauté
Avoir commencé mon ouvrage ;
A la voir d'un certain côté,
Messer Gaster en est l'image ;

---

[1] Vulgairement, rhume de cerveau.

S'il a quelque besoin, tout le corps s'en ressent.
De travailler pour lui les membres se lassant,
Chacun d'eux résolut de vivre en gentilhomme[1],
Sans rien faire, alléguant l'exemple de Gaster.
« Il faudrait, disaient-ils, sans nous, qu'il vécût d'air.
Nous suons, nous peinons comme bêtes de somme;
Et pour qui? pour lui seul : nous n'en profitons pas;
Notre soin n'aboutit qu'à fournir ses repas.
Chômons : c'est un métier qu'il veut nous faire apprendre. »
Ainsi dit, ainsi fait. Les mains cessent de prendre,
Les bras d'agir, les jambes de marcher :
Tous dirent à Gaster qu'il en allât chercher.
Ce leur fut une erreur dont ils se repentirent :
Bientôt les pauvres gens tombèrent en langueur;
Il ne se forma plus de nouveau sang au cœur;
Chaque membre en souffrit, les forces se perdirent.
 Par ce moyen les mutins virent
Que celui qu'ils croyaient oisif et paresseux
A l'intérêt commun contribuait plus qu'eux.

(La Fontaine.)

La société peut être comparée à l'organisme physiologique : chaque individu y joue un rôle utile et nécessaire à l'ensemble; mais il ne saurait exister sans les autres, qui lui fournissent ses moyens de subsistance.

7. — La solidarité dans l'organisme social

Dans l'organisme social, il y a une telle solidarité entre tous les travaux des hommes qu'il n'est pas possible de les séparer, et les services immatériels sont une condition indispensable de la production de toute richesse matérielle.

[1] Les gentilshommes regardaient le travail comme un déshonneur.

Voici par exemple la production du pain. Sans doute nous allons ranger sans hésiter parmi les travaux productifs ceux des laboureurs, semeurs, moissonneurs, voituriers, meuniers, boulangers, en commençant par le Triptolème quelconque qui a inventé le blé et par tous ses successeurs qui ont découvert telle ou telle variété de céréales, qui ont inventé la rotation des cultures ou les procédés de la culture intensive. Mais nous ne pouvons nous en tenir aux travaux manuels proprement dits. Il est clair que le travail du fermier ou du maître du domaine, encore qu'il n'ait pas mis lui-même la main à la charrue, est très utile pour la production du blé, non moins que celui du berger pour la production de la laine, encore que celui-ci n'ait pas fait la tonte lui-même. On ne peut négliger non plus le travail de l'ingénieur qui a dressé le plan d'un système d'irrigation, de l'architecte qui a construit les bâtiments d'exploitation et les greniers.

Faut-il s'arrêter là ? On le peut sans doute, mais pourtant le travail du garde champêtre qui a effrayé les maraudeurs, celui du Procureur de la République qui les a poursuivis, du juge qui les a condamnés, du soldat qui a protégé les récoltes contre ces dévastateurs de pire espèce qui sont les armées ennemies, n'ont-ils pas eux aussi contribué à la production du blé ! Et que dire du travail de ceux qui ont formé l'agriculteur lui-même et ses gens, de l'instituteur qui leur a inculqué des notions d'agriculture ou les moyens de les acquérir, du médecin qui les a entretenus en bonne santé ? Est-il donc indifférent, même à ne considérer que la production du blé, que les travailleurs soient instruits et bien portants, qu'ils possèdent l'ordre et la sécurité et qu'ils jouissent des bienfaits d'un bon gouvernement et de bonnes lois ? . . . .
. . . .

Où donc s'arrêter ? Nous voyons le cercle des travaux productifs s'étendre à l'infini jusqu'aux extrêmes confins de la société, — tout comme ces cercles concentriques qui vont s'élargissant sur la surface des eaux autour du centre que l'on a touché et se perdre au loin sans que le regard puisse saisir la limite où ils s'arrêtent. Sans doute on peut dire que les travaux que nous venons de considérer n'ont pas contribué tous de la même façon à la production du blé : ceux-ci ont agi d'une façon directe, ceux-là d'une façon indirecte, mais il suffit de constater que depuis le travail du laboureur jusqu'à celui du Président de la République, *on n'en pourrait supprimer aucun sans que la culture du blé en souffrît*[1].

(Ch. Gide. *Principes d'Economie politique*. — Larose, édit. Librairie de la société du Recueil général des lois et arrêts.)

8. — La division du travail dans la société

Socrate. — Quelle est l'origine de la société ? N'est-ce pas l'impossibilité pour chaque homme de se suffire à lui-même, et le besoin qu'il éprouve de beaucoup de choses ? Y a-t-il une autre cause de son origine ?

Adimante. — Il n'y en a point d'autre.

Socrate. — Ainsi le besoin d'une chose a porté l'homme à se joindre à un autre homme, un autre besoin à un autre homme encore ; la multiplicité de ces besoins a rassemblé dans une même habitation plusieurs hommes dans le dessein de s'entr'aider, et nous avons donné à cette société le nom d'État, n'est-ce pas ?

Adimante. — Oui.

Socrate. — Mais on ne communique à un autre ce qu'on a, pour en obtenir ce qu'on n'a pas, que parce qu'on croit y trouver son profit ?

[1] Cf. Bastiat, *Harmonies économiques*, ch. i.

ADIMANTE. — Assurément.

SOCRATE. — Construisons donc un État par l'imagination ! Nos besoins en formeront les fondements. Or le premier et le plus grand de nos besoins, n'est-ce pas celui de la nourriture dont dépend la conservation de notre existence ?

ADIMANTE. — Oui.

SOCRATE. — Le second besoin est celui du logement, le troisième, celui du vêtement.

ADIMANTE. — C'est vrai.

SOCRATE. — Et comment notre État pourra-t-il suffire à nos besoins ? Ne faudra-t-il pas qu'un homme soit laboureur, un autre architecte, un autre tisserand ? Ajouterons-nous encore un cordonnier ou quelque artisan du même genre ?

ADIMANTE. — A la bonne heure.

SOCRATE. — Tout État se compose donc essentiellement de quatre ou cinq individus.

ADIMANTE. — Apparemment.

SOCRATE. — Mais quoi ? Faut-il que chacun fasse pour tous les autres le métier qui lui est propre, ou ne vaudrait-il pas mieux que, sans se soucier d'autrui, il consacrât un quart de son temps à préparer sa nourriture, et les trois autres à se construire une maison, à se faire des habits et des souliers ?

ADIMANTE. — A mon avis, Socrate, la première manière est préférable pour lui.

SOCRATE. — Je le crois aisément ; car en ce moment même je réfléchis que tous les hommes n'apportent pas en naissant les mêmes talents : l'un a plus d'aptitude pour faire une chose, l'autre pour en faire une autre. Est-ce ton avis ?

ADIMANTE. — C'est mon avis.

SOCRATE. — Vaut-il mieux qu'un seul fasse plusieurs métiers, ou que chacun s'en tienne au sien ?

Adimante. — Il vaut mieux que chacun s'en tienne au sien.

Socrate. — Ne trouves-tu pas aussi qu'une chose, pour n'être pas manquée, doit être faite en son temps ?

Adimante. — Cela est certain.

Socrate. — C'est que l'ouvrage n'attend pas que l'ouvrier soit prêt. C'est l'ouvrier qui doit se prêter aux exigences de son travail.

Adimante. — Assurément.

Socrate. — Par conséquent, il se fait *plus* de choses, elles se font *mieux* et *plus facilement*, quand chacun fait, en *temps utile*, celle pour laquelle il a de l'aptitude et quand il est débarrassé de tout autre travail.

(Platon. *la République*, liv. II.)

* *

Dans les villes, la division du travail est poussée très loin, et chaque individu a assez d'un seul métier pour être occupé. Pourquoi, dans les villages, trouve-t-on des bouchers qui tiennent en même temps auberge, des barbiers qui sont aussi débitants, des cordonniers qui sont vignerons, des épiciers qui sont merciers, papetiers, cabaretiers ?

Pourquoi trouvait-on souvent autrefois les offices de barbier, de chirurgien, de médecin, d'apothicaire tenus par le même homme dans les villages ? Pourquoi dans les grandes villes chacune de ces occupations est-elle exercée par des mains différentes ?

Pourquoi l'agriculture admet-elle peu la division du travail ?

* *

Lire dans Izoulet, la *Cité Moderne*[1], des pages fort intéressantes sur la division du travail dans les campagnes (p. 198 et suiv.).

[1] F. Alcan, édit. La *Cité moderne* est pleine d'aperçus utiles pour l'Enseignement de la morale en 3e.

9. — La division du travail dans l'industrie[1]

Ce ne sont point les mêmes ouvriers qui préparent le papier dont on fait les cartes, ni les couleurs dont on les empreint ; et, en ne faisant attention qu'au seul emploi de ces matières, nous trouverons qu'un jeu de cartes est le résultat de plusieurs opérations distinctes dont chacune occupe une série d'ouvriers et d'ouvrières qui s'appliquent toujours à la même opération. Ce sont des personnes différentes, et toujours les mêmes, qui épluchent les bouchons et les grosseurs qui se trouvent dans le papier et nuiraient à l'égalité d'épaisseur ; les mêmes qui collent ensemble les trois feuilles de papier dont se compose le carton et qui le mettent en presse ; les mêmes qui colorent le papier destiné à faire le dos des cartes ; les mêmes qui impriment en noir le dessin des figures ; d'autres ouvriers impriment les couleurs des mêmes figures ; d'autres font sécher au réchaud les cartons une fois qu'ils sont imprimés ; d'autres s'occupent à les lisser dessus et dessous. C'est une occupation particulière que de les couper d'égale dimension. C'en est une autre de les assembler pour former des jeux ; une autre encore d'imprimer les enveloppes des jeux, et une autre encore de les envelopper ; sans compter les fonctions des personnes chargées des ventes et des achats, de payer les ouvriers et de tenir les écritures. Enfin, à en croire les gens du métier, chaque carte, c'est-à-dire un petit morceau de carton de la grandeur de la main, avant d'être en état de vente, ne subit pas moins de 70 opérations différentes, qui toutes pourraient être l'objet du travail d'une espèce différente d'ouvriers. Et s'il n'y a pas 70 séries d'ouvriers dans chaque manufacture de cartes, c'est parce que la division du travail n'est pas poussée jusqu'où elle pourrait l'être, et parce que le même ouvrier

---

[1] L'auteur décrit la fabrication des cartes à jouer.

est chargé de deux, trois ou quatre opérations distinctes.

L'influence du partage de ces occupations est immense. J'ai vu une fabrique de cartes à jouer où 30 ouvriers produisaient journellement 15 500 cartes, c'est-à-dire au delà de 500 cartes par ouvrier ; et l'on peut présumer que si chacun de ces ouvriers se trouvait obligé de faire à lui seul toutes les opérations, et en le supposant même exercé dans son art, il ne terminerait peut-être pas deux cartes dans un jour ; et par conséquent les 30 ouvriers, au lieu de 15 500 cartes, n'en feraient que 60.

(Jean-Baptiste Say, *Cours d'Economie politique*, t. I, p. 340.)

* *

D'après cet exemple, quel est le principe de la division du travail ?

* *

La division du travail, avantageuse pour la société et le travail, est-elle sans inconvénients pour l'individu ? La répétition perpétuelle du même travail, cette spécialisation ont-elles des conséquences ? Que devient l'initiative, le développement de l'intelligence de l'individu ? Attaché à un métier et quelquefois à un seul détail d'un métier, ne perd-il pas de vue la notion de l'ensemble ?

* *

Passez en revue les professions diverses qui s'occupent de notre *vêtement*, — depuis le berger jusqu'aux producteurs des outils servant aux ouvriers qui travaillent à cette confection. — Combien ne se passerait-il pas d'années, et de siècles peut-être, avant qu'un habit fût terminé, s'il fallait qu'un seul homme fût chargé de toute la série de ces opérations ?

* *

Lire sur le même sujet *Adam Smith, Recherches sur la nature et les causes de la richesse des nations :* Une manufacture d'épingles.

10. — Notre bien-être. Dangers auxquels il expose les ouvriers qui nous le procurent

(Un père fait passer en revue à son fils tous les objets qui sont dans sa chambre : les rideaux, la glace, les papiers, les fauteuils; puis il lui dit :)

— Eh bien, il n'y a pas un seul de ces objets si agréables à voir qui ne représente des douleurs, des dangers, des catastrophes, du sang, des larmes, la mort !

— Comment ! reprit l'enfant effrayé.

— Tu as vu ce malheureux verrier[1], et ses yeux brûlés par le fourneau. Sache qu'il n'est pas une profession qui n'ait aussi son fléau, pas un ouvrier qui n'ait son péril mortel. Je ne te parle pas seulement des couvreurs, qui peuvent être précipités du haut d'un toit ; des maçons, qui peuvent être écrasés sous une pierre ; des carriers, qui peuvent être mutilés par une explosion; des mineurs, qui peuvent périr dans un éboulement ; des charpentiers, qui peuvent tomber sous une chute d'échafaud; je ne te parle pas des mille blessures que produit chaque jour le maniement des outils redoutables, ni des mille maladies de fatigue et de privations qu'amène l'excès de ces rudes travaux... non !... ne nous occupons que de ces états paisibles dont nous touchons du doigt les utiles produits... Vois-tu à cette fenêtre cette jolie étoffe de Perse?... Les ouvrières en coton qui la fabriquent sont toujours sous le coup de ce terrible mal dont tu as vu mourir notre vieille voisine, la phtisie. Les ouvriers en papiers peints

---

[1] Dans une visite à une verrerie, le père et son jeune fils avaient vu un ouvrier rendu aveugle par la réverbération de la flamme.

sont menacés d'empoisonnement par l'arsenic; les peintres en bâtiment, d'empoisonnement par le plomb[1]; les étameurs de glaces, d'empoisonnement par le mercure; les tailleurs de cristaux meurent souvent poitrinaires, les ouvriers en clous dorés, paralytiques; les femmes employées au dévidage des cocons de soie, voient leurs doigts se crevasser d'ulcères; les ouvriers en allumettes chimiques perdent souvent leurs gencives et leurs mâchoires par lambeaux; enfin, les artisans que l'emploi des machines soustrait, ce semble, à l'action des substances malfaisantes, trouvent un ennemi plus terrible dans ces machines mêmes : leurs corps déchirés, leurs membres broyés dans ces terribles engrenages, ajoutent le plus sanglant des chapitres au martyrologe des hommes de travail. Ainsi, tu le vois, ce bien-être qui t'entoure est fait de douleur, cette élégance bien simple qui te charme est faite de misères! Songes-y toujours, pour te rappeler ce que t'impose ton titre de privilégié. Ne te couche jamais dans ce lit sans songer à ceux qui l'ont fabriqué et qui n'en ont peut-être pas; ne t'assieds jamais au coin de ce foyer sans songer que ceux qui l'ont construit ont froid; enfin, peuple cette petite chambre de tous les amis inconnus qui t'y ont préparé une retraite pour ton travail, un abri pour tes plaisirs.

(LEGOUVÉ. *Les Pères et les Enfants. Enfance et adolescence*, p. 44. — Hetzel, édit.)

* *

Quand on mange un plat de morue, qu'on songe aux souffrances des pêcheurs d'Islande et de Terre-Neuve.

---

[1] A cause du blanc de céruse. Il y a plus de cent ans qu'une loi est proposée pour défendre l'emploi de cette substance. La réforme n'a pu encore aboutir.

Le charbon qui nous chauffe l'hiver, sert à cuire nos aliments, n'a-t-il pas coûté bien des misères aux mineurs?

11. — La solidarité des générations humaines : la science

Il est étrange de quelle sorte on révère leurs sentiments (*ceux des Anciens*). On fait un crime de les contredire et un attentat d'y ajouter, comme s'ils n'avaient plus laissé de vérités à connaître. N'est-ce pas là traiter indignement la raison de l'homme, et la mettre en parallèle avec l'instinct des animaux, puisqu'on en ôte la principale différence, qui consiste en ce que les effets du raisonnement augmentent sans cesse, au lieu que l'instinct demeure toujours dans un état égal ? Les ruches des abeilles étaient aussi bien mesurées il y a mille ans qu'aujourd'hui, et chacune d'elles forme cet hexagone aussi exactement la première fois que la dernière. Il en est de même de tout ce que les animaux produisent par ce mouvement occulte. Il n'en est pas de même de l'homme, qui n'est produit que pour l'infinité. Il est dans l'ignorance au premier âge de sa vie ; mais il s'instruit sans cesse dans son progrès : car il tire avantage non seulement de sa propre expérience, mais encore de celle de ses prédécesseurs, parce qu'il garde toujours dans sa mémoire les connaissances qu'il s'est une fois acquises, et que celles des anciens lui sont toujours présentes dans les livres qu'ils en ont laissés. Et comme il conserve ses connaissances, il peut aussi les augmenter facilement ; de sorte que les hommes sont aujourd'hui en quelque sorte dans le même état où se trouveraient ces anciens philosophes, s'ils pouvaient avoir vieilli jusqu'à présent, en ajoutant aux connaissances qu'ils avaient celles que leurs études auraient pu leur acquérir à la faveur de tant de siècles. De là vient que, par une prérogative particulière, non seulement chacun des hommes s'avance de jour en jour dans les sciences, mais que tous les hommes ensemble y font un continuel progrès à mesure que l'univers vieillit, parce que la même chose arrive dans la succession des hommes que dans les âges différents d'un particulier.

De sorte que toute la suite des hommes, pendant le cours de tant de siècles, doit être considérée comme un même homme qui subsiste toujours et qui apprend continuellement : d'où l'on voit avec combien d'injustice nous respectons l'antiquité dans ses philosophes ; car, comme la vieillesse est l'âge le plus distant de l'enfance, qui ne voit que la vieillesse dans cet homme universel ne doit pas être cherchée dans les temps proches de sa naissance, mais dans ceux qui en sont les plus éloignés ? Ceux que nous appelons anciens étaient véritablement nouveaux en toutes choses, et formaient l'enfance des hommes proprement ; et comme nous avons joint à leurs connaissances l'expérience des siècles qui les ont suivis, c'est en nous que l'on peut trouver cette antiquité que nous révérons dans les autres.

(Pascal.)

12. — Solidarité morale : Les deux nids

Deux hommes étaient voisins, et chacun d'eux avait une femme et plusieurs petits enfants, et son seul travail pour les faire vivre.

Et l'un de ces hommes s'inquiétait en lui-même, disant :

« Si je meurs ou que je tombe malade, que deviendront ma femme et mes enfants ? »

Et cette pensée ne le quittait point, et elle rongeait son cœur comme un ver ronge le fruit où il est caché.

Or, bien que la même pensée fût venue également à l'autre père, il ne s'y était point arrêté : « Car, disait-il,

Dieu, qui connaît toutes ses créatures et qui veille sur elles, veillera aussi sur moi, et sur ma femme, et sur mes enfants. »

Et celui-ci vivait tranquille, tandis que le premier ne goûtait pas un instant de repos, ni de joie intérieurement.

Un jour qu'il travaillait aux champs, triste et abattu à cause de sa crainte, il vit quelques oiseaux entrer dans un buisson, en sortir, et puis bientôt y revenir encore.

S'étant approché, il vit deux nids posés côte à côte, et dans chacun plusieurs petits nouvellement éclos et encore sans plumes.

Et quand il fut retourné à son travail, de temps en temps il levait les yeux, et regardait ces oiseaux qui allaient et venaient, portant la nourriture à leurs petits.

Or, voilà qu'au moment où l'une des mères rentrait avec sa becquée, un vautour la saisit, l'enlève, et la pauvre mère, se débattant vainement sous sa serre, jetait des cris perçants.

A cette vue, l'homme qui travaillait sentit son âme plus troublée qu'auparavant : « Car, pensait-il, la mort de la pauvre mère, c'est la mort des enfants. Les miens n'ont que moi non plus. Que deviendront-ils si je leur manque ? »

Et tout le jour il fut sombre et triste, et la nuit il ne dormit point.

Le lendemain, de retour aux champs, il se dit : « Je veux voir les petits de cette pauvre mère : plusieurs sans doute ont déjà péri. » Et il s'achemina vers le buisson.

En regardant, il vit les petits bien portants ; pas un ne semblait avoir pâti.

Et ceci l'ayant étonné, il se cacha pour observer ce qui se passerait. Et, après un peu de temps, il entendit un léger cri, et il aperçut la seconde mère rapportant en hâte la nourriture qu'elle avait recueillie, et elle la distribua à tous les petits indistinctement, et il y en eut pour tous, et les orphelins ne furent point délaissés dans leur misère[1].

(LAMENNAIS. *Paroles d'un croyant*, XVII.)

13. — SOLIDARITÉ DES HUMBLES

Pendant la guerre de 1870, Metz fut assiégé par les Allemands. Pendant la dernière période de l'investissement, les vivres devenaient rares ; les médicaments et les produits employés dans les hôpitaux commençaient à manquer. En particulier, la réserve de chloroforme s'épuisait ; on ne l'employait que pour les opérations graves.

Un jour, le chirurgien de service vit arriver un grenadier de la garde dont la main droite avait été fracassée par un éclat d'obus. Il fallait lui désarticuler et lui amputer le petit doigt, opération sans danger, mais douloureuse et longue.

Le chirurgien prévint le grenadier : « Désirez-vous être endormi ? Sans doute, vous souffrirez ; mais il n'y a aucun péril pour vous.

— Je le crois. Si pourtant l'opération doit être très douloureuse et doit durer assez longtemps, je préférerais...

— C'est que nous n'avons pas beaucoup de chloroforme.

— Et le chloroforme vous serait utile pour des blessures graves, pour l'amputation du bras ou de la jambe d'un camarade ? Eh bien ? gardez-le. Je suis à votre disposition. »

Pendant que le chirurgien opérait, la sueur perlait à grosses gouttes sur le front du patient ; il souffrit sans se plaindre, sans pousser un cri. Le major, une fois le doigt enlevé, le félicitait de son courage. « Que voulez-vous ? répondit-il, les pauvres gens doivent s'entr'aider. »

(G. C.)

* *

[1] Cf., dans le Recueil de 4*e*, les *Pauvres gens* de V. Hugo.

La solidarité humaine a ses racines au plus profond de la conscience de l'homme qui souffre.

(G. Moch.)

.*.

La civilisation est due au travail des générations humaines.

Si nos associés actuels nous rendent de grands services, pourraient-ils le faire sans l'expérience accumulée des générations ? C'est un fait dont l'importance nous échappe, si l'on ne veut pas y réfléchir : cette civilisation, ce bien-être, dont nous jouissons, nous nous figurons volontiers qu'il a toujours existé. Nous ne nous rendons pas compte qu'il est une création de nos ancêtres.

M. Izoulet dans la *Cité moderne* montre avec netteté qu'il est essentiel de se faire à ce sujet une idée exacte. « L'homme sait-il quelle serait sa misère à l'état isolé ? Connaît-il la plus value obtenue par l'association ? Compare-t-il les deux états, et mesure-t-il la différence ? A-t-il conscience de sa dette ? »

Pour mesurer la différence, étudions, comme le conseille M. Izoulet, le point de départ et le point d'arrivée.

14. — LES PREMIERS HOMMES

Lorsque l'homme apparut sur le sein de la terre,
Il était rude encor, rude comme sa mère ;
De plus solides os soutenaient son grand corps,
Et des muscles puissants en tendaient les ressorts.
Peu de chocs entamaient sa vigoureuse écorce ;
Le chaud, le froid, la faim, rien n'abattait sa force.
Des milliers de soleils l'ont vu, nu sous le ciel,
Errer à la façon des bêtes. Nul mortel
Ne connaissait le fer ; nul, de ses bras robustes,
Ne traçait de sillons et ne plantait d'arbustes.
Point de socs recourbés, alors ; point de ces faux
Qui des grands arbres vont trancher les vieux rameaux.

Les bienfaits de la terre et des cieux, les largesses
Du soleil, c'étaient là nos uniques richesses.
Satisfaits de ces dons spontanés, nos aïeux
Sous les chênes des bois paissaient insoucieux ;
Ou bien sous l'arbousier leur main cueillait ces baies
Que les hivers encore empourprent dans nos haies.
Dans ces temps reculés, le sol plus généreux
Leur prodiguait des fruits plus gros et plus nombreux ;
Et, large table offerte à la naissante vie,
La nature épandait sa nouveauté fleurie.

Invités par la rive, ils buvaient aux ruisseaux ;
Ainsi, tombant des monts, la fraîche voix des eaux
Appelle encore au loin les bêtes altérées.
Vers la nuit, ils gagnaient les demeures sacrées
Des Nymphes, d'où les flots des sources, épanchés
En nappes sur le flanc des humides rochers,
De chute en chute allaient au sein des mousses vertes
Jaillir et bouillonner dans les plaines ouvertes.
Les usages du feu leur étaient inconnus.
Ne sachant même pas faire à leurs membres nus
Un grossier vêtement des dépouilles des bêtes,
Aux cavités des monts se cherchant des retraites,
Tapis sous les forêts, de broussailles couverts,
Ils évitaient la pluie et l'injure des airs.
Point de rapports amis, point d'action commune.
Ravisseur du butin livré par la fortune,
Chacun le conservait, chacun vivait pour soi.
La faim était leur guide et la force leur loi.
. . . .
Leurs pieds étaient légers et leurs mains vigoureuses ;
Et les pierres, de loin, les lourds bâtons, de près,
Abattaient sous leurs coups les monstres des forêts.
Vainqueurs souvent, parfois fuyant devant leurs proies,
Pareils aux sangliers vêtus de rudes soies,

Où les prenait la nuit, ils livraient au repos
Leurs corps enveloppés d'herbes et de rameaux,
Et dans la morne paix d'un sommeil taciturne,
Sans troubler de leurs cris l'obscurité nocturne,
Sans chercher le soleil perdu, silencieux,
Nus sur la terre nue, attendaient que les cieux
Au rayonnant flambeau rouvrissent la carrière.
Sûrs de voir avec l'ombre alterner la lumière,
Ils ne s'étonnaient pas de la fuite du jour ;
Et, dès l'enfance instruits de son constant retour,
Ils ne redoutaient pas qu'une nuit éternelle
Dérobât pour jamais la lampe universelle.
Bien plutôt craignaient-ils les funestes réveils
Dont l'embûche des nuits menaçait leurs sommeils.
Souvent le brusque assaut du sanglier, l'approche
Du lion les chassaient de leurs abris de roche,
Et, dans l'ombre, effarés, ils s'échappaient, laissant
Leurs couches de feuillage à ces hôtes de sang.
Ne crois pas que la mort en sa rigueur première
Fermât beaucoup plus d'yeux à la douce lumière.
Certes, plus d'un, surpris, et, lambeau par lambeau,
Tout vif enseveli dans un vivant tombeau,
Pantelante pâture offerte aux représailles,
Voyant la dent vorace entamer ses entrailles,
Remplissait la forêt de cris désespérés.
Ceux que sauvait la fuite, à demi dévorés,
De leurs tremblantes mains couvraient leurs noirs ulcères
Et suppliaient la mort de finir leurs misères,
Sans secours, et laissant les vers cruels tarir
Leur vie avec le mal qu'ils ne savaient guérir.

(Lucrèce. *De la nature des choses*, liv. 5, 961-1040. Traduction André Lefèvre, Fischbacher, édit.)

15. — La vie sauvage

Combien de temps dura la vie misérable des hommes préhistoriques[1] ? Pendant bien des siècles ils vécurent de la façon dont vivent encore maintenant les sauvages, « errant comme des bêtes fauves, seuls, sans s'associer, passant la nuit sous les grands arbres, s'abritant dans les buissons, se couvrant avec de la mousse ou de l'écorce, sans culture, ni demeure[2] ».

L'unique préoccupation de ces pauvres êtres est celle de la nourriture. La chasse, la pêche, la cueillette des baies sauvages la leur procurent au *jour le jour*. Les Boschimans, en Afrique, en sont réduits à se nourrir de chenilles, de larves, de reptiles, de fourmis.

Les Fuégiens, au sud de l'Amérique, sont moins hommes que bêtes : ils mettent en pièces les corps humains dont ils dévorent la chair toute crue et toute saignante. Un voyageur raconte qu'il présenta un poisson à l'un d'eux : « l'indien le saisit comme un chien ferait d'un os, et le mangea de la tête à la queue, avec les arêtes, les nageoires, les entrailles[3]. » Encore maintenant, beaucoup de sauvages mangent leurs semblables, par nécessité, — parce qu'ils ne peuvent élever d'animaux domestiques; — ou par goût, comme les Fijiens; — ou par une bizarre conception morale, comme les Maoris de la Nouvelle-Zélande : ceux-ci, après la bataille, se régalent des chefs vieux et coriaces, afin de s'assimiler le courage, l'habileté, l'adresse, la gloire du dévoré.

Leur logement, quand ils en ont un, est une hutte de branchage, juste assez haute pour qu'un homme puisse

---

[1] On a comparé l'histoire de l'humanité à un livre de mille pages, dont les neuf cents premiers feuillets auraient été déchirés.

[2] Lubbock. *Les origines de la civilisation.*

[3] Lubbock. *L'homme préhistorique.*

s'y asseoir, pas assez large pour lui permettre de s'étendre de tout son long dans aucun sens. Ni chaises, ni tables, ni meubles, ni poteries, ni lit. Leur vêtement[1], s'ils en portent, leur sert de couche ; c'est souvent une peau de bête, qu'ils ne lavent jamais. Chez les Fuégiens, « les femmes, leur enfant au sein, s'en vont debout dans l'eau, sans vêtement, recueillir les coquillages, pendant que la neige tombe à gros flocons sur elles[2] ».

Jamais de sécurité : ou c'est la faim qui les menace ; (ils n'ont aucune idée de l'agriculture, ne savent ni labourer, ni semer) ; — ou ce sont les bêtes féroces, aussi affamées qu'eux ; — ou ce sont leurs voisins en quête d'un meilleur territoire de chasse ou d'une pêcherie plus riche. Ils vivent isolés et hostiles les uns aux autres.

Leur intelligence est dénuée de ressources comme leur corps. Ils ont bien des mots[3] pour exprimer ce qu'ils peuvent voir et toucher ; mais ils manquent de termes pour rendre les idées abstraites de « couleur, de temps, d'esprit, de qualités des corps ». Les Tasmaniens ne connaissent pas les mots : *dur, doux, chaud, froid, long, court, rond*. Pour exprimer l'idée de « dur », ils disent « comme une pierre » ; pour dire « rond », « comme la lune ». Beaucoup ne peuvent compter jusqu'à dix ; ils se servent de leurs doigts ; quand ils ont été jusqu'à cinq, ils sont embarrassés, car il ne leur reste plus de main pour prendre et assujettir les doigts destinés à figurer les autres unités[4] ».

Comment leur langage se développerait-il puisqu'ils sont réduits à un petit nombre d'idées ? Comment leur intelligence ferait-elle des progrès ? Ils n'ont pas la force

---

[1] Le nègre est en général si paresseux qu'il se décide rarement à tirer parti du cotonnier, qui croit autour de lui, sans culture.

[2] Lubbock, *L'homme préhistorique*, p. 491.

[3] *Id.*, p. 524-525.

[4] Lubbock. *Id.*, p. 526.

de réfléchir ; ils ne savent pas remonter à la cause vraie des phénomènes naturels ou des faits de la vie : ils attribuent la pluie, la sécheresse à l'intervention d'un être bienfaisant ou malfaisant, suivant le cas. Il arrive qu'une entreprise échoue après que ceux qui l'ont commencée ont vu un serpent traverser leur chemin : ils concluent qu'un serpent porte malheur. Leur esprit est « tatoué d'images » qui l'obscurcissent. Aucun point de repère pour compter le temps, les jours et les heures. Ils n'ont ni mémoire du passé, ni tradition ; ils n'ont pas l'écriture, « cette parole éternisée des générations disparues [1] ». Leur intelligence ne dépasse pas celle des petits enfants.

Leur vie morale non plus. Ils sont emportés, violents, vindicatifs ; ils n'ont aucune constance dans leurs projets ; ils ne savent pas poursuivre de jour en jour la réalisation d'un dessein. Toujours en danger comme l'animal sauvage, ils sont méfiants ; ils n'attendent rien de leur voisin et font aux autres le mal qu'ils redoutent de leur hostilité. Leur vie est une longue série d'égoïsmes et de craintes. Ils sont paresseux. La prévoyance leur est inconnue. « Le sauvage coupe l'arbre pour cueillir le fruit ; il dételle le bœuf que les missionnaires viennent de lui confier et le fait cuire avec le bois de la charrue [2]. » Ils tuent volontiers leurs parents, quand l'âge les a rendus inutiles à la chasse ou à la guerre. Ils sont brutaux à l'égard de la femme, qu'ils traitent comme une bête de somme. Les Fuégiens, en temps de famine, aiment mieux tuer la plus vieille femme de la tribu qu'un de leurs chiens : le chien prend des loutres [3].

Comme s'ils n'avaient pas assez des ennemis réels, ils peuplent le monde d'ennemis invisibles ; leur imagination

---

[1] IZOULET. Cité moderne.
[2] JOSEPH DE MAISTRE.
[3] LUBBOCK, L'homme préhistorique, p. 494.

leur crée une nouvelle source de frayeurs. Pour écarter ces êtres méchants, ils recourent aux prières, aux sorciers, aux magiciens. Ils attribuent des vertus spéciales et une puissance à toutes sortes d'objets ou d'êtres : bâton, pierre, bout de corde, coquillage, lézard, etc., sont pour eux des fétiches et des idoles. Chez certains, l'immolation des victimes humaines est passée à l'état de coutume.

Cet état de barbarie se prolonge, parce que les sauvages vivent isolés les uns des autres : ils forment de petites sociétés morcelées, sans force, ennemies et toujours en lutte. Leur hostilité empêche toute sécurité et tout progrès.

(G. C.)

16. — L'HOMME CIVILISÉ

A cette misère des hommes préhistoriques ou des sauvages actuels, comparez votre bien-être. Vous habitez un pays salubre : autrefois couvert de marécages, de forêts, exposé aux inondations, il offrait peu d'agrément et de sûreté. Les campagnes ont été assainies, défrichées, les rivières contenues, les forêts largement ouvertes. Vous trouvez pour vous abriter des maisons bien bâties qui vous protègent contre le froid et le chaud. Vous portez des vêtements qui vous dispensent de vous enduire le corps d'huile de palme ou de graisse rance. Vous vous reposez dans des lits [1] dont votre paresse se réjouit. Le pain, la viande, les légumes [2] sont pour vous des aliments assurés ; — et vous

---

[1] Les Fuégiens couchent sur le sol humide, serrés les uns contre les autres et repliés sur eux-mêmes comme des animaux. (Ch. DARWIN, *Voyage d'un naturaliste autour du monde*.)

[2] Si les Fuégiens viennent à tuer un phoque, ou à découvrir la carcasse à demi pourrie d'une baleine, c'est le signal d'un immense festin. Ils se gorgent alors de cette ignoble nourriture, et, pour compléter la fête, mangent quelques baies ou quelques champignons sans goût.
(D'après CH. DARWIN. *Voyage d'un naturaliste autour du monde*, p. 229, trad. Barbier, Reinwald, édit.)

ne les mangez pas avec vos doigts. Vous voulez vous promener ? Des voitures, des bicyclettes, des wagons sont à votre disposition. Vous voulez communiquer au loin avec vos amis ? Le téléphone, le télégraphe portent sans délai votre pensée au bout du monde.

Ces avantages ne sont encore rien : vous allez en classe ! Vous avez des livres, des maîtres qui vous enseignent les connaissances acquises par le labeur des savants de tous les pays ; ils vous expliquent les lois de la nature, développent votre raison, et, par cette culture, font de vous des hommes. Ils vous apprennent à respecter dans vos actes le caractère qui vous est propre d'un être libre et responsable. Ils vous élèvent à la pensée réfléchie et à la dignité humaine. « Toute la dignité de l'homme est dans la pensée..... L'homme n'est qu'un roseau, le plus faible de la nature ; mais c'est un roseau pensant[1]. » Si sa force morale ne suffit pas à l'enfant, n'a-t-il pas les exemples des hommes de devoir, qui lui ont laissé cette règle : « Fais ce que dois » ? Bientôt, citoyen d'un état libre, il aura, par le bulletin de vote, l'instrument qui assure sa liberté et lui permet de n'avoir d'autre maître que lui-même.

Aussi l'enfant est-il considéré comme un être digne de respect ; il est quelqu'un, il a ses droits. Il n'a pas toujours été traité de la sorte : à mesure qu'on remonte le cours des siècles, ou de la civilisation, on voit l'enfant traité comme une chose. A Rome, le père de famille avait sur lui droit de vie et de mort[2] ; chez les sauvages, le nouveau-né n'a pas droit à la vie par le fait de sa naissance ; il est mis à mort, si les vivres sont rares,

---

[1] Pascal.

[2] Encore, dans notre société, l'enfant n'est-il pas toujours assez protégé contre les brutalités et les violences de ses parents ; que d'enfants martyrs meurent victimes de mauvais traitements ! Le bourreau s'en tire pour une peine trop légère.

à moins que les parents n'espèrent, en le vendant, tirer un meilleur profit.

Ces progrès de la civilisation, à qui les devons-nous ? « Celui qui a inventé la charrue laboure invisible à côté du laboureur[1]. » Généralisez cette belle image : il n'est pas un des avantages dont vous jouissez maintenant qui ne soit dû à la collaboration de vos ancêtres, grands et petits, et de vos contemporains. Combien se dressent « invisibles » à côté de cette tasse de chocolat servie devant vous ! Le moindre de vos besoins vous montre combien est grand votre bonheur ; que diriez-vous, si, lorsque vous avez besoin de coller une page de votre livre, vous n'étiez pas mieux pourvu que les Aléouts ? Ils en étaient réduits à s'appliquer un coup de poing sur le nez[2], sachant que le sang est une matière agglutinante.

Vous dites : « Mais tous ces savants, tous ces inventeurs ne savaient pas qu'ils travaillaient pour moi. Ce qu'ils en faisaient, c'était par intérêt personnel, pour une satisfaction égoïste de leurs goûts. » Admettons (ce qui n'est pas) que tous ces grands chercheurs, — connus ou inconnus, — ne songeaient qu'à eux-mêmes, sans penser aux générations futures. La loi de la solidarité est telle que leur intérêt particulier s'est trouvé confondu avec celui des autres hommes : ces labeurs, ces veilles, ces tourments[3], qu'ils s'imposaient, ont porté leurs fruits ; nous en profitons ; nous devons leur en être reconnaissants.

Imitez-les. Penchés sur vos livres ou sur vos cahiers, dites-vous que vous travaillez non seulement pour vous-mêmes, mais aussi pour vos camarades, et pour la société ! Votre ardeur excitera l'émulation ; et, plus tard, l'habitude prise maintenant de vous donner tout entier à votre tâche

---

[1] Fouillée.
[2] Elie Reclus. *Les Primitifs*, p. 75.
[3] Cf. Bernard de Palissy (Voir nos *Lectures morales* de 4e).

fera de vous des hommes utiles à votre patrie et à l'humanité.

Cet effort est d'autant plus nécessaire qu'en développant votre intelligence et votre volonté vous vous débarrassez de ce que l'hérédité vous a transmis des instincts de violence, de brutalité, de paresse, d'égoïsme, d'exploitation des faibles de vos ancêtres lointains. « Leurs coutumes expliquent dans nos sociétés modernes bien des coutumes qui n'ont aucun rapport avec notre état social actuel ; quelques-uns de leurs instincts sont empreints pour ainsi dire dans nos esprits, comme les fossiles sont empreints dans le roc[1]. » Par l'éducation de vous-mêmes, vous vous affranchirez de ce « legs ancestral » ; l'homme civilisé ne doit plus « vivre comme s'il était seul au monde » : il a des associés qui ont droit à son respect.

(G. C.)

* *

Nous n'existons que par la société. Imaginez, si vous le pouvez, l'homme solitaire, livré à ses forces ; il est l'animal farouche et muet qui perd, avec le langage, la pensée. La pensée est essentiellement sociale. En chacun de nous elle représente ce que, sans le savoir, nous devons à tous : une expérience qui se transmet se répète et se corrige dans des millions d'esprits.

(G. SÉAILLES.)

* *

L'animal, comme l'homme, a la sensibilité et l'intelligence ; mais les hommes ont eu une supériorité décisive ; ils ont pu coopérer : la mise en commun des découvertes a prodigieusement accru la sagacité de chacun.

(JULES PAYOT.)

* *

« Les sciences gagnent toutes à se faire des emprunts mutuels, et chaque nouveau point de contact est marqué pour elles par de nouveaux progrès. »

(VALLERY-RADOT, *Vie de Pasteur*, p. 525.)

---

[1] LUBBOCK. *Les origines de la civilisation.*

Dans l'air que nous respirons, dans l'épi que nous broyons, un ancêtre est caché, est présent ; toute cendre ici-bas, toute pierre roulée sur le chemin, est la relique sacrée d'un travailleur qui nous a conquis de son sang et de son dévouement le véritable paradis, le loisir de l'intelligence.

(E. Pelletan.)

17. — Bienfaits dus a l'association humaine au cours des siècles

Considérez que la terre est la plus ingrate des marâtres : elle ne produit spontanément que des végétaux insipides et des animaux farouches ; les seuls logis qu'elle prête gratis à ses enfants sont des cavernes fécondes en rhumatismes ; les vêtements, les chaussures et les coiffures qu'elle nous offre sont des feuilles et des écorces ; les seuls outils qu'elle nous ait jamais donnés sont les dix doigts de nos deux mains ; elle a soin de cacher au plus profond de ses entrailles les métaux qui pourraient nous aider.

Tous les biens dont vous jouissez aujourd'hui, vous les devez à l'effort héroïque des hommes qui vous ont précédés en ce monde : il n'y a pas sur votre table un fruit, un légume, un condiment, un vin qui n'ait pu être l'objet d'un brevet d'invention, d'un brevet d'importation et de cent mille brevets de perfectionnement. Vous remerciez la nature quand vous vous promenez dans un jardin magnifique ; c'est à l'homme qu'il faudrait rendre grâces. La plupart des fleurs naturelles que vous admirez là sont de fabrication humaine ; s'il en est quelques-unes auxquelles on n'ait pas travaillé, du moins s'est-on donné la peine de les aller chercher au bout du monde. Les céréales de la plaine, les arbres du verger, tout ce qui paraît sortir du sein de la terre, est importé, développé, perfectionné, amendé, métamorphosé par la main de l'homme. La forêt même est peuplée d'arbres que l'homme est allé prendre au delà des mers. Votre écurie, l'étable, la bergerie, le tôt à porcs, la basse-cour, le chenil, fourmillent d'animaux plus ou moins exotiques mais tous domptés, apprivoisés, dressés, modifiés et comme pétris sur un modèle nouveau par les mains ingénieuses de l'homme. Je ne cite que pour mémoire les animaux féroces dont l'absence est encore un bienfait de nos devanciers. Ils ont trié soigneusement les dons animés de la nature, supprimant les espèces tout à fait incorrigibles, et tournant à notre profit le peu qui pouvait être apprivoisé.

Si vous jetiez un regard sur le vêtement qui vous recouvre des pieds à la tête (fussiez-vous habillé comme un pauvre), vous verrez que l'agriculteur, le filateur, le tisserand, le teinturier, le navigateur, le mécanicien, le tanneur, le tailleur, le cordonnier, le blanchisseur, le cartonnier, le chapelier, l'éleveur de vers à soie et vingt autres industriels exerçant des arts difficiles ou même savants ont appliqué l'étude et l'expérience de cinquante siècles à la confection de votre modeste enveloppe. Le moindre clou de vos chaussures résume en lui la découverte du fer, l'exploitation des mines, la fusion du minerai dans les hauts fourneaux, l'affinage de la fonte, les merveilles de la filière, la construction du soufflet de forge, le travail si rapide et si ingénieux du cloutier. Mille générations ont sué sang et eau pour produire cet ensemble fort laid, mais simple, commode et économique que l'ouvrier parisien achète au Temple contre son salaire de quelques jours.

Maintenant levez les yeux de dessus votre livre et regardez la chambre où vous êtes. Le géomètre, l'architecte, le terrassier armé de trois ou quatre outils dont le plus simple est un chef-d'œuvre, le carrier, le maçon, le charpentier, le tuilier, le plâtrier, le peintre et le chimiste qui lui fournit ses couleurs, le verrier, le vitrier avec son diamant qu'on est allé prendre au Brésil ; le menuisier, le serrurier (j'en passe et des meilleurs), ont dû mettre en commun une somme prodigieuse d'études continues et de labeurs accumulés pour vous loger le plus modestement du monde. Le moindre fauteuil plaqué d'acajou a coûté l'invention de la boussole, le perfectionnement de la navigation, la découverte de l'Amérique ! Le vernis commun qui le couvre vous rappelle qu'on a planté la vigne, pressuré le raisin, livré le moût à la fermentation, distillé le vin dans un alambic et rectifié l'alcool où l'on dissout la térébenthine de Bordeaux colorée par le santal de l'Inde ou le carthame d'Égypte[1].

(Edmond About. *Le Progrès*, Hachette, édit.)

* *

Pourquoi l'expression « *être fils de ses œuvres* » n'est-elle pas juste absolument ?

* *

Le blé seul, non pas tel qu'on le trouve à l'état sauvage dans la Haute-Égypte, mais arrondi, gonflé, et, pour ainsi dire, animalisé par la culture, résume à lui tout seul le travail de cent générations.

(E. About. *Le Progrès*. Hachette et Cie, édit.)

* *

Le froment, le maïs, la lentille, la fève n'ont pu être découverts nulle part à l'état spontané.

(Gide.)

* *

L'outil primitif survit dans la machine, qui ne fait que gran-

[1] Cf. L. Bourgeois. *La solidarité*, p. 118 (Colin, édit.).

dir et multiplier les mouvements rythmés des artisans d'autrefois.

(G. SEAILLES.)

**

La machine nous rappelle incessamment les collaborateurs ignorés qui, de siècle en siècle, ont ajouté quelque chose à la science et à la puissance humaines.

(G. SEAILLES.)

**

Il est impossible de ne pas être frappé de la disproportion véritablement incommensurable qui existe entre les satisfactions que cet homme puise dans la société et celle qu'il pourrait se donner s'il était réduit à ses propres forces. J'ose dire que dans une seule journée il consomme des choses qu'il ne pourrait produire lui-même en dix siècles.

(BASTIAT.)

18. — LA FEMME CIVILISATRICE

Chez les Hyperboréens, comme chez quelques primitifs, tels que les Tatars et la plupart des nègres, la construction des demeures est, en principe, l'affaire des femmes qui font toute la besogne, depuis les fondements jusqu'au faîte, les maris n'intervenant que pour apporter les matériaux à pied d'œuvre. Le fait a été souvent signalé, comme prouvant l'indolence insigne de ces hommes incultes, qui rejettent les gros ouvrages sur leurs compagnes plus faibles. Nous préférons y voir un argument en faveur de l'hypothèse que le premier architecte fut la femme. A la femme, pensons-nous, l'espèce est redevable de tout ce qui nous fait hommes. Chargée, surchargée d'enfants et de bagages, elle établit un couvert permanent pour abriter la petite famille ; le nid pour la couvée fut une fosse tapissée de mousse ; à côté, elle dressa une perche à larges feuilles, étagées par le travers ; et quand elle imagina d'attacher trois ou quatre de ces perches par les sommets, la hutte fut inventée, la hutte, le premier « intérieur ». Elle y déposa le brandon qu'elle ne quittait pas, et la hutte s'éclaira, la hutte se chauffa, la hutte abrita un foyer. N'a-t-on pas dit Prométhée le « père des hommes », pour faire entendre que l'humanité commence avec l'emploi du feu ? Or, quelle qu'ait été l'origine du feu, la femme fut toujours la gardienne et la conservatrice de cette source de vie. Voici qu'un jour, à côté d'une biche que l'homme avait tuée, la femme vit un faon qui la regardait avec des yeux suppliants, elle en eut pitié, le porta à son sein... Que de fois on voit de nos sauvagesses en faire autant ! Le petit animal s'attacha à elle, la suivit partout. C'est ainsi qu'elle éleva et apprivoisa les animaux, devint la mère des peuples pasteurs. Ce n'est pas tout : à côté du mari qui vaguait à la grande chasse, la femme s'occupait de la petite, ramassait œufs, insectes, graines et racines. De ces graines elle fit provision dans sa hutte ; quelques-unes, qu'elle avait laissées tomber, germèrent tout auprès, crûrent et fructifièrent. Ce que voyant, elle en sema d'autres et devint ainsi la mère des peuples cultivateurs. En effet, chez tous les non-civilisés la culture revient aux ménagères. Nonobstant la doctrine qui fait loi présentement, nous tenons la femme pour la créatrice de la civilisation en ses éléments primordiaux. La femme, à ses débuts, nourrissait, élevait et protégeait plus faible qu'elle, tandis que l'homme ne savait que poursuivre et tuer ; il égorgeait par nécessité, et non sans agrément. Lui, bête féroce par instinct, elle, mère par fonction.

(Elie Reclus, *Les primitifs*, p. 69-70. — Schleicher frères, édit.)

19. — Répercussion des actes de l'individu sur le milieu social

« Les autres ? cela ne me regarde pas. » Cette parole est celle d'un sot, encore plus que d'un méchant. Celui qui, se croyant d'une autre essence que les autres, tranche du personnage et agit comme s'il n'avait rien de commun avec le reste des mortels, foule méprisable ; — l'égoïste qui cherche à s'isoler, ne sont jamais, quoi qu'ils veuillent, que des unités dans un tout. Jamais ils ne peuvent faire bande à part : leur sort est lié à d'autres sorts [1].

Ce qui touche à l'intérêt d'autrui concerne le nôtre. L'élève bavard et distrait s'imagine qu'il nuit à lui seul. Il n'écoute pas les explications du maître ; mais il empêche aussi ses voisins de les suivre. Le professeur perd un temps précieux pendant qu'il le rappelle à l'ordre ; il est obligé de reprendre, pour ceux qui ont dérangé leurs camarades, un enseignement déjà donné, au lieu d'aller de l'avant. Ainsi la classe entière a perdu un profit réel par l'étourderie d'un élève. Ne faut-il pas ajouter le mauvais exemple donné ? Si les condisciples sont tentés de l'imiter, la responsabilité première de leur faute remonte à la faute primitive.

Dans une usine, dans un grand magasin, il n'en est pas autrement. L'ouvrier qui, par paresse ou mauvaise volonté, gâche sa besogne, inflige une perte à son patron ; l'employé qui est mal poli et renvoie les clients, celui qui laisse défraîchir les étoffes, fait tort à la maison de commerce à laquelle il appartient. La prospérité générale est atteinte

---

[1] Il ne faut pas confondre l'*individualité*, ce sentiment profond qui fait que chacun se sent quelqu'un et veut être quelqu'un, avec l'*individualisme*, sentiment égoïste qui concentre toutes nos pensées sur nous-même et qui nous isole de nos semblables, ou qui nous fait souffrir de tout bonheur arrivant aux autres.

par toutes ces déloyautés individuelles ; les bénéfices diminuent ; les employés sont moins payés, non pas seulement les mauvais qui ne font pas leurs services, mais aussi les bons.

Dans la société les actes de l'individu n'ont pas une répercussion moins évidente sur le milieu social. Depuis les progrès de l'alcoolisme, le nombre des criminels, des rachitiques, des aliénés augmente ; celui des conscrits valides diminue ; ainsi les assassins, les voleurs, les malades imposent à l'État par les services des prisons, des hôpitaux, des œuvres d'assistance des dépenses sans cesse croissantes pour le budget, en même temps que, par leur faute, ils privent la société des ressources qu'elle devait attendre de leur activité. Les associés qui font leur devoir, qui enrichissent la société par leur travail dans le commerce, l'industrie, paient pour les autres et ont à souffrir de la moins-value sociale qui résulte de leur dépravation[1].

---

[1] M. P. Janet a étudié les ravages de l'alcoolisme dans une même famille pendant plusieurs générations. L'arrière-grand-père dont elle descendait était un petit commerçant, intelligent et laborieux. Mais il aimait à boire ; il cherchait dans l'ivrognerie une consolation à ses soucis. La première génération de cet alcoolique eut à souffrir du vice de celui auquel elle devait l'existence : sept enfants moururent tout jeunes ; un garçon alcoolique fut emporté par une crise de *delirium tremens;* les cinq autres, garçons ou filles, devinrent des alcooliques, des criminels, des êtres pervers, sans intelligence, incapables de fixer leur attention ou leur volonté ! D'eux sortit une nouvelle génération : 19 enfants ne purent vivre ; il en survécut trois, misérables, alcooliques, imbéciles, épileptiques. Ils transmirent leurs tares à une troisième génération : celle-ci fut la plus éprouvée ; huit enfants furent enlevés par la maladie en bas âge ; et de toute cette lignée, il ne restait, au moment où M. P. Janet faisait ses observations, qu'un garçon épileptique.

La santé de l'armée se ressent de cet affaiblissement de la race : le nombre des conscrits n'étant pas assez élevé, les conseils de revision sont forcés de prendre même ceux dont la santé est moins que robuste, par suite de tares héréditaires. Aussi la mortalité dans notre armée dépasse de 198 p. 100 celle de l'armée allemande, qui n'incorpore que les hommes sains et valides.

Heureusement, tous les associés ne sont pas parasites ou dangereux. Il en est d'autres qui travaillent à accroître notre progrès matériel, intellectuel et moral. Regardez dans vos livres d'histoire de *Sixième* les gravures qui représentent la construction des monuments de l'Egypte et de l'Assyrie, il y a trois mille ans. « Des centaines d'hommes, attelés et tenus au cou par une corde, tirent par la tension de tous leurs muscles » un taureau ailé[1] ou un obélisque ; des surveillants distribuent des coups de bâton à ces misérables bêtes de somme. Les savants inconnus, qui ont appliqué leurs calculs à la découverte des machines et ont inventé les moufles et les cabestans, ont fait disparaître ces douleurs et ces supplices : la traction à bras d'homme a été remplacée par les machines. Les Fulton, les Sauvage n'ont pas exercé une moins utile influence : grâce à eux, les roues, l'hélice, mues par la vapeur se sont substituées « aux centaines de créatures humaines, entassées les unes sur les autres, menant une vie d'éternels gémissements » dans les galères qu'elles faisaient marcher par la force des bras.

La science et l'industrie collaborent pour cette émancipation de l'homme : le perfectionnement continu des machines, dû au travail d'innombrables inventeurs, tend à délivrer les ouvriers de la servitude, de la fatigue physique ; les hommes de *peine* deviendront de plus en plus rares : l'ouvrier n'aura plus qu'à surveiller et à diriger les rouages compliqués de la machine à tisser, à filer ou de la machine à vapeur.

L'avenir profitera, comme le présent, de ces progrès. Toute modification, en bien ou en mal, introduite par l'individu dans le milieu social, se transmet à ses descendants, et s'étend ainsi à l'infini. Les grandes actions, l'héroïsme, le dévouement des ancêtres suscitent, par l'éveil

---

[1] On en voit des spécimens au musée assyrien du Louvre.

de sentiments et de pensées en harmonie avec les leurs, des actes de courage ou de bonté. La pitié du bon Monsieur Vincent[1] qui sauva, au xviie siècle, des centaines d'enfants abandonnés de leurs parents, et qu'on ramassait « comme des chiens perdus » a donné l'élan aux âmes charitables de son temps et aux bonnes volontés des siècles suivants. Son dévouement a des conséquences immortelles.

(G. C.)

* *

Les membres d'un même groupe social sont moralement solidaires entre eux : la valeur morale de chacun d'eux dépend de celle de tous.

(Marion.)

* *

Pourquoi est-on autorisé à dire, bien que tous les élèves ne soient pas égaux par le travail ou la conduite : « Voici une bonne classe ! » — « Cette classe est mauvaise ! »

* *

Pourquoi un examinateur, — même en laissant de côté la question d'équité, — ne doit-il pas, par intérêt de solidarité sociale, tenir compte des recommandations ?

* *

De nos qualités ou défauts, rien ne se perd. Ils déterminent la conduite de nos semblables.
Toute action insérée par nous dans le tissu des événements humains a des suites incalculables.

(Marion.)

* *

Le poète a charge d'âmes.

(V. Hugo.)

* *

---

[1] Il fut déclaré saint en 1729. Il vécut de 1600 à 1660.

∴

Combien de fautes, même graves, sont commises par des hommes plus légers que mauvais, qui manquent à s'observer surtout parce qu'ils se disent : « Je ne fais de mal qu'à moi-même ! »

(MARION.)

∴

Nul ne peut travailler honnêtement par lui-même sans travailler utilement pour tout le monde.

(BASTIAT.)

20. — L'EXEMPLE

C'est par la contagion, par le contact, par l'infection, par une atmosphère sociale empoisonnée que la faiblesse et l'infirmité entrent dans notre âme. Qui peut être menteur sans qu'il me soit plus difficile de dire la vérité ? Qui peut être hypocrite sans que je sente le courage de mes opinions s'abaisser en moi ? Qui peut tromper dans les transactions commerciales sans rendre les procédés honnêtes plus difficiles à tout homme ? Qui peut s'adonner au jeu sans répandre l'amour des excitations fiévreuses ? Qui peut spéculer follement sans que nous commencions tous à convoiter l'argent que nous n'avons pas gagné à la sueur de notre front ? Qui peut négliger ses devoirs publics de citoyen sans inviter par là tout le monde à se soustraire à ses obligations et à livrer le gouvernement aux mains de despotes ? Nous ne pouvons élever notre caractère que fort peu au-dessus du niveau commun. Quelqu'un est-il vain et fait-il parade de toilettes ? Quelqu'un méprise-t-il le travail honnête ? Quelqu'un est-il orgueilleux et exclusif à cause de sa naissance ? Nous commençons tous à estimer ces valeurs fictives. Quel homme me tient des propos impurs sans donner au démon qui est en nous le signal de soulever des fumées qui obscurcissent notre vue morale ?

(ADLER. *La religion basée sur la morale*. Trad. Hoffmann. — Fischbacher, édit.)

**

Les drames judiciaires, les scandales ne restent jamais isolés. L'avidité du public, une curiosité malsaine les avivent et les multiplient.

21. — LA SOLIDARITÉ DÈS LE COLLÈGE

On a souvent comparé la vie à un combat ; eh bien, ce combat commence dès le collège, dès la classe ; seulement l'adversaire n'est pas du tout où l'on croit. Dans la vie, ce n'est pas l'homme ; dans la classe ce n'est pas le condisciple.

Une classe, c'est une sorte de régiment en marche contre un ennemi commun : l'ignorance, à la conquête d'un bien commun : la science.

Est-ce que les soldats qui marchent ensemble à la bataille sont des ennemis les uns pour les autres ? Non assurément, et, bien au contraire, ce sont des associés qui ont grand soin de régler leurs efforts et jusqu'à leurs mouvements pour la sûreté, pour la défense, pour la gloire commune. Ils comprennent bien, ceux-là, que l'union fait la force, que le soldat répond du soldat, que l'homme est solidaire de l'homme, et, sans savoir le mot, ils sont pénétrés de la chose.

Si dans un régiment, en effet, quelques soldats plus glorieux que sages se frottaient les mains à la vue de leurs camarades démoralisés ou mal habiles au métier des armes, sous prétexte qu'au milieu de ces poltrons et de ces maladroits, il leur sera plus facile de faire briller leur courage, vous diriez : « Voilà des soldats qui font un bien faux calcul ; si braves qu'ils soient, ils ne peuvent à eux seuls remplacer la force d'une armée ; à la première rencontre, ils vont se faire tailler en pièces ; ils reconnaîtront trop tard qu'au lieu de se réjouir de la faiblesse de leurs compagnons d'armes, ils auraient mieux fait de s'évertuer à leur remonter le moral et à leur apprendre leur métier de soldat. »

Eh bien, ce qui serait absurde à l'armée l'est partout.

Dans les arts, dans l'industrie, dans les sciences et dans les lettres, il ne manque pas de gens qui, raisonnant comme nos soldats de tout à l'heure, ne voient dans leurs émules que des adversaires dont les défaillances peuvent seules assurer leur succès personnel et aspirent ainsi au sot honneur d'être les premiers dans un régiment d'éclopés.

De ces beaux raisonnements-là on en fait partout, et même au collège. « On ne travaille pas dans ma classe, me disait un petit collégien. Tant mieux ! Je vais pouvoir, sans me donner beaucoup de mal, avoir des prix cette année. » Voilà, convenez-en, un « tant mieux » bien placé, et c'est une jolie ambition que celle d'un prix remporté sur des cancres.

Etre le plus fort dans une classe où il n'y a que des faibles, je le demande à l'étourdi auquel j'entreprends de répondre, est-ce être fort ? Non. Ce n'est qu'être le moins faible. De quoi s'agit-il cependant ? C'est d'être fort en effet, et non de n'avoir de la force que l'apparence.

Pour faire une bonne classe, comme pour faire un bon régiment, il faut le travail, il faut la force de tous, ajoutant et donnant valeur à la force de chacun. Il faut donc que professeurs et colonels, soldats et élèves s'entendent pour fortifier le corps tout entier.

Le combat de la vie n'est pas un duel, c'est une bataille rangée où tout le monde doit donner, si l'on veut avoir les joies ou les profits d'une véritable victoire.

(STAHL. *Morale familière*, p. 247. Hetzel, édit.)

22. — Le socialisme du blé

L'aube rayonnait sur les cimes.
Comme j'allais, le cœur troublé,
Songeur, faisant la chasse aux rimes,
Je passai près d'un champ de blé.

Un épi trempé de lumière,
S'avançant au bord du chemin,
Levait sa tête lourde et fière
Juste à la hauteur de ma main.

En proie à l'éternel vertige,
L'homme le meilleur fait le mal ;
Cet épi dormant sur sa tige,
Je le coupai d'un doigt brutal.

Mais à son tour dressant la tête,
Un épi voisin me parla :
« Poète, me dit-il, poète !
C'est un crime que tu fais là !

Quoi ! ne sais-tu pas que nous sommes
Les épis, les beaux épis d'or,
Qui font dans les veines des hommes
Couler le sang de messidor ?

Ne sais-tu pas que ce brin d'herbe
Par ta stupide cruauté
Arraché d'avance à la gerbe,
Est un morceau de pain jeté ?

Ne sais-tu pas que sur la terre
Où l'idéal lutte sans fin,
Le misérable prolétaire
Peut encore mourir de faim ?

Et tu viens, homme imbécile,
Maltraiter cet épi tremblant,
L'empêcher de nous être utile,
Le priver d'être du pain blanc ! »

(Clovis Hugues. *Évocations*. Fasquelle, édit.)

23. — La vitre cassée

Avez-vous jamais été témoin de la fureur du bon bourgeois Jacques Bonhomme, quand son fils terrible est parvenu à casser un carreau de vitre ? Si vous avez assisté à ce spectacle, à coup sûr vous aurez aussi constaté que tous les assistants, fussent-ils trente, semblent s'être donné le mot pour offrir au propriétaire infortuné cette consolation uniforme : « A quelque chose malheur est bon. De tels accidents font aller l'industrie. Il faut que tout le monde vive. Que deviendraient les vitriers, si l'on ne cassait jamais de vitres ? »

A supposer qu'il faille dépenser six francs pour réparer le dommage, si l'on veut dire que l'accident fait arriver six francs à l'industrie vitrière, qu'il encourage dans la mesure de six francs la susdite industrie, je l'accorde, je ne conteste en aucune façon ; on raisonne juste. Le vitrier va venir, il fera sa besogne, touchera six francs, se frottera les mains et bénira dans son cœur l'enfant terrible. C'est ce qu'on voit. Mais si l'on arrive à conclure, comme on le fait trop souvent, qu'il est bon qu'on casse les vitres, que cela fait circuler l'argent, qu'il en résulte un encouragement pour l'industrie en général, je suis obligé de m'écrier halte-là ! Votre théorie s'arrête à ce qu'on voit, elle ne tient pas compte de ce qu'on ne voit pas.

On ne voit pas que, puisque notre bourgeois a dépensé six francs à une chose, il ne pourra plus les dépenser à une autre. On ne voit pas que s'il n'eût pas eu de vitre à remplacer, il eût remplacé, par exemple, ses souliers éculés ou mis un livre de plus dans sa bibliothèque. Bref, il aurait fait de ses six francs un emploi quelconque qu'il ne fera pas.

Faisons donc le compte de l'industrie en général. La vitre étant cassée, l'industrie vitrière est encouragée dans la mesure de six francs ; c'est ce qu'on voit.

Si la vitre n'eût pas été cassée, l'industrie cordonnière (ou tout autre) eût été encouragée, dans la mesure de six francs ; c'est ce qu'on ne voit pas.

Et si l'on prenait en considération ce qu'on ne voit pas aussi bien que ce que l'on voit, on comprendrait qu'il n'y a aucun intérêt pour l'industrie en général à ce que des vitres se cassent ou ne se cassent pas.

Faisons maintenant le compte de Jacques Bonhomme. Dans la première hypothèse, celle de la vitre cassée, il dépense six francs, et a, ni plus ni moins que devant, la jouissance d'une vitre.

Dans la seconde, celle où l'accident ne fût pas arrivé, il aurait dépensé six francs en chaussure, et aurait tout à la fois la jouissance d'une paire de souliers et celle d'une vitre. Or comme Jacques Bonhomme fait partie de la société, il faut conclure de là que, considérée dans son ensemble, et toute balance faite de ses travaux et de ses jouissances, elle a perdu la valeur de la vitre cassée.

Par où, en généralisant, nous arriverons à cette conclusion : « La société perd la valeur des objets inutilement perdus. »

(BASTIAT, *Harmonies économiques.*)

24. — LE COUVREUR

Pourquoi la foule vient-elle s'amasser autour de cette maison sur le toit de laquelle sont posés les degrés d'une échelle ? Les curieux approchent et se demandent de l'un à l'autre : Qu'y a-t-il ?

Un homme est là, gisant sur le sol : c'est un couvreur qui s'est tué en tombant du toit. On le plaint, on pense aux siens ; s'il est célibataire, on constate que le malheur est moins grand. « Puis chacun s'en va, pensant tout bas : Que m'importe après tout ? »

« Il importe plus que vous ne croyez, » répond Edmond About. Ne nous occupons pas, dit-il, du sentiment : car la mort d'un de nos semblables ne peut pas ne pas nous toucher. Voyons seulement la question d'argent. « Pour nourrir, habiller, instruire, conduire un enfant jusqu'à l'âge où il pourra travailler et produire, il faut dépenser de l'argent, de trois à trente mille francs, suivant qu'il s'agit d'un enfant du peuple ou d'un enfant de la bourgeoisie. »

C'est là un capital placé : si un membre de la société disparaît avant d'avoir pu produire et travailler, les dépenses faites pour lui sont perdues pour les associés ; il y a donc une diminution de la richesse sociale, diminution, qui, d'une façon directe ou indirecte, porte préjudice à tous.

(D'après Izoulet, *Cité moderne.* F. Alcan.)

25. — LE MAL QUE SOUFFRENT LES ENFANTS ET LE MAL QU'ILS FONT

« Je me souviens [1] d'avoir rendu visite un jour à M. le juge d'instruction Guillot, au Palais de Justice. M. Guillot est un cœur droit et tendre que préoccupent les enfants abandonnés. Comme j'entrais, on amenait dans son cabinet justement trois enfants, un garçon et deux filles, pris en flagrant délit de vol à la devanture d'un magasin. J'en-

---

[1] PAUL DESJARDINS. Discours prononcé à la réunion générale des membres de la Ligue fraternelle des enfants de France, décembre 1897, n° 9 du journal de la Ligue).

tendis de mon coin l'interrogatoire. « Quel âge as-tu ? — Neuf ans. — Et les deux petites ? — Six ans et quatre ans. — Vous avez été pris volant des ustensiles de fer blanc au bazar de l'Hôtel-de-Ville. Pourquoi cela ? » Silence. « Vous vagabondiez tous trois dans la rue ; pourquoi n'allez-vous pas à l'école ? » Silence. « Où demeurent tes parents ? — Sous l'escalier. — Sous quel escalier ? — Dans la cour. — Dans quelle cour ? où cela ? — Tantôt ici, tantôt là. — Ta mère, où est-elle ? — Sous l'escalier. — Travaille-t-elle ? — Non, elle est aveugle. — Alors, elle a un secours ? — Oui, cinq francs par mois, du *Bureau*[1]. — Et ton père, où est-il ? — A l'asile des aliénés, à Ville-Évrard. — Mais, je te reconnais, il me semble, tu es déjà venu à mon bureau ? — Oui, mon président. — Je ne suis pas un président ; mais je vois que tu connais le tribunal, pour un gamin de neuf ans... — Oui, mon président ; j'avais déjà pris un pain, avec l'aînée de mes petites sœurs, il y a deux ans... » Et, se tournant vers moi, quand le garde municipal eut emmené les enfants, M. Guillot me dit : « Nous le reverrons. Il a commencé par un pain et on l'a acquitté, il suivra la progression ; d'un petit vol à un plus gros, d'une petite condamnation à la plus grave ; je connais cela par cœur ; à dix-huit ans il partira pour la « Nouvelle ». Il est perdu... Et à qui la faute, la première faute ? »

Il ne nous est plus possible de nous poser la question qu'Abner adressait à Mathan avec une généreuse indignation :

« De quel crime un enfant peut-il être capable ? »

La lecture des faits divers, les statistiques nous prouvent que « cet âge innocent » n'ignore maintenant aucun genre de défaillances ou de délits. De 1839 à 1889, la criminalité s'est accrue de 140 p. 100, chez les mineurs ayant moins

---

[1] Le bureau de l'assistance publique.

de seize ans, et de 247 p. 100 chez ceux de seize à vingt ans. Les fils d'alcooliques, qui échappent rarement au mal originel, les enfants qui grandissent à l'abandon fournissent le plus fort contingent des recrues. Ils s'élèvent dans la rue, voués à une dépravation progressive. D'abord gavroches, ils « chipent », puis volent, entraînés par l'exemple d'aînés qui leur montrent la voie : graine d'apaches, ils apprennent vite à cambrioler, à tuer au besoin ; bientôt chefs de bandes, ils se livrent des batailles rangées. Le plus souvent, les parents eux-mêmes les délaissent, quand ils ne les poussent pas à mendier. Mais aussi, à côté de ces indignes, combien n'est-il pas d'honnêtes parents qui, retenus au dehors par leur travail toute la journée, se désolent de ne pouvoir surveiller leurs enfants ! Si seulement le père avait un salaire convenable[1], la mère pourrait rester à la maison et empêcher les enfants de vagabonder.

La misère physique ne crée pas un moindre danger. Grâce à elle, la tuberculose fait de terribles ravages parmi les jeunes, surtout dans les centres industriels. Souvent la misère a pour cause l'inconduite des parents, mais aussi les ressources insuffisantes du salaire[1], les charges de famille, le chômage forcé[2]. Les enfants sont mal nourris

---

[1] Mais si le salaire était plus élevé, les patrons ne pourraient plus soutenir la lutte contre la concurrence étrangère ; l'usine se fermerait, et la situation serait encore pire. Il faut tenir compte de la solidarité économique internationale (Voir chap. VII).

[2] Le chômage peut avoir des causes diverses. Tantôt il résulte des mortes-saisons : les commandes affluent à un moment, puis cessent à d'autres. Le patron renvoie ses ouvriers. Tantôt il a pour cause la loi de solidarité, à laquelle les faits économiques sont soumis eux aussi. Dans un tissage, par exemple, chaque métier est conduit par un ouvrier. Arrive une invention qui permet de faire conduire par chaque tisseur deux métiers au lieu d'un ; le résultat sera le renvoi d'une certaine partie du personnel, le chômage pour les ouvriers âgés qui ne pourront se transformer de tisseurs en ouvriers constructeurs des nouvelles machines. Ou s'ils sont gardés

et ne mangent pas toujours à leur faim. Le logement se compose d'une seule pièce, sorte de taudis où tous s'entassent et vivent dans la plus complète promiscuité! Avec l'alcool, qui « fait le lit de la tuberculose », la ruine et la mort envahissent ces bouges : les enfants affaiblis, sans air pur [1], sans soleil, sont tout prêts à être infectés par la contagion. « Pauvres petits, dit un homme de cœur, M. Louis Comte, qui a fondé pour ces déshérités des colonies de vacances.

« Pauvres petits! il faut les voir quand on les passe au conseil de revision, c'est-à-dire quand, un mois avant le départ pour la montagne ou pour la mer, les docteurs les auscultent! que de déviations d'épines dorsales! que d'infirmités! que de plaies sèches ou purulentes! que de membres grêles! que de corps de sept ou huit ans pour un enfant qui en a dix ou douze! Et nous laissons tout cela pousser, végéter, graines d'hôpital, futurs clients de bureaux de bienfaisance ou d'asiles, foyers de gangrène sociale et morale, car beaucoup de ces enfants ne pourront jamais, si on ne s'occupe d'eux, se développer normalement, et leurs tares physiques, dont ils ne sont pas responsables, engendreront des tares morales dont ils seront encore moins responsables, à coup sûr [2]! Or nous ne vivons pas séparés les uns des autres par des cloisons étanches. La loi de solidarité s'exerce dans le mal avec autant de régularité et de force que dans le bien, et, quand elle s'appelle

à l'usine, l'excédent des ouvriers fera abaisser les salaires et diminuer le nombre des heures de travail pour tous.

(D'après A. Fontaine : *Rapport présenté au congrès d'Education sociale*, 1900.)

[1] Il n'est pas rare de trouver dans une seule chambre sept ou huit personnes, et même davantage, ayant à peine trois mètres cubes chacune, c'est-à-dire aspirant à pleins poumons tous les bacilles de la maladie.

[2] Œuvre des *Enfants à la montagne*, p. 63 par L. Comte, Saint-Étienne, au bureau du *Relèvement social*.

contagion, ses effets se font sentir sur les classes riches, comme sur les classes pauvres. » Comme le dit le docteur Landouzy, « la santé de chacun étant faite de la santé de tous, il ne saurait être indifférent à personne que, par le monde, le nombre des tuberculeux contagionnants allât en diminuant au lieu de croître. »

(G. C.)

* *

Tous ces individus malsains de corps et d'âme font nombre : par leur suffrage ou la participation aux émeutes, ils interviennent dans la vie sociale ou les affaires publiques.

On ne peut dire : « Qu'ai-je de commun avec ces gens-là ? »

* *

Les taudis et les logements insalubres sont une source d'infection et de contamination pour les maisons saines et propres de la même ville.

* *

Dans les grandes villes, il y a, en quelque sorte, deux nations qui se comprennent aussi peu l'une que l'autre que si elles habitaient chacune un pays étranger. — Ce que souffrent des milliers de citoyens, les extrémités auxquelles ces malheureux sont réduits, leurs moyens de vivre, tout cela est aussi peu connu des autres que le genre de vie des tribus sauvages. Que de choses utiles certains voyageurs apprendraient, si, au lieu d'explorer le nouveau monde, ils pénétraient dans les repaires de la misère, de la douleur et du crime qui sont à leur porte !

(D'après CHANNING.)

* *

A Paris, dans certains quartiers ouvriers, la tuberculose enlève 104 habitants sur 10 000 ; — dans le quartier des Champs-Elysées, la mortalité tuberculeuse est de 11 sur 10 000. En France, cette maladie tue chaque année 150 000 personnes, l'équivalent d'une ville comme Toulouse, ou d'un département comme le Morbihan.

On dit souvent que le nombre des révoltés est scandaleusement grand. J'ai, je l'avoue, l'étonnement contraire; c'est le nombre infini des résignés qui me surprend et m'attendrit.

(Paul Desjardins.)

N'est ce pas la haine de la société qui se contracte dans ces taudis? Et ne faut-il pas « de l'héroïsme pour imposer silence aux cris de révolte[1] de la faim qui s'aiguise devant une table bien servie? »

26. — Notre dette envers la société est payée a nos descendants

Si notre dette à l'égard de la société est contractée envers les ancêtres, à qui sommes-nous tenus de l'acquitter? Ce n'est pas pour chacun de nous en particulier, que l'humanité a amassé ce trésor, ce n'est ni pour une génération déterminée, ni pour un groupe d'hommes distinct. C'est pour tous ceux qui seront appelés à la vie que tous ceux qui sont morts ont créé ce capital d'idées, de forces et d'utilités. C'est donc envers tous ceux qui viendront après nous que nous avons reçu des ancêtres charge d'acquitter la dette; c'est un legs de tout le passé à tout l'avenir. Chaque génération qui passe ne peut vraiment se considérer que comme en étant l'usufruitière, elle n'en est investie qu'à charge de le conserver et de le restituer fidèlement. Et l'examen plus attentif de la nature de l'héritage conduit à dire en outre : à charge de l'accroître.

---

[1] Cf. *Lectures morales* de 4e, p. 249, les réflexions de « ce père sans travail que la famine assiège » :

« Pour un seul que de biens!
A son large festin que d'amis se récrient!
Ce riche est bien heureux; ses enfants lui sourient,
Rien que dans leurs jouets que de pain pour les miens! »

C'est en effet un dépôt incessamment accru que les hommes se sont transmis. Chaque âge a ajouté quelque chose au legs de l'âge précédent [1].

(Léon Bourgeois. *La Solidarité*, Colin, édit.)

27. — Moyens de payer sa dette a la société

On ne vous demande pas d'opérer des miracles ; on désire seulement que vous laissiez quelque chose après vous. « Celui qui a planté un arbre avant de mourir n'a pas vécu inutile. » C'est la sagesse indienne qui le dit. En effet, il a ajouté quelque chose au capital de l'humanité. L'arbre donnera des fruits, ou tout au moins de l'ombre, à ceux qui naîtront demain, affamés et nus. Un arbre, un toit, un outil, une arme, un vêtement, un remède, une vérité démontrée, une loi découverte, un livre, une statue, un tableau : voilà les additions que chacun de nous peut faire au trésor commun.

Il n'y a pas aujourd'hui un homme intelligent qui ne se sente lié par des fils invisibles à tous les hommes passés, présents et futurs. Nous sommes les héritiers de tous ceux qui sont morts, les associés de tous ceux qui vivent, la providence de tous ceux qui naîtront. Pour témoigner notre reconnaissance aux mille générations qui nous ont fait graduellement ce que nous sommes, il faut perfectionner la nature humaine en nous et autour de nous. Pour remercier dignement les travailleurs innombrables qui ont rendu notre habitation si belle et si commode, il faut la livrer plus belle et plus commode encore au générations futures. Nous sommes meilleurs et plus heureux que nos devanciers, faisons que notre postérité soit meilleure et plus heureuse que nous. Il n'est pas d'homme si pauvre et si mal doué qui ne puisse contribuer au Progrès dans une

[1] Cf. Sully-Prudhomme. *La justice qui veille.*

certaine mesure. Celui qui a planté l'arbre a bien mérité; celui qui le coupe et le divise en planches, a bien mérité; celui qui assemble les planches a bien mérité; celui qui s'assied sur le banc prend un enfant sur ses genoux et lui apprend à lire a mieux mérité que tous les autres. Les trois premiers ont ajouté quelque chose au capital commun de l'humanité; le dernier a ajouté quelque chose à l'humanité elle-même. Il a fait un homme plus éclairé, c'est-à-dire meilleur.

(Edmond About. *Le Progrès*. Hachette, édit.)

∴

On doit célébrer cette année le centenaire du rail en fer. C'est en 1804 que deux humbles mécaniciens du pays de Galles, Trevitich et Vivian, remplacèrent le rail en bois par le rail en fer; que de progrès l'humanité ne leur doit-elle pas!

∴

L'homme ne devient vraiment un homme, un être raisonnable et libre que parmi les hommes.

∴

« Les hommes s'achèvent en foule[1]. »

∴

Obligations qui résultent de la solidarité.

Je suis tenu à plus de vigilance, quand je songe que je suis comme un anneau vivant dans la chaîne ininterrompue des générations. Je travaille pour l'avenir, c'est-à-dire pour le bonheur futur de ma famille, de mon pays, de l'humanité chaque fois que je développe et modifie en mieux ma nature. Toutes les fois au contraire que je déchois, je sème pour l'avenir des difficultés, des fautes et des misères.

(D'après Marion.)

[1] Cf. le sonnet de Sully-Prudhomme : *Patrie*.

D'autres récoltent toujours ce que nous avons semé.

La vie ne doit se transmettre à d'autres que si on l'a gardée en soi-même pure de toute souillure.

Je dois respecter mon associé, c'est-à-dire autrui, dans sa vie, dans ses biens et dans son honneur. Si je lui porte atteinte, le mal retombe sur l'association tout entière.

Les individus, dans la société, ne sont pas des activités indépendantes les unes des autres ; les hommes sont, non pas des êtres isolés, mais des êtres associés ; leurs forces, au lieu de se heurter et de s'entre-détruire, doivent tendre au même but.

Dans la société, l'état idéal sera celui où chacune des activités individuelles aura les moyens et la liberté d'atteindre à son plus haut degré d'énergie, et, en retour, consacrera cette énergie aussi complètement que possible au développement de l'œuvre commune.
(L. Bourgeois.)

La vie sociale est avant tout une *collaboration*. Voir l'ensemble, s'y considérer comme partie dans un tout, solidaire et dépendant, c'est avoir le *sens social*. Il faut subordonner son action à celle des autres associés, et non la juxtaposer.

Le réfractaire est celui qui ne voit que lui, qui se prend pour un tout, et agit comme s'il était seul au monde. Il ne se rend pas compte de ce qu'il serait à l'état d'isolement.
(D'après Izoulet.)

Voyez ce qui se passe au lycée quand un élève essaie de « tricher » au jeu, ou réussit à duper ses camarades, ou les brutalise. Vous l'évitez, vous le fuyez, protestant contre ce manque de justice, de loyauté. L'association est diminuée de ce fait, est menacée dans son existence. Il en est de même dans la grande société humaine.

*
* *

Beaucoup d'individus ne se rendent pas compte que la société est une association et en sont encore au système de *la lutte pour la vie*, qui était en usage chez les hommes primitifs : ceux-ci isolés vivaient de proie et recouraient à la force et à la ruse. Maintenant que l'individu fait partie d'un tout, qu'il appartient à une société fondée sur la division du travail, c'est la justice et l'équité qui doivent être la règle des associés. Chacun doit travailler et produire, refouler les instincts ataviques et ne pas chercher à dépouiller autrui du fruit de son travail.

(D'après IZOULET.)

*
* *

La politesse[1], ce sont les sentiments d'association et de collaboration, de loyauté et d'équité dans les rapports entre associés, se traduisant au dehors dans l'attitude, dans la physionomie, dans la parole, dans l'accent et dans les mots, dans la manière d'être enfin. La politesse, c'est du civisme visible.

(D'après IZOULET; *La cité moderne*. F. Alcan, édit.)

*
* *

Tout peuple qui n'est pas poli, réellement poli[2], c'est-à-dire tout peuple qui est grossier et brutal, ou servile et obséquieux, est un peuple où l'on se méprise, où l'on se hait, un peuple où sévissent cyniquement ou hypocritement la violence, l'iniquité, l'injustice.

(IZOULET, *id.*)

*
* *

[1] Le mot *civilité*, qui a la même origine, a perdu de sa force. — Politesse vient de *politeia*, *polis*, cité.

[2] Car il y a la politesse simulée, qui est de l'hypocrisie.

La politesse doit être observée même dans les faits les plus humbles de la vie quotidienne. M. Izoulet, en observateur pénétrant et profond, cite un exemple des plus intéressants (p. 219, *La Cité moderne*.) « J'ai souvent remarqué, dit-il, l'intonation du cri : « Attention ! » jeté par les employés, au moment où le train pénétrait dans le hall de quelque grande gare pleine de mouvement. » La plupart du temps cette intonation trahit « un fonds brutal de mépris ou de haine », comme si la parole lancée s'achevait dans l'esprit de l'employé par ce sous-entendu : « Hé ! imbéciles ! » D'autres fois, elle manifeste « la légère inquiétude motivée et sincère d'un homme qui voit un de ses semblables en danger, ou simplement l'avis sobre d'un homme qui fait correctement son devoir. »

Pourquoi, ajoute M. J. Izoulet, l'employé commence-t-il par penser mal d'autrui ? On peut avoir une distraction, un moment d'oubli, « sans être forcément un idiot ». L'employé ne pourrait-il faire sentir, par l'inflexion de voix, qu'il ne fait que donner un renseignement utile ; si le voyageur a intérêt à le recevoir, l'employé a le devoir de le donner, et ce devoir se confond avec son *propre* intérêt.

« Ces petites misères trahissent un état d'âme fâcheux, un fonds de haine et de mépris, prêt à se faire jour aussi bien, sinon mieux, dans les grandes choses que dans les petites. »

(D'après Izoulet.)

**

Si dans le corps humain un organe fonctionne mal, tout l'organisme s'en ressent. Il n'en va pas autrement dans l'organisme social. Si, parmi les membres de la société, il en est qui remplissent mal leur fonction, les associés en souffrent par une répercussion fatale : les bons pâtissent à cause des mauvais. Aussi faire son devoir n'est pas suffisant. J'ai des associés qui ne connaissent pas le leur, ou n'ont pas la volonté de l'accomplir, il est de mon intérêt de les éclairer, de les instruire : mon sort est lié au leur. Mon bonheur ne sera assuré que quand ils seront ce qu'ils doivent être.

(D'après Izoulet.)

**

La solidarité fait retomber le mal des uns sur les autres, comme elle étend aussi le bien de chacun à tous et de tous à chacun. Elle oblige par là même la société à trouver un remède pour tout mal qui afflige l'individu, parce que ce mal tend à devenir social.

(FOUILLÉE.)

**

L'idée de solidarité exprime cette vérité que les hommes, en poursuivant leurs fins propres, *ne peuvent pas* ne pas tenir compte les uns des autres et *doivent* en tenir compte.

(FOUILLÉE. *Rev. des Deux Mondes*, 15 juillet 1901, p. 391.)

**

On commence à entrevoir que chacun a intérêt au bonheur des autres. C'est le bouleversement de tous les anciens préjugés, d'après lesquels le bonheur des uns ne pouvait s'acquérir qu'aux dépens de celui des autres.

(EUG. VÉRON.)

**

Nous attaquons la société; nous ne nous lassons pas de dénoncer ses mensonges, ses hypocrisies, ses injustices, tous les maux auxquels si facilement se résignent ceux qui n'en souffrent pas; rien de plus légitime, sous cette réserve que nous gardions le sentiment de ce que nous devons à la société, par laquelle seule, en vérité, nous existons.

(G. SÉAILLES.)

28. — PRIVILÉGIÉS ! RÉFLEXIONS D'UN ENFANT DE LA BOURGEOISIE

Il arrive parfois que des inimitiés éclatent entre les enfants d'une même ville, les uns élèves des écoles primaires, les autres élèves du lycée ou du collège. De motif particulier ? il y en a pas. Cette hostilité n'est que la répercussion de la lutte sourde qui existe entre la classe populaire et la classe bourgeoise : l'envie est mauvaise conseillère.

Un de mes jeunes amis, garçon de quinze ans, vint un jour me raconter une rixe, à laquelle il avait assisté, entre primaires et secondaires. C'était un garçon sérieux : je l'amenai sans peine à réfléchir sur cet état de choses inquiétant. Il mit par écrit ses méditations. Je les transcris, parce qu'elles sont utiles à tous :

« Nous autres enfants de la bourgeoisie, nous ressemblons aux paysans de Virgile : nous ne connaissons pas notre bonheur ! L'affection inquiète de nos parents surveille avec un soin jaloux notre santé ; leurs ressources nous font ignorer les privations. Toujours habillés proprement, nous avons, l'hiver, de chauds vêtements et des chaussures imperméables. Sommes-nous malades ? vite le médecin est appelé ; on ne regarde pas au prix des remèdes. Aux vacances, nous allons au bord de la mer ou dans les montagnes prendre de nouvelles forces.

Aussi pouvons-nous sans fatigue dérouler au lycée un long cycle d'études, jusqu'à dix-huit ans. Nos parents surveillent notre travail, notre conduite, dont ils modèrent les écarts ; autour de nous, la paix réconfortante du foyer de la famille. Et, si notre goût nous incline à continuer nos études, les amphithéâtres des facultés nous ouvrent leurs portes ; notre famille assure notre vie matérielle, et nous pouvons à loisir travailler au développement de notre intelligence et de notre volonté. Nous sommes vraiment des privilégiés.

Ils ne demanderaient pas mieux que de venir avec nous, les enfants des ouvriers de notre ville ; mais qui paierait les frais de leurs études au lycée ? Leurs parents gagnent péniblement de quoi subvenir à la faim de chaque jour. Ce sont des forgerons, des peintres, des mécaniciens, des serruriers, des boulangers, des cordonniers, des tailleurs : ils nous débarrassent des occupations matérielles et nous laissent tout notre temps libre pour vivre de la vie de l'intelligence. A quels dangers ne sont-ils pas exposés¹ !

¹ Voir le morceau de Legouvé : *Notre bien-être*, etc., (p. 28 même volume). — Les exigences de l'hygiène et les conditions du travail

Des visites fréquentes dans les ateliers nous seraient profitables : elles nous apprendraient que notre bien-être doit quelque chose à leurs misères. Allons voir quelquefois le « souffleur de verre rongé de phtisie à la gueule ardente du four », « le tisserand voûté sur son métier », — le métallurgiste qui travaille la fonte au sortir du haut fourneau, les muscles contractés, le front ruisselant ; — l'imprimeur ou l'employé des grands magasins condamné à vivre dans une atmosphère qui n'est jamais renouvelée. Après ces visites, nous goûterons mieux notre félicité et notre cœur s'ouvrira « aux soucis de la fraternité [1] ».

Pendant que le père et la mère sont retenus au dehors

---

sont trop souvent en opposition. Les filatures de laine en offrent un exemple. Pour être travaillée d'une façon convenable, la laine a besoin d'un certain degré de chaleur, 30 à 35 degrés ; cette chaleur a, d'autre part, sur la laine une action nuisible, qui ne peut être combattue que par la présence dans l'air d'une grande quantité de vapeur d'eau. La température dans les ateliers devant rester constante, les ouvriers travaillent dix et onze heures par jour dans une véritable étuve, dont l'air ne peut être renouvelé ! Aussi, à la fin de la journée, il contient non seulement de l'acide carbonique en proportion double de la normale, mais toutes sortes de microbes. Les émanations des individus qui peinent dans cet air confiné, les odeurs qui se dégagent des matières grasses, les crachats qui se dessèchent, vicient l'atmosphère des salles et propagent la tuberculose. Les ouvriers sont décimés par ce mal qu'ils transmettent à leurs enfants (d'après le docteur Vermersch).

[1] Lire le sonnet de SULLY-PRUDHOMME : *Homo sum* (*Poésies*). Nous nous intéressons de plus en plus à la vie des travailleurs. Nous comprenons qu'une nation n'est forte que si la population ouvrière n'est pas réduite à la misère et peut vivre de son gain. Dans différents pays, pour mieux étudier la question, certains se font ouvriers d'usine, vivent de la vie des travailleurs, portant leur costume partageant leurs peines et leurs distractions. En Allemagne, il y a quelques années, beaucoup de professeurs d'universités se faisaient mineurs ou métallurgistes. Deux américaines, Mme John Van Horst et Mlle Marie Van Horst, pour savoir ce qu'était la condition des ouvrières aux États-Unis, ont renoncé à leur bien-être pour aller gagner leur vie dans les ateliers (filatures, fabriques de tricots, chaussures).

à l'usine ou à l'atelier, les enfants, au sortir de l'école, rentrent dans l'unique chambre de la famille ; ils n'y ont pas toujours du feu l'hiver ; ils sont livrés à eux-mêmes. Il leur faut du courage pour travailler ainsi seuls. Au moins ont-ils la tranquillité. Mais il en est beaucoup dans la situation du « *Fils du forgeron* » dans le récit de Ed. de Amicis[1]. « Son père rentre toujours gris à la maison, le bat pour un rien et jette en l'air ses livres et ses cahiers d'un revers de main ; » il lui arrive de heurter la table, de renverser la lampe et de brûler le cahier du pauvre petit. Combien de fois l'enfant n'est-il pas venu à l'école le ventre vide !

A l'âge de treize ans, il leur faut quitter la classe et entrer en apprentissage, pour aider leurs parents. Beaucoup voudraient continuer à s'instruire : cela leur vaudrait mieux que d'aller, à l'âge où nous avons besoin d'air pour grandir, s'étioler et s'anémier dans les usines. Leur misère a inspiré à Victor Hugo des vers touchants.

Où vont tous ces enfants dont pas un seul ne rit ?

Nous retrouverons plus tard ces enfants, ces camarades. L'un conduira la locomotive qui nous mènera à nos affaires ou à nos plaisirs ; l'autre sera maçon et nous bâtira une maison ; celui-ci la couvrira ; celui-là en montera la charpente. Ils seront payés, sans doute : mais leur salaire suffira-t-il pour les mettre à l'abri du besoin ? Une maladie, un chômage, un accident épuiseront vite leurs maigres ressources. Et s'ils sont blessés[2], s'ils sont réduits à une incapacité de travail, c'est fini, c'est la chute

---

[1] Voir dans les *Lectures morales*, de 4e, p. 230. Cf. *L'apprenti verrier*, dans le *Journal Trimestriel de la Ligue Fraternelle des enfants de France*, juillet 1903, n° 31.

[2] La loi sur les accidents du travail a amélioré le sort des ouvriers (1898). Voir appendice II.

irrémédiable au bureau de bienfaisance et à l'assistance publique. Ou bien, quand l'âge les aura affaiblis, et qu'ils seront chassés de leur chantier ou de leur place pour être remplacés par de plus jeunes et de plus actifs, que deviendront-ils ? Auront-ils pu économiser pour vivre alors sans le secours d'autrui ? La fin de vie est souvent triste : les suicides de vieux ouvriers qui ne peuvent plus trouver d'emploi et qui, trop fiers pour mendier, préfèrent mourir, s'ils sont rares, n'en sont pas moins une honte pour notre société.

« Que les hommes aillent moins au cabaret! que les femmes mettent moins de rubans! ils mettront de côté quelques sous. » N'aimons-nous pas les distractions nous-mêmes ? La toilette ne flatte-t-elle pas notre coquetterie ? Le cabaret est là qui tente le pauvre, il y fait chaud l'hiver et meilleur que dans la pièce sans feu ; l'alcool est un excitant qui fait oublier les fatigues des longues journées de labeur; il empêche de trop songer aux craintes de l'avenir qui assiègent l'ouvrier. Il vaudrait mieux pour l'ouvrier ne pas s'y abandonner. Mais cette défaillance n'est-elle pas excusable? S'il avait un foyer confortable, un jardin pour le retenir, le cabaret le tenterait moins.

Au reste beaucoup d'ouvriers sentent trop vivement tous les risques auxquels ils sont exposés pour n'avoir pas essayé de se protéger contre eux. La pauvreté, l'incertitude du lendemain, loin de les décourager, développent chez eux une énergie digne d'éloges, un sentiment de prévoyance qui les sauvera. Ils se disent : « Nous sommes tous exposés aux risques de la maladie, du chômage, de la vieillesse. Sur qui tombera le risque? Nul ne le sait! Mais si chacun de nous est seul pour s'en garantir, il sera écrasé ; unissons-nous et rendons le risque *mutuel*; nous paierons tous pour nous en garantir tous. » Et les ouvriers, soucieux de leur dignité, se sont mis avec courage, avec persévérance à cette œuvre qui doit leur donner un peu de sécurité pour l'avenir. Malgré leurs charges de famille ils retranchent sur le nécessaire, se privent sur la nourriture, économisent sur le présent pour assurer le lendemain : n'en voient-ils pas chaque jour parmi les leurs qui succombent sous le fardeau ? Pauvres vieux, à la figure ridée, aux traits tirés, aux joues creusées, dont l'aspect lamentable évoque à notre souvenir le vers du poète :

Ce qui reste du pauvre après un long combat[1].

Aussi vont-ils aux Mutualités et versent à ces sociétés leur cotisation, contents d'avoir fait leur devoir. Et si la maladie les atteint, si l'âge ne leur permet plus de travailler, ils recevront de la *Mutualité* une indemnité, et une pension — non pas un secours ; ils les recevront comme une chose due, puisque leurs versements ont contribué à former cette caisse commune sur laquelle on les prélève. C'est en raison des sacrifices qu'il s'est imposé pour les autres qu'il aura *droit* à cette indemnité : « Un pour tous, tous pour chacun. »

Cet effort personnel pour s'aider, ce sentiment de prévoyance trempent les caractères et développent l'énergie morale ; on se sent plus homme à pouvoir compter sur soi-même. Chaque ouvrier se sent plus en garde contre les défaillances. Aussi, dès l'école primaire, on veut donner aux enfants l'habitude de ne pas attendre tout d'autrui et le souci d'aider les autres. On veut leur apprendre « à la fois la prévoyance pour soi, qui est une forme de l'intérêt bien entendu, et la prévoyance pour autrui, qui est une forme de la solidarité. » Beaucoup d'enfants, fils d'ouvriers, sont affiliés à des mutualités.

Assurément les risques des enfants de la bourgeoisie sont moindres. Mais qui sait ? nos parents sont-ils toujours

---

[1] Légende des siècles, les *Pauvres gens*. — J'ai détourné le vers de son véritable sens ; V. Hugo parle du cadavre de la mère.

économes ? Il n'est pas rare de voir des familles bourgeoises, qu'on croit aisées et fortunées, réduites par la brusque disparition du chef ou ses défaillances à une gêne d'autant plus dure à supporter qu'on n'y est pas habitué. Cette perspective du malheur n'est pas nécessaire pour nous engager à unir nos risques et nos efforts à ceux des enfants du même âge, qui, élèves des écoles primaires, seront demain nos associés dans la vie. Nous avons reçu en héritage, sur le patrimoine commun, un capital en argent et en instruction. Nous pouvons et nous devons plus que celui qui n'a reçu ni l'un ni l'autre. Notre associé est laborieux, économe ; mais il n'a que son salaire ; ce salaire suffit pour le faire vivre lui et les siens ; mais la vieillesse ? Associons-nous à lui dans la mutualité : nous mettrons ainsi dans la société un peu plus de justice.

Notre intérêt bien entendu nous commande aussi cette association. Il est utile à chacun de nous d'avoir des associés bien portants, assurés du lendemain, heureux, instruits : — bien portants, parce que nous ne sommes pas à l'abri de la contagion de leurs maladies ; — assurés du lendemain, car « les guerres sociales naissent des misères aiguës, des souffrances méconnues, des abus criants » ; — heureux, le bonheur empêche l'envie de naître ; — instruits, il importe que leurs votes écartent les politiciens qui mèneraient la France à la ruine. Encourageons leurs efforts qui nous sont utiles. Les imprévoyants d'aujourd'hui seront les assistés de demain : et qui paie le budget des hôpitaux et de l'assistance publique ?

> Si ton voisin vient à mourir,
> C'est sur toi que le fardeau retombe[1].

Enfin, si « le bénéfice personnel d'une indemnité en cas de maladie ou d'une pension pour la vieillesse paraît trop

---

[1] LA FONTAINE. *Le cheval et l'âne.*

mince ou trop éloigné aux élèves des lycées, qui nous empêche d'abandonner notre propre obole à la caisse commune et de faire, par ce moyen, d'une bonne affaire une bonne action ? [1] » Nous sommes, vis-à-vis de nos camarades des écoles primaires, placés dans une situation de dépendance réciproque : ils feront pour nous les travaux matériels, et notre argent donné en paiement subviendra à leur existence. On m'a dit que cette solidarité de fait était représentée autrefois dans l'école d'un philosophe, Saint-Simon, par un gilet [2] : ce gilet se boutonnait par derrière, et il était impossible de l'endosser sans appeler à son secours un des frères en la foi saint-simonienne. La division du travail nous réduit les uns les autres dans la société à une semblable nécessité. « Cette solidarité d'infirmes », cette solidarité fatale peut et doit devenir volontaire, s'affranchir de cette servitude. Le moyen est de nous unir par le cœur à nos associés : c'est de ressentir leurs souffrances, de partager leurs désirs, leurs volontés.

Par un sentiment de justice, par intérêt bien entendu, dans un élan du cœur, nous voudrons aider dans leurs efforts à échapper aux menaces de l'avenir des camarades moins bien partagés, qu'une barrière factice sépare de nous et transforme souvent en ennemis.

Ajoutons quelques parties de foot-ball jouées en commun et nous aurons travaillé à une bonne œuvre; nous aurons essayé de donner à notre pays des générations unies. »

Les paroles de cet enfant de la bourgeoisie sont pleines de sagesse et de cœur. Elles méritent d'être méditées,

---

[1] G. Dodu. *Guide pratique de l'éducateur populaire.* (Picard et Kaan, édit.)

[2] Voir Ch. Gide, la *Solidarité économique,* p. 211, dans l'*Essai d'une philosophie de la solidarité.* (F. Alcan édit.)

elles méritent d'être suivies, parce qu'elles encouragent la pénétration fraternelle des classes.

(G. C.)

*
* *

Vous atténuerez ainsi « ce qu'ajoutent d'amertume et de misère aux inégalités naturelles les injustices sociales ».

(MILLERAND.)

*
* *

Il faut tisser le lien social qui doit unir les pauvres et les riches et dont la rupture ou le relâchement même expose la nation aux œuvres secrètes de l'envie et de la haine.

(P. BAUDIN.)

*
* *

Qu'entend-on par « classes laborieuses » ? L'expression vous paraît-elle juste ?

29. — MUTUALITÉ INTERSCOLAIRE [1]

En quoi consiste la *mutualité interscolaire ?* Son principe est de réunir dans une société commune de secours contre la maladie ou de retraite pour la vieillesse, les élèves de toutes les écoles primaires ou secondaires (lycées de garçons et lycées de filles) d'un même canton, d'un même arrondissement, d'un même département [2].

Chaque membre verse 0 fr. 10 par semaine, ou 5 fr. 20 par an ; 0 fr. 05 sont affectés à la caisse de secours en cas de maladie ; 0 fr. 05 sont déposés à la caisse nationale des retraites pour la vieillesse ; à partir du soixantième versement un livret individuel de caisse de retraite est remis à l'adhérent. Si l'on adopte le système à *capital réservé*, les héritiers conservent la propriété des sommes versées.

---

[1] Ce morceau est intercalé ici à titre de renseignement.
[2] Voir Dodu, *Guide pratique de l'Éducateur populaire*, p. 41, 42 (édit. Picard et Kaan).

En cas de maladie, l'enfant de quatre à seize ans touche 0 fr. 50 par jour pendant le premier mois ; — 0 fr. 25 pendant les deux mois suivants.

La pension de retraite peut être versée à l'adhérent à partir de l'âge de cinquante ans. Elle peut s'élever à 300 francs en moyenne, au maximum 360 francs.

Dans la pratique, le crédit pour maladie n'est jamais dépensé en entier ; l'excédent est versé à la Caisse nationale.

Telle est l'œuvre à laquelle les élèves de l'enseignement secondaire sont engagés à participer. Ils aideront à assurer une vieillesse plus tranquille aux ouvriers et employés de toutes sortes qui, vers un certain âge, se voient fermer toutes les portes par ces mots : « Trop vieux ! Trop vieux ! » Ces pauvres gens après une vie de labeur, ne savent plus où trouver un gîte, n'ont pu économiser de quoi ne pas mourir de faim.

Si nos élèves ne veulent pas se mettre membres participants dans ces deux sociétés et s'unir à leurs camarades des écoles primaires pour les risques de la vie, qu'ils viennent à eux, comme membres honoraires, sans prendre pour cela des airs protecteurs. Ce ne sera qu'un acte de justice réparatrice.

(G. C.)

∴

La première société de mutualité interscolaire a été établie en 1898, à Roanne ; elle comprend les élèves de l'enseignement primaire et de l'enseignement secondaire, filles et garçons. C'est un groupe cantonal. *Tous* les élèves de l'enseignement primaire ou de l'enseignement secondaire *indistinctement* sont membres *participants*. C'est le meilleur système[1]. La société de Roanne compte en ce moment 913 membres. Les indemnités

---

[1] Il y a également des membres honoraires ; ce sont les personnes qui s'intéressent aux œuvres de solidarité.

pour maladies se sont élevées, pendant les cinq premières années, à 5 410 fr. 50.

En général, les lycéens ne réclament pas leur indemnité de maladie ; ils l'abandonnent et la versent au fonds de retraite ; c'est donner un bel exemple de solidarité : ils sont de la sorte membres actifs et membres honoraires[1]. Dans d'autres établissements, les lycéens acceptent la somme due et la font inscrire sur leur livret individuel à titre de versement supplémentaire : c'est un acte de prévoyance.

A Saint-Étienne, une société interscolaire a été fondée après celle de Roanne. — Il en existe également une au lycée de Lorient[2], très prospère. Les fonds sont recueillis chaque semaine par un maître qui passe dans les classes. Un élève désigné a réuni à l'avance les cotisations qu'il remet au maître.

.

Tout acte de mutualité et de solidarité est un acte de moralité supérieure ; les individus apprennent à se sentir et à vouloir vivre non comme des êtres isolés, mais comme des associés unis par des liens de justice réciproque. Cette vie sociale donne à la fois à l'individu la libre disposition de sa liberté et la pleine satisfaction de sa conscience.

30. — Aux enfants et aux jeunes gens

(Les paroles qui suivent ont été adressées par M. Paul Des-

---

[1] Cf. un article de M. Rochelle, professeur au lycée de Bordeaux, dans l'*Avenir de la mutualité*, n° du 2 avril 1904 et les numéros suivants.

Il m'est agréable de remercier ici M. Chevillot, professeur au lycée de Roanne, secrétaire général de la mutualité Roannaise, qui m'a communiqué avec beaucoup de complaisance tous ces détails. M. Chevillot travaille avec un ardent dévouement à l'œuvre de la mutualité interscolaire. Il n'est jamais plus heureux que quand un collègue veut bien lui demander des renseignements à ce sujet et surtout l'imiter.

[2] Monsieur le proviseur du lycée de Lorient a bien voulu me renseigner sur la mutualité interscolaire qui fonctionne dans cet établissement. Je lui adresse mes sincères remerciements.

jardins aux enfants membres de la *Ligue fraternelle des Enfants de France*[1], 1897).

« Vous êtes à l'aise et ceux que vous aidez sont malheureux ; mais vous n'êtes pas les auteurs de votre aisance, ils ne sont pas les auteurs de leur misère. Fortune ou infortune, tout cela vous était préparé dès avant votre naissance ; l'argent de vos aumônes et de vos plaisirs, vos habits, votre déjeûner, votre lit, la tranquillité de votre maison et de votre jardin, la santé même et le caractère doux qui vous rend la vie facile, vous avez reçu tout cela de vos parents en même temps que votre layette de nouveau-nés, sans l'avoir mérité. Les petits pauvres, eux, ont reçu la misère, le jeûne, les guenilles, un corps mal bâti et souffreteux, une grande difficulté à bien faire et même à sourire, quelquefois le vice ; et pourquoi ? Parce que, longtemps avant leur naissance, ils ont eu un grand-père ivrogne ou mal chanceux, ou tué jeune dans un accident. Ils sont partis du pied gauche et vous du pied droit ; ils n'ont pas, plus que nous, mérité ce qui leur arrive. C'est la Destinée, comme on l'appelle, qui a fait le partage, la Destinée, chose qui paraît affreuse et qui certainement est un grand mystère.

« Eh bien ! votre œuvre charitable à vous, mes amis, sur qui le bonheur a lui pendant que les peines pleuvaient sur eux, est un premier essai timide pour remettre un peu d'équilibre dans cette distribution trop inégale. Vous n'avez pas gagné vous-mêmes ce que vous partagez avec ces petits dolents et affamés ; vous puisez les moyens de les secourir dans une bourse que vous n'avez pas remplie du travail de vos bras ; et le pain que vous donnez, vous ne vous le retirez pas de la bouche, puisque vous êtes sûrs de votre dîner et de votre gîte ; vos parents y pourvoient.

[1] *Bulletin trimestriel de la Ligue*, Noël, 1897.

Vous avez donc moins de mérite que le donateur, homme fait, qui a appris la valeur de l'argent par la peine avec laquelle il l'a gagné... Mais, grâce à vous, je vois la Société, oui, notre Société, à nous les grandes personnes, découvrant l'énorme et intolérable injustice des conditions par l'entremise de ces claires petites consciences d'enfants, justes comme une balance que rien n'a faussée, puis vous choisissant comme des répartiteurs intègres des biens qu'elle vous a transmis et auxquels vous ne tenez pas encore trop âprement parce que vous ne les avez pas gagnés. »

(PAUL DESJARDINS.)

M. Davy, directeur d'une école communale, à Rennes, m'a signalé un acte intéressant de solidarité. Ses élèves devaient assister à une représentation payante : le prix des places, quoique minime, ne put être versé par trois d'entre eux. En entrant en classe, M. Davy trouva sur son bureau la petite somme nécessaire pour payer les places des trois écoliers. Leurs camarades s'étaient cotisés pour ne pas les priver du plaisir qu'ils se promettaient eux-mêmes.

31. — LES ŒUVRES DE LA SOLIDARITÉ[1]

« Le meilleur moyen d'aimer la géométrie c'est d'en faire. Il est inutile peut-être de tant prêcher la morale. Le meilleur conseil ici comme en toute chose est de dire : « Mettez-vous à la besogne. Vous y prendrez goût. » (Rauh.) Suivez ce conseil : intéressez-vous aux œuvres de solidarité. Vous n'avez que l'embarras du choix. Vous accomplirez ainsi votre devoir social, en même temps

[1] Au risque de nuire à l'unité de composition de ce recueil, j'ai cru devoir mettre ici même, au lieu de les rejeter en appendice, des renseignements sur la *pratique* de la solidarité. Les morceaux qui suivent sont destinés à être consultés seulement et sont en dehors de l'enseignement proprement dit.

« que vous aurez trouvé un grand remède contre les passions égoïstes et vicieuses. »

Déjà, parmi vos camarades, il en est qui, depuis de longues années, vous montrent l'exemple : ce sont les élèves du lycée Louis-le-Grand.

A) **L'œuvre du Petit-Sou au lycée Louis-le-Grand.** — Il n'est pas rare de trouver dans le monde des familles qui, frappées par des revers de fortune, ne peuvent donner les bienfaits d'une éducation complète à leurs enfants. Et cependant ceux-ci, doués des qualités de l'esprit et du cœur, mériteraient qu'on leur fournît les moyens d'embrasser plus tard une carrière en harmonie avec leurs goûts et leurs aptitudes.

Les élèves du lycée Louis-le-Grand, par une de ces ingénieuses inspirations que la charité suggère, et dirigés par leur vénérable aumônier, l'abbé Barbier, ont trouvé un moyen facile d'ouvrir les portes du lycée à un de ces enfants, de payer sa pension annuelle pendant la durée du cours des études classiques et de l'assister jusqu'au jour où il peut se suffire à lui-même. Telle est l'origine et le but de l'œuvre du Petit-Sou fondée par les élèves du lycée Louis-le-Grand.

Au mois de janvier 1857, deux élèves gradés des classes de logique et de mathématiques se présentèrent, au nom de leurs condisciples, devant M. le Proviseur pour lui soumettre le pieux projet qu'ils avaient conçu.

En quoi consiste cette œuvre[1] ? la voici. Étant posé le chiffre de cinq cents élèves internes et chacun d'eux donnant un sou par semaine, chaque semaine produit 25 francs, — et les 52 fournissent 1.300 francs. Le mode de perception de cet impôt volontaire est simple : tous

---

[1] Cette œuvre pourrait réussir dans les établissements dont la population est nombreuse. Elle mérite d'être imitée.

les huit jours, à l'heure indiquée, les élèves, désignés par leurs condisciples, font la collecte dans les études, puis remettent le produit au collecteur de la cour à laquelle ils appartiennent; les collecteurs particuliers rendent leurs comptes à un collecteur général de la grande cour nommé pour cet office : celui-ci remet les fonds à une personne désignée (au lycée Louis-le-Grand, M. l'Aumônier), qui lui en donne un reçu. A la fin de décembre, la somme produite par la collecte annuelle est versée entre les mains du Président de *l'Œuvre du Petit-Sou* (le Président de l'Association des Anciens élèves). Pour ménager la susceptibilité des contribuables et celle de la famille à laquelle ils offrent ce secours, les élèves ont établi deux conditions : la première est la parfaite égalité des souscriptions, — un sou, pas davantage ; — *la seconde est le secret absolu gardé sur le nom de l'enfant* admis au bénéfice d'une éducation gratuite. Tous l'ignorent : seul, le Président de *l'Œuvre* connaît ce boursier anonyme[1] ; il remet au père de famille la somme destinée à solder chaque trimestre, et c'est le père qui effectue au lycée les paiements dont il rapporte les reçus au Président de l'*Œuvre*[2].

(D'après le *Bulletin de l'Association des Anciens élèves du lycée Louis-le-Grand*.)

B) **La Ligue fraternelle des Enfants de France.** — La *Ligue fraternelle des Enfants de France* fait appel aux

---

[1] « Ce fils adoptif du collège vit au milieu de ses camarades, il partage leurs jeux et leurs travaux, sans se douter qu'il est leur obligé, sans soupçonner le rapport mystérieux qui existe entre eux et lui. Dans sa candeur, il contribue lui-même, par sa petite offrande, à former, sans le savoir, le pécule qui devra payer sa pension. »

[2] Je dois à l'obligeance de M. Roy, censeur des études au lycée Louis-le-Grand, communication de ces renseignements. Je lui adresse mes vifs remerciements. M. Roy m'a fait savoir que cette œuvre fonctionne toujours et est en pleine prospérité. Les professeurs et les répétiteurs se sont associés à cette bonne action.

enfants dont les parents sont aisés et leur demande de venir en aide aux enfants malheureux ; elle veut éveiller dans leur cœur le souci des misérables dignes de pitié.

« Vous qui avez le bonheur dans votre maison, vous n'ignorez pas que d'autres enfants n'ont plus ni père, ni mère ; — que d'autres ont des parents si pauvres qu'ils ne peuvent leur assurer un toit et du pain ; — que d'autres enfin, les plus à plaindre de tous, ont des parents qui leur donnent le mauvais exemple, qui les maltraitent, qui les abandonnent[1]. »

Quand l'enfant est abandonné ou orphelin, ou reçoit chez lui de parents indignes un exemple funeste, la *Ligue* le prend à sa charge, le place dans différentes maisons d'éducation, ou chez des particuliers et subvient à son entretien.

Quand les parents manquent seulement de ressources, et que « l'enfant préfère encore supporter avec les siens des privations que de vivre largement parmi les étrangers », la *Ligue* accorde des secours aux familles chargées d'enfants. Grâce à elle, beaucoup, qui sont dans le dénuement, peuvent se nourrir, se vêtir, se chauffer, payer leur terme.

Enfin la *Ligue* entretient des Colonies de Vacances.

Les membres actifs de la Ligue se recrutent exclusivement parmi les enfants, jeunes filles et jeunes gens. Leur cotisation est de *deux* francs par an.

Des comités locaux sont constitués dans les villes où la *Ligue* compte beaucoup de membres : Lyon, Marseille, Le Havre, etc.

Il y a 14 000 ligueurs, dont 6 000 à Paris. — Renseignements au siège social de la *Ligue*, 50, rue Saint-André-des-Arts, Paris.

---

[1] Paroles de Mlle Lucie Faure, fondatrice de la *Ligue*, à la 1re réunion des membres actifs (8 décembre 1895). Ces paroles ont été reproduites par le *Journal trimestriel de la Ligue*.

Une autre société, l'*Union pour le Sauvetage de l'Enfance* (108, rue de Richelieu, Paris), se charge de recueillir, elle aussi, et de placer chez des particuliers ou dans des maisons d'éducation (sans distinction de culte) les enfants abandonnés par leurs parents ou qui reçoivent de mauvais exemples, sont poussés au vol ou à la mendicité.

C) **Œuvre des Colonies de Vacances.** — Vous êtes heureux de passer vos vacances au bord de la mer ou à la campagne. Vous jouez sur la plage, escaladant les rochers, pêchant dans les flaques d'eau, ou bâtissant sur le sable des fortifications éphémères ; vous prenez plaisir à de libres excursions dans la campagne, respirant à pleins poumons l'air pur vivifié par le soleil. Pendant que vous prenez de nouvelles forces, les enfants des pauvres gens s'anémient dans « l'ardente fournaise des villes » et rôdent sur les pavés à l'abandon. Les parents, retenus à l'usine ou au chantier, sont forcés de les livrer à leurs caprices et à l'oisiveté qui les déprime. Ne pensez-vous pas que ces enfants aimeraient, eux aussi, à goûter les bienfaits des vacances passées sur la grève ou aux champs ?

Des personnes de cœur l'ont cru et se sont préoccupées des petits déshérités. « Arracher les enfants des villes à l'air vicié qui les débilite et les prédispose à devenir tuberculeux ; les envoyer à la campagne, à la montagne ou à la mer, où ils retrouveront l'appétit disparu, et, avec lui, des forces nouvelles pour les longs mois d'hiver, telle est l'œuvre à laquelle se sont vouées ces personnes[1]. »

C'est une œuvre d'absolue nécessité ; la vie au grand

---

[1] Tous les enfants reviennent de la campagne ou du bord de la mer avec une augmentation de poids de 2 à 3 kilog. ; leur poitrine s'élargit au grand air ; ils prennent goût aux distractions saines.

air augmente la résistance à la contagion des maladies, surtout à celle de la tuberculose, cette plaie des grandes agglomérations ; elle rend plus robustes ceux-là mêmes qui seront les hommes de demain ; — et la santé de chacun est un bien social. « En s'unissant dans un bel élan de solidarité, d'amour fraternel, pour ensoleiller la triste vie de ces pauvres petits et leur procurer la joie, la force et la santé », on travaille pour la France [1].

Plusieurs sociétés [2] ont assumé cette tâche. Le bien qu'elles ont fait est déjà grand ; il le serait davantage, si les ressources dont elles disposent étaient plus abondantes. En Amérique, ces œuvres de régénération sont largement pourvues par les milliardaires. Peut-être, en France, se trouvera-t-il « quelques millionnaires qui auront à cœur de rendre aux enfants de la classe ouvrière, sous forme de la santé du corps et de la conscience, ce qu'ils doivent aux pères et aux mères de ces pauvres petits qui ont été, en définitive, un des facteurs les plus importants de leur fortune ».

En attendant ces interventions, il faut trouver de l'argent pour faire vivre les Colonies de Vacances. Mme de Félice (née Stœhling) a pris l'heureuse initiative de fonder, il y a quelques années, une *Association pour le développement des Colonies de Vacances*. Cette association, avec les fonds

---

[1] Mme de Félice.

[2] Mme de Pressensé fonda une des premières ; au début, 20 enfants seulement purent être admis ; maintenant leur nombre s'élève à 1300. — La société est dirigée par Mlle Delassaux, 2, Cité Gaillard. rue Blanche, Paris. — A Saint-Etienne, M. Louis Comte a fondé une colonie en plein centre industriel : c'est l'œuvre des *Enfants à la Montagne*, qui paie les frais de séjour de plus de 1400 enfants chaque année : il faut lire la très intéressante brochure de M. Comte, l'*Œuvre des Enfants à la Montagne*, au bureau du *Relèvement social*, 40, rue Fontainebleau, Saint-Etienne. M. Comte a contribué, par sa propagande orale et écrite, à créer beaucoup de sociétés similaires. C'est un des plus dévoués parmi les ouvriers de l'œuvre sociale.

recueillis, accorde des subventions aux Sociétés déjà existantes, et s'efforce d'en créer de nouvelles, partout où elle trouve l'appui de quelques bonnes volontés. C'est une œuvre de propagande, un centre d'action et de renseignements.

L'*Association* n'est pas exigeante avec ses membres, elle leur demande seulement 0 fr. 10 par mois [1]. Il est si facile pour les enfants de prélever *deux sous* sur leurs menues dépenses de gâteaux, de bonbons, et, pour quelques-uns..., de tabac! Les élèves de tous nos lycées et collèges, garçons et filles, auront à cœur de se réunir en une section de l'Association [2]. Il leur est si facile d'intéresser à cette œuvre leurs parents, leurs amis. Les enfants, quand ils le veulent, sont de merveilleux agents des œuvres de solidarité. Ils y mettent une ardeur extraordinaire (si j'en juge par ce que je viens de voir faire à mes élèves de 4ᵉ A, suivis de loin par ceux de 4ᵉ B) et réussissent là où de grandes personnes échoueraient ; qui refuserait son obole à un enfant qui la demande pour un autre enfant? En quelques semaines, mes élèves ont pu réunir les 150 francs nécessaires au séjour, pendant un mois, de cinq « de leurs frères malheureux » à la campagne. Pendant leurs vacances, au bord de la mer, ils se rappelleront qu'ils ont fait un heureux ; ils raconteront — sans en tirer vanité — leur bonne action et donneront à d'autres, venus sur la même plage, l'envie de les imiter l'année suivante. Ils auront la joie d'avoir aidé et contribué à répandre une œuvre utile [3].

Cette œuvre, c'est la défense contre la tuberculose et

---

[1] Mais trente personnes, en se réunissant, peuvent, avec cette faible cotisation, arriver à fournir les 35 francs nécessaires au séjour d'un enfant pendant un mois (voyage, logement, nourriture, blanchissage).

[2] Chaque classe, quand elle est nombreuse, peut former un groupe indépendant. C'est même un moyen d'émulation.

[3] J'ai emprunté plusieurs de ces détails à la brochure de Mᵐᵉ Félice, *Présidente de l'Association pour le développement des Colonies de*

l'affaiblissement de la race. Les Allemands ont réussi à l'organiser d'une façon méthodique. Dans la seule ville de Berlin, existent 238 comités, qui s'occupent chacun d'une circonscription. Ces comités, quand ils ont admis des enfants, « ne cessent plus de les suivre et les font participer à l'assistance d'été, puis à celle d'hiver, si bien qu'à propos de l'envoi d'écoliers aux Colonies de Vacances l'œuvre finit par veiller en tout temps sur leur santé, exerçant, à leur endroit, la meilleure des médecines, la médecine préventive. C'est pour le plus grand bien d'êtres débiles vivant constamment dans un état de gêne et de misère, source et commencement de maladies[1] (Dr Landouzy).

Grâce à cette intelligente organisation, les résultats obtenus par les *Œuvres des Colonies de Vacances* ne sont pas perdus ; la force et la santé reconquises par l'enfant le sont à titre définitif, tandis que « si on l'abandonne, il deviendra une non-valeur sociale. » (L. Comte.)

(G. C.)

* *

« Celui qui écrit ses lignes, dit M. Louis Comte dans sa brochure, ayant constaté l'influence merveilleusement bienfaisante du grand air sur son propre enfant voulut en faire profiter les enfants dont les parents se trouvaient dans l'impossibilité de les envoyer, à leurs frais, à la montagne. »

D) **Le pupille du Collège de Brive.** — M. Camille Lacroix, actuellement principal du collège de Joigny, dirigeait

vacances. — Pour tous les renseignements s'adresser à Mme Félice, 15, rue Dufétel, Versailles ; des brochures de propagande sont envoyées sur demande. — Pendant l'exercice 1902-1903, l'Association a fondé des colonies dans 7 villes, en a subventionné dans 10 autres ; elle a envoyé au bon air pendant un mois ou deux 155 enfants.

[1] Lire les articles du Dr Landouzy, dans la *Presse médicale ;* consulter *Choses d'Allemagne* par M. Fridler (cités par M. Comte dans sa brochure. p. 76).

en 1897 le collège de Brive. Pour inculquer l'esprit de solidarité aux enfants dont il avait à cœur l'éducation, il conçut et réalisa un projet d'une généreuse initiative. A cette intention, il demanda à *La Ligue fraternelle des Enfants de France* un de ses assistés les plus intelligents et les plus nécessiteux et fit de lui l'enfant adoptif, le « pupille du Collège ».

Pour couvrir les frais de son entretien et de son instruction, les collégiens de Brive assuraient une rente de 200 francs, fournie par des cotisations volontaires prélevées exclusivement sur leur argent de poche. *La Ligue fraternelle* donnait 15 francs par mois pour le trousseau et le renouvellement des effets ; le Principal faisait le reste. Sur le produit des fêtes données par l'Établissement, on réservait une somme suffisante pour que le pupille touchât 0 fr. 05, comme tout collégien qui se fait respecter ; on en plaçait une autre à la Caisse d'Épargne pour lui constituer une petite dot à sa sortie du Collège.

Un comité de patronage, composé d'internes et d'externes, et nommé par les élèves, s'occupait de l'enfant adopté ; « le président avait la charge de le diriger au point de vue moral et de veiller à ce qu'il trouvât auprès de tous ses camarades l'affection et l'empressement promis ».

Les professeurs de l'établissement étaient les correspondants du « pupille » et le prenaient à tour de rôle aux sorties réglementaires.

Par cette initiative si digne d'éloges, M. C. Lacroix donnait à ses élèves « une leçon pratique de solidarité ». Il avait su « les intéresser à une œuvre de fraternité, leur en laisser l'exécution et le mérite ». C'est un exemple à suivre[1]. (G. C.)

---

[1] Les élèves du Lycée Lamartine, à Paris, ont adopté une petite fille qui est élevée et instruite grâce à leur subvention.

32. — Appel aux mères

Il est des fleurs pâles et frêles
Qui croissent entre les pavés,
Des oisillons qui n'ont pas d'ailes
Pour s'enfuir vers les bois rêver,

Des enfants qui n'ont pas d'enfance,
Qui n'ont jamais cueilli des fleurs,
Et qui vivent dans l'ignorance
Des plus simples de nos bonheurs.

Petits enfants des grandes villes
Dans la rue et sur le trottoir,
Ils vont, traînant leurs pas débiles
Depuis le matin jusqu'au soir.

Ils n'ont jamais marché dans l'herbe
Sur la mousse au bord des forêts,
Ou, joyeux, rapporté la gerbe
D'épis glanés dans les guérets.

L'air pur, la joie et la lumière,
Il en faut pour nous épanouir,
Aux plantes qui montent de terre,
Aux enfants pour ne pas mourir.

Mères, vous qui faites la vie
Si belle à vos joyeux enfants,
Vous dont la tendresse infinie
Les veut si gais et si contents ;

Enfants pour qui l'été ramène
Tous les bonheurs accoutumés,
Qui retrouverez dans la plaine
Les blés d'or, les prés embaumés ;

Oh ! pensez à ceux qui languissent
Tout l'été dans nos murs brûlants ;
Et que des mères vous bénissent
Pour avoir sauvé leurs enfants.

(Mme E. DE PRESSENSÉ, *Poésies*. Fischbacher, édit.)

...

Donnez-nous, pour avoir moins à dépenser pour les hôpitaux, les dispensaires, les sanatoria : avec ce que coûte à guérir un tuberculeux, nous empêcherons vingt-cinq enfants, sinon davantage, de le devenir. Donnez-nous, pour que l'enfant de l'ouvrier cesse de regarder le vôtre avec tristesse et avec envie. Donnez-nous, pour semer à pleines mains, d'un bout à l'autre de la France, parmi nos populations enfantines, la joie, la santé et le bonheur !

(R. DE FÉLICE et Mme DE FÉLICE. — Extrait de l'*Idéal du Foyer*.)

33. — CE QU'EST LE LOGEMENT DES OUVRIERS

On ne saurait trop insister sur la réforme des logements, car c'est toujours de là qu'il faut partir quand on veut renouveler la vie de famille, et la renouveler sans sermons et sans patronage, par la force même des institutions. Ceux qui veulent connaître la situation des ouvriers et des ouvrières, sans les avoir vus chez eux, ressemblent aux géographes qui ne connaissent le monde que par des récits de voyages. C'est une vérité incontestable que, dans les villes industrielles, beaucoup d'ouvriers sont plus mal logés que les condamnés à la réclusion [1]. Cela tient à ce

---

[1] Comparez la prison de Fresnes, éclairée à l'électricité, avec ses meubles en pitchpin et son luxe déplacé, sous prétexte d'hygiène.

que l'usine ne se recrute pas dans la ville où on la fonde; à peine est-elle bâtie et en activité, que de très loin on accourt lui demander un salaire. L'usine est là, avec ses ateliers ; mais au dehors il n'y a de place que pour l'ancienne population ; la nouvelle s'y installe comme elle peut, c'est-à-dire que trois ou quatre personnes prennent la place d'une seule. Le défaut d'air est meurtrier ; mais cela entraîne en même temps mille inconvénients ou plutôt mille malheurs, car le mot n'est pas trop fort. D'abord la malpropreté. Cette accumulation dans un étroit espace empêche de ranger, de balayer ; il n'y a pas de place pour les meubles les plus nécessaires, pour les ustensiles. La promiscuité des sexes a des inconvénients d'un autre genre et beaucoup plus graves. Notez que nous pensons surtout aux enfants et qu'ils vont grandir dans ce taudis, sans air respirable, au milieu d'immondices et dans une situation à ne jamais comprendre plus tard ce que c'est que la décence. La plupart du temps, l'enfant couche dans le même lit avec le père et la mère, ou pêle-mêle avec toute la famille, quand elle est nombreuse. Dès qu'il peut se traîner à quatre pattes, avant même de savoir marcher, il cherche la rue, et il a raison, elle lui vaut mieux : quelle ressource ! Cette chambre qu'il fuit est quelquefois un grenier ouvert à tous les vents, une cave obscure, humide, faite exprès pour donner des rhumatismes et des maladies de peau. Cette misère du logement est une cause infaillible de misère d'une autre sorte ; car les vêtements, si on en a de rechange, s'y pourrissent ; les meubles y sont vermoulus ; on n'y peut conserver trois mois une paillasse. Il faut savoir cela, il faut oser le dire. Il serait cruel de dédaigner les petits détails, qui sont de grandes souffrances. L'étroitesse du logement

---

C'est une aberration de sentimentalité de traiter le coupable, — aux frais de tous les autres associés, — d'une façon qui excite l'envie de l'honnête ouvrier.

excluant tout approvisionnement, il faut tout acheter au détail, le charbon, la chandelle, ce qui accroît les dépenses et devient une source de dettes, c'est-à-dire de ruine. Trop souvent il est impossible de faire du feu, faute de cheminée ou parce que la cheminée est mauvaise ; on achète des aliments tout préparés, ou l'on va dîner hors de la chambre. Supposez une maladie contagieuse, aucune précaution n'est possible.

... Pour ne pas voir que cette triste chambre est pour moitié dans le succès du cabaret, il faut n'avoir jamais su ce qu'est le besoin de repos et de distraction après douze heures de fatigue. Or, le cabaret, c'est d'abord la ruine matérielle, c'est ensuite la maladie pour le père, et quelle maladie ! Non pas un de ces maux d'aventure, dont le malade souffre seul ; non, non, cette maladie-là entre dans le sang, elle le corrompt ; elle passe comme une malédiction du père au fils. Des centaines de pauvres enfants ne reçoivent qu'un sang vicié dans leurs veines. Même l'aisance, même les soins assidus ne les rendraient ni vivaces ni robustes. Et quel spectacle pour eux, quand ils commencent à penser ! Un père absent ou ivre, une mère épuisée, des haillons sordides, un logis crasseux et ignoble ; au dehors des riches qui passent... Supposons la mère aimante, dévouée, fidèle, une vraie mère ; que fera-t-elle ? C'est celle-là qui, pour nourrir les siens, s'emprisonnera douze heures par jour dans un atelier et livrera ses enfants à l'abandon. Que ferait-elle dans cette chambre ? Viendrait-elle seulement à bout de la laver et de la ranger ? Verrait-elle près de cette lucarne l'aiguille qu'elle tient au bout de son doigt ? Il ne servira de rien d'apporter un pain sur cette planche, de donner quelques linges, une chaussure, des soins dans une maladie.

Ce qu'il faut, c'est une maison habitable ; la cellule d'un prisonnier, pas davantage, avec une fenêtre ouverte, pour que le soleil entre par là. Il faut que la mère puisse acheter un berceau et trouve à le placer ; il faut qu'elle accoutume les yeux de son enfant à se reposer sur des murs bien propres ; qu'elle colle à la muraille une pauvre estampe ; qu'elle mette sur la fenêtre un pot de fleurs ; qu'il y ait au moins une bonne chaise, pour que le père puisse s'y asseoir quand il revient à la nuit et prendre l'enfant sur ses genoux. S'il y a de plus, dans quelque coin, un bon livre, doux et cher compagnon de la veillée, qui donne de l'instruction et inspire de saines pensées, voilà un intérieur pour se reposer de la fatigue et pour sentir les plus doux et les plus nobles plaisirs dont le cœur de l'homme soit capable. Voilà, pour les petits êtres qui s'élèvent, une atmosphère saine et vitale ; de l'air, un peu de confort, de la bonne humeur, de chaudes amitiés, une provision de bonnes leçons et de joyeux souvenirs ; voilà, enfin, la plus grande, la plus noble, la plus sainte, la plus nécessaire des institutions, voilà la famille ! Mais n'oublions pas que le seul moyen de la faire naître, c'est d'abord de lui faire son nid.

(J. SIMON. *L'ouvrier de huit ans*, ch. II. Librairie internationale

Cf. PICOT. *Un devoir social et les logements d'ouvriers*. C. LÉVY. Édit. — *Comte de Nouvion*. Revue des Revues, 15 avril 1900).

84. — UN DEVOIR SOCIAL DES PRIVILÉGIÉS. LES HABITATIONS OUVRIÈRES

Nul n'a le droit de se désintéresser de la santé de ses concitoyens ; il nous importe d'avoir près de nous des ouvriers sains de corps, habitant des maisons propres, heureux d'avoir un foyer ; cela vaut mieux que de les sentir aigris et révoltés, ou que d'être exposés à la contagion des maisons délabrées et insalubres. Donner à l'ouvrier de la lumière, de l'air, de l'eau, c'est lui donner la santé physique, c'est le retenir chez lui, en lui assurant un foyer; c'est lutter contre la tuberculose.

Les privilégiés ont intérêt à permettre à l'ouvrier de posséder un logement aéré, bien éclairé, gai, où ses enfants grandiront, sans être souillés par la promiscuité, sans craindre la contagion des maladies, où il prendra plaisir à passer ses heures de liberté, où il pourra être vraiment père de famille.

Ce logement, que le taux actuel des loyers empêche les ouvriers d'habiter, doit être mis à la portée de leurs bourses. Déjà des sociétés se sont fondées pour construire des *habitations à bon marché* : mais l'œuvre est à peine commencée; les jeunes générations doivent se préoccuper de ce devoir social, surtout dans les grands centres.

(G. C.)

*
* *

Il y a cinquante ans, l'Angleterre tenait la tête des nations au point de vue de la morbidité par tuberculose ; aujourd'hui elle n'a plus que treize décès tuberculeux sur 10.000 habitants ; en France nous en avons 30 ; en Allemagne il y en a 40.

Qu'a fait l'Angleterre pour obtenir ce résultat ? Elle a abattu les quartiers tortueux et étroits, aux murs élevés, aux cours fermées de toutes parts ; elle a fait de larges trouées ; elle a élevé des constructions spacieuses, aérées, séparées.

*
* *

On travaille utilement pour la race en ayant souci de ceux qui s'étiolent, s'avilissent et se dégradent en d'immondes logis et par ces immondes logis.

(Lord Roseberry.)

35. — Les devoirs des privilégiées

Le cœur de la femme riche ou aisée est toujours ouvert à la charité. Les kermesses, les bals, les soirées théâtrales et les concerts de bienfaisance ne font jamais un appel infructueux à sa bourse. Mais le cœur se dépense trop peu dans ces fêtes, qui nous habituent à nous accommoder des injustices du sort; nous reconnaissons volontiers que les uns ont trop de peines et les autres trop de joies; mais nous ne faisons rien pour abattre les barrières qui se dressent entre les classes de la société; nous ne cherchons pas à combler l'abîme qui se creuse peu à peu entre les petits et les grands[1]. Pour établir entre eux une entente fraternelle, la femme riche peut beaucoup : et pour commencer, ne pourrait-elle s'occuper du sort de « la femme qui peine », et se dire qu'il est « entre les mains de la femme qui dépense » ? Ne pourrait-elle essayer de rapprocher, comme le dit M. d'Haussonville, « celles qui font les robes de celles qui les portent ? »

« La femme riche a le devoir de prendre en mains les intérêts de la femme pauvre », et en particulier de l'ouvrière des grandes villes : elle peut l'aider à créer des sociétés relevant de la mutualité, soit de secours, soit d'épargne. Les ouvrières peuvent à peine vivre de leur salaire[2] : où trouveraient-elles de quoi payer la cotisation d'une société ? « Moralement abandonnée au milieu de la foule indifférente, en proie aux angoisses du chômage, se brûlant les yeux au travail de nuit, maigrement nourrie, maigrement payée, c'est à peine si la plus économe, en se privant d'un plat, d'une robe ou d'une paire de chaussures peut se payer le luxe d'un livret à la Caisse d'Épargne. La plupart vivent au jour le jour. Vienne la morte-saison ou

---

[1] Cf. Turgeon, le Féminisme, passim, p. 368-70. Tome I.

[2] On considère le travail de la femme comme un salaire d'appoint, destiné à grossir celui du mari. Mais si elle reste célibataire ou devient veuve, son gain est insuffisant pour la faire vivre. A travail égal, le salaire de la femme devrait être égal à celui de l'homme. Le boulanger, le boucher, l'épicier, le propriétaire etc., n'abaissent pas pour elle leurs prix.

la maladie, elles s'endettent; et quand les infirmités arrivent, c'est l'hôpital qui les attend.[1] » Les caisses de mutualité des femmes ouvrières ne peuvent exister sans le concours de membres honoraires : celles qui les font travailler n'ont-elles pas à se préoccuper de ce rôle ?

Déjà à Paris, des sociétés ou patronages de ce genre sont créés; d'autres s'efforcent d'assurer à l'ouvrière une vie matérielle moins difficile : des restaurants, des hôpitaux leurs sont réservés. Mais ce n'est qu'un début. En Angleterre, en Amérique, les femmes et les jeunes filles de la bourgeoisie riche ou aisée se consacrent à ces œuvres de solidarité. Imitons-les. N'ont-elles pas besoin d'être aidées celles qui « sont entassées dans des logements sans air, sans lumière, environnées d'ivrognes et de tuberculeux ; — qui, lorsqu'elles rentrent le soir d'un travail mal payé, écrasées de fatigue, sont incapables d'ouvrir un livre, au milieu du tapage des enfants, avec les sens constamment choqués par la laideur des choses et des gens ? » (D'après Jules Payot.)

(G. C.)

36. — LE PRINCIPE DE LA COOPÉRATION

Un homme voyageait dans la montagne, et il arriva en un lieu où un gros rocher, ayant roulé sur le chemin, le remplissait tout entier; et, hors du chemin, il n'y avait point d'autre issue, ni à gauche ni à droite.

Or, cet homme, voyant qu'il ne pouvait continuer son voyage à cause du rocher, essaya de le mouvoir pour se faire un passage; il se fatigua beaucoup à ce travail, et tous ses efforts furent vains.

Ce que voyant, il s'assit plein de tristesse et dit : « Que sera-ce de moi lorsque la nuit viendra et me surprendra

---

[1] D'après Ch. TURGEON, *le Féminisme*, p. 366, tome I.

dans cette solitude, sans nourriture, sans abri, sans aucune défense, à l'heure où les bêtes féroces sortent pour aller chercher leur proie ? »

Et, comme il était absorbé dans cette pensée, un autre voyageur survint, et celui-ci ayant fait ce qu'avait fait le premier et s'étant trouvé aussi impuissant à remuer le rocher, s'assit en silence et baissa la tête.

Et après celui-ci, il en vint plusieurs autres, et aucun ne put mouvoir le rocher, et leur crainte à tous était grande.

Enfin l'un d'eux dit aux autres : « Mes frères, prions notre Père qui est dans les cieux; peut-être qu'il aura pitié de nous dans cette détresse. »

Et cette parole fut écoutée, et ils prièrent de cœur le Père qui est dans les cieux.

Et quand ils eurent prié, celui qui avait dit « prions » dit encore : « Mes frères, ce qu'aucun de nous n'a pu faire seul, qui sait si nous ne le ferons pas tous ensemble ? »

Et ils se levèrent, et tous ensemble ils poussèrent le rocher, et le rocher céda, et ils poursuivirent leur route en paix.

Le voyageur c'est l'homme, le voyage c'est la vie; le rocher ce sont les misères qu'il rencontre à chaque pas sur sa route.

Aucun homme ne saurait soulever seul ce rocher; mais Dieu en a mesuré le poids de manière qu'il n'arrête jamais ceux qui voyagent ensemble.

(LAMENNAIS.)

37. — LES ŒUVRES DE LA COOPÉRATION

Jusqu'à présent, nous avons toujours supposé que les pauvres recevaient de l'État ou des riches librement consentants ou légalement obligés : sous ces deux formes, c'est toujours la vieille charité, la charité du riche envers le pauvre. Mais pourquoi les pauvres, les faibles, ne s'aideraient-ils pas eux-mêmes ?

Voilà un nouveau moyen inventé par l'homme pour diminuer les misères. Ce n'est plus la charité : c'est la solidarité, la mutualité. Les hommes ont dit : Nous ne voulons plus recevoir, nous voulons nous aider les uns les autres. De là toutes ces institutions connues depuis longtemps, mais qui se sont surtout développées de nos jours, toutes les formes d'assistance réciproque : sociétés de secours mutuels, caisses d'assurance, de chômage, etc.

Mais pourquoi ne s'aider que dans les moments de misère, de maladie, de crise, lorsque le mal est fait ? Les hommes se sont dit aussi : Pourquoi ne pas nous aider pour vivre ? C'est la formule des coopératives : Pour la vie, *pro vita*. Cette coopération a pris aujourd'hui la forme qui est celle de toute notre activité économique. Nous n'en sommes plus au régime du petit atelier, de la petite industrie, de la grande usine, de la concentration des capitaux. Les coopératives suivent le mouvement, elles tendent à réunir une grande masse d'adhérents, à produire en grand pour ces adhérents. La Wholesale, magasin d'achat et de vente des coopératives anglaises, a fait, en 1900, 16 millions de livres sterling d'affaires. Elle est assez riche pour armer des vaisseaux.

Et de même que l'homme, comme nous l'avons vu tout à l'heure, ne s'en est pas remis pour administrer la charité uniquement à l'initiative des individus, de même ces formes plus vivantes de solidarité n'ont pas été abandonnées à elles-mêmes. L'homme s'aide lui-même sans doute, mais la société lui fournit le secours de la richesse nationale. C'est ainsi que, de plus en plus, l'État intervient pour aider les mutualités, les coopératives. Il prête aux mutualités à des taux particulièrement favorables ; il fait des conditions spéciales aux associations ouvrières de production dans les adjudications de travaux publics. Quoi de plus naturel? Qu'est-ce en somme que l'État? C'est l'ensemble des délégués à l'administration du patrimoine commun.

Mais l'homme ne s'est pas arrêté sur cette pente, il s'est dit : Pourquoi les faibles seuls s'associeraient-ils? Pourquoi cette distinction de forts et de faibles? Il y a sans doute des vieillards, des enfants, des malades, des infirmes *par nature*. Mais des hommes valides et conscients ne doivent ni donner, ni recevoir : ils doivent collaborer, chacun selon ses aptitudes, chacun à son rang. Pourquoi la société ne constituerait-elle pas une vaste société de secours mutuels et une vaste coopérative? Et l'homme a conçu la société tout entière comme composée d'associés, de coopérateurs, unis ensemble pour s'assurer la vie matérielle la meilleure, en même temps que les fruits de la civilisation la plus haute.

(*Causeries du Jeudi.* — RAUH. *Justice et Charité*, p. 170, Cornély et C¹ᵉ éditeurs.)

38. — LES SOCIÉTÉS COOPÉRATIVES DE CONSOMMATION

Toute marchandise, avant d'être mise en vente dans un magasin de détail, a passé par plusieurs mains. Chaque intermédiaire a majoré le prix, auquel il l'avait obtenue lui-même, d'une certaine somme qui constitue son bénéfice. Si la clientèle au détail pouvait se procurer les objets (alimentation, vêtements, etc.) au prix du gros, elle réaliserait sur chaque achat un boni de 25 à 30 p. 100.

C'est ce boni que les sociétés coopératives de consommation assurent à leurs adhérents. Le nombre de leurs membres leur permet en effet de se fournir directement chez le fabricant ou chez le commerçant en gros : le bénéfice que ferait le détaillant leur reste.

Quels avantages les coopérateurs retirent-ils de leur association ? Les avantages varient avec la méthode suivie par la Coopérative.

Si la société vend à ses membres les objets d'alimentation au prix où elle les achète [1], ils se procurent ainsi à meilleur marché tout ce qui est nécessaire à la vie de chaque jour ; ils réalisent une économie appréciable et sont sûrs d'avoir, avec une dépense moindre, des aliments de qualité supérieure, plus fortifiants, exempts de toute fraude. Cette institution a arrêté chez les Anglais les progrès de la tuberculose.

Mais il est une autre méthode plus féconde en résultats, celle de vendre, non au *prix de revient*, mais au prix du commerce de la localité [2]. La majoration subie par chaque objet ou « l'excédent réalisé sur chaque achat est inscrit au compte du sociétaire acheteur » ; et le bénéfice qui a été prélevé sur les membres est restitué à chacun d'eux, tous les semestres, sous forme de dividende. C'est un supplément de revenu, une épargne qui n'a coûté aucune privation : « c'est l'épargne par la dépense ».

La somme économisée et retrouvée régulièrement ne manque jamais d'emploi. Tantôt elle est affectée à une dépense extraordinaire ; tantôt elle sert à payer une prime d'assurance contre la maladie ou la vieillesse ; ou encore à acquitter, par annuités, le paiement d'une maison [3]. D'autres fois, les adhérents versent leur boni à une caisse collective de secours dont tous profiteront. Il en est enfin qui consacrent une partie de leurs bénéfices à des œuvres d'éducation, à la création d'écoles.

Qu'elle se borne à l'intérêt personnel par l'épargne, ou

---

[1] Augmenté des frais de commerce.

[2] Système des *Pionniers de Rochdale* (près de Manchester) ; société fondée le 21 décembre 1844. Voir appendice I.

[3] Les sociétés d'*Habitations ouvrières* construisent des maisons payables chaque année en un espace de quinze à vingt-cinq ans.

qu'elle s'étende et s'élève à la solidarité, la Coopération est un des instruments les plus utiles et les mieux appropriés à la rénovation sociale. C'est l'application pratique de la solidarité sous toutes ses formes : tous profitent de l'effort de chacun, et l'effort de chacun profite à tous [1].

(G. C.)

*_**

Les sociétés coopératives tendent à supprimer la division du travail et à atténuer ce qu'elle a de mécanique : elles forcent des ouvriers à se faire boulangers ou épiciers, des étudiants et des professeurs à se faire restaurateurs [2]. Elles nous permettent de moins dépendre des autres.

(D'après GIDE.)

Lectures : M. Ch. Gide s'est fait l'apôtre de la Coopération. Il est indispensable de lire ses deux ouvrages : — *Les Sociétés coopératives de consommation* (A. COLIN) ; — et *Coopération*.

*_**

L'amour me paraît le principe de vie de toutes les œuvres destinées à faire régner dans la société plus de bonheur et plus de justice.

(ALFRED CROISET.)

*_**

Dans les œuvres de coopération et de mutualité, il n'y a ni bienfaiteurs, ni obligés. Tous les membres s'obligent les uns les autres et reçoivent autant qu'ils donnent. Le résultat final est un accroissement de bien-être pour tous.

(ALFRED CROISET.)

*_**

L'avenir le meilleur sera réservé à la société dont tous les membres voudront coopérer à l'œuvre commune ; ce sera vrai-

---

[1] Les sociétés anglaises ont réalisé à ce jour 240 millions de bonis.

[2] Des étudiants ont fondé à Paris un *Restaurant Coopératif* : ils y trouvent une nourriture saine à meilleur compte.

ment une société fraternelle que celle où les institutions d'assurances contre la maladie, la vieillesse, le chômage, auront amélioré le sort du plus grand nombre, prévenu « la détresse meurtrière et la mendicité humiliante ».

* *

« Dans les machines perfectionnées dont se sert l'industrie pour filer le lin, le coton ou la laine, dès qu'un seul fil se brise, le métier s'arrête de lui-même, comme si le tout était averti de l'accident arrivé à l'une de ses parties et, avant de l'avoir réparé, ne pouvait continuer son travail. C'est l'image de la solidarité qui régnera de plus en plus dans la société humaine. Au milieu de cette trame sociale où s'entre-croisent toutes les destinées individuelles, il faudrait que pas un fil, pas un individu ne fût brisé sans que le mécanisme général fût averti, atteint, forcé de réparer le mal dans la mesure du possible. ».

(A. FOUILLÉE.)

La réalisation de cet idéal est-elle possible ? Ne faut-il pas tenir compte des imperfections de la nature humaine ? N'y aura-t-il pas toujours des individus incapables de *vouloir* travailler, incapables de la force d'énergie qu'exige l'épargne, des ratés qui s'en prendront à la société de leurs échecs, des alcooliques, des violents et des brutaux qui ne se plieront pas aux règles de l'association humaine ?

* *

Notre personnalité ne peut atteindre son complet et radieux épanouissement que dans la mesure où les autres individualités se développent parallèlement. Il en est de l'individu comme des plantes : dans un champ où toutes les tiges de blé sont rabougries, il est impossible de rencontrer isolément quelques épis chargés : le terrain mal préparé, mal formé ne saurait produire ici de maigres récoltes, là des moissons luxuriantes.

(LOUIS COMTE. *La pénétration des Classes*, p. 40.)

* *

Autrefois, le seigneur féodal n'aurait jamais cru qu'un noble pût être heureux sans son château fortifié, ses hommes d'armes, ses vassaux, ou pût être riche sans posséder un seul serf. Il ne se rendait pas compte que ce régime était pour lui cause de mille souffrances diverses : querelles, guerres, trahisons, perfidies des inférieurs ; grossièreté et monotonie de la vie. Ses descendants sont plus en sûreté au milieu de leurs domestiques sans armes que l'ancien seigneur entouré de ses gardes. S'ils ne peuvent forcer personne à travailler pour eux, le travail des hommes libres les rend plus riches que les anciens propriétaires de serfs. Ils n'ont plus les travailleurs à leur merci : mais il s'est développé un système industriel qui leur fournit un confort et un luxe inconnus des ancêtres. De même les classes dominantes d'aujourd'hui ne voient pas combien les formes de la subordination de classe à classe tournent à leur propre désavantage.

(D'après H. Spencer, *Introduction à la Science sociale*, p. 278.)

* *

On s'étend beaucoup sur l'indépendance croissante des domestiques, il semble que ce soit un changement très regrettable. On ne voit pas que cet accroissement d'indépendance implique un accroissement de prospérité des classes qui fournissent les domestiques et que cette amélioration du grand nombre est un bien plus important que le mal qui en résulte pour le petit nombre.

(A. Spencer. *Introduction à la Science sociale*, p. 276, F. Alcan, édit.)

* *

Le sentiment manifesté par le riche quand il parle du pauvre ou qu'il a affaire à lui, n'est au fond qu'une forme adoucie de celui que manifestaient les propriétaires de serfs ou d'esclaves. Dans les premiers temps, on traitait les vilains comme s'ils n'étaient mis au monde que pour être utiles à leurs propriétaires ; de nos jours encore l'idée tacite des classes d'élite est que leur convenance vient en première ligne et que le bien-être des masses n'est qu'une considération secondaire.

(H. Spencer, *Introduction à la Science sociale*.)

Les classes dirigeantes doivent comprendre que leurs intérêts sont subordonnés à ceux des masses dont elles gouvernent le travail. Leur seule raison d'être légitime est l'amélioration de la vie des gens du peuple.

39. — Devoirs de la jeunesse instruite[1]

Maintenant nous savons ce qu'est le suffrage universel; nous savons que le suffrage universel, c'est nous, que le suffrage universel ne peut avoir de droits, d'intérêts, d'aspirations, de passions, de colères, qui ne soient nos intérêts, nos aspirations, nos passions, nos colères et nos droits; car nous sommes le peuple et il est le peuple.

Il faut donc nous adresser au suffrage universel; il faut le guider et l'éclairer; il faut que chacun de nous, dans la mesure de ses forces, se livre à un apostolat incessant du suffrage universel.

Et voici ce que cela commande, voici ce que cela impose, surtout à la génération nouvelle. Nous sommes, ici au moins, en majorité des jeunes gens qui ont eu cette faveur du sort et de la fortune de pouvoir, les uns sans imposer de sacrifice à leurs familles, les autres au contraire au prix de durs labeurs, d'épargnes méritantes arrachées au patrimoine domestique, conquérir ce levier supérieur de l'indépendance qu'on appelle l'éducation et l'instruction.

Je dis que ce jour-là, nous tous, nous avons contracté une dette, un engagement que nous ne pouvons rompre sans faire outrage à la plus sacrée de toutes les lois humaines, la solidarité sociale.

Nous avons pris l'engagement devant nous et pour les autres, puisque nous reconnaissons la démocratie et le

[1] Discours prononcé devant les étudiants le 19 avril 1870.

suffrage universel, de nous vouer incessamment à l'émancipation de ceux qui n'ont pas joui du même bénéfice de la fortune, de les attirer vers nous, et de travailler à leur assurer tous les jours plus de lumière et plus de bien-être.

(GAMBETTA.)

La solidarité est la cohésion des énergies travaillant ensemble en vue de favoriser le développement libre et spontané des énergies individuelles.

C'est le peuple qui paie les impôts sous leur forme indirecte[1]; c'est lui qui supporte les plus grosses charges et qui, pour une dépense annuelle et moyenne de 1200 francs paye, toutes proportions gardées, dix fois plus d'impôts que l'homme qui a 100000 francs de revenus. Cet impôt sert à payer l'entretien des routes, notre armée, nos grands services publics et notre enseignement secondaire et supérieur, nos écoles des beaux-arts; et, de cela, ce peuple ne profite que très indirectement; c'est du peuple aussi que sortent les plus grands génies qui honorent le plus notre pays et nous donnent l'élan, l'enthousiasme, ou font des découvertes scientifiques dont nous profitons plus que le peuple.

(LOUIS COMTE. *La pénétration des classes.*)

40. — SCRUPULES D'UN JURÉ

La scène se passe en Russie, au tribunal. Un jeune ouvrier d'une vingtaine d'années est accusé de complicité de vol. Il va être jugé.

Les débats révélèrent que l'accusé, à quinze ans, avait été placé par son père dans une fabrique de tabac, qu'il y était resté cinq ans, et qu'au mois de janvier il avait été congédié, à la suite d'une querelle qui s'était produite

---

[1] Impôts sur les boissons, aliments, allumettes, tabac, café, etc.

entre le directeur de la fabrique et ses ouvriers. Il s'était alors trouvé sans travail. Errant au hasard dans les rues, il avait lié connaissance avec un ouvrier serrurier qui avait, lui aussi, perdu sa place, et qui buvait. Ensemble, une nuit qu'ils étaient ivres tous deux, ils avaient enfoncé la porte d'une remise et y avaient pris le premier objet qui leur était tombé sous la main. Le serrurier était mort en prison ; et voici que son complice était déféré au jury comme un être dangereux, devant être mis hors d'état de nuire davantage à la société.

(Pendant que les débats se déroulent devant lui, un juré fait les réflexions suivantes :)

« C'est chose bien évidente que ce garçon n'est pas un criminel de profession, un malfaiteur extraordinaire, mais qu'il appartient, au contraire, à l'espèce la plus ordinaire. Cela, tout le monde le sait et le sent, comme aussi que, s'il est devenu ce qu'il est, c'est parce qu'il s'est trouvé dans des conditions qui, fatalement, devaient l'amener à le devenir. C'est donc chose non moins évidente, aux yeux de tout homme de bon sens, que, pour empêcher de tels êtres de se perdre, il faut, avant tout, s'efforcer de détruire les conditions qui ont pour effet inévitable de les conduire à leur perte.

« Or, que faisons-nous ? Nous empoignons, au hasard, un de ces pauvres diables, tout en sachant fort bien que des milliers d'autres restent en liberté, nous le mettons en prison, nous le condamnons à une oisiveté complète, ou encore à un travail malsain et stupide, en compagnie d'autres pauvres diables de son espèce, et nous le faisons ensuite transporter, aux frais de l'État, du gouvernement de A... dans le gouvernement d'Irkoutsk, cette fois en compagnie des pires criminels.

« Mais pour détruire les conditions qui produisent de tels êtres, pour cela nous ne faisons rien. Que dis-je ? Nous faisons tout pour les développer en multipliant les fabriques, les usines, les ateliers, les cabarets. Non seulement nous ne détruisons pas ces conditions, mais nous les tenons pour nécessaires, nous les encourageons, nous leur donnons l'appui de la loi.

« Nous formons ainsi non pas un malfaiteur, mais des milliers de malfaiteurs ; et après cela nous en empoignons un, au hasard, et nous nous figurons avoir sauvé la société, et avoir rempli notre devoir, quand nous avons obtenu que le pauvre diable soit transporté du gouvernement de A... dans celui d'Irkoutsk !

« Et quand je pense, — poursuivit-il en considérant le pâle visage de l'accusé, — quand je pense qu'il aurait suffi que quelqu'un se rencontrât qui eût pitié de ce misérable, au moment où son père, sous la pression du besoin, l'envoyait à la ville pour y être ouvrier, ou plus tard, au moment, où après douze heures de travail, l'infortuné allait avec ses camarades chercher un peu de distraction dans les cabarets. Si à ce moment un homme s'était rencontré qui eût pitié de lui et qui lui dît : « Ne va pas là, Vania, ce n'est pas bien ! » l'enfant n'y serait pas allé, il ne se serait pas perverti, il n'aurait pas fait le mal qu'il a fait !

« Mais pas un seul homme ne s'est rencontré qui eût pitié de lui durant le temps qu'il a passé dans sa fabrique. Et, au contraire, tout le monde, contremaîtres et camarades, tout le monde lui a appris, durant ces cinq ans, que la sagesse consistait, pour un garçon de son âge, à mentir, à boire, à dire des gros mots et à donner des coups.

« Et quand ensuite, épuisé et dépravé par un travail malsain, par l'ivresse et la basse débauche, quand, après avoir erré, sans but, au long des rues, il se laisse entraîner à pénétrer dans une remise et à y dérober quelques vieux balais hors d'usage, alors nous, qui ne manquons de rien, nous, hommes riches et instruits, nous nous assemblons dans une salle pleine de solennité, et nous jugeons ce malheureux, qui est notre frère, et que nous avons contribué à perdre ! »

(TOLSTOÏ. *Résurrection*, p. 166. Trad. WYZEWA. Perrin, édit.)

**
* **

Si la solidarité, en tant qu'elle atténue la culpabilité individuelle, commande un surcroît d'indulgence partout où l'indulgence est sans inconvénients, la même solidarité, en tant qu'elle menace de multiplier les effets de l'immoralité impunie[1] commande et justifie un surcroît de rigueur, dès que la rigueur est nécessaire.

(MARION. *Solidarité morale*, p. 343.)

41. — LES SCRUPULES DES MAGISTRATS

Les scrupules du juré, dont Tolstoï nous rapporte les réflexions, commencent à gagner les magistrats eux-mêmes. Ils cherchent, en particulier à Paris, les moyens de venir en aide à une certaine catégorie de délinquants dont le parquet doit s'occuper tous les jours : les vagabonds et les mendiants. Parmi eux, il en est en faveur desquels rien ne peut être tenté ; mais il en est d'autres qui sont les victimes des circonstances et qu'une condamnation flétrirait et perdrait à jamais. Les magistrats ont organisé pour ceux qui semblent dignes d'être secourus une « Maison de Travail » à Thiais[2], pour le département de la Seine. Trois cents personnes peuvent y être hospitalisées pendant six mois, au maximum. Les pensionnaires sont occupés à divers travaux et sont payés ; ils laissent 0 fr. 75 par jour sur leur salaire ; le reste sert à leur constituer un petit pécule. Ils peuvent quitter la maison, quand

---

[1] Par l'effet de la contagion et le danger de l'imitation.
[2] Elle a été inaugurée en septembre 1903.

bon leur semble, ou attendre qu'ils aient trouvé une place dans un atelier.

Cette œuvre intéressante n'est qu'à ses débuts : elle montre que nos magistrats sont gagnés aux idées de solidarité et de fraternité; à leurs yeux, la misère seule ne constitue plus un délit qu'il faut punir.

Ils témoignent la même sympathie aux enfants traduits en justice et leur tendent une main secourable. De tous côtés, près de chaque tribunal important, se fonde un *Comité de défense et de protection,* ou une *Union pour le sauvetage de l'enfance.* Ces sociétés ont à cœur le relèvement de l'enfant coupable : elles le défendent devant la justice et font en sorte de lui éviter une condamnation inutile et flétrissante; elles obtiennent qu'il soit remis, suivant les cas, aux parents, à des patronages, à des particuliers ou à l'assistance publique; elles les mettent pensionnaires dans des orphelinats, dans des colonies agricoles. Il est nécessaire de venir en aide à ces enfants — dont la responsabilité est souvent atténuée — avant qu'ils ne soient plus rattachés à la société par d'autres liens que la chaîne de leurs délits et de leurs crimes. »

(C. O.)

**

Comme on demandait à un Suédois si le soin des enfants recueillis dans les rues n'était pas très coûteux : « Oui, répond-il, c'est coûteux, mais pas cher; nous autres, Suédois, nous ne sommes pas assez riches pour laisser un enfant grandir dans l'ignorance, la misère et le crime, et devenir ainsi un fléau pour la société aussi bien qu'une honte pour lui-même. »

(Dr THULIÉ. *Dressage des dégénérés.*)

**

Que de fois n'avons-nous pas entendu dire par un pauvre père de famille chargé d'enfants : « Ah ! si j'étais un voleur sortant de prison, on ferait quelque chose pour moi; mais je ne suis qu'un honnête homme, et il n'y a pas d'argent pour aider les honnêtes gens. »

.*.

La principale vertu d'un juge, c'est d'arriver à sauver les citoyens, plutôt que de les perdre. S'il est permis de s'éloigner un peu de la voie droite, c'est vers la douceur qu'il faut s'incliner.

(MICHEL DE L'HÔPITAL.)

.*.

« Il faudrait qu'à l'expiration de leur peine, il ne fût pas impossible à ceux d'entre eux qui le voudraient de se réhabiliter. Trop souvent, au contraire, dans la situation matérielle et morale où ils se trouvent en rentrant dans la société, ils n'ont d'autre ressource que de commettre de nouveaux délits, d'oser plus et mieux (Marion). » Cette pensée a inspiré à des personnes de cœur la généreuse initiative de la création de *Patronages de libérés*, qui s'occupent de placer, à leur sortie de prison, les condamnés dignes de sollicitude : ils remettent dans la bonne voie ceux ou celles qui ont cédé à de mauvais conseils, à un entraînement passager.

42. — L'ENNEMI DU PEUPLE ; LA SOLIDARITÉ EST-ELLE LE TOUT DE L'HOMME ?

Une station thermale a été établie dans une petite ville de Norvège ; les baigneurs viennent en grand nombre ; leurs dépenses sont une source de revenus pour les habitants ; la valeur des terrains s'accroît.

Cette prospérité est due à deux frères, Tomas et Peter Stockman : le premier, qui est docteur en médecine, a eu l'initiative de cette fondation ; il en a conçu l'idée que le second a réalisée ; Peter est le directeur de l'établissement et Tomas en est le médecin. Or voici que Tomas découvre, par l'analyse, que cette station est contaminée : les immondices de la vallée empestent la prise d'eau qui a été faite au-dessous d'une tannerie ; les eaux impures, après avoir passé par l'établissement, s'écoulent ensuite à la mer, à la plage même où se baignent les étrangers. De là des cas de maladie, suivis de mort, qui se sont produits parmi les touristes. La source empestée contient des substances si nuisibles qu'on ne peut ni boire l'eau, ni s'y baigner. Il faudrait construire un égout, refaire la conduite qui amène les eaux ; ces travaux coûteraient fort cher ; l'établissement devrait être fermé pendant deux ans.

En entendant ces révélations de la bouche de son frère, Peter commence par exiger de lui le silence : dans l'intérêt de la ville, le public doit ignorer ces faits ; il ne faut pas que l'établissement soit perdu de réputation. Quant aux dépenses de réfection, elles ruineraient les propriétaires. Tomas démentira l'annonce de renseignements qu'il a fait paraître dans les journaux : après de nouvelles expériences la situation a été reconnue moins mauvaise qu'elle ne paraissait tout d'abord. Tomas, indigné, refuse : « Eh ! quoi ! nous ferons boire l'eau empestée aux malheureux malades qui nous demandent en confiance et à prix d'or de leur rendre la santé ! » Peter le menace de disgrâce : s'il parle, il sera chassé honteusement, réduit à la misère, cette misère qu'il a déjà connue ; ne manquaient-ils pas du nécessaire, lui et les siens, n'étaient-ils pas tous dans le dénuement quand il a été nommé médecin de la station ? Et qui l'en a tiré, sinon son frère ? Mais Tomas met au-dessus de tous les avantages matériels, les devoirs que sa conscience lui dicte : il entend conserver « le droit de regarder ses enfants en face ».

Repoussé par son frère, il veut en appeler à ses concitoyens. Il leur soumettra ses scrupules dans une réunion publique. Pour prévenir l'effet des déclarations du docteur, Peter fait annoncer que, si des travaux sont nécessaires à l'établissement, source de richesses pour la ville, il faudra le fermer et que les frais seront supportés par les finances de la ville. Aussitôt tous les habitants, favorables d'abord à Tomas, changent d'avis : « Plus de malades! plus de revenus! Le docteur veut imposer des dépenses aux contribuables. Il est coupable. C'est l'*ennemi du peuple!* » Tous l'abandonnent. Il ne peut même pas trouver d'imprimeur pour publier une brochure : en raison de l'intérêt de l'établissement balnéaire, le public doit tout ignorer.

A-t-il eu raison Tomas Stockman de rompre les chaînes de la solidarité? A-t-il eu raison d'écouter sa conscience et de ne pas taire le secret qu'il importe aux autres habitants de tenir caché? Et n'est-ce pas le véritable intérêt de la ville qu'il recherchait? — « L'idée du devoir personnel, de la conscience individuelle s'oppose quelquefois à la solidarité », à l'esprit de corps et de caste. « L'individu doit-il s'absorber tout entier dans la Société? »[1]

(G. C.)

*
* *

L'amour des hommes les uns pour les autres de même que l'épanouissement complet de l'individu dans l'harmonie sociale sont des éléments indispensables de la véritable solidarité!

(Alfred Croiset.)

Lecture.

Edm. About. *Le roman d'un brave homme*, Hachette, édit.

[1] D'après A. Darlu, dans le volume de la *Solidarité*. F. Alcan.

CHAPITRE II

JUSTICE ET FRATERNITÉ

1. — Justice

I. Votre vie est sans cesse mêlée à celle de vos camarades. Vous êtes à l'étude ; vous vous préparez à traduire une version : vous étalez sur la table vos dictionnaires, votre grammaire, vos cahiers ; vous empiétez sur la partie qui revient de droit à vos voisins, réduits à se ramasser sur eux-mêmes. Un mot du texte vous embarrasse ? Vous vous levez avec bruit ; vous vous dirigez vers la chaire du maître ; vous renversez en passant un plumier, vous faites tomber un livre, vous bousculez un camarade, vous avez réussi à troubler tous les élèves dans leur travail.

Au réfectoire, c'est à votre tour de vous servir le premier ; les parts ne sont pas faites d'avance ; vous prenez du plat une portion plus forte qu'il ne convient si vous ne voulez pas réduire vos compagnons de table à un partage inégal. Et les autres n'osent rien dire, si votre force et l'usage que vous en faites sont déjà connus par expérience.

Au jeu, pour empêcher un rival de saisir le ballon, vous le poussez brutalement ; il fait une chute et se blesse. En passant devant un camarade, vous jetez à terre sa carte, sans penser qu'elle va tomber dans la poussière ou dans la boue ; — ou, plutôt, vous y avez pensé. Vous convoitiez une bonne place en composition : un autre l'a méritée. « Il a eu de la chance ! » dites-vous pour diminuer la valeur du résultat. Vous ajoutez même : « Le professeur a été injuste! » Vous êtes catholique, et vous vous étonnez qu'un condisciple soit protestant ou juif, vous le raillez et le poursuivez de vos moqueries.

Certes, vous avez le droit et le devoir d'entretenir vos forces physiques, de les développer par l'exercice et le jeu, de cultiver votre intelligence par le travail, de pratiquer la religion que votre conscience croit la véritable. Car vous avez reçu et possédez la vie, la pensée, l'activité libre, la conscience : vous êtes un être responsable de ses actes, une personne morale. Ces qualités propres de votre être, par cela même qu'elles vous ont été données, vous devez avoir la faculté, c'est-à-dire le droit de les conserver et de les développer.

Mais vos camarades, sont-ils autres que vous? Qu'ils soient vêtus de fourrure ou portent un paletot lustré par l'usure, que leur pantalon soit trop court ou qu'il vienne des ateliers du tailleur à la mode, qu'ils soient fils d'un riche industriel ou d'un ouvrier gagnant péniblement sa vie; qu'il soit fort comme Hercule ou malingre et chétif; que l'un soit doué d'une vive intelligence, que l'autre s'intéresse peu aux études, tous n'en sont pas moins vos égaux : comme vous, ce sont des êtres qui possèdent la vie, la pensée, la conscience, la responsabilité de leurs actes. C'est là un caractère que ne peuvent enlever ni les inégalités sociales de richesse ou de naissance, ni les inégalités naturelles de santé et d'intelligence. Par cela seul, ils ont droit à votre respect : nul n'a de privilège sous ce rapport ; ce sont tous vos égaux, ce sont vos semblables. Comme vous, ils ont reçu et possèdent la faculté, c'est-à-dire le droit d'entretenir et de développer leurs forces physiques, de cultiver leur intelligence, de s'en rapporter à leur conscience. *Leur droit, égal au vôtre, ne doit être lésé en quoi que ce soit :* vous ne devez ni prélever à table une part trop forte, à leurs dépens, ni risquer de les blesser au jeu, ni causer des dommages à ce qui est leur propriété, ni gêner leur travail, ni porter atteinte soit à leur mérite, soit à leur conscience.

Le droit, qui est vôtre, de développer tout votre être est limité par la nécessité et l'obligation de ne pas nuire au développement de tout l'être de votre semblable. Faites un retour sur vous-même : vous plairait-il et accepteriez-vous, sans protester, d'être privé de votre part, de recevoir des coups d'élèves plus forts ? Habituez-vous à voir votre droit ainsi limité par le droit du voisin. Si vous respectez les droits d'autrui, vous aurez acquis une grande qualité sociale : vous serez juste. La justice, c'est le respect des droits d'autrui.

« *Ne faites pas à un de vos semblables ce que vous ne voudriez pas qu'il vous fît à vous-même.* »

Cette règle de justice doit être celle de vos rapports avec vos camarades : efforcez-vous de l'observer avec vigilance ; vous serez ainsi préparés à la pratiquer dans la vie.

II. Les hommes n'ont pas entre eux seulement des rapports d'individu à individu ; réunis en société, ils forment ce qu'on appelle une collectivité ou le public : chacun de nous a envers ce public, dont il est un des éléments, les mêmes obligations de *justice* qu'envers l'individu. Vous vous promenez dans un jardin public, entretenu aux frais de tous, pour l'agrément de tous. Vous avez une prédilection pour les roses ; un *Paul Neyron* est là devant vous, qui semble vous offrir ses fleurs ; vous avez la tentation d'en cueillir. « Prendre une seule rose, vous dites-vous, quel dommage cela peut-il causer ? » Et si le garde a le dos tourné, votre parti est vite pris. — Vous revenez de la chasse. Il vous faut déclarer une perdrix à l'octroi : mais la perdrix ne sera-t-elle pas meilleure si vous l'entrez en fraude ? « Quelques sous ne feront pas grand tort au budget de la ville ! » Et au préposé qui s'avance vers vous

7.

vous dites d'un ton indifférent : « Rien à déclarer ! » — Vous visitez un musée avec quelques amis : pour leur faire mieux admirer un détail d'un tableau, vous posez le doigt sur la toile, sans prendre garde au : « *Défense de toucher !* » et sans vous demander si vous ne risquez pas de détériorer l'œuvre exposée.

Comment avez-vous pu penser que ce qui porte atteinte au bien commun de tous ne porte atteinte à personne ? Comment pouvez-vous supposer que vous seul êtes autorisé à agir de la sorte ? Pourquoi vous arrogez-vous un droit dont les autres seraient privés ? Et si les autres usent du même droit que vous, qu'arrivera-t-il ? Le jardin public qui appartient à tous, sera dépouillé de ses fleurs, au profit de quelques-uns. Le budget sera forcément en déficit, ce budget qui sert à entretenir les services publics : voirie, éclairage, écoles. Les tableaux du musée seront bientôt salis, les couleurs seront ternies ; il faudra les remiser au grenier. Le public sera lésé dans ses droits : il ne pourra plus profiter des œuvres qu'il entretenait à frais communs pour le bien de tous. En réalité, manquer à la *justice* envers la *collectivité*, c'est manquer à la *justice* envers *chacun ;* c'est oublier le respect des droits individuels de ses semblables.

Avant d'agir, n'oubliez jamais que nul ne peut se croire privilégié. Demandez-vous quelles seraient les conséquences de votre action si tous les autres l'imitaient.

(G. C.)

* *

Quelquefois, un élève, pour s'excuser d'avoir été brutal ou insolent à l'égard d'un camarade, répond à son maître : « On m'a traité souvent de la sorte. Je ne fais que rendre aux autres ce que d'autres m'ont fait. »

Son excuse est-elle valable ?

La justice, le respect de la personne dans tout ce qui la constitue, voilà le premier devoir de l'homme envers son semblable.

(V. Cousin.)

Toute injustice est une entreprise sur notre personne ; retrancher le moindre de nos droits, c'est diminuer notre personne morale, c'est, par cet endroit du moins, nous rabaisser à l'état d'une chose.

(V. Cousin.)

Le premier degré d'injustice, c'est de prendre plaisir à voir mal faire... ; le second est de mal faire... ; le troisième est de n'empêcher point de mal faire, quand on le peut.

(Michel de l'Hopital.)

Oh ! que de bien fait celui qui ne fait pas de mal !

(J.-J. Rousseau.)

Une injustice faite à un seul est une menace faite à tous.

(Montesquieu.)

La notion de justice semble si naturelle, si universellement acquise par tous les hommes, qu'elle est indépendante de toute loi, de tout pacte, de toute religion. Qu'on me montre un pays où il soit honnête de me ravir le fruit de mon travail, de violer sa promesse, de mentir pour nuire, de calomnier, d'emprisonner, d'être ingrat.

(Voltaire.)

L'homme juste n'est pas celui qui ne fait tort à personne, mais celui qui, ayant le pouvoir de nuire, en réprime la volonté.

(Pythagore.)

*
* *

L'impunité vaut-elle mieux que le châtiment? C'est demander s'il y a un intérêt supérieur à la justice. Celui qui soustrait le coupable à la peine se fait indirectement son complice.

(A. Grun.)

*
* *

L'unique chose que l'honnête homme doit regarder dans toutes ses démarches, c'est de voir si ce qu'il fait est juste ou injuste, et si c'est l'action d'un homme de bien ou d'un méchant homme.

(Socrate.)

*
* *

N'exigez pas qu'un autre endure ce que vous ne pourriez souffrir vous-même.

(Publ. Syrus.)

*
* *

Le talion, c'est la justice des injustes.

(Saint-Augustin.)

*
* *

C'est par la multitude des petites et grandes iniquités que la société, rongée et minée sans relâche, toujours s'éboule et croule intérieurement. Avec la justice, au contraire, elle serait fondée sur le roc.

(Izoulet.)

2. — Respect de la vie du prochain

Le premier des droits, puisqu'il est la condition des autres, est le droit à la vie. Il n'est dans la pensée ni dans l'intention d'aucun de vous d'attenter à l'existence d'un de vos semblables : mais ne peut-on, sans même le vouloir, devenir homicide, par négligence ou par imprudence, parce qu'on n'a pas fait attention aux conséquences de ses actes? L'adolescent qui, tout entier au plaisir de dévorer l'espace sur une bicyclette, file rapide comme l'éclair, et renverse, au tournant d'une rue, un enfant, un vieillard et le blesse mortellement, homicide ! L'automobiliste qui traverse à toute vitesse un faubourg populeux, sans se soucier ni des enfants qui jouent, ni des ouvriers qui reviennent du travail, homicide ! Le chasseur imprudent qui, sans prendre le soin de désarmer son fusil, saute les fossés et franchit les talus, blessant un compagnon, homicide ! L'alcoolique qui, hors de lui, dans un moment de colère, cédant à un emportement irraisonné tue l'un des siens, homicide ! et homicide sans excuses : car, si l'ivresse atténue la responsabilité du meurtrier, le meurtrier est responsable de son ivresse.

D'autres enfin s'attaquent à la vie morale de leurs semblables, de leurs camarades, s'efforçant de tuer en eux, par la contagion de leur propre souillure, le respect de leur dignité.

(G. C.)

On lit souvent dans les *faits divers* des journaux :
Un boucher de la localité a été condamné par le tribunal à quinze jours de prison pour avoir mis en vente de la viande provenant d'animaux malsains, de celle qu'on appelait jadis *la viande à soldat.*

Trouvez-vous la condamnation juste ?

En tant qu'homme, j'ai droit à ce que mon existence soit respectée, comme mes biens, ma personne morale, ma liberté ! De là le *droit de légitime défense.*

Le précepte : *Tu ne tueras point*, souffre-t-il des exceptions ? Lesquelles ? Dans quelle mesure ?
Ce précepte, fait pour les particuliers, s'applique-t-il aussi aux sociétés ?

La maxime : *Œil pour œil, dent pour dent*, commande non la légitime défense, mais la vengeance.

3. — Le soldat n'est pas un assassin

J'eus la satisfaction de conserver la vie à un homme. C'était un Autrichien. Il y avait un corps étendu à côté de notre feu. Je l'observai. Il n'était que blessé à la jambe ; mais, accablé de fatigue et de faim, il respirait à peine. Je le fis revenir avec quelques gouttes d'eau-de-vie. Tous nos gens étaient endormis. J'allai leur proposer de m'aider à transporter ce malheureux à l'ambulance. Accablés eux-mêmes de fatigue, ils me refusèrent. Un d'eux me proposa de l'achever. Cette idée me révolta. Excédé aussi de fatigue et de faim, je ne sais où j'allai chercher ce que je leur dis ; je m'échauffai, je leur parlai avec indignation, avec colère, je leur reprochai leur dureté. Enfin deux d'entre eux se levèrent et vinrent m'aider à emporter le blessé. Nous fîmes un brancard avec une planche et deux carabines. Un troisième chasseur à cheval, entraîné par notre exemple, se joignit à nous ; nous soulevons notre homme, et, à travers les marais, dans l'eau et dans la vase jusqu'aux genoux, nous le portons à l'ambulance, éloignée d'une demi-lieue. Chemin faisant mes compagnons se plaignirent souvent du fardeau et délibérèrent de me laisser seul avec mon blessé, m'en tirer comme je pourrais, et moi de leur crier : « Courage ! » et de leur débiter, en termes de soldat, les meilleures sentences des philosophes sur la pitié qu'on doit aux vaincus et sur le désir que nous aurions qu'en pareil cas on en fît autant pour nous. Les hommes ne sont pas mauvais au fond, car la corvée était rude, et cependant mes pauvres camarades se laissèrent persuader. Enfin nous arrivons et nous mettons le malheureux en un lieu où il pouvait avoir du secours ; je le recommande moi-même, et je m'en retourne avec mes trois chasseurs, plus joyeux cent fois, l'âme plus satisfaite que si je sortais du plus beau bal ou du plus excellent concert. J'arrive, je m'étends sur mon manteau devant le feu, et je dors paisiblement jusqu'au jour. »

(Maurice Dupin.)

Lectures.

L'assassinat politique, dans la pièce de Ponsard, *Charlotte Corday*.

La vengeance, — ou la vendetta corse : *Colomba*, de P. Mérimée.

4. — Le soufflet de Don Diègue

(souvenirs d'enfance d'un papa rapportés par son petit garçon)

(Un père de famille raconte aux siens un souvenir d'enfance : A l'époque où son frère et lui étaient au lycée, ils étudiaient la tragédie de Corneille, le *Cid*. Ils en avaient appris plusieurs scènes : leurs parents leur permirent de réciter devant des amis, un vieux docteur et sa fille, quelques passages de la pièce : l'entretien entre le comte et Don Diègue au 1ᵉʳ acte, — la provocation de Don Gormas par Rodrigue au 2ᵐᵒ acte.)

« Nous voilà donc, recommençant dans un coin du salon les scènes fameuses, mon frère drapé dans son manteau, moi, orné de mon vieux chapeau.

Je ne sais pas si mon frère fut emporté par le feu de l'action, ou si quelque idée saugrenue lui passa dans la tête, mais tout en me criant :

« .... Ton insolence,
« Téméraire vieillard, aura sa récompense, »

il me lança un soufflet, qui sonna sur ma pauvre petite joue. Je ne voyais plus clair, les larmes me montaient aux yeux. J'éprouvais la honte que procure un vrai soufflet. Mes parents, habitués au bruit formidable de nos soufflets imités, ne remarquèrent rien. Les invités n'osèrent rien dire.

Alors, le cœur gros, d'une voix mal assurée, je poursuivis. Mais quand vint le moment de transpercer mon frère, je me jetai sur lui avec rage et je l'envoyai rouler par terre. Jamais je n'avais si bien dit :

« Je suis jeune, il est vrai, mais aux âmes bien nées,
« La valeur n'attend pas le nombre des années. »

Nous eûmes un succès étourdissant; seulement le vieux docteur dit à ma mère :

— Il ne faut plus laisser votre petit garçon jouer à ce jeu. Voyez comme il a la fièvre.

Il n'avait pas besoin de nous le recommander. Je boudais mon frère à cause du soufflet. Il me boudait parce que je l'avais bousculé en le tuant.

Ainsi finissent les jeux les plus charmants quand on en abuse. Mais, c'est égal, quelles bonnes heures celui-là ne nous a-t-il pas procurées ! »

Nous avions écouté sans mot dire le récit fait par notre père, et je l'ai transcrit, je crois, presque sans y changer un mot. Quand il eut fini :

— Père, demanda l'un de nous, pourquoi admire-t-on tant cette pièce du *Cid ?* Tu nous as dit cent fois qu'on ne devait pas se venger, et que le premier devoir de l'homme était de respecter la vie de son semblable. Le Cid, malgré son courage, était un vilain homme.

— Il n'avait pas les mêmes idées que nous sur le devoir, répondit mon père. Il y a bien des hommes qui, aujourd'hui encore, croient qu'on ne peut se laver d'une injure qu'en se battant avec celui qui vous a offensé.

Autrefois, en effet, la société n'était pas organisée comme aujourd'hui, il n'y avait pas de lois, pas de justice, pour protéger les gens. Chacun se défendait comme il pouvait. Mais bientôt, on arriva à se battre par amour même du combat, souvent à propos de questions insignifiantes.

— Comme le Cid, dit Jean étourdiment.

Mais Paul, qui avait bien écouté le récit de la pièce, s'écria :

— Tu trouves que le Cid n'avait pas raison ? Eh bien moi, j'en aurais fait autant à sa place, et si quelqu'un donnait un soufflet à papa, moi aussi, je le tuerais !

Jean était tout confus, mais notre père reprit :

— Même si quelqu'un offensait ainsi votre père, enfants, vous n'auriez pas le droit de le tuer. L'affront qu'on reçoit des autres n'a rien d'humiliant, s'il n'est pas mérité. On doit le dédaigner et passer outre. Une seule chose dégrade l'homme, c'est le mal qu'il fait. Celui qui tuerait l'homme qui l'a offensé serait cent fois plus coupable que son adversaire.

— Alors, papa, dit malicieusement ma petite sœur Thérèse, qui n'avait pas encore ouvert la bouche, parce que la question l'intéressait moins que nous autres, alors, papa, tu as eu tort de bousculer ton frère qui t'avait donné un soufflet ?

— Sans doute, petite Thérèse, et les jours suivants, nous eûmes bien du remords, votre oncle et moi, de nous être ainsi battus. Nous ne nous accordions plus comme avant, et nous étions tout tristes d'avoir été si brutaux. Mais peu à peu cette impression s'effaça et mon frère redevint le charmant compagnon de jeu qu'il était d'habitude.

Et justement, si je vous ai raconté cette histoire, c'est pour que vous ne tombiez pas dans la même faute que moi et que vous ne tiriez pas de cette belle pièce du

Cid une leçon de vengeance et de brutalité. Elle doit donc vous apprendre une chose, que Corneille a admirablement exprimée, c'est que tout homme doit mettre son devoir au-dessus de ses sentiments et de ses préférences personnelles. Rappellez-vous cela avec le beau vers :

« Qui veut vivre infâme est indigne du jour! »

(MARCELLE ODINOT, dans la Revue *Pour nos enfants*[1], mai 1903.)

*
* *

Que deviendrait la société civile si les particuliers étaient en droit de se faire justice à eux-mêmes, si chaque citoyen pouvait venger lui-même ses injures particulières ?

*
* *

Le duel est un vestige des habitudes barbares qui confiaient au hasard, à la force ou à l'adresse le soin de punir les offenses ou les crimes. Les « jugements de Dieu » ont disparu. Mais le vieil homme reparaît avec ses colères et sa férocité, quand la loi ne lui accorde pas une réparation suffisante.

*
* *

Si quelque voleur vous dérobe votre porte-monnaie, vous trouvez dans les juges des hommes prêts à réparer par le châtiment le dommage causé à la société. Si quelque calomniateur vous vole un bien plus précieux, votre honneur, la justice de votre pays n'en sera pas émue.

*
* *

On ne s'adresse pas souvent à la justice[2] pour demander réparation de diffamations, d'injures, de soufflets, parce que le tarif légal de la dignité humaine n'est pas aussi élevé qu'il devrait l'être. Le jour où les tribunaux pourront ruiner un

---

[1] L'Excellente petite revue, dont la lecture serait des plus profitables à la formation morale de nos élèves.

[2] « Quand il n'y aurait à essuyer que les sottises que disent devant tout le monde de méchants plaisants d'avocats. » Fourberies de Scapin (Acte II, Sc. VIII).

brutal, un calomniateur, le duel disparaîtra. Les Anglais, qui sont certainement des gens aussi braves que nous, ne se battent jamais : mais en revanche la calomnie et la diffamation entraînent des amendes et des indemnités pécuniaires qui ne permettent ce plaisir qu'aux millionnaires.

***

Qu'entendez-vous par « être atteint dans votre honneur ? » Un quidam vous atteint-il dans votre honneur, parce qu'il vous traite d'assassin ou de voleur ? — Supposez que ce soit vrai, que vous vous battiez et que vous le blessiez : en serez-vous moins un voleur et un meurtrier pour cela ?

Et si, au contraire, après vous avoir calomnié, c'est lui qui vous blesse et vous tue, en serez-vous plus innocent des méfaits qu'il vous impute ?

(LUCIEN DESCAVES.)

***

De celui qui offre le duel ou de celui qui le refuse, le plus courageux n'est presque jamais celui qu'on pense.

(LUCIEN DESCAVES.)

***

Récemment deux hommes venaient à Paris pour se battre en duel. L'un fut tué ! Le survivant déclara « qu'il voulait seulement blesser son adversaire : la fatalité avait dirigé son bras ». Si le duel n'avait pas eu un dénouement tragique, les deux adversaires, non réconciliés, se seraient retrouvés dans la vie : en quoi leur situation vis-à-vis l'un de l'autre aurait-elle été modifiée, parce que l'un aurait reçu une piqûre ?

(D'après L. DESCAVES.)

***

Ce qui pourrait servir d'excuse au duel, c'est le courage d'affronter la mort. Heureusement les duels se terminent d'ordinaire, et par convention, par une piqûre au bras ; mais cette heureuse issue le discrédite et lui ôte ce qui serait sa raison d'être.

***

Se bat-on sérieusement et pour des motifs sérieux ? A peine une fois sur cent. Un mot piquant dans un journal, une parole un peu vive dans le monde, un moment d'emportement facile à regretter honorablement, une piqûre de la vanité que nous confondons avec une blessure à l'honneur, voilà pourquoi, dans la plupart des duels, deux hommes vont sur le pré.

(Henry-Fouquier.)

**

Dans les salons, un homme frappé par un brutal et qui se contentera de mépriser l'injure ou qui en demandera réparation à la justice se verra mis en quarantaine.

**

Un soufflet, en bonne morale, ne prouve rien contre celui qui l'a reçu. Il ne prouve que la brutalité de l'homme qui l'a donné! Toujours est-il que la honte, dans l'état actuel de nos mœurs, s'attache uniquement à la victime.

(E. About.)

**

Quelle que soit la sagesse et la modération de nos magistrats, ils sont comme prévenus contre l'homme qui leur demande justice au lieu de se faire justice lui-même.

(About.)

**

Les modes et la loi se font les complices d'une mode qu'elles rendent excusable.

**

Moins esclave de vieux préjugés, la société ferait une bonne besogne si elle savait louer les hommes qui auraient l'orgueil légitime de tenir leur honneur pour fort au-dessus de l'injure du passant et le courage de trouver leur vie assez précieuse pour ne l'exposer qu'en accomplissant un véritable devoir.

**

Quand un élève a été maltraité en paroles par un camarade les autres élèves, au lieu d'apaiser la querelle, l'enveniment :
« Tu as été insulté, crient-ils; — tu dois te battre! »
Ont-ils raison ?

N'avez-vous point remarqué que les hommes si ombrageux et si prompts à provoquer les autres sont, pour la plupart, de très malhonnêtes gens qui, de peur qu'on ose leur montrer ouvertement le mépris qu'on a pour eux, s'efforcent de couvrir de quelques affaires d'honneur l'infamie de leur vie entière ?

(J.-J. ROUSSEAU.)

Cf. J.-J. Rousseau. *Morceaux choisis*, p. 321. — Rocheblave (Colin).

5. — L'HONNEUR ET LA VIE

« L'honneur est plus cher que la vie ; or il est permis de tuer pour défendre sa vie ; donc il est permis de tuer pour défendre son honneur. » Quoi, mes Pères, parce que le dérèglement des hommes leur a fait aimer ce faux honneur plus que la vie que Dieu leur a donnée pour le servir, il leur sera permis de tuer pour le conserver ! C'est cela même qui est un mal horrible d'aimer cet honneur plus que la vie.

« Il n'est pas permis de tuer pour conserver une chose de petite valeur, comme pour un écu ou pour une pomme, si ce n'est qu'il nous fût honteux de la perdre. Car alors on peut la reprendre et même tuer, s'il est nécessaire, pour la ravoir, parce que ce n'est pas tant défendre son bien que son honneur. Le droit de se défendre s'étend à tout ce qui est nécessaire pour nous garder de toute injure[1]. »

« On[2] peut tuer celui qui a donné un soufflet, quoiqu'il s'enfuie, pourvu qu'on évite de le faire par haine ou par vengeance. Et la raison en est qu'on peut ainsi courir après son honneur, comme après un bien dérobé. Car encore que votre honneur ne soit pas entre les mains de votre ennemi, comme seraient des hardes qu'il vous aurait

[1] Citations de Pères Jésuites, 14ᵉ *Provinciale*.
[2] *Id.*, 7ᵉ.

volées, on peut néanmoins le recouvrer de la même manière en donnant des marques de grandeur et d'autorité, et s'acquérant ainsi l'estime des hommes. Et en effet n'est-il pas véritable que celui qui a reçu un soufflet est réputé sans honneur jusqu'à ce qu'il ait tué son ennemi ? »

(Pascal.)

6. — Les médisants

Les médisants demandent le secret à tout le monde, et ils ne voient pas, dit saint Jean Chrysostome, que cela même les rend méprisables. Car demander à celui que j'ai fait le confident de ma médisance qu'il garde le secret, c'est proprement lui confesser mon injustice. C'est lui dire : soyez plus sage et plus charitable que moi ; je suis un médisant, ne le soyez pas ; en vous parlant de telle personne, je blesse la charité, ne suivez pas mon exemple...

Ce n'est pas tout. D'où vient qu'aujourd'hui la médisance s'est rendue si agréable dans les entretiens et dans les conversations du monde ? Pourquoi emploie-t-elle tant d'artifices et cherche-t-elle tant de tours ? Ces manières de s'insinuer, cet air enjoué qu'elle prend, ces bons mots qu'elle étudie, ces termes dont elle s'enveloppe, ces équivoques dont elle s'applaudit, ces louanges suivies de certaines restrictions et de certaines réserves, ces réflexions pleines d'une compassion cruelle, ces œillades qui parlent sans parler, et qui disent bien plus que les paroles mêmes, pourquoi tout cela ?... Parce qu'autrement la médisance n'aurait pas le front de se montrer ni de paraître... Et de tout ceci je conclus qu'entre les vices, la médisance est évidemment un des plus lâches.

J'ai dit encore que c'était un des plus odieux... car qu'y a-t-il de plus odieux qu'un homme à la censure de qui chacun se trouve exposé ; dont il n'y a personne de quelque condition qu'il soit, qui se puisse dire exempt ; et de qui les puissances mêmes ne peuvent éviter les traits? Quoi de plus odieux qu'un tribunal érigé d'une autorité particulière, où l'on décide souverainement du mérite des hommes ; où l'un est déclaré tel que l'on veut qu'il soit ; où l'autre quelquefois est noté pour jamais et flétri d'une manière à ne s'en pouvoir laver ; où tous reçoivent leur arrêt, qui leur est prononcé sans distinction et sans compassion ?

C'est pour cela que l'Ecriture, dans le portrait du médisant, nous le représente comme un homme terrible et redoutable. En effet, il est redoutable dans une ville, redoutable dans une communauté, redoutable dans les maisons particulières, redoutable chez les grands, redoutable parmi les petits : dans une ville, parce qu'il y suscite des factions et des partis ; dans une communauté, parce qu'il en trouble la paix et l'union ; dans une maison particulière, parce qu'il y entretient des inimitiés et des froideurs ; chez les grands, parce qu'il abuse de la créance qu'ils ont en lui, pour détruire auprès d'eux qui lui plaît ; parmi les petits, parce qu'il les anime les uns contre les autres. Combien de familles divisées par une seule médisance ! Combien d'amitiés rompues par une raillerie ! Combien de cœurs aigris et envenimés par des rapports indiscrets !

(BOURDALOUE. *Sermon sur la médisance*, 1re partie.)

* *

Après que l'homme a acquis les moyens de vivre, presque tout ce qu'il prend encore de peine et ce qu'il fait d'efforts a pour but d'acquérir le respect et la faveur de ses semblables, d'être considéré par eux ou, en tout cas, de n'en être pas méprisé.

(STUART MILL.)

* *

Le médisant qui répète des propos dont il n'est pas sûr, qui juge sur les apparences et sans connaître les véritables motifs des actions d'autrui, n'est pas loin d'être un calomniateur. Beaucoup d'élèves se mettent dans ce cas lorsqu'ils parlent de leurs maîtres.

* *

Médire sans dessein, c'est sottise ; médire avec réflexion, c'est lâcheté et noirceur d'âme.

* *

L'homme est prompt à soupçonner le mal : mais qui se hâte de juger, se repentira bientôt.

(PUBL. SYRUS.)

* *

Il en est de la parole comme d'une flèche : la flèche une fois lancée ne revient plus à la corde de l'arc, ni la parole sur les lèvres.

(MAXIME ORIENTALE.)

7. — CONSÉQUENCES D'UN MENSONGE.

(Vers 1728, J.-J. Rousseau [1] était entré, en qualité de secrétaire, au service de Mme de Vercellis. A la mort de sa maîtresse, pendant l'inventaire fait par les héritiers, Rousseau déroba « un petit ruban couleur de rose et argent déjà vieux. »)

Beaucoup d'autres meilleures choses étaient à ma portée ; ce ruban seul me tenta, je le volai ; et comme je ne le cachais guère, on me le trouva bientôt. On voulut savoir où je l'avais pris. Je me trouble, je balbutie, et enfin, je dis, en rougissant, que c'est Marion qui me l'a donné. Marion était une jeune Mauriennoise dont Mme de Vercellis avait fait sa cuisinière. Non seulement Marion était jolie, mais elle avait une fraîcheur de coloris qu'on ne trouve que dans les montagnes, et surtout un air de modestie et de

---

[1] J.-J. Rousseau avait alors seize ans.

douceur qui faisait qu'on ne pouvait la voir sans l'aimer ; d'ailleurs bonne fille, sage, et d'une fidélité à toute épreuve. C'est ce qui surprit quand je la nommai. L'on n'avait guère moins de confiance en moi qu'en elle, et l'on jugea qu'il importait de vérifier lequel était le fripon des deux. On la fit venir : l'assemblée était nombreuse, le comte de La Roque y était. Elle arrive, on lui montre le ruban : je la charge effrontément ; elle reste interdite, se tait, me jette un regard qui aurait désarmé les démons, et auquel mon barbare cœur résiste. Elle nie enfin avec assurance, mais sans emportement, m'apostrophe, m'exhorte à rentrer en moi-même, à ne pas déshonorer une fille innocente qui ne m'a jamais fait de mal ; et moi, avec une impudence infernale, je confirme ma déclaration, et lui soutiens en face qu'elle m'avait donné le ruban. La pauvre fille se mit à pleurer, et ne me dit que ces mots : Ah ! Rousseau, je vous croyais un bon caractère. Vous me rendez bien malheureuse, mais je ne voudrais pas être à votre place. Voilà tout. Elle continua de se défendre avec autant de simplicité que de fermeté, mais sans se permettre contre moi la moindre invective. Cette modération, comparée à mon ton décidé, lui fit tort. Il ne semblait pas naturel de supposer d'un côté une audace aussi diabolique, et de l'autre une aussi angélique douceur. On ne parut pas décider absolument, mais les préjugés étaient pour moi. Dans le tracas où l'on était on ne se donna pas le temps d'approfondir la chose ; et le comte de La Roque, en nous renvoyant tous deux, se contenta de dire que la conscience du coupable vengerait assez l'innocent. Sa prédiction n'a pas été vaine ; elle ne cesse pas un seul jour de s'accomplir.

J'ignore ce que devint cette victime de ma calomnie ; mais il n'y a pas d'apparence qu'elle ait après cela trouvé facilement à se bien placer. Elle emportait une imputation cruelle à son honneur de toutes manières. Le vol n'était qu'une bagatelle, mais enfin c'était un vol : enfin le mensonge et l'obstination ne laissaient rien à espérer de celle en qui tant de vices étaient réunis. Je ne regarde pas même la misère et l'abandon comme le plus grand danger auquel je l'ai exposée. Qui sait, à son âge, où le découragement de l'innocence avilie a pu la porter? Eh! si le remords d'avoir pu la rendre malheureuse est insupportable, qu'on juge celui d'avoir pu la rendre pire que moi!

Ce souvenir cruel me trouble quelquefois, et me bouleverse au point de voir dans mes insomnies cette pauvre fille venir me reprocher mon crime comme s'il n'était commis que d'hier.

(J.-J. ROUSSEAU. *Confessions*, liv. II.)

8. — LA CALOMNIE

Les hommes sont en général portés à chercher dans les actes les plus désintéressés de leurs semblables des mobiles mesquins ou vils. Ils semblent ne pouvoir s'élever jusqu'à l'idée qu'il existe des personnes capables de faire le bien pour le bien lui-même. L'envie, le désir de rabaisser les autres, la secrète et malsaine satisfaction de constater que tel personnage ne vaut pas mieux que le reste, nous portent presque malgré nous à la calomnie, ou nous font complices de celles que nous entendons sans protester. Combien de journaux exploitent ces tendances de leurs lecteurs et en vivent! Il est impossible de s'en rapporter aux affirmations d'une seule feuille; et quand on en lit plusieurs, celui qui réfléchit y trouve matière à de curieuses remarques: les actes, les paroles, les intentions mêmes d'un homme politique sont présentés sous un jour tout différent suivant la nuance du journal. Il n'est pas jusqu'aux comptes rendus des séances de la Chambre et du Sénat qui ne soient tronqués et dénaturés: chez l'un, le discours de tel orateur, tient une colonne ; chez l'autre, il est réduit à quatre lignes, il est altéré dans son esprit. On ne peut ni suivre, ni apprécier une discussion quand on n'a pas en entier sous les yeux les arguments émis pour ou contre une idée, un projet.

Le malheur des hommes politiques est d'être exposés sans cesse aux attaques des calomniateurs, et de l'être sans pouvoir se défendre. Scribe a montré les dangers qu'ils courent, les épreuves auxquelles ils sont soumis : dans la comédie de la *Calomnie*, un personnage, le ministre du roi, se plaint avec amertume à un de ses amis des outrages que ses adversaires déversent sur lui, des reproches dont ils l'accablent : « Il avilit sa patrie, il la trahit, la livre à l'étranger, — lui, un Français qui donnerait sa vie pour la gloire et la prospérité de son pays ! » Sa vie privée même n'est pas respectée ! Fils d'un vigneron de Bourgogne, il a répondu aux espérances que son père avait fondées sur son intelligence ; ses succès dans ses études, puis au barreau, ont récompensé les sacrifices que sa famille s'était imposés. Dans ses triomphes, il n'a jamais oublié sa modeste origine, et a toujours témoigné aux siens sa reconnaissance. Nommé député, choisi par le roi pour diriger le ministère, « sa première pensée fut pour son père ; il alla le chercher et voulut l'emmener avec lui dans son somptueux hôtel. « Non, lui dit le vieillard ! je suis bien vieux ; le séjour de Paris m'effraie, je préfère mon repos et ma retraite. C'est mon désir, mon fils. » Ce désir, je devais le respecter ; cette retraite, je l'embellis de mon mieux ; je l'entourai de toute l'aisance que je pouvais lui donner ; et un matin je lus dans une feuille publique que moi, sorti de la classe du peuple, je rougissais de devoir le jour à un paysan, à un vigneron, — que j'avais chassé mon père de mon hôtel ! »

Le ministre indigné supplie son père de venir par sa présence à Paris démentir tous ces bruits qui le déshonorent; mais la calomnie ne désarme pas. En vain le ministre reçoit son père dans son salon, le présente « à l'élite de la société ». Le lendemain, tous répètent que, reconnaissant l'indignité de ma conduite, j'ai voulu la réparer par un coup de théâtre qu'ils tournent en ridicule. En vain mon père réclame hautement et atteste ma tendresse et mes soins pour lui. On prétend que ces réclamations tardives sont dictées par moi, que je l'ai forcé à les écrire, que la pension que je lui fais en est le prix. Et maintenant, j'aurai beau dire et beau faire, tous les plus honnêtes gens du monde ont cette conviction. »

Ils s'en vont en effet répétant avec la foule : « Il n'y a pas de fumée sans feu ! » — Il faut se défier des calomnies que répandent les adversaires des hommes politiques ; c'est l'arme la plus perfide, la plus dangereuse dans un état républicain, dans une démocratie, où tous dépendent de l'opinion publique.

(G. C.)

(D'après Scribe. — *La calomnie*. C. Lévy, édit.)

Lecture.

Le rôle de Iago, dans *Othello* de Shakespeare.

9. — Faux témoignage

A l'époque de la seconde République, vers 1848, un instituteur, nommé Pierre Vaux, dirigeait l'école de la commune de Longepierre, dans la Saône. Dévoué aux idées libérales, il entreprit une campagne en faveur de la gratuité de l'instruction du peuple. Le succès qu'il obtint près des habitants, l'influence qu'il exerçait, lui suscitèrent des jalousies et des inimitiés. Quand le gouvernement passa aux mains de Louis Bonaparte, ses adversaires politiques réussirent à le faire révoquer. Pour répondre à cette iniquité, les habitants le choisirent comme maire. Son rival évincé, le cabaretier Gallemard, chercha à se débarrasser de lui par des accusations perfides et calomnieuses : il le dénonça comme chef d'une bande d'incendiaires et comme coupable d'avoir mis le feu aux maisons de plusieurs propriétaires de la commune. La vérité était que des incendies avaient bien été allumés, mais par des gens du pays et à l'instigation de Gallemard lui-même.

Pierre fut arrêté. L'instruction judiciaire ne put réunir de preuves contre lui, et l'instituteur fut relâché. Les soupçons se portèrent alors sur Gallemard. Le misérable, pour échapper à la responsabilité qui pesait sur lui, imagina une ruse atroce; il trouva un complice digne de lui dans un gueux qu'il amena, à prix d'argent, à faire devant le tribunal une déposition fausse : le gueux confirma aux jurés que Pierre Vaux lui avait proposé, moyennant quelques pièces d'or, de faire partie de la bande d'incendiaires. Sur cet unique témoignage, Pierre Vaux, l'honnête homme, fut envoyé au bagne; il y mourut en 1876.

(G. C.)

* * *

Un voyageur traversait une forêt. Le galop de son cheval réveilla brusquement un chien endormi sur le bord de la route; le chien se mit à aboyer et à sauter après le cheval. « Je n'ai pas d'arme pour me débarrasser de toi, s'écria le voyageur; mais gare à toi au prochain village! » Dès qu'il y fut arrivé, l'homme se mit à crier: « Au chien enragé! » Et les paysans de s'acharner après la pauvre bête qui ne tarda pas à succomber sous leurs coups.

* * *

Souvent un élève, pour éviter une punition, invoque le témoignage de ses camarades : ils peuvent affirmer qu'il n'a pas commis la faute dont il est accusé. — Il se trouve des élèves qui, par camaraderie, font une déclaration fausse : que faut-il penser de cette tendance ?

8.

10. — Atteinte a la liberté d'autrui

On lit dans un journal de Liége : « Prévenue que des cris paraissant provenir du rez-de-chaussée d'une maison de la rue., se faisaient entendre tous les jours, la police fit une enquête : elle reconnut qu'un être humain était séquestré dans la cave de la maison indiquée. La porte du réduit enfoncée, un spectacle horrible s'offrit à la vue du commissaire : sur un infect grabat était étendue une jeune femme à peine vêtue, maigre comme un squelette et couverte de vermine. Ses parents lui faisaient subir un odieux martyre depuis un an qu'ils l'avaient enfermée dans cette cave. »

.·.

Les individus enfermés dans une prison subissent-ils une atteinte injuste à leur liberté de mouvement?

.·.

Il arrive que des personnes, pour se débarrasser d'un parent qui les gêne, le font interner sous prétexte qu'il est fou.

11. — L'esclavage[1] en Afrique

Les captures d'esclaves sont faites en Afrique soit par des expéditions à portées restreintes entre peuplades voisines, — c'est le genre dahoméen, — soit par des entrepreneurs de capture qui ne font que cela toute leur vie et organisent, au travers de l'Afrique entière, la capture d'abord, la caravane d'exportation ensuite : c'est le mode arabe. Dans l'un et l'autre cas, la capture cause la destruction radicale du village qui est attaqué. On sait que les hommes libres seraient difficiles à emmener au loin en caravane : ils seraient tentés de se sauver ou de se

---

[1] Lire un passage de Montesquieu sur les *Nègres*, — passage très connu. (*Esprit des lois*, XV. Ch. v. « Si j'avais à soutenir ..,,. »

révolter ; donc on les tue. Dans beaucoup de guerres de peuplade à peuplade, on leur coupe une jambe, ce qui revient au même. Les Dahoméens s'offraient le luxe de les transporter à dos d'homme jusque dans leur capitale et attendaient un jour de fête pour les exécuter. Ainsi faisaient les Romains ; d'ailleurs dans toute l'antiquité l'extermination du peuple vaincu était la règle.

On tue également ceux des enfants et des vieillards qui seraient incapables de supporter la marche. Puis on organise une caravane pour emmener le reste, dont les femmes forment la majorité. On charge ces malheureux du maigre butin qu'on a pu faire en plus d'eux et leur calvaire commence . . . .

Un chiffre a été donné et admis, c'est qu'il meurt en route les deux tiers de ces malheureux, soit de faim, soit de soif ou de fatigue, ou égorgés parce qu'ils ne peuvent plus suivre.

Comme on a déjà tué les deux tiers de la population au moment de la capture, on voit qu'une opération qui concerne 100 têtes en tue 89 pour en livrer 11 au marché. Encore ceux qui survivent, comme ceux qui succombent, ont-ils subi un martyre épouvantable.

Ce ne sont pas là propos de femme sensible, et il n'y a pas que les âmes tendres que le récit de souffrances pareilles, infligées à une notable partie de l'humanité, doive émouvoir et exaspérer.

L'Angleterre s'est honorée en dépensant un milliard pour la répression de la traite sur mer ; mais le marin négrier, type aujourd'hui disparu, était un ange au prix du négrier de caravane, et ce n'est pas parce que le débouché le plus avantageux a été fermé que l'exploitation a cessé. Le prix de l'esclave a baissé. Je l'ai vu à 60 francs ; on dit qu'il y en a à 5 francs, tandis que le Brésil les payait autrefois 2000. Mais cette diminution de la valeur de la marchandise n'a pas entravé le commerce ;

car la récolte initiale ne coûte presque rien, et tout vient en bénéfice en fin de marché.

C'est pourquoi le partage de l'Afrique qui s'exécute en ce moment ne doit pas être purement nominal. Si faiblement qu'on l'exerce, mais à condition toutefois qu'on l'exerce, la domination d'une puissance européenne sur un pays noir y fait cesser les guerres de capture. Là où nous serions impuissants — et il ne faut point trop s'en désoler — à supprimer l'esclavage domestique, notre seule action de présence suffit pour écarter le fléau autrement meurtrier et immoral des capteurs d'esclaves. Si l'on a accusé l'Europe d'avoir des appétits d'expansion coloniale disproportionnés à ses forces d'absorption, il faut louer sans réserve cette expansion toutes les fois que son action bienfaisante lave un coin de la tache noire qui salit l'humanité . . . .

C'est ainsi que notre action au Dahomé, jetant bas le plus redouté des capteurs d'esclaves de l'Afrique occidentale, a fait œuvre civilisatrice et d'humanité; voilà pourquoi la France est vraiment la protectrice de tous les peuples sur lesquels s'exerçaient les courses malfaisantes des rois d'Abomé et pourquoi rien ne prévaut contre cette situation de fait.

(Lieutenant-colonel TOUTÉE. *Dahomé. Niger Touareg*, p. 159-162. Colin, édit.)

Lectures.

MÉRIMÉE, *Tamango*, dans le volume de Colomba. — *La Case de l'Oncle Tom*, de Mme BEECHER-STOWE.

12. — EXPLOITATION DE SES SEMBLABLES

La raison a beau nous dire que nos semblables sont nos égaux : il arrive trop souvent que beaucoup ont une tendance à ne pas respecter dans les autres la personne morale et à les traiter plutôt comme une chose. Les élèves les plus forts opprimeraient volontiers les faibles et les petits. Bien des maîtres exigent de leurs domestiques un travail excessif, les nourrissent mal et les paient peu. Quelques patrons ou chefs d'industrie profitent de l'extrême misère du travailleur pour n'accorder qu'un salaire dérisoire, forcément accepté faute d'autre ressource.

Si ce dernier cas devient plus rare, il existe beaucoup de maisons de commerce dont les ouvriers et employés sont traités sans humanité. On trouve souvent des ateliers où les couturières travaillent dans des conditions nuisibles à la santé. « Dans une pièce grande comme la main, dit un témoin oculaire, trente ou quarante malheureuses râlaient presque de chaleur et d'étouffement (c'était pendant la canicule); il était défendu d'ouvrir les fenêtres, en vertu d'une clause du bail imposée par le propriétaire et acceptée par le locataire. » Les employés de commerce ne sont guère mieux partagés; il y en a en France douze cent mille qui vivent au milieu de poussières malsaines, dans des locaux mal aérés et trop étroits.

Une ligue vient de se former pour rendre plus supportable la condition de l'ouvrier et de l'ouvrière à Paris. Les adhérents ne doivent se fournir que dans les maisons — de fabrication ou de vente — qui s'astreignent à observer les lois de l'hygiène physique et morale. « Une bonne maison, dans l'esprit de la Ligue, est celle où la journée de travail ne dépasse pas dix heures, où une demi-journée de vacances est donnée un jour de semaine, outre le dimanche, durant au moins deux mois de l'été, où l'usage des sièges est permis. Une bonne maison est celle où des relations vraiment humaines et dignes sont de règle entre patrons et employés; où un service fidèle de plusieurs années est récompensé à sa juste valeur, où des enfants au-dessous de 14 ans ne sont pas employés. »

Comment forcer toutes les maisons à être de bonnes

maisons ? Les Américains du Nord nous l'apprennent. Ils ont établi, il y a quelques années, une ligue de consommateurs qui a pour but de chercher quels sont les patrons qui traitent leurs employés avec humanité. La ligue exige des engagements précis des patrons et inscrit leurs établissements sur une liste destinée à la publicité ; elle leur fait ainsi une juste réclame auprès de ses membres qui s'engagent de leur côté à n'acheter que chez ces fournisseurs recommandés.

Que cet usage se généralise et l'on sera assuré de « mettre un peu de santé, de bien-être peut-être et de joie chez de nombreux déshérités de la vie[1]. » Tel est le devoir social de l'acheteur.

(G. C.)

13. — La justice envers ceux qui travaillent pour nous

La charité n'est pas toujours indispensable pour réduire beaucoup la misère. La simple justice suffirait dans bien des cas. « Où vend-on ces broderies à plus bas prix ? » — « J'ai trouvé une couturière à qui je donne vingt centimes de moins. » — « Je paie ma maîtresse de piano moitié moins cher que vous. » — Ce sont là des questions et des propos qu'on entend tous les jours et qu'autorise le principe économique de l'offre et de la demande. Maint père de famille, mainte maîtresse de maison économe, surtout chez nos petits fonctionnaires où l'on cache sa gêne, sont forcés par leur situation précaire de tenir ce langage.

Mais il y a aussi beaucoup de gens qui le tiennent et qui n'y sont nullement forcés. Dans tous les cas, même celui qui trouve une excuse dans sa situation difficile ou dans les habitudes du milieu, n'est jamais excusable du fait de réa-

---

[1] Le siège de la Ligue est à l'hôtel des Sociétés savantes, 28, rue Serpente. L'adhésion est envoyée à M. J. Bergeron ; les adhérents reçoivent la liste des fournisseurs recommandés.

liser des économies aux dépens du pauvre. Acheter trop bon marché est une faute contre la justice. On est coupable toutes les fois qu'on rémunère un travail aux taux du salaire-famine, et celui qui achète dans un magasin dont le propriétaire fait travailler ses gens pour un salaire insuffisant partage cette culpabilité. Il est contraire à la justice sociale que des gens qui travaillent réellement et courageusement en soient réduits à mendier et à mourir de faim. Aussi, dans des milliers de cas, la meilleure assistance — celle qui, suivant notre formule, *doit amener l'obligé à s'aider lui-même* — consiste-t-elle à procurer aux nécessiteux du travail et surtout à le payer de telle façon qu'ils puissent vivre. C'est là la véritable assistance qui les élève moralement, qui ne les humilie point, qui n'étouffe point leurs bons sentiments, qui leur rend l'indépendance perdue, l'amour de la vie et le goût du travail. Chacun peut dans sa sphère et pourra toujours davantage contribuer à faire que le malheureux qui est plein du désir de travailler ne laisse plus tomber ses bras avec désespoir en s'écriant : « C'est inutile de lutter ; je ne puis vivre avec ce que je gagne », et que la couturière qui a travaillé jusqu'à une heure avancée de la nuit ne soit plus contrainte de chercher ailleurs un supplément de ressources. Et quand les antisémites nous crient : « N'achetez rien chez les Juifs, » — nous leur dirons plutôt : « N'achetez rien chez le commerçant qui laisse ses ouvriers dans la misère, afin d'attirer les clients par le bon marché. » C'est là qu'une enquête est nécessaire et juste. C'est là qu'il faut distinguer entre les dignes et les indignes.

> (Th. ZIEGLER. *La question sociale est une question morale.* Trad., G. PALANTE, p. 133. F. Alcan, édit.)

14. — LES OUVRIÈRES DE L'AIGUILLE A PARIS

Peut-être le progrès de la justice sociale serait-il plus rapide, si on connaissait mieux l'iniquité des conditions du travail pour beaucoup. Cette iniquité, M. Charles Benoist a eu à cœur de la faire constater dans une étude inspirée par la pitié, où il montre la situation des *ouvrières de l'aiguille à Paris*.

Porter une belle toilette, se servir de lingerie fine, se parer d'une robe de bal, leur richesse permet ce luxe à beaucoup de femmes. Vanité bien excusable, si elle n'était payée par les misères et les tortures qu'endurent celles qui travaillent pour procurer cette satisfaction aux privilégiées. D'où vient le mal ? Des mœurs plus que des lois. « Les patrons subissent les caprices de leur clientèle. » L'irrégularité des commandes amène des intermittences de presse et de chômage dans les ateliers féminins ; « pour satisfaire l'intérêt et l'humeur des acheteuses, pour attirer ou retenir leurs clientes si susceptibles et si instables, chaque magasin, chaque fabricant s'ingénie à réduire ses prix de vente, en réduisant ses prix de façon. Et, comme il n'est pas de limite à la misère, il se rencontre des malheureuses toujours prêtes à travailler à plus bas prix que d'autres moins malheureuses [1]. »

Cette concurrence a eu pour résultat un avilissement effroyable de la main-d'œuvre. M. Ch. Benoist cite des chiffres trop éloquents par eux-mêmes.

« A Paris [2], dans les meilleures maisons, dit-il, où les mortes-saisons sont relativement courtes, la meilleure ouvrière ne peut guère gagner plus de 1 350 francs par an,

---

[1] CH. TURGEON. *Le féminisme*, p. 365, t. I.
[2] Toutes ces citations sont extraites de l'étude : *Les ouvrières de l'aiguille à Paris* », de M. Ch. Benoist.

soit comme salaire réel 3 fr. 70 par jour. *Mais ce n'est pas une moyenne, c'est un maximum.* »

Celles qui travaillent pour les entrepreneuses [1] des grands magasins sont encore plus à plaindre :

« Une ouvrière qui travaillera de sept heures du matin à neuf ou dix heures du soir gagnera à ce métier 1 franc, 1 fr. 25 ou 1 fr. 50 *par journée de quatorze ou quinze heures.* Des femmes se crèvent les yeux et se brisent le poignet pour un salaire qui, *dans la belle confection,* ne dépasse pas, à cause d'une morte-saison de deux mois, 250 à 350 francs par an. »......

« On ne gagne trente-six sous par jour qu'en abattant une douzaine de camisoles à trois sous la pièce. Encore faut-il, avec le fil et les aiguilles, fournir la machine; et, si l'on n'en a pas à soi, ou si elle n'est pas tout à fait payée, la louer moyennant trois francs par semaine. A deux peignoirs et demi par jour — pour les faire, il faudra travailler d'arrache-pied et veiller avant dans la nuit — ces femmes auront gagné 1 fr. 25. Mais la morte-saison les attend comme les autres, et la moyenne de leur salaire s'abaisse de ce chef à 0 fr. 80 ou à 0 fr. 90 par jour. Quatre-vingt-dix centimes, c'est tout juste à quoi arrivera la couseuse de sacs, qui est le plus souvent *une ancienne lingère dont les yeux sont affaiblis par l'âge, ou brûlés par le travail à la lumière.* Elle y arrivera *si elle coud six douzaines de sacs à trois sous la douzaine,* et à condition qu'elle épuise l'effort que peut donner la bête humaine : *seize heures de travail par jour* [2]. »

---

[1] Les entrepreneuses se chargent d'exécuter les commandes des clientes des grands magasins qui n'ont pas d'atelier. Elles paient très peu leurs ouvrières.

[2] En avril 1904, une loi, complétant celle de 1892, a ramené à dix heures le travail maximum des femmes et des enfants dans les usines, les manufactures, les ateliers. Mais les inspecteurs du travail n'ont pas le droit de pénétrer dans les *ateliers en chambre*: aussi, de ce fait, la petite industrie, qui emploie des enfants et des

Comment peut-on vivre avec de tels gains ?

Comme l'a dit une ouvrière, « *on ne mange pas toujours à son apaisement* ».

Nous pouvons nous en assurer en lisant les budgets suivants, établis par deux ouvrières sur la demande de M. Benoist[1] : l'une, chemisière, gagnait 2 francs par jour, soit, s'il n'y a pas de chômage, 600 francs par an ; l'autre, *petite main en confection*, 1 fr. 25 par jour, soit 375 francs par an :

Loyer, par an	100 »
Une robe, à 5 francs	5 »
Un fichu, à 2 francs	2 »
Deux paires de bas à 0 fr. 65	1 30
Deux paires de chaussures à 4 francs	8 »
Deux chemises à 1 fr. 25	2 50
Une camisole	1 25
Deux mouchoirs, à 0 fr. 40	0 80
Deux serviettes, à 0 fr. 40	0 80
Eclairage par an	4 »
Total	125,65

Reste pour la nourriture 250 francs soit 0 fr. 65 par jour.

Budget de la nourriture :

Le matin, lait	0,05
Pain pour la journée	0,20
A midi, boudin	0,10
Pommes de terre frites	0,05
Fromage	0,10
Le soir, une saucisse	0,10
Pommes de terre frites	0,05
Total	0,65

Charbon, literie et le reste : 0.

femmes, tend à se développer de nouveau ; là, le patron est maître de faire travailler aussi longtemps qu'il le veut. Les industries alimentaires (cuisine, pâtisserie, etc.) sont dans le même cas ; au moment des fêtes, les petits marmitons ne s'amusent pas.

[1] Ch. Benoist. *Les ouvrières de l'aiguille à Paris.*

M. Benoist n'a-t-il pas raison de dédier son livre : « A celles qui font travailler pour qu'elles prennent pitié de celles qui travaillent»? N'est-ce pas là une condition misérable ?

(G. C.)

*
* *

La participation des ouvriers aux bénéfices de l'industriel serait un acte de justice ; sans doute le capital de l'industriel assure le travail de l'ouvrier; mais ce dernier procure le plus souvent au patron des bénéfices tels que l'équité réclame la distribution d'une part à celui qui les assure.

15. — SE METTRE A LA PLACE DES AUTRES

Vous avez été désagréablement surpris quelquefois par la mauvaise humeur de certains employés assis derrière des grillages. Eh bien ! Je ne les condamne pas sans jugement. Examinez la question sous différents points de vue. Le point de vue de l'enclume n'est pas celui du marteau. Être derrière ce treillis de fer n'est pas la même chose que d'être devant. Vous êtes le jeune homme qui vient de son école ou la jeune fille qui va à sa leçon de musique; vous êtes le public ondoyant, changeant, à tête multiple, qui se trouve dans toutes sortes de dispositions : lui, le malheureux employé, est seul. Vous venez de partout : lui, il est vissé là. Vous le soumettez donc successivement à tous les régimes. Matin et soir, chacun passe et déteint un peu sur cet homme. Il ne faut pas s'étonner qu'il soit un peu barbouillé. Je voudrais que sur une affiche, invisible pour ceux qui sont derrière le grillage, on mit cet avis, visible pour le public seulement : N'excitez pas les animaux ! Ne les excitez pas ! prenez garde ! faites attention ! Car, enfin, ces pauvres diables, pas plus méchants que vous et moi, sont enfermés là comme des fauves ; la barrière qui vous sépare est un symbole d'esclavage. Vous devriez avoir pitié d'eux, apporter à leur guichet une mansuétude immense. Dites-vous : « J'ai affaire à un seul employé : lui, il a affaire à cent clients dans le jour. » C'est très différent. Notez que si l'employé veut me recevoir de l'autre côté de la cloison, je lui ferai des recommandations analogues et tâcherai de le prévenir en faveur du public, afin qu'il ne lui présente pas une tête de roquet. Mettons-nous mutuellement à la place les uns des autres : nous nous comprendrons.

(C. WAGNER. *Causeries du Jeudi*, p. 251. — E. Cornely, édit.)

Quand tu es choqué de la faute de quelqu'un, examine-toi d'abord toi-même et regarde si tu n'as rien fait de pareil.

(MARC-AURÈLE.)

16. — L'OUVRIER ET LE PATRON : JUSTICE RÉCIPROQUE

Il faut habituer les hommes à ne pas discuter de leurs droits et leurs devoirs en se plaçant successivement au point de vue de la situation des autres ; les habituer à se placer, surtout lorsqu'ils raisonnent sur leur situation, au point de vue de ceux qui n'ont pas une situation égale à la leur.

Dans les dicussions du contrat de travail, par exemple, il faut obtenir du patron qu'il veuille bien sortir un instant de son cabinet, entrer dans l'atelier, se mettre à l'établi, y travailler lui-même : qu'il consente à se considérer, pendant quelques instants comme un de ses ouvriers ; que, se revêtant par la pensée du bourgeron ou de la blouse, il se représente exactement l'effort, les charges, les privations, les rares et médiocres jouissances de celui-ci, et se demande ce qu'il penserait, ce qu'il consentirait et ce qu'il réclamerait s'il était dans cette situation inférieure.

Mais il faut obtenir de même de l'ouvrier qu'il veuille bien à son tour changer de situation par la pensée, mesurer les responsabilités particulières, les travaux d'une autre nature que le patron a nécessairement à sa charge, l'effort qu'il lui a fallu faire pour conduire une grande entreprise, les qualités d'administration qu'il est obligé de montrer, les risques auxquels il est exposé ; il faut qu'il veuille bien tenir compte aussi des nécessités générales de l'industrie, des conditions dans lesquelles s'échangent les produits à travers le monde ; qu'il comprenne comment la grève, l'épreuve économique quelle qu'elle soit, peut avoir sa répercussion sur l'industrie tout entière et par contre-coup sur lui-même.

Si le patron s'est placé au point de vue de l'ouvrier, si l'ouvrier à son tour s'est placé au point de vue du patron, qu'arrive-t-il par cela même ? C'est qu'à un moment donné ils ont nécessairement pensé en commun, c'est qu'à ce moment leur conscience est devenue commune, et l'acte qu'ils accompliront à ce moment-là sera conforme à la fois à la pensée de justice de l'un et de l'autre : ce sera l'acte social conforme à la pensée de justice commune à tous.

(LÉON BOURGEOIS. *Discours de clôture du Congrès d'éducation sociale*, 1900, dans *la Solidarité*, 3ᵉ édit., Colin, édit.)

*
**

Le point d'appui de la liberté de vie, c'est la propriété. Posséder garantit l'indépendance individuelle. Qui ne possède rien, est bien près de servir.

(FABRE.)

La propriété est sacrée parce qu'elle représente le droit de la personne elle-même. Le premier acte de pensée libre et personnel est déjà un acte de propriété.

(V. Cousin.)

Tout attentat au droit de propriété est un vol.

(Fabre.)

17. — Escroc

(Un jeune espagnol, voyageant pour affaires, s'arrête à Peñaflor et descend dans une auberge. Il est accueilli par un hôte obséquieux qui lui fait force questions.)

Cela m'engagea dans un long entretien avec lui, et me donna lieu de parler du dessein et des raisons que j'avais de me défaire de ma mule, pour prendre la voie du muletier ; ce qu'il approuva fort, non succinctement, car il me représenta là-dessus tous les accidents fâcheux, qui pouvaient m'arriver sur la route ; il me rapporta même plusieurs histoires sinistres de voyageurs. Je croyais qu'il n'en finirait pas. Il finit pourtant, en disant que, si je voulais vendre ma mule, il connaissait un honnête maquignon qui l'achèterait. Je lui témoignai qu'il me ferait plaisir de l'envoyer chercher ; il y alla sur-le-champ lui-même avec empressement. Il revint bientôt accompagné de son homme, qu'il me présenta, et dont il me loua fort la probité. Nous entrâmes tous trois dans la cour, où l'on amena ma mule. On la fit passer et repasser devant le maquignon qui se mit à l'examiner depuis les pieds jusqu'à la tête. Il ne manqua pas d'en dire beaucoup de mal. J'avoue qu'on n'en pouvait dire beaucoup de bien ; mais ç'aurait été la mule du pape, il y aurait trouvé à redire. Il assurait donc qu'elle avait tous les défauts du monde ; et pour mieux me le persuader, il en attestait l'hôte qui sans doute avait ses raisons pour en convenir. « Eh bien! me dit froidement le maquignon, combien prétendez-vous vendre ce vilain animal-là? » — Après l'éloge qu'il en avait fait et l'attestation du seigneur Corcuelo, que je croyais homme sincère et bon connaisseur, j'aurais donné ma mule pour rien : c'est pourquoi je dis au marchand que je m'en rapportais à sa bonne foi, qu'il n'avait qu'à priser la bête en conscience, et que je m'en tiendrais à sa prisée[1]. Alors, faisant l'homme d'honneur, il me répondit qu'en intéressant sa conscience je le prenais par son faible. Ce n'était pas effectivement par son fort ; car au lieu de faire monter l'estimation à dix ou douze pistoles, comme mon oncle, il n'eut pas honte de la fixer à trois ducats, que je reçus avec autant de joie que si j'eusse gagné à ce marché-là.

(LESAGE.)

．＊．

En décembre 1903, un navire, chargé de barriques de vin, s'échouait sur la côte du Finistère, à quelque distance de Brest. Des fûts pleins arrivèrent à la côte et les habitants des villages voisins vinrent se gorger de vin, faire leurs provisions.

Que faut-il penser de ce procédé, reste de la tradition des pilleurs d'épaves ?

．＊．

Un cambrioleur est surpris dans une maison : a-t-on le droit de tirer sur lui, s'il ne vous menace pas de vous faire un mauvais parti ?

．＊．

Ils ne sont pas nombreux ceux qui savent tenir en un jour de pluie ce qu'ils ont promis en un jour de soleil.

(WAGNER.)

[1] Estimation.

La parole n'est plus respectée comme une partie de nous-mêmes. Qu'une parole soit un acte, et, qu'après l'avoir dite, on en soit l'esclave, voilà ce qui se passe de plus en plus de mode, et cet état de choses est une source de faiblesse et d'injustice.

(WAGNER.)

Dans le chant X de l'*Iliade*, Ulysse et Diomède, partis en expédition, rencontrent un Troyen, Dolon, envoyé de son côté par les siens pour aller s'enquérir de ce qui se passe au camp des Grecs. Les deux chefs arrêtent Dolon, qui, tremblant, se jette à leurs genoux, en offrant une riche rançon pour être épargné.

Ulysse, *sans rien promettre, mais en lui laissant l'espoir du salut*, l'interroge : Dolon donne des renseignements sur les Troyens, comptant ainsi avoir la vie sauve. Mais Ulysse, quand il a obtenu ce qu'il désirait, le tue sans pitié. A-t-il agi loyalement ?

18. — LA LIBERTÉ DE PENSÉE

L'homme est un être doué de liberté et de raison ; le premier usage, l'usage essentiel qu'il doit et peut faire de sa liberté, c'est de se servir de cette faculté éminente, la raison.

La raison lui permet de se rendre compte de tous les ordres de faits, d'idées ou de sentiments, de discuter, contrôler et vérifier tout système, toute croyance, toute institution : c'est là la véritable liberté de pensée.

La liberté de penser est « le droit pour tout esprit humain de remplir sa fonction d'esprit » ; elle est une méthode d'investigation et de recherche.

Cette recherche de la vérité par chaque individu, le libre effort de chacun dans cette voie ne doit jamais être entravé. A quoi lui servirait la raison ? Il a le devoir de contrôler ses pensées, d'examiner librement les doctrines et les idées qu'on lui propose : sur quoi sont-elles fondées ? Libre et raisonnable, l'homme doit tendre au progrès;

il ne peut, sans se dégrader, sans abdiquer, enchaîner sa pensée sous le joug d'un autre.

Qui osera violenter ma pensée ? De quel droit ? Du droit de la vérité que possède mon semblable ? Sa vérité ? N'est-il pas un homme comme moi ? Sa raison lui démontre la vérité de ce principe, et la mienne m'en démontre la fausseté.

Ma pensée, dans mon for intérieur, échappe à l'empire des hommes. Je suis toujours libre de penser ce que je veux ; mais elle leur est soumise dans ses manifestations extérieures, la parole et les écrits qui servent à la propager et à la répandre.

La coutume, les traditions, le legs du passé peuvent faire naître dans notre esprit les préjugés, la prévention, la haine contre le novateur assez hardi pour troubler notre quiétude d'esprit. Ainsi s'expliquent les persécutions contre les inventeurs, contre les philosophes, contre tous ceux qui par l'initiative de la pensée tendent à déranger l'ordre établi, et, par cela même, présumé le meilleur.

De leur côté, l'État et la société ne sont pas disposés à laisser émettre librement des idées qui tendraient à les ruiner et à les dissoudre. C'est ainsi que l'apologie du meurtre, du vol semble aussi coupable que l'acte lui-même. On étend par suite la répression de l'acte à la théorie même qui incite à le commettre : en ce sens toute parole est un acte.

La pensée libre doit tout examiner sans parti pris, et sans autre intention que de travailler au bien de l'humanité.

(G. C.)

La liberté de pensée avant la Révolution.

Avant la Révolution, la pensée n'était pas plus libre que la personne elle-même : toute liberté était violée.

Les imprimeurs [1], les libraires étaient étroitement surveillés et sévèrement punis. Les livres réputés mauvais étaient brûlés, détruits au pilon ; les auteurs étaient mis à la Bastille. Au xvi° siècle les écrivains étaient menacés du bûcher s'ils exprimaient des idées jugées trop hardies ou nuisibles à la société. Les auteurs de libelles diffamatoires étaient pendus.

En 1714, Fréret était enfermé à la Bastille, parce que, dans ses recherches historiques, il avait fait justice de fables qui flattaient l'orgueil de la royauté. Voltaire y fut mis deux fois, et jugea prudent de vivre le plus souvent hors de France. Diderot fut emprisonné à Vincennes.

Toute œuvre de la pensée devait être lue par des censeurs avant d'être imprimée : il y avait 168 censeurs,[2] au moment de la Révolution. La presse quotidienne ne pouvait exister ; le peuple ignorait les événements qui l'intéressaient le plus.

***

L'opinion, qu'on cherche à supprimer par l'autorité ou la violence, peut très bien être vraie : ceux qui désirent la supprimer contestent naturellement sa vérité ; mais ils ne sont pas infaillibles. Ils n'ont pas le pouvoir de décider la question pour tout le genre humain et de refuser à d'autres qu'eux les moyens de penser.

(St. Mill.)

***

Le jugement est donné à l'humanité pour qu'elle s'en serve : parce qu'on peut en faire mauvais usage, faut-il dire aux hommes qu'ils ne devraient pas s'en servir ?

(St. Mill.)

***

Révéler au monde quelque chose qui l'intéresse profondément, lui montrer qu'il s'est trompé sur quelque point vital de son intérêt spirituel ou temporel, voilà le plus important service qu'un être humain puisse rendre à ses semblables.

***

[1] Leur nombre était fixé par ville et par province.
[2] V. Appendice III.

Entre ma raison et la vôtre, pourquoi faut-il que ce soit la mienne qui abdique, la vôtre qui triomphe?

(Jules Simon.)

19. — Respect de la pensée d'autrui

L'essentielle liberté de l'homme étant celle de la pensée, de cette liberté découlent nécessairement celles d'exprimer la pensée : liberté de la presse, de la parole, de l'enseignement, du culte, etc. Les abus seuls sont à réprimer...

Ne laisse pas l'impatience, ni l'esprit de parti dicter ta conduite. Même quand tu t'adresses à un adversaire, n'oublie jamais que ce que tu as de meilleur en toi, la raison, vous est commune ; en chacun de vous, la Vérité a un allié possible, et après tout, ni moi, ni toi ne la possédons tout entière, cette Vérité; mais nous la cherchons incessamment, espérant qu'elle se dévoilera à nous de plus en plus parfaite; donc, celui qui nous contredit pourrait avoir raison aussi bien que nous et peut certainement nous aider à voir en nous-mêmes plus clair et plus profond.

Pour nous faire une idée plus haute de la justice, soyons justes dans les moindres actes de nos petites vies. Pour faire pénétrer dans le monde les vérités qui nous tiennent le plus à cœur, rendons-les aimables aux autres en étant aimables nous-mêmes. Aucun but ne justifie la violence, la chicane, le privilège. Toute intolérance est un recul. Plus tu désapprouves les agissements d'autres personnes et leur esprit, et plus il faut te garder d'agir envers elles, précisément comme elles ont agi envers toi. Tu n'aimes pas le fanatisme, la persécution, la contrainte : ne sois donc jamais cassant, ni autoritaire en faveur de ce que tu crois bon pour toi ou pour ton pays ou pour l'humanité. Prépare-toi à être un bon citoyen en étant un écolier maître de toi. Sois libre ! et tu travailleras pour la

France qui veut, comme tu le conçois très bien, l'affranchissement et la liberté.

(E. Wust. Extrait de la Revue : *Pour nos Enfants.*)

∴

En sauvegardant énergiquement notre droit à disposer de nous-même, en respectant avec soin ce même droit chez nos voisins, — nos égaux, — nous nous élevons à la tolérance. — La tolérance s'étend à tous les domaines : l'ère sans violence exige des hommes capables de supporter que leurs voisins diffèrent d'eux par le langage, par la cuisine, voire par la coutume.

(G. Moch.)

∴

La tolérance, appliquée aux choses de la justice nous enseigne l'indulgence ; elle nous fait comprendre l'erreur ou la chute du prochain ; elle nous montre à distinguer entre la personnalité d'un homme et ses torts réels ou supposés. En même temps ce sentiment supérieur de la justice nous apprend à expliquer ces torts par les conditions dans lesquelles vit leur auteur et de l'imperfection desquelles nous sommes tous responsables.

(G. Moch.)

20. — L'esprit de parti

Dans la part modeste d'influence que l'homme a sur sa vie, un des meilleurs principes à suivre est celui-ci : Prendre les choses telles qu'elles sont, et tâcher d'en tirer le meilleur parti possible. L'homme imbu de l'esprit de parti pratique ce précepte à l'envers, et il réussit ainsi à tirer le mal même du bien. Il exagère chez l'adversaire le mal et dénigre le bien. Du même coup il neutralise le bien qu'il pourrait faire lui-même, par l'intention mauvaise qu'il y joint.

L'incurable travers de l'esprit de parti est qu'il contrarie la grande loi humaine de la solidarité. Il crée une humanité dans l'humanité, trace autour de cette minorité d'élection des limites strictes, s'y retranche et s'y barricade, et ne laisse apparaître au dehors que des murs épais, hérissés d'armes.

Dès lors, il n'y a plus d'intérêt général, de justice, de bien, il n'y a que des intérêts de parti, une justice de parti, etc. Tout ce qu'il fait, lui et les siens, est bien. Que d'autres fassent identiquement de même, mais ailleurs et en dehors de son patronage, ce sera très mal. Qu'est-ce qu'une mauvaise herbe? — Toute herbe qui n'a pas poussé dans notre jardin. — Mais on cultive chez le voisin la même plante, identiquement. — Impossible. Si le voisin la cultive, c'est donc qu'il est contrefacteur. Nous sommes les seuls et les uniques. Voilà l'esprit de parti. Le meilleur cheval, quand il ne consent pas à s'atteler à son char, n'est plus qu'une bourrique. L'or des autres est de l'or faux; leurs vertus des vices brillants, leurs croyances des impostures. Il s'agit bien de s'inquiéter de l'adversaire pour démêler le bien du faux dans sa conduite. Supposer l'ennemi capable d'un bien quelconque, c'est, dans une certaine mesure, passer à l'ennemi.

... L'esprit de parti a produit des merveilles. Grâce à lui par exemple, en certains jours de défaite, des gens qui gisent par terre les reins cassés, chantent victoire dans les journaux, se disent plus forts que jamais et enterrent leurs vainqueurs sur le papier. Grâce à lui des fanatiques soi-disant religieux déclarent douteux des actes de dévouement qui ne sont pas inspirés par un sentiment identique au leur; et vice-versa les fanatiques de l'irréligion taxent d'hypocrisie les preuves les moins équivoques de désintéressement, quand la religion y a eu quelque part.

C'est le même esprit qui fait rêver, en pleine tranquillité publique, de désordre et d'anarchie, parce qu'on est inféodé aux régimes de gouvernements déchus, ou qui fait déclarer à d'autres que la France monarchique n'a connu que terreur, rapines et tyrannies?. Celui-ci déclare *ex cathedra*[1] : depuis trois cents ans l'histoire est une vaste entreprise contre la vérité. Cet autre compte le temps à partir de la Révolution. Tout ce qui s'est fait avant, est nul et non avenu.

Quelle belle école pour la jeunesse que celle qu'un maître pareil préside et sous le régime duquel on peut dire avec raison : Je sais que je vis en des jours d'intolérance, où je n'ai rien à attendre de quiconque ne pense pas comme moi !

(C. WAGNER. *Jeunesse*, p. 122. Fischbacher, édit.)

21. — RESPECT DE LA PERSONNE HUMAINE CHEZ SES ADVERSAIRES

La vie dans l'association apprend à respecter la dignité de la personne humaine chez ceux dont on ne partage pas, chez ceux dont on combat même les idées ! Ah ! Messieurs, quand donc saura-t-on respecter la personne dans le combat contre les idées ?

Quand donc saura-t-on, comme le disait Rousseau, que « les injures sont les raisons de ceux qui ont tort », que rien n'est plus détestable que les provocations aux guerres intérieures, aux luttes de classes, aux luttes de races, aux luttes de religions, et que ceux-là sont des semeurs de crime qui osent proférer, à cette fin du xixe siècle, des paroles odieuses de haine entre les enfants d'un même pays !

Ah ! oui, quand je vois ces prétendus réformateurs et redresseurs de torts avoir l'injure à la bouche, quand je les entends attaquer les personnes, les diffamer, les outrager sous prétexte de rendre l'honneur à la société, je me dis que ce qui les anime, ce n'est pas l'esprit de

[1] Comme un professeur, un prédicateur du haut de la *chaire*.

réforme, c'est l'esprit de violence, qui a ensanglanté la route de l'humanité, c'est la barbarie du passé, la brutale passion des races primitives, et je me répète le mot terrible et vrai du philosophe : « Ce qui s'éveille en eux, c'est la bête ! »

(Léon Bourgeois. *Discours de clôture au Congrès d'éducation sociale*, 1900. *La Solidarité*, 3ᵉ édit. Colin.)

*
* *

La fraternité ne se prêche pas avec, aux lèvres, des paroles de violence et de haine. Le parti de la raison ne connaît ni la diatribe, ni l'outrage. On ne remplace le passé qu'à la condition de savoir s'affranchir de ses servitudes matérielles comme morales.

(Millerand.)

22. — Savoir écouter un adversaire

Dans un pays démocratique où toute opinion a droit de se faire entendre, il faut cultiver la faculté d'écouter. Nous savons parler, crier, même ; mais nous ne savons pas écouter l'adversaire. Au fond nous gardons un très vilain levain autoritaire.

Aussitôt que des opinions contraires aux nôtres se manifestent, un démon secret nous incite à crier : Assez ! Il en résulte que nous avons bien la liberté de nous réunir et de parler, mais ce que la loi nous accorde est souvent compromis par notre faute. Neuf fois sur dix, une réunion publique dégénère en vacarme ou en pugilat. Ce n'est pas démocratique, cela. Donc il faut apprendre à écouter les contradictions. Le moyen : se rechercher entre jeunes compatriotes d'opinions, de religions, d'études différentes et faire en commun l'apprentissage de la liberté et de la tolérance que j'aimerais mieux appeler justice.

(Wagner. *Jeunesse*, Fischbacher, édit.)

Un reste de vertu patriotique chez un peuple profondément divisé fait que les citoyens savent encore mourir ensemble ; mais vivre ensemble, s'ils ne le savent plus, s'ils ne savent plus se montrer mutuellement une affectueuse tolérance, s'ils passent leur temps à se mépriser et à s'injurier, c'est fait de la patrie. L'ennemi qui, peut-être, l'a mutilée et qui rêve sa ruine, peut se croiser les bras ; plus sûrement que lui, et plus vite, les vaincus, tout en le maudissant, achèvent de la morceler, mettent en lambeaux chaque jour l'unité morale qui fait seule sa vie, et, le cri de la revanche à la bouche, consomment le démembrement de leur pays.

(A. Dereux.)

23. — La tolérance

Célébrer la tolérance, oui, c'est depuis cent cinquante ans un lieu commun : mais soyez persuadés que ce lieu commun n'est jamais hors de propos. La tolérance est une vertu excessivement difficile. Elle est plus difficile, pour quelques-uns, que l'héroïsme. On parle de la tolérance comme d'un devoir qui ne fait plus question ; elle est inscrite dans le catéchisme républicain ; tout le monde se figure être tolérant. Personne, ou presque personne ne l'est, voilà la vérité. Prenez-y garde, notre premier mouvement, et même le second, est de haïr quiconque ne pense pas comme nous. La différence des opinions a amené dans le passé plus de massacres et peut encore amener plus de troubles et de malheurs que la contrariété des intérêts. Ce charmant Voltaire, à qui il faut beaucoup pardonner, définissait à merveille et chérissait la tolérance : mais il voulait faire mettre à la Bastille les gens qui n'étaient pas de son avis. C'est pour des différences d'opinion bien plus que pour la conquête du pouvoir que les hommes de la Révolution se sont envoyés à l'échafaud : et cependant ils étaient d'accord sur les choses essentielles, l'amour de la patrie et l'amour de l'humanité.

. . . .

Attachons-nous à ce qui nous réunit, songeons-y le plus possible et tenons-nous en compte les uns aux autres. Si l'on diffère sur les moyens, il n'est pas si difficile de s'accorder sur le but. Je ne vois personne qui réclame publiquement l'esclavage, l'inquisition, l'abrutissement du peuple, ni l'oppression des faibles par les forts. De l'extrême droite à la gauche la plus avancée, quel est l'homme qui n'affirme souhaiter toute la liberté compatible avec les conditions d'existence de la société et la diminution de l'injustice et de la souffrance dans le monde, dût-il lui en coûter de sérieux sacrifices personnels ? L'important, pour arriver à s'entendre, c'est de penser sincèrement tout cela, de n'être pas des hypocrites, d'être d'abord de braves gens, des hommes de bonne volonté. Ce qui prépare le mieux la solution des questions sociales, c'est en somme, pour chacun, son propre perfectionnement moral, c'est l'amour des autres : et la tolérance en est déjà un joli commencement. Apporter à la besogne politique de la bonté, même de la bonhomie, voilà ce qu'il faut.....

La tolérance que j'ai louée n'est point l'indifférence, ni le dilettantisme, ni la paresse. Au contraire. Elle exige un grand effort, une perpétuelle surveillance de soi. Elle s'allie très bien avec les convictions fortes, et c'est parce qu'elle en connaît le prix qu'elle ne consent point à les haïr chez les autres. Elle implique le respect de la personne humaine. La tolérance enfin, c'est bien un des noms de l'esprit critique : mais c'est aussi un des noms de la modestie et de la charité. Elle est la charité de l'intelligence.

(JULES LEMAITRE. *Les Contemporains*, série VI, *passim*, — 386-390, Lecène et Oudin, édit.)

24. — LA LIBERTÉ DE CONSCIENCE

Ce jour-là, avant d'arriver à l'école, Georges eut une vive discussion avec un de ses camarades, qui lui soutenait que la Saint-Barthélemy, c'est-à-dire le massacre des protestants ordonné et accompli par Charles IX, le 24 août 1572, pouvait être excusé. A bout d'arguments contre son interlocuteur, Georges, pour achever de le persuader, lui avait donné un coup de poing dans l'ardeur de la discussion.

Le maître gronda sévèrement Georges, mais ce qui lui fut le plus sensible, ce fut ce reproche : « Vous ne seriez pas digne d'être un citoyen, puisque vous employez la violence contre ceux qui ne pensent pas comme vous.

« Sans doute, c'est vous qui aviez raison ; la Saint-Barthélemy est un crime horrible, puisque cette nuit-là on tua des milliers d'hommes, uniquement parce qu'ils avaient une religion à eux, différente de la religion dominante. Mais la vérité qu'on défend ne donne pas le droit de frapper, de violenter ceux qui soutiennent l'erreur. Sans vous en douter, vous imitiez, quoique d'une façon inoffensive, les hommes intolérants et barbares dont vous blâmiez les procédés.

« La liberté de la conscience et de la pensée est un droit aussi précieux, aussi respectable que la liberté de la propriété et du travail. Si vous entrez dans le champ du voisin et si vous détruisez sa maison ; si vous pénétrez dans la boutique d'un ouvrier et si vous lui enlevez ses outils, vous commettez un crime que les lois punissent. Mais vous n'êtes pas moins coupable, si par la force et la persécution vous voulez imposer aux autres vos propres convictions.

« La petite violence que vous vous permettiez tout à l'heure à l'égard de votre camarade est l'image des grandes violences que les partis religieux employaient autrefois contre les hommes qui ne partageaient pas leurs croyances.

« Il y eut un temps où tous les catholiques obligaient tous les citoyens à se faire catholiques, ou du moins à faire semblant de l'être sous peine d'être exilés, emprisonnés, quelquefois même massacrés et brûlés. On coupait la langue aux hérétiques. On inventait pour les châtier les supplices les plus atroces.

« De même il y avait des pays protestants, où il fallait être protestant, si l'on ne voulait pas être proscrit ou envoyé aux galères.

« Même au xviiie siècle, en France, les protestants et les israélites n'avaient pas d'existence légale. La loi ne reconnaissait ni leur naissance, ni leur mariage.

« Aujourd'hui la société civile a répudié ces pratiques détestables ; elle garantit à chacun le droit de penser comme il lui plaît, d'aller à l'église ou de n'y pas aller. La conscience est libre, comme la propriété, comme le travail, comme la personne enfin. L'intolérance, c'est-à-dire l'attentat contre la pensée d'autrui, est un acte aussi criminel que le vol ou l'assassinat. »

(GABRIEL COMPAYRÉ. *Éléments d'instruction civique et morale*, p. 82. Delaplane, édit.)

25. — LE COLPORTEUR

Le pauvre colporteur est mort la nuit dernière.
Nul ne voulait donner des planches pour sa bière ;
Le forgeron lui-même a refusé son clou :
« C'est un juif, disait-il, venu je ne sais d'où,
Un ennemi du Dieu que notre terre adore,
Et qui, s'il revenait, l'outragerait encore.
Son corps infecterait un cadavre chrétien :
Aux crevasses du roc traînons-le comme un chien.

La croix ne doit pas l'ombre à celui qui la nie,
Et ce n'est qu'à nos os que la terre est bénie. »
Et la femme du juif et ses petits enfants
Imploraient vainement la pitié des passants,
Et, disputant le corps au dégoût populaire,
Retenaient par les pieds le mort dans son suaire.
Du scandale inhumain averti par hasard,
J'accourus[1], j'écartai la foule du regard,
Je tendis mes deux mains aux enfants, à la femme ;
Je fis honte aux chrétiens de leur dureté d'âme,
Et, rougissant pour eux, pour qu'on l'ensevelît :
« Allez, dis-je, et prenez les planches de mon lit... »
Ces deux mots ont suffi pour retourner leur âme ;
Et l'on se disputait les enfants et la femme.

(LAMARTINE. *Jocelyn*. Hachette, édit.)

26. — EXEMPLE DE TOLÉRANCE

Un protestant, qu'un revers de fortune avait entièrement ruiné, vint un jour se présenter au palais de l'évêque de Montpellier, M. de Villeneuve, disant qu'il avait une affaire importante à lui communiquer. Admis à son audience, il fait la peinture la plus touchante de l'état de détresse où l'a réduit l'infortune. Le charitable prélat en est attendri, et, empressé d'y remédier, il sonne pour appeler son valet de chambre. Dès que celui-ci est arrivé, il le tire à part, et lui ordonne d'aller prendre un rouleau de vingt-cinq louis dans le tiroir de son secrétaire. Le valet de chambre vit bien à quoi cette somme était destinée ; et comme il connaissait celui à qui son maître devait la donner, il crut devoir lui dire, avant d'obéir : « Monseigneur, c'est un protestant. »

— Et quand ce serait un Turc, reprend le prélat avec un ton de vivacité qui ne lui était pas ordinaire, ne suffit-

[1] C'est le curé de Val-Neige qui parle.

il pas qu'il soit homme et malheureux ? Allez, et faites ce que je vous ai dit. »

Il le fit en effet. Le protestant reçut les vingt-cinq louis et se retira, bénissant la charité de l'évêque, que la haine pour l'erreur n'empêchait pas d'aimer et de secourir ceux qu'elle avait séduits.

(X...)

Lectures : SAINT-SIMON. *La Révocation de l'Édit de Nantes*. MICHELET. *Les Forçats protestants*.

* *

En Angleterre, le Juif est affranchi dans sa croyance, dans son culte, dans ses écrits, dans sa vie civile; *mais il ne peut entrer au Parlement;* donc il n'est pas libre ; il n'a pas la liberté de conscience. En Bohême, le juif ne peut entrer à la synagogue sans perdre à la fois tout droit politique et toute indépendance personnelle. En Russie, en Espagne, il ne peut même pas prier: il n'y a pas de temple.

27. — LA TOLÉRANCE RELIGIEUSE

« Ne fais pas à autrui ce que tu ne voudrais pas qu'on te fît. »

Or, on ne voit pas comment un homme, suivant ce principe, pourrait dire à un autre : « Crois ce que je crois, et ce que tu ne peux croire, ou tu périras. » C'est ce qu'on dit en Portugal, en Espagne, à Goa. On se contente à présent dans quelques pays, de dire : « Crois, ou je t'abhorre; crois, ou je te ferai tout le mal que je pourrai ; monstre, tu n'as pas ma religion, tu n'as donc point de religion ; il faut que tu sois en horreur à tes voisins, à ta ville, à ta province. »

S'il était de droit humain de se conduire ainsi, il faudrait donc que le Japonais détestât le Chinois, qui aurait en exécration le Siamois ; celui-ci poursuivrait les habitants du Gange, qui tomberaient sur les habitants de l'Indus ; un Mogol arracherait le cœur au premier Malabare qu'il trouverait ; le Malabare pourrait égorger le Persan, qui pourrait massacrer le Turc, et tous ensemble se jetteraient sur les chrétiens qui se sont si longtemps dévorés les uns les autres.

Le droit de l'intolérance est donc absurde et barbare ; c'est le droit des tigres ; et même il est bien plus horrible, car les tigres ne déchirent que pour manger, et nous nous sommes exterminés pour des paragraphes.

Mais quoi ! sera-t-il permis à chaque citoyen de ne croire que sa raison et de penser ce que cette raison éclairée ou trompée lui dictera ? Il le faut bien, pourvu qu'il ne trouble pas l'ordre ; car il ne dépend pas de l'homme de croire ou de ne pas croire, mais il dépend de lui de respecter les usages de sa patrie ; et si vous disiez que c'est un crime de ne pas croire à la religion dominante, vous accuseriez donc vous-mêmes les premiers chrétiens vos pères, et vous justifieriez ceux que vous accusez de les avoir livrés aux supplices.

(VOLTAIRE. *Traité de la tolérance.*)

Lecture : Les affaires Calas et Sirven. (*Lettres choisies de Voltaire*, — Hachette, édit.)

28. — PRIÈRE A DIEU

Ce n'est plus aux hommes que je m'adresse, c'est à toi, Dieu de tous les êtres, de tous les mondes et de tous les temps : s'il est permis à de faibles créatures perdues dans l'immensité, et imperceptibles au reste de l'univers, d'oser te demander quelque chose, à toi qui as tout donné, à toi dont les décrets sont immuables comme éternels, daigne regarder en pitié les erreurs attachées à notre nature, que ces erreurs ne fassent point nos calamités. Tu ne nous as point donné un cœur pour nous haïr, et des mains pour égorger; fais que nous nous aidions mutuellement à supporter le fardeau d'une vie pénible et passagère ; que les petites différences entre les vêtements qui couvrent nos débiles corps, entre tous nos langages insuffisants, entre tous nos usages ridicules, entre toutes nos lois imparfaites, entre toutes nos opinions insensées, entre toutes nos conditions si disproportionnées à nos yeux et si égales devant toi, que toutes ces petites nuances qui distinguent les atomes appelés *hommes* ne soient pas des signaux de haine et de persécution; que ceux qui allument des cierges en plein midi pour te célébrer supportent ceux qui se contentent de la lumière de ton soleil ; que ceux qui couvrent leur robe d'une toile blanche pour dire qu'il faut t'aimer ne détestent pas ceux qui disent la même chose sous un manteau de laine noire ; qu'il soit égal de t'adorer dans un jargon formé d'une ancienne langue ou dans un jargon plus nouveau ; que ceux dont l'habit est teint en rouge ou en violet, qui dominent sur une petite parcelle d'un petit tas de la boue de ce monde, et qui possèdent quelques fragments arrondis d'un certain métal, jouissent sans orgueil de ce qu'ils appellent *grandeur* et *richesse* et que les autres les voient sans envie ; car tu sais qu'il n'y a dans ces vanités ni de quoi envier, ni de quoi s'enorgueillir.

Puissent tous les hommes se souvenir qu'ils sont frères ! Qu'ils aient en horreur la tyrannie exercée sur les âmes, comme ils ont en exécration le brigandage qui ravit par la force le fruit du travail et de l'industrie paisible ! Si les guerres sont inévitables, ne nous haïssons pas, ne nous déchirons pas les uns les autres dans le sein de la paix, et employons l'instant de notre existence à bénir également en mille langages divers, depuis Siam jusqu'à la Califormie, ta bonté qui nous a donné cet instant [1].

(VOLTAIRE. *Traité de la tolérance*.)

**

La tolérance consiste à supporter les opinions, les sentiments, les habitudes que nous désapprouvons ou qui nous déplaisent. Elle n'implique aucune adhésion, aucun sacrifice, au contraire; elle suppose la persistance du désaccord; on n'a pas besoin de tolérance pour les choses auxquelles on sympathise.

(A. GRUN.)

**

Examinez ce qui vous revient de vouloir dominer sur les consciences, vous serez suivi de quelques imbéciles et vous serez en horreur à tous les esprits raisonnables.

(VOLTAIRE.)

**

Respecter dans notre cœur, dans nos paroles et dans nos actes, la foi professée par autrui, c'est être et se montrer tolérant. La tolérance a donc pour objet cette forme du droit qui de toutes est la plus essentielle et la plus auguste : la liberté de conscience.

(A. DEREUX.)

**

La liberté la plus illimitée de religion est, à mes yeux, un droit si sacré, que le mot tolérance qui voudrait l'exprimer me paraît en quelque sorte tyrannique lui-même, puisque l'autorité qui tolère pourrait ne pas tolérer.

(MIRABEAU.)

**

Le devoir de supporter les autres est très mal appelé tolérance, car il est stricte justice et obligation entière.

(RENOUVIER.)

---

[1] Cf. MONTESQUIEU, *Esprit des Lois*, xxv-13 : Très humble remontrance aux inquisiteurs d'Espagne et de Portugal.

« Je me suis trop rendu compte des souffrances et des difficultés de la vie humaine pour vouloir ôter à qui que ce soit des convictions qui le soutiennent dans les diverses épreuves. » (Littré.)

Garder ses convictions, comprendre et respecter celles des autres, se faire une loi de ne jamais troubler une conscience, cette haute et pure morale, Littré la pratiquait sans effort.

29. — L'Inquisition en Espagne

A la demande du grand inquisiteur Torquemada, Ferdinand le Catholique bannit tous les Juifs de son royaume, en leur donnant trois mois pour quitter l'Espagne. Torquemada défendit aux chrétiens de donner, après ce délai, quoi que ce soit aux Juifs. Le roi et sa femme Isabelle sont fanatiques, mais ne sont pas moins cupides. Les Juifs, pour obtenir que le décret de bannissement soit rapporté, leur offrent une rançon en or.

LE ROI, LA REINE, LES JUIFS

Par la porte du fond, grande ouverte, arrive une foule effarée et déguenillée entre deux rangs de hallebardes et de piques. Ce sont les députés juifs, hommes, femmes, enfants, tous couverts de cendre et vêtus de haillons, pieds nus, la corde au cou; quelques-uns, mutilés et rendus infirmes par la torture, se traînent sur des béquilles ou sur des moignons; d'autres, à qui l'on a crevé les yeux, marchent conduits par des enfants. En tête est le grand-rabbin Moïse-ben-Habib. Tous ont la rondelle jaune sur leurs habits déchirés.

A quelque distance de la table, le rabbin s'arrête et tombe à genoux. Tous derrière lui se prosternent. Les vieillards frappent le pavé du front.

Ni le roi, ni la reine ne les regardent. Ils ont l'œil vague et fixe au-dessus de toutes ces têtes.

MOISE-BEN-HABIB, *grand-rabbin, à genoux.*

Altesse de Castille, altesse d'Aragon,
Roi, reine. O notre maître, et vous, notre maîtresse,
Nous, vos tremblants sujets, nous sommes en détresse ;
Et, pieds nus, corde au cou, nous prions Dieu d'abord,
Et vous ensuite, étant dans l'ombre de la mort
Ayant plusieurs de nous qu'on va livrer aux flammes,
Et tout le reste étant chassé, vieillards et femmes,
Et, sous l'œil qui voit tout du fond du firmament,
Rois, nous vous apportons notre gémissement.
Altesses, vos décrets sur nous se précipitent,
Nous pleurons, et les os de nos pères palpitent ;
Le sépulcre pensif tremble à cause de vous.
Ayez pitié. Nos cœurs sont fidèles et doux ;
Nous vivons enfermés dans nos maisons étroites,
Humbles, seuls ; nos lois sont très simples et très droites,
Tellement qu'un enfant les mettrait en écrit.
Jamais le juif ne chante et jamais il ne rit.
Nous payons le tribut, n'importe quelles sommes.
On nous remue à terre avec le pied ; nous sommes
Comme le vêtement d'un homme assassiné.
Gloire à Dieu ! Mais faut-il qu'avec le nouveau-né,
Avec l'enfant qui tette, avec l'enfant qu'on sèvre,
Nu, poussant devant lui son chien, son bœuf, sa chèvre
Israël fuie et coure épars dans tous les sens !
Qu'on ne soit plus un peuple et qu'on soit des passants !
Rois, ne nous faites pas chasser à coups de piques,
Et Dieu vous ouvrira des portes magnifiques.
Ayez pitié de nous ! Nous sommes accablés.
Nous ne verrons donc plus nos arbres et nos blés !
Les mères n'auront plus de lait dans leurs mamelles !
Les bêtes dans les bois sont avec leurs femelles ;
Les nids dorment heureux sous les branches blottis ;
On laisse en paix la biche allaiter ses petits ;

Permettez-nous de vivre aussi, nous, dans nos caves,
Sous nos pauvres toits, presque au bagne et presque esclaves
Mais auprès des cercueils de nos pères ! daignez
Nous souffrir sous vos pieds de nos larmes baignés !
Oh ! la dispersion sur les routes lointaines,
Quel deuil ! Permettez-nous de boire à nos fontaines,
Et de vivre en nos champs, et vous prospèrerez.
Hélas ! nous nous tordons les bras, désespérés !
Epargnez-nous l'exil, ô rois, et l'agonie
De la solitude âpre, éternelle, infinie !
Laissez-nous la patrie et laissez-nous le ciel !
Le pain sur qui l'on pleure en mangeant est du fiel.
Ne soyez pas le vent, si nous sommes la cendre.

(Montrant l'or sur la table.)

Voici notre rançon, hélas ! daignez la prendre.
Révoquez votre arrêt. Rois, nous vous supplions
Par vos aïeux sacrés, grands comme les lions,
Par les tombeaux des rois, par les tombeaux des reines,
Profonds, et pénétrés de lumière sereine ;
Et nous mettons nos cœurs, ô maîtres des humains,
Nos prières, nos deuils, dans les petites mains
De votre infante Jeanne, innocente et pareille
A la fraise des bois où se pose l'abeille.
Roi, reine, ayez pitié !

Le roi et la reine sont séduits par l'offre de la rançon ; le roi signe le décret qui annule le bannissement et fait délivrer les juifs prisonniers. A ce moment paraît Torquemada ; il maudit Ferdinand et Isabelle : ceux-ci épouvantés cèdent à sa volonté.

LE ROI, *se levant.*

Seigneur inquisiteur, le roi
Et la reine, contrits et confessant la foi,

Entendent réparer le mal qu'ils allaient faire.
Ces Juifs seront bannis, et nous permettons, père,
A vous, au saint office, à votre saint clergé,
D'allumer le bûcher sur l'heure.

TORQUEMADA

Est-ce que j'ai
Attendu ?
(Il descend les trois marches, va à la galerie du fond et tire violemment le rideau.)

Regardez.

(La nuit commence à tomber.)

La galerie du fond, large claire-voie toute grande ouverte, laisse voir dans le crépuscule la place de la Tablada, couverte de foule. Au centre de la place est le quemadero, colossale bâtisse toute hérissée de flammes, pleine de bûchers et de poteaux et de suppliciés qu'on entrevoit dans la fumée. Des tonneaux de poix et de bitume allumés, accrochés au haut des poteaux se vident flamboyants sur la tête des condamnés. Des femmes flambent adossées à des pieux de fer. On entend des cris. Aux quatre angles du quemadero, les quatre gigantesques statues, dites les quatre évangélistes, apparaissent toutes rouges dans la braise. Elles ont des trous et des crevasses par où l'on voit passer des têtes hurlantes et s'agiter des bras qui semblent des tisons vivants. Énorme aspect de supplice et d'incendie. Le roi et la reine regardent terrifiés.

Torquemada en contemplation repaît ses yeux du quemadero.

(Victor Hugo, *Torquemada*, Hetzel, édit.)

Conclusion sur la justice : La justice est le respect de la dignité humaine dans la personne de son semblable comme dans sa propre personne.

Le droit est pour chacun la faculté d'exiger des autres le respect de la dignité humaine dans sa personne ; — le devoir, l'obligation pour chacun de respecter cette dignité en autrui.

Ce que je respecte en mon prochain, c'est sa *qualité d'homme*, même chez un ennemi, chez un accusé, chez un condamné. Ce n'est ni son talent, ni son mérite, ni sa fortune.

(D'après Diderot.)

Lecture : Montesquieu. Les Troglodytes. (*Lettres Persanes.*)

***

Fraternité sociale.

La justice elle-même, si on s'y renferme exclusivement, sans y joindre la charité, dégénère en une sécheresse insupportable. Un malheureux est là souffrant devant nous. Notre conscience est-elle satisfaite, si nous pouvons nous rendre le témoignage de n'avoir pas contribué à sa souffrance ? Non, quelque chose nous dit qu'il est bien encore de lui donner du pain, des secours, des consolations.

(V. Cousin.)

***

Tu chériras ton prochain comme toi-même.

***

Je sais bien que chaque âme doit affronter elle-même les épreuves de la vie, combattre et vaincre par elle-même ; cependant nous pouvons nous aider les uns les autres.

(Lamennais.)

***

Certes, on ne peut pas dire qu'il ne soit pas obligatoire d'être charitable. Mais il s'en faut que cette obligation soit aussi précise, aussi inflexible que l'obligation d'être juste. La charité, c'est le sacrifice ; et qui trouvera la règle du sacrifice, la formule du renoncement à soi-même ? Pour la justice, la formule est claire : respecter les droits d'autrui. Mais la charité ne connaît ni règle ni limite. Elle surpasse toute obligation. Sa beauté est précisément dans sa liberté.

(V. Cousin.)

*
* *

Quelque chose de l'homme a traversé mon âme.

(Sully-Prudhomme.)

*
* *

Le cœur doit faire la charité quand la main ne le peut.

(Pasquier-Pesnel.)

*
* *

La fraternité doit considérer ses bienfaits comme n'étant qu'une répartition plus juste des parts mal distribuées par le sort et par les hommes.

Il est fâcheux que le beau nom de « charité » ou d'*amour* soit devenu synonyme d'*aumône*.

(Fouillée.)

30. — Nécessité de l'assistance publique

Si l'inégalité des fortunes crée une classe d'oisifs rentiers, elle crée aussi par tout pays une classe plus ou moins nombreuse d'oisifs indigents, c'est-à-dire de gens qui ne peuvent pas ou qui ne veulent pas vivre par leur travail, et qui, en conséquence, ne peuvent vivre que d'aumônes, de la charité privée ou de la charité publique.

Mais pourquoi ne travaillent-ils pas ? Cela peut tenir à trois causes :

1° A ce qu'ils n'ont pas la force de travailler : enfants, vieillards, tous ceux qui sont atteints de maladies chroniques ou d'infirmités permanentes ;

2° A ce qu'ils n'ont pas la volonté de travailler : tout

travail, nous le savons, suppose toujours un effort plus ou moins pénible et tel que beaucoup d'hommes, plutôt que de faire cet effort et surtout plutôt que de s'assujettir à la discipline qu'exige tout travail, préféreront courir la chance de mourir de faim ;

3º A ce qu'ils ne trouvent pas les moyens de travailler : il ne suffit pas, en effet, d'avoir la bonne volonté de travailler ; encore faut-il, comme on dit, « trouver de l'ouvrage », c'est-à-dire avoir à sa disposition des matériaux et des instruments : or en cas de chômage les deux choses font défaut.

En présence de ces trois catégories d'indigents, que doit faire la société ? Elle ne peut échapper à la nécessité de s'en occuper.

Elle doit s'occuper de la première par devoir de solidarité sociale. Sans doute c'est la famille qui, dans l'ordre naturel des choses, doit soutenir ceux de ses membres qui sont dans l'impossibilité de se suffire à eux-mêmes : mais la famille, dans le temps où nous vivons, est souvent dispersée. Parfois, il faut arracher les enfants à des parents qui les exploitent et les pervertissent. Et que de fois, il faudrait pouvoir enlever aussi les vieillards et les infirmes à leurs enfants qui les maltraitent ! Si une société civilisée doit laisser mourir de faim ses enfants et ses vieillards, mieux vaudrait retourner à l'état sauvage où on les étrangle, il est vrai, mais pieusement et pour ne pas les laisser longtemps souffrir. La détresse des vieillards indigents en France est une honte pour notre pays.

Elle doit s'occuper de la seconde parce qu'elle crée un danger public. C'est dans cette population de vagabonds et de mendiants que se recrute l'armée du crime. Et comme la société, une fois qu'ils auront commis quelque délit, sera bien obligée de les garder et de les nourrir en prison et que rien n'est plus coûteux que l'entretien d'un prisonnier, il est plus prudent et plus économique à la fois de s'en occuper préventivement.

Elle doit s'occuper de la troisième, parce qu'elle est dans une certaine mesure responsable de leur infortune. C'est la constitution économique de la société qui a déterminé cette séparation contre nature entre le travailleur et l'instrument de son travail, et l'a mis par là dans la nécessité de demander de l'ouvrage pour pouvoir vivre. C'est la loi même du progrès telle qu'elle se manifeste dans la grande production, les inventions mécaniques, le commerce international, la concurrence qui détermine les chômages et les crises. Il est donc juste que la société qui bénéficie dans son ensemble de chaque progrès accompli, et qui, dans ce grand combat de la vie, recueille tous les fruits de la victoire, en subisse aussi les charges en venant au secours des blessés et des vaincus.

(Ch. Gide. *Principes d'économie politique*, p. 404. Larose, éditeur.)

.˙.

La société reconnaît ce droit à l'assistance : l'État et les Communes ont créé une administration, l'*Assistance publique*, représentée par les hôpitaux et les bureaux de bienfaisance. L'État fournit à ces établissements 90 millions; mais ces dépenses ont un caractère purement facultatif, bien que le droit à l'assistance ait été inscrit dans la plupart des constitutions.

(Ch. Gide.)

81. — Le chômage

« Monsieur, je suis un pauvre ouvrier sans travail »; voilà ce que le mendiant a trouvé de mieux, en fait de formule, pour émouvoir la charité. Elle ne réussit pas toujours, parce que généralement nous n'en croyons pas un mot. Mais pourtant si c'était vrai ? Est-il possible que ce soit vrai ? Sans aucun doute. Toutes les statistiques démontrent qu'il y a toujours dans tout pays une proportion variable de 5 à 10, 15 p. 100 et davantage, suivant le temps et les circonstances, d'ouvriers sans travail. La statistique des professions, document officiel, évalue leur nombre pour la France à 250 000 ou 300 000.

Mais les chômeurs qui sont de vrais ouvriers, direz-vous, ne mendient pas. C'est vrai, rassurez-vous ; ils préfèrent généralement ne pas manger. Cependant il peut arriver que dans le nombre il y en ait qui vous adressent cette parole ? Ne fût-elle vraie qu'une fois sur cent, elle est épouvantable. Je ne sais si vous en sentez bien toute la portée, jeunes gens, professeurs, fonctionnaires pour qui le chômage porte un nom infiniment agréable et s'appelle « les vacances ». Nous avons besoin d'un peu de réflexion pour comprendre combien cette parole est non seulement tragique, mais plus que cela, accusatrice ; elle résume en quatre mots tout ce que le socialisme, l'anarchisme, disons mieux, tout ce que la justice, peuvent dire de plus fort contre la société dont nous sommes.

Essayez de vous représenter l'état d'esprit d'un homme qui a été frapper à la porte des fabriques et à la porte des fermes ; partout il a reçu la même réponse : « il n'y a point de travail. » Alors il s'arrête et se demande : « Comment est-ce possible ? Le fermier m'a dit : j'ai assez d'ouvriers dans mon fournil ; l'entrepreneur m'a dit : j'ai assez de bras pour construire mes maisons ; le cordonnier m'a dit : passe ton chemin, j'ai assez de peine à vendre les souliers que j'ai dans mon magasin. Alors comment se fait-il qu'il n'y ait plus besoin de pain et que j'ai faim ? qu'il n'y ait plus besoin de chaussures et que je marche pieds nus ? qu'il n'y ait plus besoin de maisons et que je couche sous les ponts ? comment se fait-il qu'il y ait trop de tout et que je manque de tout ? Mais ce que je demande simplement, c'est à travailler pour faire ce que je n'ai pas : le pain que je mangerai, les souliers que je chausserai, la maison que j'habiterai. » Je n'ai pas à donner l'explication économique de ce cruel problème. Il est évident cependant qu'il tient à l'organisation économique de la société.

(Ch. Gide, dans la Revue *Vie et Foi.*)

.*.

On a essayé de créer des assurances contre le chômage. « A quoi bon en effet organiser tout un réseau d'assurances contre la maladie, la vieillesse, ou l'invalidité, si le travailleur est sans cesse menacé de se voir privé, par un chômage involontaire, de ce salaire régulier qui seul peut lui permettre de vivre, et, au prix de lourds sacrifices, d'alimenter l'assurance ? — Mais une telle assurance est-elle possible ? » (Pic. *Les lois ouvrières*, p. 1036, Rousseau, édit.). — Beaucoup de difficultés ont retardé jusqu'à présent la réalisation de cette entreprise : « comment distinguer le chômage involontaire ou professionnel (résultant des mortes-saisons) du chômage volontaire » dû à la paresse ? Comment réprimer les fraudes ? On risque aussi de faire peser sur les ouvriers dont le chômage est accidentel le fardeau de l'assurance, dont profiteront seuls ceux qui exercent des professions dites saisonnières (le bâtiment par exemple). — Il existe une caisse officielle d'assurances de ce genre à Cologne depuis 1901 : c'est une œuvre intermédiaire entre l'assurance et l'assistance. — Ailleurs, les syndicats ouvriers ont créé des caisses de chômage. La ville de Gand a établi *un fonds de chômage* destiné à les subventionner. Ce système a été imité à Dijon. (D'après Pic.)

32. — Les pauvres et les mendiants

Pauvres et mendiants : que de fois nous confondons ces mots, qui désignent cependant des êtres très différents! Les pauvres[1], ce sont tous ceux qui vivent autour de nous d'un maigre salaire quotidien; ce sont les ouvriers, les artisans, les employés, les petits fonctionnaires, qu'un

---

[1] Cf. Strauss. *Assistance sociale*, p. 212-214. F. Alcan.

chômage imprévu, une perte d'emploi, une longue maladie jettent dans la souffrance et la misère. Bien portants, ils dissimulent leur gêne ; mais ils la supportent sans se plaindre; et pourtant elle étiole leur existence, abrège la durée de leur vie, lentement meurtrière. Vienne une maladie, le séjour du père ou de la mère à l'hôpital ou leur traitement à domicile ont vite épuisé leurs ressources et fait disparaître les économies. Si la convalescence se prolonge, les objets de mobilier, les effets, la literie engagés au Mont-de-piété permettent de vivre encore quelque temps dans la chambre vidée.

Le chômage n'est pas moins triste, ni douloureux. « La classe des ouvriers ne peut compter que sur le gain journalier. Sans avance, exposée aux chances des événements, elle touche à la classe indigente. Le moindre choc la confond avec elle. » C'est à ces pauvres qu'un secours temporaire, porté à temps, serait nécessaire : il les tirerait de la misère et les relèverait d'une infortune passagère, mais beaucoup de ceux-là qui souffrent de la faim ne veulent faire à personne la confidence de leur détresse. Ils ne veulent pas tendre la main. Ils ont souci de leur dignité.

D'autres l'ont perdu : ce sont les mendiants[1], c'est-à-dire les gens valides qui, pouvant travailler, vivent d'aumône et de secours permanents. On ne peut pas dire, bien qu'ils ne travaillent pas, qu'ils n'ont pas de métier : ils en ont un et qui les fait vivre souvent eux, et les leurs, dans l'aisance : la mendicité. Ils sont mendiants, c'est leur vocation et leur profession. Tantôt, c'est un gaillard solidement bâti, qui, les yeux allumés, vous demande d'un air qu'il réussit à rendre éploré : « Ayez pitié d'un ouvrier sans travail ! » Tantôt, c'est le sourd-muet, qui le soir, au res-

---

[1] Il ne s'agit pas ici des vieillards, des invalides, dont la misère doit être secourue par l'État. Que ne met-on dans les hospices les aveugles, les culs-de-jatte, etc. qui, dans chaque ville, sont entretenus par la charité publique !

taurant, retrouve la parole pour commander un bon dîner; c'est une femme qui, par la bise glaciale, ou sous la pluie, stationne dans un endroit public, avec un pauvre petit être sur les bras : quand l'enfant a pris froid et succombé, il est facile d'en louer un autre ou de s'en faire prêter. Dans les grandes villes, la mendicité est une branche d'industrie prospère, et où le chômage est rare : les fêtes, les mariages, les enterrements, les baptêmes, les examens, autant d'occasions pour le mendiant de faire une fructueuse récolte. Nous avons tort de nous apitoyer sur ces prétendus malheurs. Notre charité aveugle et faite au hasard permet à tous les faux pauvres de vivre sans travailler, en exploitant leurs semblables.

On peut et on doit lire dans *Paris qui mendie*[1] tous les procédés et les trucs employés par les mendiants pour se procurer l'aisance. « L'aveugle du pont, le paralytique, l'ouvrier sans *travail qui n'a pas mangé depuis trois jours*, l'enfant, dont le *père est à l'hôpital et dont la mère est sans travail*, tous ces affamés, qui seraient souvent très embarrassés, si vous leur demandiez de manger un morceau de viande sous vos yeux, tous ces faux pauvres sont très difficiles pour leur nourriture et ne mangent qu'aux bons endroits. » Ils n'en sont pas réduits, s'ils ont été à bonne école, à se contenter

> Des brouets des fourneaux, festins nauséabonds.
> Par la philanthropie offerts aux vagabonds.

et chantés ainsi par l'un d'entre eux, ni des soupes des *Bouchées de pain* ou distribuées à la porte des casernes. Et quand

---

[1] M. Paulian a raconté dans cet ouvrage intéressant au plus haut point les observations qu'il put faire dans le monde des mendiants à Paris. « Tour à tour cul-de-jatte, chanteur ambulant, ouvrier sans travail, professeur sans emploi, paralytique, sourd-muet, *il a eu* toutes les infirmités et débité tous les mensonges. » Il gagnait ainsi plus que dans son emploi de secrétaire rédacteur au Sénat.

ils en seraient réduits là, pensez-vous « qu'ils soient bien succulents les repas qui constituent l'ordinaire de cette malheureuse mère de famille qui, l'hiver, alors qu'il gèle, passe la moitié de la nuit à briser la glace des ruisseaux pour gagner deux francs. Avec ces deux francs souvent il faudra qu'elle vive, elle et ses mioches, qu'elle paye le loyer et qu'elle s'habille [1]. »

L'homme doit être charitable : mais le secours donné ne doit pas aggraver le mal et encourager chez tant d'individus la haine du travail régulier; et surtout le secours ne doit pas leur être accordé au détriment du pauvre honteux, de celui qui travaille. « Le mendiant vole le pauvre [2] », disait A. Karr. Il faut imiter cet évêque anglais qui, sur son lit de mort, disait à ceux qui l'entouraient : « Je ne crois pas pouvoir me reprocher d'avoir jamais donné un centime à un mendiant dans la rue ; mais, avec l'argent que j'ai ainsi épargné, *j'ai créé des œuvres utiles* [3] que je vous engage à soutenir avec les mêmes moyens. »

Ces paroles indiquent à la fois et le mal et le remède.

(G. C.)

33. — L'OPINION AJOUTE ENCORE A LA MISÈRE DU PAUVRE

Dans la lutte éternelle que la société amène entre le pauvre et le riche, le noble et le plébéien, l'homme accrédité et l'homme inconnu, il y a deux observations à faire. La première est que leurs actions, leurs discours sont évalués à des mesures différentes, à des poids différents, l'un d'une livre, l'autre de dix ou de cent, disproportion

---

[1] *Paris qui mendie*, p. 154. Les mendiants peuvent se faire de 15 à 25 francs par jour.

[2] *Id.*, p. 20.

[3] Il importe que les œuvres charitables créées dans une même ville se concertent ; autrement les mendiants vont frapper à toutes et cumulent ainsi les secours. Nous « cultivons » le mendiant.

convenue, et dont on part comme d'une chose arrêtée; et cela même est horrible. Cette acception [1] de personnes, autorisée par la loi et par l'usage, est un des vices énormes de la société, qui suffirait seul pour expliquer tous ces vices. L'autre observation est qu'en partant même de cette inégalité, il se fait ensuite une autre malversation; c'est qu'on diminue la livre du pauvre, du plébéien, qu'on la réduit à un quart; tandis qu'on porte à cent livres les dix livres du riche ou du noble, à mille ses cent livres, etc. C'est l'effet naturel et nécessaire de leur position respective : le pauvre et le plébéien ont pour envieux tous leurs égaux; et le riche, le noble a pour appui et pour complice le petit nombre des siens qui le secondent pour partager ses avantages et en obtenir de pareils.

(CHAMFORT.)

34. — LES SPORTS DE CHARITÉ

Quand une catastrophe, incendie, inondation, se produit, ou qu'un malheur imprévu frappe une classe de la société, aussitôt, en faveur des victimes, s'organisent des fêtes, bals ou représentations, de bienfaisance. Cet élan de charité est fort louable; les personnes dites du monde se font un devoir de soulager de telles infortunes : mais agissent-elles dans un esprit vraiment fraternel? Se demandent-elles s'il ne serait pas plus méritoire et plus digne de ne pas faire de leur plaisir la condition de leur aumône?

Alfred Capus dans une jolie saynète, *Tom*, a mis en relief avec beaucoup d'esprit cette tendance égoïste si fort répandue aujourd'hui.

Une inondation a ravagé trois départements du centre de la France : un comité s'est formé pour envoyer des

[1] C'est-à dire partialité en faveur de telles ou telles personnes.

secours aux victimes de ce désastre. « Il y a, dit Mme X, il y a en ce moment dans Paris un élan de charité admirable, et je suis fière d'y être associée. » Elle est encore plus heureuse, à dire vrai, de trouver dans la participation à cette œuvre une occasion favorable pour l'étalage de sa vanité et de sa coquetterie, pour l'exhibition d'une robe neuve. Ce qui la préoccupe avant tout, dans ces accidents douloureux, c'est la toilette. L'hiver précédent, pour une kermesse en l'honneur des victimes de « ce fameux incendie d'une ville d'Amérique du Sud », elle s'était fait faire une robe bleue. Et comme son mari s'étonne de n'avoir pas revu cette robe : « Ce genre de robes, répond-elle, ne peut se porter qu'une fois. Il serait tout à fait ridicule de porter la même robe pour deux catastrophes différentes. Telle robe convient pour un incendie qui serait déplacée pour une inondation, et une fête que l'on donnerait à la suite d'un grand accident de chemin de fer exigerait une autre espèce de toilette. »

La couturière, qui est venue pour l'essayer, confirme ce détail. « Tenez, dit-elle au mari, regardez cette dentelle, Monsieur; elle est à gauche. Pour un incendie, il l'aurait fallu à droite.

Pourquoi? me demanderez-vous. Je l'ignore. Je suis incapable de définir; mais toutes les femmes comprendront. Avant de travailler, je lis et relis avec soin le récit de l'accident. Je m'imprègne de la catastrophe. »

« Il me semble que je suis inondé », reprend le mari d'un ton ironique et peu convaincu.

Ne vaudrait-il pas mieux, en de telles circonstances, faire taire les tentations de toilette et de plaisir? Ne serait-il pas plus digne d'une charité véritable et sincère d'ajouter au montant de la souscription le prix de la robe?

(G. C.)

35. — L'ASSISTANCE MÉTHODIQUE

« Si Dieu me fait la grâce d'exécuter tout ce que j'ai dans l'esprit je tâcherai de faire en sorte, non pas à la vérité qu'il n'y ait plus dans tout le royaume ni pauvre, ni riche (car la fortune, l'industrie et l'esprit laisseront éternellement cette distinction entre les hommes), mais au moins qu'on n'y voie plus ni indigence, ni mendicité : je veux dire une personne, quelque misérable qu'elle puisse être, qui ne soit assurée de sa subsistance ou par son travail ou par un secours ordinaire et réglé[1]. »

C'est cette organisation méthodique de la charité qui est encore à créer : jusqu'ici les résultats obtenus par l'assistance officielle ou par les sociétés privées sont peu encourageants. Les bureaux de bienfaisance distribuent les secours d'une façon trop régulière et trop modique : un pauvre, dès qu'il a été inscrit sur leur registre, continue à recevoir indéfiniment des subsides, même si le moment de la misère est passé ; ils donnent trop peu, pour que leur intervention soit vraiment efficace. On n'a jamais vu retirer un indigent de la misère chronique par ce mode de charité[2].

Les sociétés particulières ne font pas mieux. Elles se sont multipliées sans se concerter entre elles pour un effort commun : le même pauvre va frapper à la porte de plusieurs, qui lui donnent sans savoir qu'il a déjà reçu et ce qu'il a reçu : l'une lui paie son loyer; l'autre fournit des aliments, une troisième du linge; son ménage se trouve approvisionné de lait, de chocolat, de viande, de livres, de fleurs même. Et il vit ainsi largement sans

---

[1] *Instructions de Louis XIV au Dauphin.*
[2] Le pauvre *officiellement* reconnu se gardera bien de tenter un effort pour se suffire à lui-même, dans la crainte de compromettre son avenir d'*assisté* ; si on lui connaissait des ressources, il recevrait moins.

avoir envie de travailler. « Cette charité confuse a les pires défauts : elle favorise la fausse indigence et provoque la mendicité ; elle prive de leur pension alimentaire les vieillards délaissés et les infirmes misérables, elle enlève toute vertu de relèvement aux secourus occasionnels[1]. » C'est un gaspillage.

Le seul moyen de rendre la charité utile et bienfaisante c'est de ne la faire qu'à bon escient, en connaissance de cause : peu importe, si elle n'est pas aveugle, qu'elle soit officielle ou libre. Les Allemands[2] nous ont indiqué la voie à suivre : ils ont établi la *curatelle* des pauvres, qui permet d'exercer une surveillance des indigents et de ne secourir que ceux qui sont dans la misère. Un très grand nombre d'administrateurs ou de curateurs des pauvres font partie du bureau de bienfaisance ; ils sont chargés de visiter les indigents de la localité, de s'enquérir de leurs besoins réels ; ils s'occupent de ceux qui sont inscrits pour un secours permanent ; mais ils ont le devoir de rechercher les nécessiteux discrets qui peuvent se trouver dans une situation de détresse. Pour rendre leur tâche efficace, on a divisé la ville en districts ou quartiers et les quartiers en *îlots* : chaque îlot, qui est confié à un curateur spécial, ne renferme pas plus de 5 à 6 ménages d'indigents. Le curateur visite ses administrés au moins tous les quinze jours, leur accorde l'assistance morale dont ils ont besoin, aide à leur relèvement par le travail, provoque des mesures répressives contre les ivrognes et les paresseux. Ce devoir civique de curateur est confié aux citoyens qui sont électeurs, et nul ne peut le refuser.

[1] Paul Strauss, *l'Assistance sociale*, p. 211, F. Alcan, édit.
[2] En Allemagne, les communes peuvent interdire le séjour à tout nouvel arrivant hors d'état de gagner sa vie et dépourvu de ressources. En France, les villes sont le refuge d'une foule de paresseux qui y trouvent à vivre en parasites de la charité mal organisée.

Telle est l'idée maîtresse de l'organisation allemande : « morceler le plus possible la circonscription d'assistance, nommer un nombre suffisant d'enquêteurs, éliminer par cette surveillance les mendiants professionnels, donner aux secours leur maximum d'utilité. » C'est la seule façon pratique de concevoir la charité.[1]

Le complément de cette méthode se trouve dans *l'assistance par le travail :* c'est par le travail et non par l'aumône qu'il faut venir au secours des mendiants valides. Déjà plusieurs quartiers de Paris, la ville de Lyon sont pourvus de maisons hospitalières, où tous ceux qui sont admis doivent exécuter un travail ; en soumettant les quémandeurs à l'obligation d'un effort, on discerne facilement les bons des mauvais. Les mauvais ne tardent pas à être découragés : s'ils refusent le travail, ils ne reçoivent pas d'allocation, et l'argent non dépensé sert à aider les vrais pauvres. « L'œuvre d'assistance par le travail affectera la forme d'un atelier ou d'un ouvroir ; l'occupation à laquelle les assistés seront soumis doit être des plus simples, afin de ne pas exiger d'apprentissage, mais elle devra être assez dure pour que le pensionnaire ne soit pas tenté de vouloir rester trop longtemps dans cet asile, qui ne doit être qu'un refuge provisoire[2] ; » il attend là jusqu'à ce qu'il ait trouvé une place.

---

[1] La ville allemande d'Elberfeld avait en 1853, sur 50 000 habitants, plus de 4 000 assistés ; en 1855, elle n'en avait que 2 948 ; — en 1873, le nombre était tombé à 980 ; — et cependant la ville avait gagné dans le même temps 27 000 habitants. La ville a économisé en trente-trois ans plus de cinq millions. A Paris, la municipalité du IIIe arrondissement a organisé cette curatelle des pauvres ; l'arrondissement est réparti en 45 îlots, subdivisés en 262 sections. Il y a 80 curateurs chargés des enquêtes.

[2] Paulian. *Paris qui mendie*, p. 212. M. le pasteur Robin a fondé à Paris dans le XVIe arrondissement une œuvre de ce genre, *l'Union d'Assistance*, qui sert aujourd'hui de modèle à tous les établissements similaires. Ces maisons sont bien supérieures aux asiles de nuit.

Au reste, le défaut de beaucoup d'œuvres de bienfaisance est d'affecter et d'étaler un luxe d'installation tout à fait déplacé. Beaucoup de ceux qui s'y adressent sont des gens valides qui se disent malheureux « mais dont le malheur est dû à l'inconduite et à la paresse. Il serait souverainement injuste que, sous prétexte de charité, l'homme qui ne travaille pas *par sa faute* fût mieux traité que l'honnête ouvrier qui ne chôme jamais... — Sans doute l'asile de nuit évoque dans l'esprit une idée de souffrance, d'abandon, de désespoir. J'admets que tous les pensionnaires d'un asile de nuit soient dignes de compassion. Cela n'empêche pas que, dans ce même Paris, il y a tous les soirs des centaines de malheureux qui, après avoir courageusement travaillé toute la journée, n'ont pour se reposer qu'un grabat immonde, auprès duquel l'asile de nuit constitue un luxe inouï. » (PAULIAN.)

La charité, comme toutes les vertus, doit se garder des excès ; on peut lui appliquer les vers du *Misanthrope* :

> La parfaite raison fuit toute extrémité.
> Et veut que l'on soit *bon* [1], avec sobriété.

Si l'on dépasse la mesure, on fait plus de mal que de bien : « la situation de l'homme secouru ne doit pas faire envie à l'homme qui travaille : sinon le malheureux qui lutte de toutes ses forces pour le pain quotidien finira par se dire que la mendicité nourrit son homme plus facilement que le travail. » (PAULIAN.)

(G. C.)

36. — LES ABANDONNÉS

Après avoir donné mon aumône au plus jeune,
Pensif, je m'arrêtai pour les voir. Un long jeûne

---

[1] Lire dans *Paris qui mendie* (PAULIAN, Ollendorff), sur la charité aveugle, et qui tombe dans l'excès, l'histoire de M. Dumay, p. 124, et celle de l'abbé Gérard. p. 142.

Avait maigri leur joue, avait flétri leur front.
Ils étaient tous les quatre à terre, assis en rond ;
Puis, s'étant partagé, comme feraient les anges,
Un morceau de pain noir ramassé dans nos fanges,
Ils mangeaient, mais d'un air si morne et si navré,
Qu'en les voyant ainsi, toute femme eût pleuré.
C'est qu'ils étaient perdus sur la terre où nous sommes,
Et tout seuls, quatre enfants dans la foule des hommes.
Oui, sans père, ni mère, et pas même un grenier,
Pas d'abri ; tous, pieds nus, excepté le dernier
Qui traînait, pauvre amour, sous son pied qui chancelle,
De vieux souliers trop grands, noués d'une ficelle.

(V. Hugo. Hetzel, édit.)

**

Songe qu'il ne te manque rien, et que tout manque aux pauvres ; pendant que tu aspires à être heureux, ils ne demandent qu'à ne pas mourir. Il est si triste de penser qu'au milieu de tant de maisons riches, dans la rue où passent tant d'équipages et d'enfants vêtus de velours, il se trouve des femmes et des enfants qui n'ont pas de quoi manger ! Ne pas avoir de quoi manger, mon Dieu !..

(De Amicis. *Les grands cœurs*. Tr. Piazzi. Delagrave, éd.)

**

Si le sort t'a fait riche, aie au bien l'âme prompte.
Sois pensif, humble et doux ; rachète en t'abaissant
Ta trop haute stature, et songe que Dieu monte
    Vers celui qui descend.

(V. Hugo.)

37. — L'ASSISTANCE ACCORDÉE AUX ENFANTS ET AUX VIEILLARDS

Les assemblées de la Révolution avaient proclamé que c'était un devoir pour la société d'assurer l'entretien, l'éducation et l'instruction des enfants que la mort, l'imprévoyance, la maladie, le vice de leurs parents jetaient dans la vie sans asile et sans ressources; — que c'était aussi un devoir social de pourvoir à l'existence des vieillards, des malades, des incurables sans fortune.

Jusqu'à présent ces principes établis il y a cent quatorze ans par un philanthrope éclairé, le duc de La Rochefoucault-Liancourt, n'ont été appliqués qu'en ce qui concerne les enfants. « L'assistance envers l'enfant, disait-il, est un des plus impérieux devoirs d'un État ; c'est aussi celui dont il peut se promettre le plus d'avantages. Il importe de faire de ces enfants abandonnés des citoyens utiles et heureux, de pourvoir à leur existence physique et au développement de leurs forces, de remplacer, par la tutelle la plus éclairée et la plus vigilante, les soins paternels qui leur étaient refusés par la nature. » Il ajoutait qu'en les faisant participer aux bienfaits de l'instruction, qu'en les fortifiant contre les vices par la connaissance de leurs devoirs et l'amour du travail on les tirerait de la classe des mendiants.

Ce sont ces enfants, auxquels saint Vincent de Paul a été le premier à tendre les bras; ce sont eux que l'on appelait avec quelque mépris les *enfants trouvés*. L'État se charge de les élever dans des hospices ; il les place dans des familles, à la campagne. En 1839, il y avait 95 000 pupilles de l'Assistance publique, aujourd'hui, ils sont 130 000 en pension chez des cultivateurs ou des artisans, moyennant 15 francs par mois. La vie au grand air fortifie les enfants et leur refait un tempérament, quand ils ont hérité d'une santé compromise. Au village, ils sont exposés à moins d'entraînements et de tentations ; perdus dans la foule des villes, ils échapperaient à une surveillance dont ils ont besoin. Ils retrouvent un foyer, des parents qui s'attachent à eux, et pour lesquels ils ne sont pas ingrats : en une seule année, 252 enfants assistés du département de la Seine ont refusé de quitter leurs nourriciers pour rejoindre leurs véritables parents. C'est la preuve de l'affection mutuelle qui rapproche les pupilles de l'Assistance publique et les familles de paysans qui les ont élevés[1]. En même temps, les préjugés que rencontrait l'enfant sans famille tendent à disparaître : les mœurs s'adoucissent, on les considère maintenant comme les autres, ceux qui ont des parents.

La loi n'a pas encore réglé ni rendu obligatoire l'assistance publique aux vieillards, aux infirmes, aux incurables : elle se fait attendre, comme beaucoup de lois pressantes. Il serait urgent de retirer de l'armée des vagabonds ceux qui sont incapables de gagner leur vie et qui le seront toujours : l'assistance facultative abandonnée à l'initiative privée est incomplète et mal répartie ; elle laisse traîner lamentables par les rues les tristes vaincus de la vie.

(G. C.)

Assistance des indigents valides.

Les secours publics sont une dette sacrée, la société doit la subsistance aux citoyens malheureux, soit en leur procurant du travail, soit en assurant les moyens d'exister à ceux qui sont hors d'état de travailler.

(*Déclaration des droits de l'homme.*)

Jusqu'ici, l'assistance n'a été regardée que comme un bienfait; elle est un devoir, mais ce devoir ne peut être rempli que lorsque les secours accordés par la société sont dirigés vers l'utilité générale. Si celui qui existe a le droit de dire à la société : « fais moi vivre », la société a également le droit de lui dire : « donne-moi ton travail. »

(La Rochefoucault-Liancourt.)

---

[1] Cf. Hector Malot, *Sans famille* (début). Le héros du livre est un enfant trouvé.

Ces paroles si sages, qui se trouvent dans le rapport écrit par le duc de Liancourt en 1790, ne sont pas encore suivies en France. Il serait temps, pour enlever aux mendiants l'excuse du besoin, de les protéger contre la détresse, de créer, comme la loi l'exige, des *Dépôts de mendicité* dans tous les départements. Le 27 octobre 1808, Napoléon Ier écrivait à son ministre de l'intérieur[1] :

« J'attache une grande importance et une grande idée de gloire à détruire la mendicité. L'argent ne manque pas; mais il me semble que tout cela marche lentement, et cependant les années passent... *Il faut* qu'avant le 15 décembre vous ayez trouvé sur le quart de réserve et sur les fonds des communes les sommes nécessaires à l'entretien de soixante à cent maisons pour l'*extirpation de la mendicité*, que les lieux où elles seront placées soient désignés et le règlement mûri.

« *N'allez pas me demander encore trois ou quatre mois pour avoir des renseignements;* vous avez de jeunes auditeurs, des préfets intelligents, des ingénieurs des ponts et chaussées instruits; *faites courir tout cela et ne vous endormez pas dans le travail ordinaire des bureaux.*

(Napoléon.)

En 1810, l'article 274 du Code pénal interdisait aux indigents de solliciter l'aumône dès lors qu'il existait à l'endroit où ils mendiaient *un dépôt de mendicité.* Ce dépôt pouvait être le salut pour beaucoup : « occupé à des travaux appropriés à sa profession, ou à la culture, l'ancien nomade, envoyé par le tribunal dans cet asile, recevait un salaire soumis à une retenue qui soldait son entretien, sortait à certains jours, cessait d'être un paria pour redevenir un homme. » Au lieu d'une condamnation avilissante pour délit de mendicité, le tribunal lui donnait un moyen de se réhabiliter.

La Restauration supprima en partie ces *dépôts,* qui se font de plus en plus rares[2]. Cet état de choses rend la répression de la mendicité impossible. Il est en effet un principe de droit pro-

---

[1] Cité par M. Bonnet, dans une étude sur les « *Vieux mendiants* ».

[2] L'Etat a fait construire à Nanterre un dépôt qui a coûté plus *de 8 millions,* et *où l'on admire des escaliers magnifiquement ouvragés et des salles traversées par des cloisons en vieux chêne sculpté.* Il reçoit les vieillards, les impotents, les malades, mais aussi des hommes valides. Si l'on procède partout de même, les contribuables seront ruinés.

clamé par Beccaria : *un délit ne doit être puni que si le prévenu avait le moyen de l'éviter*. L'homme qui est malheureux et qui, pour une cause quelconque, ne peut gagner sa vie, ne commet pas de délit en demandant la charité à celui qui peut l'aider, s'il n'y a pas de dépôt auquel il puisse s'adresser, ou s'il ne peut y être reçu[1]. Aussi les magistrats commencent-ils à ne plus condamner les mendiants et les vagabonds. « Par suite de circonstances *indépendantes de sa volonté*, dit un arrêt de la Cour d'appel de Rouen (1903), le prévenu n'a pas trouvé asile dans un établissement de secours; dans ces conditions, en sollicitant l'aumône sous l'*impulsion d'une nécessité pressante*, il n'a point commis le délit prévu par l'article 274 du Code pénal. »

(G. C.)

***

Aucun plan pour secourir la misère ne mérite attention, si on ne tient à mettre les pauvres en état de se passer de secours.

(RICARDO.)

***

La bienfaisance féminine tient en réserve des trésors de dévouement, de tendresse et d'ingéniosité qu'il est vraiment temps d'employer pour alléger tant de souffrances et atténuer trop de misères que l'homme seul est impuissant à soulager.

(PAUL STRAUSS.)

***

Une société bien ordonnée confierait à des femmes tous les offices de bienfaisance.

(JULES LEMAÎTRE.)

38. — LA CHARITÉ DU CŒUR : MAMAN !

C'était en mil huit cent soixante-dix, là-bas
Dans l'Est, après de longs et meurtriers combats :

---

[1] Le conseiller Voisin disait dans un rapport qu'il est plus facile de se faire décorer que de faire entrer un mendiant dans une asile : les postulants sont plus nombreux que les places.

JUSTICE ET FRATERNITÉ

Sous un porche d'église, où poussaient des brins d'herbe,
Un soldat, — un enfant ! — la joue encore imberbe,
    Râlait.
Lentement sur son front pâle du sang coulait,
Puis glissait sur le sol ; et l'herbe alors rougie
Semblait pleurer du sang devant cette agonie !

Tout à coup une femme [1] aux traits pleins de bonté,
Une femme héroïque et sainte, en vérité,
S'approcha du soldat étendu sur la terre
Et lui dit doucement, comme en une prière :
    « Maman ! »
A ce mot, plus puissant que quelque talisman,
L'enfant ouvrit les yeux, sourit avec tendresse,
Puis répéta : « Maman ! » ainsi qu'une caresse.

Le soir, à l'ambulance où gisaient les blessés,
Quand le petit soldat sentait à ses côtés
La femme tout à l'heure entrevue en un rêve,
Il murmurait tout bas, comme une plainte brève :
    « Maman ! »
— « Pourquoi m'appelez-vous ainsi », dit-elle, « enfant ? »
— « C'est que vous êtes bonne... et je crois voir ma mère ! »
Il mourut dans la nuit, consolé, sans colère...

Oui, cette femme-là, dont les regards si bons
Apportaient du soleil aux pauvres moribonds,
Elle sut des vaincus adoucir la souffrance !
Ils en venaient parfois à douter de la France,
    Hélas !
Mais Elle apparaissait, et les cœurs les plus las,

---

[1] Cette femme était Mme Coralie Cahen, chevalier de la Légion d'honneur, morte depuis quelques années. Pendant la guerre franco-allemande, elle soigna les blessés avec le plus grand dévouement.

En la voyant passer courageuse et stoïque,
Se sentaient envahis d'une fièvre héroïque !

Aussi pour tous ceux-là je le lui dis ici,
Pour eux tous, pour les morts et les vivants, merci !
Merci d'avoir si bien su panser leurs blessures !
Merci d'avoir puisé pour eux, aux sources pures
   Du cœur,
Le remède moral, qui trompe la douleur,
Et d'avoir si souvent, leur rappelant leur mère,
Fait leur peine plus douce ou leur mort moins amère !

   (Jules Gondoin. *Pièces à dire*. Dorey, édit.)

39. — Le travail, la mort et la maladie

Parmi les Indiens de l'Amérique du Sud, il existe la légende suivante :

Dieu, disent-ils, créa les hommes de telle façon, qu'il ne leur fallait pas travailler. Ils n'avaient besoin ni d'habits, ni de maisons, ni de nourriture, et tous vivaient jusqu'à cent ans sans connaître aucune maladie.

Un certain temps se passa, et, quand Dieu regarda comment vivaient les hommes, il vit qu'au lieu de se réjouir de la vie, chacun d'eux n'avait souci que de soi, qu'ils se querellaient entre eux, et s'étaient arrangés de telle façon, que non seulement ils n'étaient pas contents de la vie, mais la maudissaient.

Alors Dieu dit : « C'est parce qu'ils vivent chacun pour soi. » Pour les en empêcher, Dieu fit de telle sorte qu'il était impossible aux hommes de vivre sans travailler ; et pour ne pas souffrir de la faim et du froid, ils durent se couvrir avec des habits, bêcher la terre, cultiver et récolter les fruits et les grains.

— « Le travail les unira, pensa Dieu. C'est impossible à

un seul de couper et de transporter les poutres, de bâtir les habitations ; c'est impossible qu'un seul fabrique les instruments de travail, sème, récolte, tisse, couse les habits. Il est facile de comprendre que plus nombreux ils seront à travailler ensemble, plus ils fabriqueront, plus la vie leur sera facile et plus ils seront unis. »

Quelque temps se passa encore. Dieu vint de nouveau regarder comment vivaient les hommes. Mais les hommes vivaient encore plus mal qu'auparavant. Ils travaillaient en commun (ils ne pouvaient faire autrement), mais pas tous ensemble ; ils se séparaient en petits groupes, et chaque groupe tâchait d'ôter le travail aux autres, et tous s'empêchaient l'un l'autre d'employer à la lutte leur temps et leurs forces, et pour tous c'était mal. Voyant que ce n'était pas bien, Dieu résolut de faire que les hommes ne sachent pas l'heure de leur mort et puissent mourir à n'importe quel moment. Et il le leur déclara.

— « Quand ils sauront que chacun d'eux peut mourir à n'importe quel moment, pensa Dieu, ils ne se fâcheront plus les uns avec les autres, à cause des soucis de la vie, qui à chaque instant peut cesser ; ils ne gâteront plus les heures de la vie qui leur sont destinées. » Mais ce fut autrement. Quand Dieu retourna voir comment vivaient les hommes, il s'aperçut que leur vie ne s'était pas améliorée.

Les plus forts, profitant de ce que les hommes pouvaient mourir en n'importe quel moment, subjuguaient les plus faibles, en tuaient quelques-uns et menaçaient de mort les autres. Il en résultait que les forts et les héritiers ne travaillaient pas du tout et s'ennuyaient dans l'oisiveté, que les faibles travaillaient au delà de leurs forces et s'ennuyaient parce qu'ils n'avaient pas de repos. Et les uns et les autres se craignaient et se haïssaient mutuellement. Et la vie des hommes était encore plus malheureuse.

Voyant cela, Dieu, pour y remédier, résolut d'employer

le dernier moyen : il envoya aux hommes des maladies de toute sorte.

Dieu pensait que, si tous les hommes étaient soumis aux maladies, ils comprendraient que les forts doivent avoir pitié des malades et les soulager, afin d'être, à leur tour, secourus par les faibles, quand ils seraient malades.

Et de nouveau Dieu abandonna les hommes à eux-mêmes. Mais quand il retourna pour voir comment vivaient les hommes, maintenant qu'ils étaient soumis aux maladies, il constata que leur vie était encore pire. Ces mêmes maladies qui, dans la pensée de Dieu, devaient unir les hommes, les divisaient encore plus. Les hommes, qui par la force obligeaient les autres à travailler, les obligeaient par la force à les soigner pendant la maladie et, par conséquent, eux-mêmes ne soignaient pas les malades. Et ceux qu'on forçait à travailler pour un maître et à garder les malades étaient si accablés par le travail qu'ils n'avaient pas le temps de soigner leurs propres malades et les laissaient sans secours.

Pour que les malades n'empêchassent pas les plaisirs des riches, on les installait dans des maisons où ils souffraient et mouraient, non entourés de leurs proches et plaints par eux, mais entre les mains des personnes louées à cet effet et qui soignent les malades non seulement sans compassion, mais avec dégoût. En outre la plupart des maladies ayant été reconnues contagieuses, les hommes, dans la crainte de se contaminer, non seulement ne se rapprochaient pas des malades, mais même s'éloignaient de ceux qui les soignaient.

Alors Dieu se dit : « Si même par ce moyen on ne peut amener les hommes à comprendre en quoi consiste leur bonheur, qu'ils s'arrangent avec leurs propres souffrances. Et Dieu abandonna tous les hommes. »

Restés seuls, les hommes vécurent longtemps sans comprendre ce qu'il leur fallait pour être heureux. Et seulement les tout derniers temps, quelques-uns d'entre eux commencèrent à comprendre que le travail ne doit pas être un épouvantail pour les uns et une chose forcée pour les autres, mais qu'il doit être l'œuvre commune, agréable qui unit tous les hommes. Ils commencèrent à comprendre qu'en vue de la mort, qui, à chaque heure, menace chacun, le seul acte raisonnable de chaque homme consiste à passer en accord et avec amour les années, les mois, les heures ou les minutes réservés à chacun. Ils commencèrent à comprendre que les maladies, non seulement ne doivent pas être une cause de division entre les hommes, mais qu'elles doivent être, au contraire, une cause d'union, d'amour entre eux.

(L. Tolstoï, traduit par Wladimir Bienstock.)

CHAPITRE III

LA FAMILLE

1. — Rôle moral et social

Pour l'homme digne de l'existence, la vie est faite de ses devoirs envers lui-même et envers ses semblables. L'enfant tient de sa naissance des penchants, des tendances qui, en se développant, le portent à s'acquitter de ces devoirs : mais, sans un long apprentissage, qui le forme par la pratique, ces dispositions pourraient-elles, abandonnées à leur seule impulsion, perdre leur caractère d'égoïsme? Cet apprentissage, qui apprendra à l'enfant qu'il doit tenir compte de ses semblables et qu'il ne vit pas pour lui seul, se fait dans la famille. Sans le secours de ses parents, l'enfant, dénué de tout en naissant, ne saurait vivre ni grandir : leur action ne se fait pas moins sentir sur sa vie morale. Il leur doit les premiers sentiments de la conscience qui s'éveillent en lui; son cœur, son âme sont façonnés et modelés par les influences qu'il subit dans le milieu de la famille : c'est au foyer domestique qu'il s'initie à la pratique de ses devoirs.

« La famille est par excellence l'école où l'on apprend de bonne grâce une discipline », une discipline fondée sur la raison et sur l'affection. L'enfant, qui aime et respecte ses parents, leur obéit, mais non d'une façon passive, en esclave; il ne se dit pas : « Si je ne fais pas cela, je serai puni; je vais faire tant bien que mal mon devoir, parce que mon père m'a dit que, si je ne le faisais pas, je n'irais pas à la campagne. » L'enfant obéit à son père et à sa mère, parce qu'il comprend qu'ils ne peuvent vouloir lui commander quelque chose de nuisible ou de mauvais ; leur autorité est pour lui « la première révélation et comme l'image » de la conscience morale ; il se plie à la nécessité de dépendre d'une loi, sans se sentir avili par la contrainte de céder à une force déraisonnable ou extérieure.

Élevés en commun avec des frères et sœurs, les enfants, à ce contact incessant, s'habituent à l'idée de justice ; ils apprennent à se regarder comme égaux entre eux et à rendre à chacun ce qui lui appartient. Ils acquièrent, par la force des choses, une vertu plus haute : la tolérance. Tolérer les travers et les défauts du prochain est un devoir de charité : dans la famille, c'est un devoir de prudence. Celui qui ne supporterait rien des autres, ne serait pas supporté. De là à l'idée de faire plaisir à autrui par affection, le pas est facile à franchir : les enfants s'élèvent ainsi à l'idée de charité et de dévouement. Celle de solidarité ne leur restera pas non plus inconnue, s'il est vrai que les joies comme les deuils, les succès comme les épreuves, atteignent par répercussion tous les membres de la famille. Mais cette cohésion et cette unité ne seront pas poussées à l'excès, jusqu'à l'esprit d'exclusion, qui ferait d'une famille « un égoïsme à plusieurs » et la rendrait la rivale et l'adversaire des autres.

C'est encore dans le milieu familial que le cœur des enfants pourra s'ouvrir à un autre sentiment plus généreux, plus large, — sentiment dont le nom est sur toutes les lèvres, mais qui passe avec peine dans la pratique, — celui de l'égalité et de la fraternité de tous les êtres humains. S'ils prennent vraiment conscience de cette fraternité, ils le devront à l'exemple de leurs parents, à la façon dont ceux-ci entendront leurs rapports avec les domestiques et les serviteurs[1]. « La domesticité est une sujétion pénible » par elle-même : celui et celle qui servent chez autrui donnent leur travail; ce qui ne serait rien, s'ils n'étaient pas en même temps forcés de faire l'abandon de leur liberté[2]. Que leur donne-t-on en retour? De l'argent, sans doute. Mais est-ce là une compensation suffisante? Bien plus, malgré leur sacrifice, les maîtres les traitent avec dédain; ils ne disent pas, il est vrai, comme certaine Parisienne élégante : « Je n'aime pas le pauvre; c'est de la chair à domestique[3] »; mais ils les commandent d'un air impérieux, blessent leur sentiment de dignité, les nourrissent mal, les paient peu; la maîtresse de maison, par l'aversion qu'elle témoigne pour les travaux du ménage, ne cache pas qu'elle considère comme dégradante la tâche de la domestique. Comment les enfants ne prendraient-ils pas, à la vue de leur mère inactive, pendant que la domestique « donne l'exemple du travail continu et soumis », cette idée que « les gens se divisent en deux classes : les maîtres et les esclaves? » Cet enseignement se gravera dans leur esprit et ils garderont ces préjugés pour toute leur vie. Qu'ils voient au contraire leurs parents « montrer par leurs paroles et par leurs actes qu'ils ne sont pas indifférents » à la santé de leurs domestiques, qu'ils les entendent leur commander avec douceur et avec des égards, les enfants comprendront que la besogne accomplie avec conscience ne dégrade personne, quelle qu'elle soit; ils se convaincront de cette idée que les domestiques, par cela même qu'ils sont des êtres humains, sont nos égaux et ont leur dignité; que « ce sont des êtres qui pensent comme eux, qui souffrent comme eux[4] »;

---

[1] Il s'agit des bons, bien entendu, dans ce qui suit.
[2] Cf. Bourdaloue. Lectures de 4e.
[3] Cité par Ch. Turgeon, *Le féminisme*, p. 362, t. I.
[4] Ch. Turgeon. *Le féminisme*, t. I, p. 363.

ils se diront « que les progrès [1] de l'instruction et de l'égalité les rendent de plus en plus sensibles à l'impolitesse [2], à la dureté, à l'humiliation ». Les humbles et les pauvres ne leur paraîtront plus d'une autre race, d'une race inférieure, et ils seront préparés à la pénétration des classes, au lieu d'avoir à subir les conséquences de leur lutte [3].

L'influence heureuse de la vie de famille ne s'exerce pas seulement sur l'enfant et sur l'adolescent; elle se fait sentir aussi sur les parents. Elle les fait vivre d'une vie de l'âme plus intense et plus profonde ; elle développe chez eux l'affection, la prévoyance, le goût du travail, le courage, le sentiment de la responsabilité, l'esprit de sacrifice ; ils s'oublient eux-mêmes pour se donner tout entiers aux leurs. « J'ai mal à votre poitrine », disait Mme de Sévigné à sa fille. La famille, qui fait revivre l'homme dans sa descendance, élargit et complète notre être moral par la surveillance de soi-même qu'exige l'éducation des enfants : le mariage, qui fonde la famille, est donc un acte très grave pour notre responsabilité et notre dignité. Il nous révèle notre solidarité avec les générations suivantes : nous ne sommes qu'un moment dans la vie de la race humaine ; mais par notre santé, par nos actes, par l'exemple que nous donnons autour de nous, nous engageons l'avenir.

(G. C.)

*
**

Une famille est une société naturelle, d'autant plus stable, d'autant mieux fondée qu'il y a plus de besoins, plus de causes

---

[1] Ch. Turgeon. *Le féminisme*, t. I, p. 363.

[2] Coûterait-il à un enfant, qui passe devant un domestique, de s'excuser, comme pour toute autre personne ?

[3] Le projet d'établir dans les lycées et collèges des ateliers de travaux manuels aurait eu, sur les préjugés à l'égard de ce genre de travail et de ceux qui l'exercent, d'utiles résultats.

d'attachement. Bien différent des animaux, l'homme n'existe presque pas encore, lorsqu'il vient de naître. Sa vie dépend des secours qu'on lui donne.

(Buffon.)

*
* *

Puisque la valeur et la force d'une société sont basées en dernier ressort sur le caractère des citoyens qui la forment, et puisque l'éducation est le moyen le plus certain d'influer sur leur caractère, il en résulte que la prospérité de la société est basée sur celle de la famille.

(Herb. Spencer.)

*
* *

La société n'est que le développement de la famille ; si l'homme sort corrompu de la famille, il entrera corrompu dans la cité.

(Lacordaire.)

*
* *

Les fils soumis sont les fermes citoyens. Il n'est rien de tel que d'avoir fléchi à propos, pour ne pas fléchir à tout propos. Personne ne s'avilit en obéissant à son père, en sacrifiant une préférence à un devoir ; les âmes ainsi exercées, ainsi forgées, sont celles qui comprennent le mieux la dignité humaine. Le devoir qui nous apprend à courber la tête nous apprend aussi à la relever.

(A. de Gasparin.)

*
* *

Dans une famille, tous ont en vue l'avantage de tous, parce que tous s'aiment et que tous ont part au bien commun. Il n'est pas un de ses membres qui n'y contribue d'une manière diverse selon sa force, son intelligence, ses aptitudes particulières ; l'un fait ceci, l'autre fait cela ; mais l'action de chacun profite à tous, et l'action de tous profite à chacun : les joies, les souffrances sont communes.

(Lamennais.)

*
* *

Enfant gâté, ce mot est devenu un terme d'amitié. Je n'en connais pas de plus triste en notre langue. Un enfant gâté, c'est un enfant à qui l'on passe tout, à qui on inocule l'égoïsme. On lui apprend à tout rapporter à lui-même, on lui permet de traiter sa mère comme une servante et son père comme un pédagogue ennuyeux. Quand des parents cèdent à cette faiblesse folle, ils récoltent toujours l'indifférence et le dédain de leur fils.

(E. Laboulaye.)

* *

Gâter un enfant, c'est manquer aussi tristement que possible au respect qui est dû à la dignité de la nature, à l'intérêt que réclament ses destinées et son bonheur.

(Dupanloup.)

* *

Il y a bien des manières de gâter un enfant : on gâte son esprit par l'exagération inconsidérée des louanges; on gâte son caractère en lui laissant faire toutes ses volontés; on gâte son cœur en s'occupant de lui à l'excès, en l'adorant, en l'idolâtrant...

(Dupanloup.)

* *

Qu'est-ce que l'homme sans ces affections du foyer qui, comme autant de racines, le fixent solidement à la terre et lui permettent d'aspirer tous les sucs de la vie? Force, bonheur, tout ne vient-il pas de là? Sans la famille, où l'homme apprendrait-il à aimer, à s'associer, à se dévouer?

(E. Souvestre.)

* *

La femme a été le premier esclave : l'homme prit pour lui les travaux nobles, la guerre, la chasse, la garde du bétail; — la femme fut réservée aux travaux vils, ceux du ménage, du tissage, du transport, de la culture. Il en est encore ainsi chez les peuples de l'Afrique : la femme broie le grain et tourne la meule. L'esclavage proprement dit, celui des captifs, peut seul l'émanciper.

(D'après Ch. Gide.)

* *

Il semble que le mariage, ou plutôt le *ménage,* a été au début une association surtout économique. Quand on demandait aux Indiens de l'Amérique du Nord pourquoi ils se mariaient, ils répondaient : « Parce que nos femmes vont chercher le bois, l'eau, les aliments et portent tout notre bagage[1]. »

(Cité par Ch. GIDE, *Principes d'Économie politique,* etc.)

2. — LES ENFANTS SONT LES ÉDUCATEURS DE LEURS PARENTS

Nous sommes condamnés à vivre sous les yeux de nos enfants ! oui, nos enfants sont nos témoins, nos inquisiteurs, nos juges, si vous le voulez ! Mais loin de voir là le renversement de l'autorité paternelle, j'y vois son salut et sa rénovation. Certes, il était plus facile d'être père autrefois qu'aujourd'hui ; certes, gouverner sa famille de derrière un nuage à la façon des dieux de l'olympe, n'en sortir qu'à certains moments, dans l'appareil de la toute-puissance et avec la majesté, préparée à loisir, de ce front qui fait tout trembler ; n'intervenir que pour les dénoûments, comme le *Deus ex machinâ*[2], tout cela composait un rôle de père absolu, plus aisé, plus commode que le dur métier des pères d'aujourd'hui. Aujourd'hui, nous sommes des pères constitutionnels avec cette aggravation que nous n'avons pas de ministres responsables. Tous nos actes, toutes nos paroles sont scrutés comme des dépenses du budget ; la tribune, d'où l'on nous interpelle tout haut, ou tout bas, se dresse dans chaque coin de notre appartement, et notre inamovibilité ne nous met à l'abri ni du contrôle, ni des reproches, ni de la mise en accusation. Je l'avoue donc, une telle souveraineté est d'un exercice fort difficile ; mais que ce rôle soit moins en rapport avec le caractère sacré du père, voilà ce que je nie ! Si, comme

[1] De même chez les Arabes, Bassoutos, etc.
[2] Dans le théâtre antique, le dénouement était souvent dû à l'apparition d'un dieu sortant d'une machine, d'un décor.

j'en suis convaincu, la sainteté d'un emploi se mesure à l'étendue des devoirs qu'il impose et des vertus qu'il exige, si Dieu aime pour l'homme et si l'homme doit aimer pour lui-même les routes ardues et étroites (car ce sont celles qui montent), comment prétendre que la paternité moderne soit inférieure à la paternité antique ?

L'une supposait la vertu du père, l'autre la commande, et, par un admirable retour, la facilite en la commandant. Ne comprenez-vous pas tout ce qu'il y a d'énergiquement salutaire dans ce seul mot : « Nos enfants nous jugent ! » Quel frein contre le mal ! Quelle excitation au bien ! On peut prendre son parti sur ses défauts, quand ils ne nuisent qu'à nous ; mais comment consentir au mal le jour où l'on croit que par son exemple on corromprait l'âme ou que l'on perdrait la tendresse de ces êtres si chers ? Quels utiles témoins que ces innocents visages, qu'attristerait ou ternirait toute parole mauvaise sortie de votre bouche, toute action blâmable échappée de votre cœur ! Ce n'est donc pas seulement le changement des lois, c'est le changement des mœurs qu'il faut admirer ! Croyez-moi, mon ami, quand le père aura grandi dans le fécond apprentissage de ce rôle de père, il le sera par sa vertu ; quand il aura conquis, à force d'être connu, ce respect qu'il n'inspirait souvent jadis qu'à force d'être ignoré, alors son autorité sera d'autant plus inébranlable que, se reposant sur la vérité et non plus sur la fiction, elle n'aura rien à craindre désormais ni du contrôle du temps, ni des tristes découvertes qu'il amène.

(LEGOUVÉ. *Les pères et les enfants au* XIX° *siècle. Enfance et adolescence.* Hetzel, édit.)

* *

« On me force d'allumer la lanterne de ma voiture, et, si j'y manque, on ne se gêne pas pour me dresser procès-verbal, parce qu'il ne s'agit pas seulement de ma voiture à moi, mais parce qu'elle peut rencontrer du monde sur la route, écraser un enfant. Pourquoi donc vous faire scrupule de forcer les parents négligents d'allumer aussi la lanterne dans la tête de leurs enfants. Nous y sommes tous intéressés : ces têtes, où il fait nuit, pourraient briser quelque chose plus tard. »

(J. Macé.)

C'est cette raison qui a fait intervenir l'État dans la famille et lui a fait imposer à tous les parents, qui ne remplissaient pas leur devoir, l'obligation d'envoyer leurs enfants à l'école : *l'instruction est obligatoire*.

3. — LES ENFANTS NE DOIVENT PAS AVOIR HONTE DE LEURS PARENTS MOINS INSTRUITS QU'EUX

L'union des familles est souvent compromise par les qualités mêmes que développe dans le fils sa supériorité d'instruction. Que lui donnons-nous, en effet, avec nos connaissances? Des habitudes de langage plus choisies, des goûts de plaisirs plus distingués, des besoins d'intelligence plus délicats, des recherches d'élégance extérieure ou même de nobles tendances à des pensées plus hautes, à des projets de mariage plus relevés. Eh bien, ce sont là autant de causes de malentendus ou de désunion entre le père et le fils. Ils ne parlent plus la même langue, ils ne s'intéressent plus aux mêmes objets ; ils n'ont plus les mêmes habitudes. Qu'arrive-t-il alors ? Le fils s'éloigne de la maison, ou, ce qui est pire, s'il y reste, s'isole et se tait. Même au milieu de ses parents, même assis à côté d'eux, il est loin d'eux par la pensée, et le silence qu'il s'impose, en apparence comme une marque de respect, n'est souvent, au fond du cœur, qu'une forme de dédain. Comment en serait-il autrement ? Un enfant, élevé par nous, peut-il, en rentrant dans la loge de sa mère concierge, dans la boutique de ses parents épiciers, dans l'atelier de son père charpentier, dans la mansarde de sa mère domestique, peut-il, dis-je, se défendre d'un sentiment d'ennui et d'humiliation?

Peut-il éprouver un autre désir que celui d'en sortir? J'ai vu, et je ne cite là qu'un exemple entre beaucoup d'autres, j'ai vu le fils d'un boucher, intelligent, actif, instruit, concevoir un tel chagrin de la grossièreté et de l'intempérance de son père, qu'un jour il jeta là tout son bagage d'instruction et partit comme zouave pour l'Algérie, d'où il ne revint que quand son père fut mort.

Je ne vous parle là que des sentiments des enfants, du rôle des enfants; mais que dire des parents? sinon cette parole douloureuse : qu'ils prêtent eux-mêmes les mains à leur propre déchéance. Pendant que le fils s'enfle et s'aigrit par orgueil, le père abdique par faiblesse, la mère s'abaisse par idolâtrie. Cette idolâtrie des mères a pour conséquence de faire d'elles les servantes de leurs fils. Il leur paraît tout simple de brosser leurs habits, de cirer leurs souliers, d'obéir à leurs ordres; ce ne sont plus les parents qui sont les maîtres de la maison, c'est le fils. Il invite ses amis, il reçoit ses amis, il donne à boire à ses amis. Qui les sert à table? Le père et la mère. Quel est le loyer de leur complaisance? Un mot de moquerie injurieuse s'ils osent se mêler par quelque observation ou quelque remontrance à l'entretien. Quelle est leur attitude en face de ces railleries?

Ils baissent la tête et acceptent, je dirais presque, ils consentent. Ils ne sont pas loin de croire que le dédain de leur fils a raison; les parents, aujourd'hui, sont humbles devant les enfants.

(LEGOUVÉ. *Les pères et les enfants au* xix° *siècle. Jeunesse*, Hetzel, édit.)

4. — L'esprit de famille : Pasteur

Pasteur enfant vécut à Arbois[1], où son père exerçait la profession de tanneur. « Entre ses parents, ses sœurs, quelques amis qui fréquentaient la maison, il grandit dans une atmosphère saine et fortifiante... Chaque jour, il voyait son père et sa mère observer la loi du travail et ennoblir leur tâche pénible en se donnant pour but, outre le pain quotidien, l'éducation de leurs enfants. » Il apprit dans ce milieu à ne jamais se désintéresser en égoïste des joies ou des épreuves de la famille.

Cet amour du foyer lui rendit pénible sa première séparation ; parti à dix-sept ans pour Paris, où il devait se préparer à l'École normale, il ne put « en dépit de son vouloir, de sa passion pour le travail » supporter une longue absence. Il se sentit trop malheureux loin des siens et revint à Arbois. Cependant, il ne perdait pas de vue l'École normale, et, l'année suivante, il alla continuer ses études dans un lycée plus voisin, à Besançon[2]. Son travail ne l'absorba jamais au point de le distraire du foyer absent. Il était l'aîné de la famille ; et ce titre lui inspirait, non l'orgueil de prétendus droits, mais le sentiment de ses devoirs envers les plus jeunes. « Ses parents reconnaissaient le droit de conseil » à cet adolescent sérieux, et qui portait à un si haut point le sentiment de la dignité individuelle. Il en usait pour « fortifier l'autorité de son père et de sa mère dans l'éducation de ses sœurs, qui n'avaient pas au même degré que lui l'amour du travail. Le 1er novembre 1840, — il n'avait pas encore 18 ans, — heureux d'apprendre qu'elles faisaient quelques progrès,

---

[1] Petite ville du Jura. Pasteur est né à Dôle.

[2] Besançon est distant seulement de 48 kilomètres d'Arbois. Le père de Pasteur s'y rendait tous les mois, pour son industrie, à la foire.

il écrivit ces lignes : « Mes chers parents, mes sœurs, quand j'ai reçu les deux lettres que vous m'avez envoyées en même temps, j'ai cru d'abord qu'il s'était passé quelque chose d'extraordinaire ; mais il n'en était rien. Cependant la seconde que vous m'avez écrite m'a fait beaucoup de plaisir ; elle m'apprend que pour la première fois peut-être mes sœurs ont *voulu*. C'est beaucoup, mes chères sœurs, que de *vouloir* ; car l'action, le travail suit toujours la volonté, et presque toujours aussi le travail a pour compagnon le succès. »

Il dirige les lectures de ses sœurs, leur recommande *Mes prisons* de *S. Pellico*, et *Picciola*. Il ne tarde pas à faire preuve d'un dévouement plus actif. « Comme s'il se reprochait d'être seul de sa famille à s'instruire, il offrit à ses parents de donner des répétitions [1] pour que sa jeune sœur Joséphine pût être placée dans un pensionnat de Lons-le-Saunier. Il exerçait au profit de ses sœurs une sorte de tutelle morale. » Il trouvait que la plus jeune devait se préparer d'avance à la classe qu'elle suivrait ; « il faut que pendant la fin de cette année elle travaille beaucoup, et pour cela je recommande à maman, écrivait-il avec une autorité filiale, de ne pas l'envoyer continuellement en commissions ; il faut lui laisser le temps de travailler. »

Au mois d'octobre 1842, Pasteur partit pour Paris, « non plus enfant désorienté comme jadis, mais grand élève capable d'être répétiteur, et reçu pour ce double rôle ». L'absence resserra encore les liens qui l'unissaient aux siens. « A lire les lettres échangées entre Pasteur et les membres de sa famille, on a l'illusion de vivre au milieu de ces existences qui réagissaient perpétuellement les unes sur les autres. Les sentiments de toute cette famille

---

[1] Pasteur était alors élève et maître supplémentaire au lycée de Besançon ; il recevait un traitement annuel de 300 francs, outre la nourriture et le logement.

étaient fixés vers la grande École[1] où travaillait ce fils, ce frère en qui chacun avait mis ses espérances. » Tous attendaient avec impatience de ses nouvelles. « Tes sœurs comptaient les jours, lui écrit son père avec une nuance de reproche. « Voilà dix-huit jours ! disaient-elles. Louis n'a jamais tant tardé ! N'est-il pas au moins malade ? » C'est un grand bonheur pour moi, ajoute ce père, de voir l'attachement que vous vous portez. Puissiez-vous être toujours ainsi ! »

« La mère écrivait peu. Elle n'avait pas le temps ; tous les soins du ménage et du commerce, dont il fallait tenir les livres, retombaient sur elle. Mais elle pensait constamment à ce fils qu'elle aimait, non comme une mère égoïste, pour l'avoir près d'elle, mais pour lui, si heureux de travailler et de se promettre une carrière utile. »

C'était « un perpétuel échange de pensées entre ce coin du Jura et le coin de Paris où était l'École normale. Le père s'inquiétait de la santé de Pasteur ; il avait peur de la voir compromise par des excès de travail. « Il associait sa vie morale à celle de son fils » et partageait l'enthousiasme de ce dernier pour ses maîtres ; il était heureux de le sentir reconnaissant. « Il le tenait au courant des moindres incidents de la vie quotidienne, lui rendait compte du budget familial, lui parlait des ventes plus ou moins aisées des cuirs qu'il portait régulièrement aux marchés de Besançon. Le fils cherchait à trouver dans les progrès de l'industrie ce qui pouvait alléger quelque peu le dur métier paternel. » Il ne s'en tint pas à développer chez son père l'instruction professionnelle. « Que de fois ce père demandait plus et mieux qu'un conseil, un programme d'études ! Alors, par un changement de rôles, l'élève d'autrefois devint répétiteur. Mais de quel ton respectueux et avec quel sentiment délicat s'exprimait ce

---

[1] Pasteur avait été reçu le quatrième à l'Ecole Normale.

maître filial ! « C'est surtout, disait-il à son père, pour que tu puisses servir de professeur à Joséphine, que je t'envoie ce que tu me demandes. » Instituteur à distance de son père et de sa sœur, il tenait à bien remplir sa tâche. Il fallait qu'il constatât des progrès. Les devoirs qu'il envoyait n'étaient pas toujours faciles. « J'ai passé, lui écrit son père à la date de 2 janvier 1845, j'ai passé deux jours sans comprendre un problème que j'ai trouvé après très simple. Quand il s'agit d'apprendre pour faire le maître, ce n'est pas peu de chose. » ..... « Joséphine, écrivait-il un mois plus tard, ne veut pas, comme elle dit, se casser la tête. Néanmoins je promets que cela ira de façon à ce que tu sois content d'elle aux vacances prochaines. » Penché sur un gros cahier, le père s'attardait souvent le soir à étudier des règles de grammaire, à résoudre des problèmes, à répondre à son Louis[1]. »

Cette « tendresse et cette sollicitude de Pasteur pour les siens » étaient l'expression du sentiment qui était tout chez lui, la bonté : cette « bonté s'étendit à tous ceux qui l'approchèrent et devint un amour profond et actif pour tous ses semblables, surtout pour ceux qui souffraient. » ..... « Cet amour des hommes s'unissait en lui à l'amour de la science ; et le désir d'être utile, de soulager les maux de l'humanité fut l'un des plus puissants mobiles de ses travaux. » C'est dans la famille que Pasteur avait fait l'apprentissage de cette bonté.

(D'après VALLERY-RADOT. *Vie de Pasteur*; —*passim*. Hachette, édit.)

∗∗∗

Si vous voulez être bon frère, défendez-vous de l'égoïsme ; que chacun de vos frères, que chacune de vos sœurs voie que ses intérêts vous sont aussi chers que les vôtres. Si l'un d'eux commet une faute soyez indulgent pour le coupable.

[1] Toutes les citations sont extraites de la *Vie de Pasteur*.

L'intimité du foyer ne doit jamais vous faire oublier d'être poli avec vos frères.

Ceux qui contractent à l'égard de leurs frères et de leurs sœurs des habitudes de malveillance et de grossièreté sont malveillants et grossiers avec tous.

(Silvio Pellico.)

5. — Abus de l'esprit de famille

Les contempteurs et les ennemis du foyer nous réputent l'esprit de famille comme un esprit exclusif, égoïste, mesquin, dont il faut se garder et auquel on doit déclarer la guerre.

Nous rencontrons, d'autre part, de nombreux individus qui peuvent avoir à se plaindre de leur famille, et en qui ce seul nom éveille les souvenirs les plus mauvais et les plus amères rancunes. Malheureusement, il est bien vrai, dans certaines familles il règne un esprit étroit et égoïste. Il me suffira d'en signaler quelques traits, pour que chacun aussitôt trouve, sur ce point, dans son expérience et sa mémoire, de nombreux témoignages. N'y a-t-il pas des familles animées d'un tel esprit d'étroitesse qu'elles mériteraient plutôt le nom de cliques? Quiconque n'a pas leurs idées est dépourvu d'intelligence; quiconque n'a pas leurs goûts ne sait pas ce qui est bien. Elles sont fermées à toute influence. Que pourrait-il venir de bon du dehors? L'amitié même en est exclue. Elles disent à leurs membres : « Vous choisirez vos amitiés parmi nous et n'en aurez point d'autres. » Toute liaison affectueuse, hors de leur cadre sévèrement circonscrit, est considérée comme une félonie, et quiconque essaie d'y pénétrer est traité d'intrus.

Ailleurs, c'est l'esprit de caste qui infecte le milieu familial avec son orgueil et ses allures méprisantes. Quand on rencontre certaines gens, on voit, écrite sur leur figure, cette déclaration péremptoire : « il n'y a que nous. » Le monde leur appartient, par droit de noblesse, et c'est une marque d'imbécillité ou d'éducation grossière que de ne pas partager leur avis en s'inclinant devant leur supériorité.

D'autres familles sont organisées comme des syndicats, pour l'accaparement de l'influence, du pouvoir, de la richesse, des bonnes places. Tout est pour elles. Elles s'établissent dans une ville ou dans un pays, comme dans une colonie à exploiter. Le commun des habitants sont des sortes de nègres, bons, tout au plus, à leur rendre des services. Et, pour ressembler à ces familles, il n'est pas nécessaire d'être illustre, de descendre des Croisés ou d'appartenir à la catégorie des notables. Il y a des petites gens qui sont organisés sur ce pied-là. On dirait des bandes : le reste de la société est leur forêt. Ils y guettent leurs proies et en rapportent les dépouilles.

Que cet esprit-là soit haïssable; que, sous ces formes diverses, l'étroitesse, l'orgueil et l'égoïsme familial soient arrivés à se faire dans le monde une réputation détestable, je l'accorde et je suis le premier à trouver cela naturel. Mais est-ce là l'esprit de famille ? Est-il juste de faire retomber sur tout foyer, où des hommes vivent et se lient, la réprobation méritée par ces retraites inhospitalières et menaçantes où se barricade l'esprit de secte, la vengeance inhumaine, la tendance à la domination et à la rapine ?

(C. WAGNER. *Autour du foyer*. A. Colin, édit.)

6. — L'ESPRIT DE RACE

L'enfant n'a pas toujours tenu dans la famille la place qu'il y occupe aujourd'hui : il est devenu un personnage. Les parents vivent pour lui et avec lui, surveillent sa santé, s'intéressent à son éducation, tiennent compte de son opinion. Il n'en a pas été toujours ainsi : c'est seulement dans le cours du xix° siècle que l'éducation de l'enfant a commencé à se faire dans la véritable intimité familiale. Avant cette époque la haute société reléguait ses enfants dans une pièce, d'où ils sortaient une fois par jour pour faire la révérence à des parents qu'ils connaissaient à peine.

C'est qu'on était alors esclave de l'esprit de race : le fils aîné seul perpétuait le nom et les titres. Les autres ne comptaient guère : on en faisait des soldats de fortune ou des abbés sans vocation. L'histoire de M. de Talleyrand nous fait bien comprendre ce qu'est l'esprit de race. Celui qui devait être un de nos plus grands diplomates « naquit boiteux et cadet ». Relégué par ses parents dans une propriété éloignée, il fut élevé par une femme de la campagne. A peine connaissait-il ses parents. Or, un beau jour, sans prévenir, on vient chercher le pauvre infirme en grande pompe : « Riche voiture pour le conduire ! valets galonnés pour l'accompagner ! » Tous s'empressent autour de lui. Au château, ses parents le reçoivent avec affection : qu'est-il donc survenu ? « Un remords tardif s'est-il éveillé au cœur » des siens ? Nullement : son frère aîné était mort, et de cadet, il était devenu, lui, chef de maison ! Voilà bien le signe de l'esprit de race : c'est cet esprit qui avait repoussé cet enfant par orgueil, et c'est lui qui l'a repris par orgueil.

L'esprit de famille, au contraire, a pour principe l'affection.

L'esprit de race avait fondé le droit d'aînesse. L'esprit de famille l'a détruit.

(D'après Legouvé. *Les pères et les enfants au xix° siècle; Enfance*, p. 12-13. Hetzel, édit.)

* * *

Quand, dans une famille, un enfant est chétif et faible de santé, les parents le négligent-ils au profit des autres ?

Sous l'ancien régime, les nobles ne portaient pas le deuil de leurs enfants. Le deuil était considéré comme un symbole de *respect* plus encore que de regret. Pouvait-on témoigner aux enfants, après leur mort, des marques de déférence, alors que pendant leur vie ils étaient *la chose* du père ?

(D'après LEGOUVÉ. *Les pères, etc.*, p. 8.)

Si la gloire est héréditaire dans l'opinion de tous les hommes, le blâme l'est de même, et par la même raison. On demande quelquefois, sans trop y songer, pourquoi la honte d'un crime ou d'un supplice doit retomber sur la postérité du coupable ; et ceux qui font cette question se vantent ensuite du mérite de leurs aïeux : c'est une contradiction manifeste.

(JOSEPH DE MAISTRE.)

Nous ne demandons plus maintenant à un enfant quels sont ses parents ; s'il peut être fier du nom qu'il porte, c'est pour se souvenir qu'il doit s'en montrer digne : nous ne le jugeons pas par ce nom, mais par son mérite personnel, par ce qu'il vaut lui-même.

Ne serait-ce pas aussi manquer à la justice que de le rendre responsable des fautes des siens ? Ce serait en même temps manquer à la charité.

(G. C.)

Toute famille a ses souvenirs, son esprit, ses traditions, une vie commune.

(P. JANET.)

Il ne faut pas, par un prétendu esprit de famille, faire monter après soi ceux qui ne le méritent pas ; nous avons vu quelquefois les individus d'une même famille se suspendre les uns les autres pour escalader la fortune[1].

(P. Janet.)

.⁎.

La famille a son honneur comme l'individu.

(Id.)

.⁎.

Personne n'est responsable de sa famille; mais chacun est responsable envers sa famille.

(Id.)

7. — Le droit d'aînesse

Te voilà fort et grand garçon,
Tu vas entrer dans la jeunesse;
Reçois ma dernière leçon :
Apprends quel est ton droit d'aînesse.

Pour le connaître en sa rigueur,
Tu n'as pas besoin d'un gros livre;
Ce droit est écrit dans ton cœur...
Ton cœur! C'est la loi qu'il faut suivre.

Afin de le comprendre mieux,
Tu vas lire avec ton père,
Devant ces portraits des aïeux,
Qui nous aideront, je l'espère.

Ainsi que mon père l'a fait,
Un brave aîné de notre race
Se montre fier et satisfait
En prenant la plus dure place,

[1] C'est le *népotisme*.

LA FAMILLE

A lui le travail, le danger,
La lutte avec le sort contraire ;
A lui l'orgueil de protéger
La grande sœur, le petit frère.

Son épargne est le fonds commun
Où puiseront tous ceux qu'il aime.
Il accroît la part de chacun
De tout ce qu'il s'ôte à lui-même.

Il voit, au prix de ses efforts,
Suivant les traces paternelles,
Tous les frères savants et forts,
Toutes les sœurs sages et belles.

C'est lui qui, dans chaque saison,
Pourvoyeur de toutes les fêtes,
Fait abonder dans la maison
Les fleurs, les livres des poètes.

Il travaille enfin, nuit et jour.
Qu'importe ! les autres jouissent.
N'est-il pas le père à son tour ?
S'il vieillit, les enfants grandissent !

Du poste où le bon Dieu l'a mis,
Il ne déserte pas une heure ;
Il y fait tête aux ennemis ;
Il y mourra, s'il faut qu'il meure !

Quand le berger manque au troupeau,
Absent, hélas ! ou mort peut-être,
Tel, pour la brebis ou l'agneau,
Le bon chien meurt après son maître.

Ainsi, quand Dieu me reprendra,
Tu sais, dans notre humble héritage,
Tu sais le lot qui t'écherra
Et qui te revient sans partage.

Nos chers petits seront heureux,
Mais il faut qu'en toi je renaisse ;
Veiller, lutter, souffrir pour eux...
Voilà, mon fils, ton droit d'aînesse.

(Victor de Laprade. *Le livre d'un père*. Hetzel, édit.)

8. — Le foyer de famille au XVIIIe siècle, dans la noblesse

Vers le milieu du siècle, le mari et la femme logeaient dans le même hôtel ; mais c'était tout. « Jamais ils ne se voyaient, jamais on ne les rencontrait dans la même voiture, jamais on ne les trouvait dans la même maison, ni, à plus forte raison, réunis dans un lieu public [1]. »..... Des époux qui ne vivent pas ensemble ne vivent guère avec leurs enfants, et les causes qui ont défait le mariage défont aussi la famille. — Il y a d'abord la tradition aristocratique qui, entre les parents et les enfants, met une barrière pour mettre une distance. Quoique affaiblie et en voie de disparaître, cette tradition subsiste. Le fils dit « Monsieur » à son père ; la fille, respectueusement, vient baiser la main de sa mère à sa toilette. Une caresse est rare et semble une grâce ; d'ordinaire, en présence des parents, les enfants sont muets, et le sentiment habituel qui les pénètre est la déférence craintive. Jadis ils étaient des sujets ; jusqu'à un certain point, ils le sont encore, et les exigences nouvelles de la vie mondaine achèvent de

---

[1] Taine, *Ancien régime*, p. 172.

les mettre ou de les tenir à l'écart. M. de Talleyrand disait qu'il n'avait jamais couché sous le même toit que ses père et mère. S'ils y couchent, ils n'en sont pas moins négligés. « Je fus confié, dit le comte de Tilly, à des valets et à une espèce de précepteur qui leur ressemblait à beaucoup d'égards. » Le duc de Biron juge embarrassant de trouver un bon gouverneur à son fils : c'est pourquoi, écrit celui-ci, « il en confia l'emploi à un laquais de feu ma mère, qui savait lire et passablement écrire, et qu'on décora du titre de valet de chambre pour lui donner plus de considération. On me donna d'ailleurs les maîtres les plus à la mode ; mais M. Roch (c'était le nom de mon mentor) n'était pas en état de diriger leurs leçons ni de me mettre en état d'en profiter. J'étais d'ailleurs comme tous les enfants de mon âge et de ma sorte : les plus jolis habits pour sortir, nu et mourant de faim à la maison, » non par dureté, mais par oubli, dissipation, désordre du ménage ; l'attention est ailleurs. On compterait aisément les pères qui, comme le maréchal de Belle-Isle, surveillent de leurs yeux et conduisent eux-mêmes avec méthode, sévérité et tendresse, toute l'éducation de leurs fils. — Quant aux filles, on les met au couvent ; délivrés de ce soin, les parents en sont plus libres. Même quand ils en gardent la charge, elle ne leur pèse guère. La petite Félicité de Saint-Aubin ne voit guère ses parents « qu'un moment à leur réveil et aux heures des repas » ; c'est que leur journée est toujours prise ; la mère fait ou reçoit des visites ; le père est dans son cabinet de physique ou à la chasse. Jusqu'à sept ans, l'enfant passe sa vie avec des femmes de chambre qui ne lui apprennent qu'un peu de catéchisme « avec un nombre infini d'histoires de revenants ».

(TAINE. *Ancien régime*, p. 172 (ancienne édition), Hachette, édit.).

9. — Le despotisme dans la famille de l'ancien régime

Quelqu'un demande à Mirabeau le père, l'Ami des hommes, des nouvelles de sa famille : « Où est madame la marquise ? — Au couvent. — Et monsieur votre fils ? — Au couvent. — Et votre fille de Provence ? — Au couvent. — Vous avez donc juré de peupler les couvents ? — Oui, monsieur. Et si vous étiez mon fils, il y a longtemps que vous y seriez. » De cinq enfants, l'Ami des hommes en tient quatre enfermés, sans parler de la mère.

Ce père est-il unique, un être extraordinaire ? Point du tout. Fort peu rare au xviiie siècle. Dans un petit cercle, je vois des familles analogues. La jeune femme de Mirabeau se marie parce qu'elle est maltraitée par sa mère. Dira-t-on qu'il s'agit de la noblesse uniquement ? Erreur, très grave erreur. L'austère famille janséniste, la dure maison parlementaire, de mœurs si différentes, suivaient pourtant même modèle. L'arbitraire monarchique se copiait au plus humble foyer. L'aîné sur les cadets et le frère sur la sœur reproduisaient la dureté du père, plus vexatoire encore.

Les Mirabeau, bruyants, retentissants, dans leurs scandales, leurs procès, leurs clameurs, nous ont rendu un grand service. Tout ce qui s'éteignait, s'étouffait entre quatre murs, éclata. Le foyer apparut, et sa guerre intestine. On vit combien l'État corrompait la famille par la facilité avec laquelle le roi appuyait, secondait toutes les tyrannies domestiques. On vit qu'en haut, en bas, ce terrible gouvernement de la faveur et de la grâce, ennemi du jour et de la loi, s'accordait, se reproduisait.

Dix ans passèrent à peine, et le grand fruit du temps, que le temps n'a pu enlever, fut donné à la France, la révolution de la famille ; la vraie famille enfin, créée et fondée dans la loi selon le cœur et la nature.

C'est le code civil de la convention (1794). Les mœurs suivirent la loi. Quelle douceur aujourd'hui auprès de cette époque, pourtant si rapprochée de nous !

(MICHELET. *Histoire de France*, C. Lévy, édit.)

10. — LETTRE DE PASTEUR APRÈS LA MORT DE SON PÈRE

Après la mort de son père, Pasteur écrivait à sa femme : « J'ai repassé tout le jour dans ma mémoire toutes les marques d'affection de mon pauvre père. Depuis trente années, j'ai été sa constante et presque unique préoccupation. Je lui dois tout. Jeune, il m'a éloigné des mauvaises fréquentations et m'a donné l'habitude du travail et l'exemple de la vie la plus loyale et la mieux remplie. Cet homme était, par la distinction de l'esprit et du caractère, bien au-dessus de sa position, à juger les choses comme on le fait dans le monde. Lui ne s'y trompait pas : il savait bien que c'est l'homme qui honore la position et non la position qui honore l'homme... Et ce qu'il y a de plus touchant dans son affection pour moi, c'est qu'elle n'a jamais été mêlée d'ambition. Tu te rappelles qu'il m'aurait vu, disait-il, avec plaisir, régent du collège d'Arbois... Et pourtant, tel qu'il était, tel que je vois le mieux aujourd'hui, quelques-uns des succès de ma carrière scientifique ont dû vivement l'enorgueillir en le comblant de joie. C'était son fils, c'était son nom, c'était l'enfant qu'il avait guidé et conseillé ! Ah ! mon pauvre père ! Je suis bien heureux de penser que j'ai pu te donner quelques satisfactions. »

(VALLERY-RADOT. *Vie de Pasteur*, Hachette, édit.)

11. — CONDUITE A TENIR ENVERS LES DOMESTIQUES

Tâchez donc de vous faire aimer de vos gens sans aucune basse familiarité : n'entrez pas en conversation avec eux ; mais aussi ne craignez pas de leur parler assez souvent avec affection et sans hauteur sur leurs besoins. Qu'ils soient assurés de trouver en vous du conseil et de la compassion : ne les reprenez point aigrement de leurs défauts ; n'en paraissez ni surpris, ni rebuté, tant que vous espérez qu'ils ne sont pas incorrigibles ; faites-leur entendre doucement raison, et souffrez souvent d'eux pour le service, afin d'être en état de les convaincre de sang-froid que c'est sans chagrin et sans impatience que vous leur parlez, bien moins pour votre service que pour leur intérêt. Il ne sera pas facile d'accoutumer les jeunes personnes de qualité à cette conduite douce et charitable ; car l'impatience et l'ardeur de la jeunesse, jointe à la fausse idée qu'on leur donne de leur naissance, leur fait regarder les domestiques à peu près comme des chevaux : on se croit d'une autre matière que les valets ; on suppose qu'ils sont faits pour la commodité de leurs maîtres. Tâchez de montrer combien ces maximes sont contraires à la modestie pour soi, et à l'humanité pour son prochain. Faites entendre que les hommes ne sont point faits pour être servis ; que c'est une erreur brutale de croire qu'il y ait des hommes nés pour flatter la paresse et l'orgueil des autres ; que le service étant établi contre l'égalité naturelle des hommes, il faut l'adoucir autant qu'on le peut ; que les maîtres, qui sont mieux élevés que leurs valets, étant pleins de défauts, il ne faut pas s'attendre que les valets n'en aient point, eux qui ont manqué d'instruction et de bons exemples ; qu'enfin, si les valets se gâtent en servant, mal, ce que l'on appelle d'ordinaire *être bien servi* gâte encore plus les maîtres, car cette facilité de se satisfaire en tout ne fait qu'amollir l'âme, que la rendre ardente et passionnée pour les moindres commodités, enfin que la livrer à ses désirs.

(FÉNELON. *De l'éducation des filles,* chap. XII).

Sers celui qui te sert, car il te vaut peut-être;
Pense qu'il a son droit comme toi ton devoir;
Ménage les petits, les faibles. Sois le maître
    Que tu voudrais avoir.

(V. Hugo, Hetzel, édit.)

Autrefois le domestique n'était pas très éloigné du vassal; mais il était un membre de la famille. Depuis qu'il est devenu un homme libre, il ne fait plus partie de la maison; une lutte sourde semble exister entre les domestiques et les maîtres : ceux-ci sont orgueilleux et ceux-là infidèles.

(P. Janet.)

CHAPITRE IV

I. — LE TRAVAIL

1. — Rôle moral et social du travail

L'homme est assujetti à des besoins physiques, à la faim, à la soif; il lui faut un abri, des vêtements pour se protéger contre le froid; il doit lutter sans cesse contre la souffrance, les maladies, les forces du monde matériel. Cette nécessité est-elle un mal? N'a-t-elle pas été au contraire « l'institutrice du genre humain? » N'a-t-elle pas donné naissance à l'agriculture, à l'industrie, au commerce, à la science? Sans elle, l'homme ne serait plus l'homme; il serait un être incapable d'effort, d'énergie, de volonté. Contraint de se raidir contre les difficultés et les obstacles, l'homme a pris conscience de sa force et de sa puissance : il doit à cette lutte son caractère de virile énergie.

L'écolier, dès qu'il réfléchit, se rend compte des bienfaits du travail. Penché sur son cahier, il prend en faisant un thème, en résolvant un problème, l'habitude de l'effort soutenu, persévérant; il apprend à fixer sa volonté. L'esprit retenu par le livre où il étudie une leçon, il fortifie son intelligence par l'attention. Le travail discipline son activité, qui, de sa nature, aime à passer capricieusement d'un objet à un autre : s'il s'applique à ce qu'il fait, il prendra goût à l'ordre, à la méthode; il saura qu'une besogne est mieux faite lorsqu'elle est faite en temps convenable.

Le travail a ses joies : le devoir terminé, la difficulté

vaincue, l'élève se sent heureux et fier du progrès accompli : il commence à devenir « quelqu'un » ; le développement de son intelligence, de sa volonté le soustrait à la dépendance des autres. Plus il avancera dans ses études, plus le savoir acquis lui donnera cette idée « qu'il existe par lui-même ». Le travail, c'est la conquête de la liberté, de notre personnalité. Quelle n'est pas la fierté et le légitime orgueil du jeune homme, quand il peut se dire : « Enfin, j'ai un état ! Je puis gagner ma vie : je ne suis plus à la charge des autres. » Suivant le mot de Proudhon, « bien-être, indépendance, souveraineté, honneur, amitié, le travail promet tout à l'homme [1], lui garantit tout. »

La profession, que chacun de nous choisit, n'est pas utile seulement à l'individu : elle l'est aussi à tous les membres de la société humaine. Par l'effet de la division du travail, nul ne peut faire que son activité ne profite qu'à lui seul. Nous travaillons pour tous; tous travaillent pour nous.

L'écolier laborieux rend la tâche du maître plus facile et excite l'ardeur de ses camarades. Cette solidarité nous oblige à accomplir toute besogne, même la plus humble, avec soin, avec conscience ; les autres n'auraient-ils pas à souffrir de notre incurie et de notre négligence ? Elle relève la tâche journalière et met devant nos yeux un idéal qui nous empêche de penser à la lassitude et à la monotonie de l'effort qui se répète, à ce cercle où se meut notre activité. « L'homme doit songer à l'intérêt de ceux pour lesquels il travaille aussi bien qu'au sien propre ; il s'exerce au dévouement : un tel motif sanctifie, ennoblit les occupations les plus humbles..... En mêlant des idées de bonté à un travail vulgaire, nous leur donnons de la force et en faisons une habitude de l'âme. » (Channing.)

(G. C.)

[1] Proudhon dit « *à l'ouvrier* ». J'ai étendu l'idée.

Le travail a pour nous une grande dignité ; ce n'est pas seulement le grand instrument qui couvre la terre de fertilité et de beauté, qui soumet l'Océan et plie la matière en mille formes agréables et utiles. Il a une mission bien plus élevée : c'est de donner de la volonté, de l'énergie, du courage, de la patience et de la persévérance. Malheur à qui n'a pas appris à travailler! Il ne se connaît pas lui-même. Il dépend d'autrui sans pouvoir lui rendre l'appui qu'il en reçoit.

(Channing.)

*
* *

Le travail ne façonne pas seulement les objets : il façonne aussi à la longue le travailleur ; une même occupation poursuivie avec le même amour finit par donner à la longue le même cœur. Le travail, de quelque ordre qu'il soit, constitue donc un des liens les plus forts entre les hommes.

(Guyau.)

*
* *

Ces trois choses, la volonté, le travail, le succès se partagent toute l'existence humaine. La volonté ouvre la porte aux carrières brillantes et heureuses ; le travail les franchit, et une fois arrivé au terme du voyage, le succès vient couronner l'œuvre.

(Louis Pasteur.)

*
* *

Tant que le monde sera monde et que l'homme sera homme, il faudra nécessairement travailler. La loi ne serait abrogée que si toutes les forces hostiles de la nature avaient désarmé devant nous, si tous les hommes étaient heureux et parfaits, si la somme de bien réalisée se trouvait telle qu'on n'y pût rien ajouter, — ce qui est absurde.

(Edmond About.)

*
* *

L'intelligence du travail, de ses conditions et de ses résultats nous donne le vrai sens de la tradition, de cette solidarité qui, nous reliant à ceux qui nous ont précédés, fait, avec la continuité des générations humaines, l'unité de l'œuvre que nos pères ont commencée, que nous continuons... Ne soyons pas dupes de l'illusion qui nous fait croire que le passé n'est plus ; il est tout entier dans le présent qui le résume et le concentre.

(G. Séailles.)

* *

Le travail nous rattache à la nature : il nous prescrit d'agir ici-bas, de chercher d'abord le bien prochain, qu'il dépend de nous de réaliser ; il relève notre vie d'un jour en la reliant à toutes celles qu'elle continue et qu'elle précède.

(G. Séailles.)

* *

Le travail nous apprend à ne compter que sur nous-mêmes, à prendre en main nos affaires et à accomplir notre besogne là où il nous est donné d'agir, sûrs que cela du moins sera fait que nous aurons fait nous-mêmes...

(G. Séailles.)

* *

Que le travail nous apprenne à ne mettre notre confiance ni dans le hasard, ni dans la fatalité, ni dans la violence, mais bien dans l'intelligence qui sait et prévoit et dans la volonté qui exécute. L'avenir est incertain ; nous sommes assurés du moins que demain il y aura quelque chose, ce que nous aurons fait aujourd'hui.

(G. Séailles.)

* *

Ce qu'il y a dans une cathédrale, ce qui a posé ces pierres l'une sur l'autre, ce qui les a soulevées vers le ciel, ce qui les a faites à jamais vivantes et leur a donné une haute expression qui nous émeut encore, c'est l'âme de nos pères, c'est leur douleur et le grand rêve qui la consola.

(G. Séailles.)

2. — Le travail a créé la civilisation

« Nu sur la terre nue, » tel est l'état dans lequel Dieu a jeté l'homme sur la terre, dit Pline l'ancien. C'est à force de travail que l'homme pourvoit à tout ce qui lui manque. Il faut qu'il se vêtisse en arrachant au tigre ou au lion la peau qui les recouvre pour en couvrir sa nudité ; puis les arts se développant, il faut qu'il file la toison de ses moutons, qu'il en rapproche les fils par le tissage, pour en faire une toile continue qui lui serve de vêtement. Cela ne lui suffit pas, il faut qu'il se dérobe aux variations de l'atmosphère, qu'il se construise une demeure où il échappe à l'inégalité des saisons, aux torrents de la pluie, aux ardeurs du soleil, aux rigueurs de la gelée. Après avoir vaqué à ces soins, il faut qu'il se nourrisse tous les jours, plusieurs fois par jour, et, tandis que l'animal privé de raison, mais couvert d'un plumage ou d'une fourrure qui le protègent, trouve, s'il est oiseau, des fruits mûrs suspendus aux arbres, s'il est quadrupède herbivore, une table toute servie dans la prairie, s'il est carnassier, un gibier tout préparé dans ces animaux qui pâturent, l'homme est obligé de se procurer des aliments en les faisant naître ou en les disputant à des animaux plus forts ou plus rapides que lui. Cet oiseau, ce chevreuil dont il pourrait se nourrir ont des ailes ou des pieds agiles. Il faut qu'il prenne une branche d'arbre, qu'il la courbe, qu'il en fasse un arc, que sur cet arc il pose un trait, et qu'il abatte cet animal pour s'en emparer, puis enfin, qu'il le présente au feu, car son estomac répugne à la vue du sang et des chairs palpitantes. Voici des fruits qui sont amers ; mais il y en a de plus doux à côté : il faut qu'il les choisisse, afin de les rendre par la culture plus doux et plus savoureux. Parmi les grains il y en a de vides ou de légers, mais dans le nombre quelques-uns de plus nourrissants : il faut qu'il les choisisse, qu'il les sème dans une terre grasse qui les rendra plus nourrissants encore, et que par la culture il les convertisse en froment. Au prix de ces soins, l'homme finit par exister, par exister supportablement, et Dieu aidant, beaucoup de révolutions s'opérant sur la terre, les empires croulant les uns sur les autres, les générations se succédant, se mêlant du nord au midi, de l'orient à l'occident, échangeant leurs idées, se communiquant leurs inventions, de hardis navigateurs allant de caps en caps, de la Méditerranée à l'Océan, de l'Océan à la mer des Indes, de l'Europe en Amérique, rapprochant les produits de l'univers entier, l'espèce humaine arrive à ce point, que sa misère s'est changée en opulence, qu'au lieu de peaux de bête, elle porte des vêtements de soie et de pourpre, qu'elle vit des aliments les plus succulents, les plus variés, produits souvent à quatre mille lieues du sol où ils sont consommés, et que sa demeure, pas plus élevée d'abord que la cabane du castor, a pris les proportions du Parthénon, du Vatican, des Tuileries.

Cet être si dépourvu, qui n'avait rien, se trouve dans l'abondance. Par quel moyen ? Par le travail, le travail opiniâtre et intelligent.

(THIERS. *De la Propriété*, p. 39. Combet, édit.)

3. — L'HOMME TRAVAILLE-T-IL PAR PLAISIR ?

On dit que le travail n'est qu'une forme de l'activité humaine : or, l'activité n'a en soi rien de pénible ; agir, c'est vivre ; c'est au contraire l'inaction absolue qui est un supplice, et si atroce que, quand il est prolongé dans l'emprisonnement cellulaire, il tue le patient ou le rend fou. On ne voit aucune différence essentielle entre le travail et une foule d'exercices qui sont considérés comme des plaisirs, quoiqu'ils exigent souvent une dépense de force supérieure à celle du travail, tels que : ascensions de montagnes, canotage, jardinage, danse même. Si le roi Louis XVI prenait son plaisir à fabriquer des serrures, pourquoi tous les hommes ne pourraient-ils pas arriver à travailler par goût ?

Il faut répondre que l'homme ne prend son plaisir à agir qu'autant qu'il trouve sa satisfaction dans l'exercice même de cette activité, qu'autant que cet exercice est pour lui une fonction naturelle. Mais quand cette activité lui apparaît au contraire comme la condition d'une jouissance ultérieure, comme l'effort qu'il faut faire pour arriver à un but déterminé d'avance — et tel est précisément le caractère du travail — alors elle devient pénible. Entre un canotier qui rame pour s'amuser et un batelier qui rame pour travailler, entre un touriste qui fait une ascension et le guide qui l'accompagne, entre une jeune fille qui passe sa nuit au bal et une danseuse qui figure dans un ballet, je ne vois qu'une différence, c'est que les uns rament, grimpent ou dansent à seule fin de ramer, grimper ou danser, tandis que les autres rament, grimpent ou dansent pour gagner leur vie ; mais cette différence suffit pour que ces modes d'activité soient considérés par les uns comme un plaisir et par les autres comme une peine. Il était agréable à Candide de « cultiver son jardin » : cela lui aurait été désagréable s'il avait dû le cultiver pour y faire pousser des légumes et aller les vendre au marché. Celui qui suit une route uniquement pour s'y promener peut y prendre plaisir, lors même qu'elle offre peu de charmes, mais celui qui la parcourt matin et soir pour arriver à un but déterminé la trouve toujours longue et fatigante. Or, pour la presque totalité de l'espèce humaine, le travail n'est qu'une voie, dans laquelle elle est engagée par la nécessité de vivre, et voilà pourquoi, depuis la vieille malédiction de la Genèse, « elle travaille à la sueur de son front ». Sans doute le travail, même le plus humble, a aussi ses joies, les joies du devoir accompli et d'une loi naturelle volontairement acceptée ; mais ces joies austères ne sont savourées que par quelques natures d'élite, et c'est, semble-t-il, tomber dans l'optimisme le plus chimérique de croire qu'il suffirait de changer le milieu pour que tous les hommes travaillent sans autre mobile que le plaisir de travailler.

Il faut, pour déterminer l'homme à travailler et pour contrebalancer la sensation pénible que fait naître tout travail, une force supérieure quelconque. Autrefois, pour l'esclavage, c'était le fouet, la contrainte. Pour l'altruiste du XXe siècle, sera-ce le sentiment du devoir social librement rempli? Peut-être! mais quant à l'homme du temps présent, c'est une règle générale, l'intérêt.

Tout homme qui travaille est soumis à l'action de deux forces opposées : d'une part le désir de se procurer une jouissance quelconque (c'est ce qu'on appelle l'intérêt personnel), d'autre part le désir de se soustraire à l'ennui que le travail lui cause. Suivant que l'un ou l'autre de ces deux mobiles fera pencher le plateau de la balance, il poursuivra son travail ou s'arrêtera.

(Ch. Gide. *Principes d'économie politique.* Larose, édit.)

4. — L'homme n'est pas fait seulement pour manger, boire et dormir

Anergus[1] était un gentilhomme en bonne situation de fortune ; il avait été élevé à ne rien faire et ne savait comment perdre agréablement ses journées ; il n'avait aucun penchant pour les exercices du corps, ni aucun goût pour la culture de l'esprit ; il passait généralement dans son lit dix heures sur vingt-quatre ; il sommeillait en outre deux ou trois heures sur son canapé ; il en passait autant chaque soir à boire s'il se trouvait avec des gens de son humeur ; il flânait avec indolence durant les cinq ou six heures qui lui restaient ; sa grande affaire alors était de combiner ses repas et de nourrir son imagination de l'at-

---

[1] De *a* privatif. et de *ergon*, travail.

tente d'un dîner ou d'un souper; non pas qu'il fût absolument gourmand, ou si complètement occupé de manger : c'était surtout parce qu'il ne savait pas à quoi employer ses pensées qu'il les laissait errer sur la subsistance de son corps.

Il avait trouvé moyen de consommer ainsi dix années depuis que l'héritage paternel était tombé entre ses mains, et cependant, suivant l'abus de mots qui règne aujourd'hui, on l'appelait un homme vertueux, parce qu'on l'avait vu rarement tout à fait ivre, ou que sa nature n'était pas très portée à la débauche.

Un soir qu'il était seul à rêver, ses pensées prirent un tour inusité, car il jeta un regard en arrière et commença à réfléchir sur son genre de vie. Il s'avisa de songer au nombre d'êtres vivants qui avaient été sacrifiés pour nourrir son corps, et la quantité de blé et de vin qui avait été mêlée à ces offrandes. Il n'avait pas tout à fait oublié l'arithmétique qu'il avait apprise quand il était enfant, et il se mit à calculer ce qu'il avait dévoré depuis qu'il avait âge d'homme.

« Une douzaine de créatures emplumées, petites et grandes, dit-il, ont chaque semaine, l'une dans l'autre, donné leur vie pour prolonger la mienne, ce qui monte pendant dix ans au moins à six mille.

« Cinquante moutons ont été sacrifiés dans une année avec une demi-hécatombe de gros bétail, afin que je puisse avoir chaque semaine sur ma table les morceaux les plus délicats. Ainsi un millier de bêtes à cornes ou à laine ont été tuées en dix ans de temps pour me nourrir, outre ce que la forêt m'a fourni. Des centaines de poissons de toute espèce et quelques milliers de fretins ont été privés de la vie pour mes repas.

« Une mesure de blé me fournirait à peine pour six mois de belle farine; ce qui fait environ cent vingt boisseaux ; beaucoup de barils d'ale, de vin et d'autres liqueurs ont passé dans mon corps, ce misérable gouffre à viande et à boisson.

« Et qu'ai-je fait tout ce temps pour Dieu et pour l'homme ? Quelle profusion de bonnes choses pour une vie inutile, pour un être indigne. La moindre créature de toutes celles que j'ai dévorées a mieux répondu que moi à la fin pour laquelle elle a été créée. Elle a été faite pour nourrir l'homme, elle l'a fait. Chaque crabe, chaque huître, chaque grain de blé que j'ai mangé, ont rempli leur place dans l'échelle des êtres avec plus de convenance et d'honneur que je n'ai fait. Quelle honteuse perte de vie et de temps ! »

Bref, Anergus continua ces réflexions morales, avec une force de raison si juste et si sévère qu'elle lui fit changer entièrement son genre de vie, cesser de suite ses folies et s'appliquer à acquérir quelque connaissance utile, quoiqu'il eût déjà plus de trente ans. Il vécut longtemps encore avec la réputation d'un homme d'honneur et d'un excellent chrétien. Il se rendit utile à son prochain et fit brillante figure comme patriote au sénat ; il mourut la conscience en paix et ses concitoyens versèrent des larmes sur sa tombe.

(Franklin.)

5. — La dignité du travail

(Le poète nous reporte aux premiers temps de l'âge d'or, alors que la terre produisait spontanément tout ce qui est nécessaire aux besoins de l'homme.)

Il [1] avait pour trésor de dépenser ses jours,
Tel un arbre fleurit en épuisant sa sève.....

L'immense terre était sa servante ; l'Aurore
Semait, en se levant, des perles sur ses pas.....

[1] L'homme.

Et voici qu'à ses flancs renouant sa ceinture
Il cria : « Qu'ai-je fait aux mânes des aïeux,
Que t'ai-je fait, soleil, âme de la nature,
Pour vivre sans lutter comme une créature
A la charge du sol, des astres et des dieux?

J'ai regardé ; j'ai vu : la terre, le feu, l'onde,
Tout apporte son œuvre à l'œuvre universel ;
Tout fermente à jamais dans les veines du monde ;
Le petit grain de blé d'où naîtra l'herbe blonde
A besoin pour germer de toute l'eau du ciel.

Tout combat ; toute chose accomplit quelque chose.
. . . .
Et moi, qui porte au front la pensée éternelle,
Je ne suis qu'un témoin dans le travail du Tout.
. . . .
Je ne puis même pas dire aux épis : « C'est moi
Qui vous ai secourus de mon labeur austère.....

« Je ne laisse après moi rien de moi qui demeure,
Pas même dans la fleur qui dure un seul été.

« A quoi me sert-il donc d'être une âme immortelle,
Si, lorsque la nature a fécondé ses flancs,
Je ne lui donne rien, moi qui reçois tout d'elle !
Si, quand je bois la vie à sa forte mamelle,
Je ne l'endors jamais entre mes bras tremblants !

« Est-ce que l'on a marché, lorsque le pas s'efface ?
Est-ce qu'on a vécu, quand on vit sans souffrir ?
Sèves, tarissez-vous ; soleil, voile ta face.
Astres, soleils, forêts, je vous demande grâce :
Faites-moi travailler, ou laissez-moi mourir. »

L'homme a beau avoir honte de son inaction : que pourrait-il faire avec ses bras ? La terre est trop dure. La nature va lui venir en aide ; la branche de l'arbre se penche vers lui et lui fournit son premier outil ; — la pierre s'offre à lui et l'invite à utiliser sa force de résistance. Muni de ces instruments, l'homme se met au travail ;

> Et fier d'avoir assez vécu
> Pour mériter sa part des hautes gerbes blondes,

il entonne un chant de triomphe :

> « J'ai vaincu : je suis responsable
> De mon effort devant les dieux,
> Moi qui n'étais qu'un grain de sable
> Emporté dans les cieux. »

(Clovis Hugues. *Les Roses du Laurier*, Fasquelle, édit.)

Lecture : Xénophon, *Mémorables*, II, 7.

.˙.

Pourquoi le bœuf, le cheval ne sont-ils que des forces, — et non des *travailleurs* ?

6. — Les réfractaires du travail

On dit souvent : « le travail est la loi de l'homme » ; il faudrait ajouter « de l'homme civilisé ». La plupart des sauvages sont paresseux et se contentent de travailler dans la mesure où cet effort leur est nécessaire pour assurer la vie de chaque jour : encore se débarrassent-ils sur les femmes des corvées les plus rudes.

Beaucoup de civilisés sont restés sauvages sur ce point. Ils veulent bien profiter des avantages de l'association humaine, mais sans rien faire pour elle. Ces parasites se trouvent surtout dans les grandes agglomérations urbaines : leur goût de paresse et de flânerie peut s'y exercer librement. Philosophes à leur manière, ils bornent leurs besoins matériels au strict nécessaire, et s'astreignent à une misère volontaire qui dégage leur liberté de toute contrainte du travail. Ouvreurs de portières, rentreurs de bois et de charbon, porteurs des provisions ou des fleurs achetées sur le marché « ils interrompent leur besogne dès qu'ils ont gagné de quoi se nourrir ». Puis, ils vont se chauffer au soleil sur la place publique, ou se mêlent à l'animation et au bruit de la rue. Offrez-leur un travail régulier et continu qui leur assure une sorte de bien-être : ils refuseront; il leur faut le soleil et le grand air. Leur indépendance et leurs loisirs volontaires les mettent à même, un beau jour, de tenter quelque coup : les profits du cambriolage viendront grossir les maigres recettes de leurs menues occupations.

Les campagnes ne sont pas moins exploitées que les villes : elles ont les chemineaux, qui en sont la terreur. Certains — des rêveurs pleins de sentiment — ont quelque admiration pour ces marcheurs qui vivent aux dépens des paysans : à leurs yeux ce sont des indépendants inoffensifs qui « ne demandent modestement qu'une écuellée de soupe pour apaiser leur faim, un verre d'eau pour calmer leur soif, du poussier de tabac pour bourrer leur pipe, un édredon de paille pour reposer leur tête ! Ce sont de curieux types de rêveurs, ces errants qu'ils excusent au nom d'un amour exagéré de la liberté. » Tout autre est l'appréciation, si l'on s'adresse aux cultivateurs, obligés de loger, d'héberger ces gens capables de se venger d'un refus par l'incendie allumé dans la ferme. Les crimes commis par les chemineaux se multiplient, et il serait temps de mettre fin à la paresse errante de ces 400 000 individus qui sillonnent nos routes [1].

[1] L'hiver, ils rallient en grand nombre les villes, ou, pour passer un hiver confortable, commettent quelque méfait qui oblige l'Etat à les loger.

Les magistrats sont désarmés contre eux. Il faudrait, pour lutter contre la progression continue de leurs bandes, instituer en France une pénalité, qui réussit en Angleterre, celle du dur travail, *hard-labour* : elle ne tenterait pas les vagabonds, comme la prison de Fresnes. Le condamné, amené à la maison de force, est installé dans une cellule ; il couche sur un lit de camp, sans matelas, et n'a qu'une couverture. Puis, on le pèse, pour s'assurer que le travail imposé le fera maigrir ; c'est une des conditions de la peine : amaigrissement et perte de forces. Vêtu d'un pantalon et d'une veste de coton ou de laine suivant la saison, il est conduit au moulin de discipline. Là, il est forcé de se suspendre à deux anneaux attachés au-dessus de sa tête ; avec ses pieds il pèse de tout son poids sur les aubes du moulin, qui défilent sous lui, et il actionne ainsi une roue qu'il ne voit même pas. S'il refuse, on a recours au jeûne, au fouet. Deux séances d'une heure et demie par jour, et, dans l'intervalle, l'obligation de changer en étoupe de vieux cordages de marine, ont vite raison des mauvais instincts.

Ce châtiment répugne à des Français : mais pourquoi ne pas envoyer la foule des chemineaux travailler dans les colonies qui manquent de route et n'ont pas assez d'ouvriers ? On y envoie bien nos soldats.

(G. C.)

7. — Le travail fonction sociale

Si personne ne travaillait, personne ne pourrait vivre : la division du travail impose à chacun de nous la nécessité d'exercer un métier, une profession. Le maçon bâtit les maisons, pendant que le boulanger lui prépare son pain, que le tailleur lui fait des vêtements. Il est juste, puisque les autres travaillent pour nous, qu'à notre tour nous travaillions pour les autres. Ils nous épargnent telle ou telle besogne ; épargnons-leur-en une autre.

(G. C.)

8. — Les métiers

Sans le paysan, aurais-tu du pain ?
C'est avec le blé qu'on fait la farine ;
L'homme et les enfants, tous mourraient de faim,
Si dans la vallée et sur la colline
On ne labourait et soir et matin.

Sans le boulanger, qui ferait la miche ?
Sans le bûcheron, roi de la forêt,
Sans poutres, comment est-ce qu'on ferait
La maison du pauvre et celle du riche ?
Même notre chien n'aurait pas sa niche.

Où dormirais-tu, dis, sans le maçon ?
C'est si bon d'avoir sa chaude maison
Où l'on est à table ensemble en famille !
Qui cuirait la soupe, au feu qui pétille,
Sans le charbonnier, qui fait le charbon ?

Sans le tisserand, qui ferait la toile ?
Et sans le tailleur, qui coudrait l'habit ?
Il ne fait pas chaud à la belle étoile !
Irons-nous tout nus le jour et la nuit,
Et l'hiver surtout, quand le nez bleuit ?

Aime le soldat qui doit te défendre ;
Aime bien ta mère avec ton cœur tendre ;
C'est pour la défendre aussi qu'il se bat.
Quand les ennemis viendront pour te prendre,
Que deviendrais-tu sans le bon soldat ?

Aimez les métiers, le mien et les vôtres,
On voit bien des sots, pas de sot métier ;
Et toute la terre est comme un chantier
Où chaque métier sert à tous les autres,
Et tout travailleur sert au monde entier.

(J. AICARD. *Le livre des petits* ; Delagrave, édit.)

**

Les hommes sont liés entre eux par une infinité de besoins qui les obligent par nécessité de vivre en société, chacun en particulier ne pouvant se passer des autres.

(NICOLE.)

9. — Métiers

On donne ce nom à toute profession qui exige l'emploi des bras, et qui se borne à un certain nombre d'opérations mécaniques, qui ont pour but un même ouvrage, que l'ouvrier répète sans cesse.

Je ne sais pourquoi on a attaché une idée vile à ce mot.

C'est des métiers que nous tenons toutes les choses nécessaires à la vie. Celui qui se donnera la peine de parcourir les ateliers y verra partout l'utilité jointe aux plus grandes preuves de la sagacité. L'antiquité fit des dieux de ceux qui inventèrent des métiers ; les siècles suivants ont jeté dans la fange ceux qui les ont perfectionnés. Je laisse à ceux qui ont quelques principes d'équité à juger si c'est raison ou préjugé qui nous fait regarder d'un œil si dédaigneux des hommes si essentiels. Le poète, le philosophe, l'orateur, le ministre, le guerrier, le héros seraient tous nus et manqueraient de pain sans cet artisan, l'objet de son mépris cruel.

(DIDEROT.)

10. — Les frelons

Représentez-vous un homme habitué à compter, en toutes choses, soit sur la nature prévoyante, soit sur la communauté secourable, et obligé de renoncer à la fois à ces deux Providences, obligé de se mettre au travail dur et pénible pour gagner sa vie. La nécessité lui dit : Travaille, sois énergique, ne compte que sur toi-même, c'est le vrai moyen de réussir, de surmonter les difficultés de la vie, et par conséquent d'être heureux. Mais sa formation sociale répond : le travail, l'effort, l'énergie sont pénibles ; il est bien plus agréable de s'y soustraire et c'est au contraire en cela que consiste le bonheur.

Et, neuf fois sur dix, la voix de la formation sociale est plus forte, parce qu'elle fait vibrer une des cordes les plus sensibles de l'homme : l'habitude prise, et surtout l'habitude agréable.

Mais comment se soustraire à ces nécessités fatales et pénibles de la vie ? Tout naturellement, on cherche à s'y soustraire par le procédé traditionnel, qui consiste à s'appuyer sur les autres, à vivre aux dépens des autres, à exploiter les autres, c'est-à-dire encore et toujours en demandant aide et secours à la communauté.

C'est le procédé bien connu du frelon à l'égard de l'abeille. C'est un frelon, ce jeune homme de vingt ans, vigoureux et plein de force, qui ne compte que sur l'argent qu'il tire de sa famille, et qui se fait ainsi entretenir par elle.

C'est un frelon, ce jeune homme de vingt-cinq à trente ans qui ne cherche dans le mariage qu'une dot, c'est-à-dire un moyen commode de se faire entretenir par sa femme.

C'est un frelon, ce jeune homme qui, dédaignant les professions indépendantes, considère seulement comme honorables les carrières administratives qui dispensent de l'effort, de l'initiative : il se fait entretenir par le budget.

C'est un frelon, ce bourgeois, ou cet ouvrier, qui, en face des difficultés de la vie moderne, ne sait que se retourner vers la collectivité, commune ou État, pour réclamer aide et protection, afin, lui aussi, de se faire entretenir par le budget. C'est un frelon, ce politicien, qui, exploitant la sottise humaine, fait de la popularité, en promettant tout ce que l'on veut, afin de se faire entretenir par cette même collectivité qu'il dupe et qu'il ruine.

(E. Demolins. *A quoi tient la supériorité des Anglo-Saxons*, p. 357. Firmin-Didot, édit.)

⁂

Hors de la société, l'homme isolé, ne devant rien à personne, a droit de vivre comme il lui plaît; mais dans la société, où il vit nécessairement aux dépens des autres, il leur doit en travail le prix de son entretien; cela est sans exception. Travailler est donc un devoir indispensable à l'homme social. Riche ou pauvre, puissant ou faible, tout citoyen oisif est un fripon.

(J.-J. Rousseau.)

⁂

Il n'est point juste que ce qu'un homme a fait pour la société en décharge un autre de ce qu'il doit; car chacun se devant tout entier, ne peut payer que pour lui, et nul père ne peut transmettre à son fils le droit d'être inutile à ses semblables.

(J.-J. Rousseau.)

⁂

Chaque homme est obligé de procurer, autant qu'il est en lui, le bien des autres, et c'est proprement ne valoir rien que de n'être utile à personne.

(Descartes.)

.

Le préjugé qu'il est honorable de ne rien faire que s'amuser, et qu'il est jusqu'à un certain point déshonorant de passer sa vie à travailler pour procurer aux autres des moyens de plaisir, subsiste encore [1].

(D'après H. Spencer.)

.

Le riche oisif, tout entier à ses plaisirs, ne voit pas ce qu'il y a de dégradant à n'être qu'un consommateur inutile de ce que les autres produisent. Il trouve admirable de jouir du bien-être sans travailler, aux dépens d'autres qui travaillent sans avoir de bien-être.

(D'après H. Spencer.)

.

On entend souvent dire d'une personne : « Oh ! elle n'a pas besoin de travailler : elle est riche. » Que pensez-vous de cette appréciation?

.

Aux yeux de beaucoup, être obligé de travailler pour vivre est une marque de déchéance. Les oisifs estiment moins ceux qui sont réduits à cette obligation.

.

Le monde est plein d'artisans et surtout d'artistes, qui n'ont point le talent naturel de l'art qu'ils exercent et dans lequel on les a poussés dès leur bas âge, soit déterminé par d'autres convenances, soit trompé par un zèle apparent qui les eût portés de même vers tout autre art, s'ils l'avaient vu pratiquer aussitôt.
Tel entend un tambour et se croit général; tel voit bâtir et veut être architecte. Chacun est tenté du métier qu'il voit faire, quand il le croit estimé.

(J.-J. Rousseau.)

.

[1] En Chine, cette idée pousse les riches à laisser croître leurs ongles jusqu'au moment où il faut les replier et les attacher; les femmes soumettent leurs pieds à des tortures prolongées pour mieux attester leur impuissance au travail.

11. — Le choix d'un métier

Examine d'abord ce à quoi tu es propre : tel homme est fait pour une chose; tel autre pour une autre. Avant de te mettre à l'œuvre, songe à ce qui doit venir après. « Je veux vaincre à Olympie ! » dis-tu. C'est un bon sentiment. Mais examine d'abord ce à quoi tu t'engages : tu dois te soumettre à un régime; t'abstenir de friandises ; t'exercer toujours à la même heure, qu'il fasse chaud ou froid ; ne boire ni vin, ni eau fraîche. Puis, dans la lutte, tu seras souillé de poussière; tu seras exposé à te démettre le poignet, à te fouler le pied, à recevoir des coups, et à n'avoir pas toujours le dessus. Quand tu auras tout pesé, prends le métier d'athlète, s'il te dit encore.

(D'après Épictète.)

***

La chose la plus importante à toute la vie, c'est le choix du métier.

(Pascal.)

***

En entrant dans une carrière plutôt que dans une autre, on engage sa liberté : on détermine plus qu'on ne le croit son avenir moral avec son avenir temporel.

(Marion.)

Lectures : J.-J. Rousseau, *Émile*, Liv. III ; — Hanotaux, *Le choix d'une carrière*.

12. — Le travail est-il seulement une marchandise?

Le travail est parfois une marchandise. Mais il est bien autre chose que cela. L'homme, quand il se donne vraiment à son labeur, y met sa volonté, sa vigueur, sa santé, son amour, son âme. Dans une journée payée trois francs, un homme peut mettre des qualités de dévouement, d'intelligence et de bonté que personne ne pourra jamais lui payer. Vous payez les visites de votre médecin, mais le risque couru par lui de prendre votre mal en vous soignant, vous ne pouvez le lui payer. Que le travail soit rémunéré, rien de plus juste. Mais il ne faut jamais dire à un homme : « Tu es payé pour cela »; car c'est une sorte d'injure, seulement méritée, à la rigueur, par le fainéant qui toucherait un salaire sans se soucier de le gagner. Ne disons pas non plus à ceux qui nous ont rendu service : Je t'ai payé, nous sommes quittes. Toutes ces façons de parler marquent de mauvais rapports entre semblables. De même qu'un homme poli dit : Merci ! lors même qu'il touche un salaire deux fois mérité, un homme sensé et juste remercie le travailleur, et lui garde de la reconnaissance, tout en le payant.

..... Le travail n'est pas seulement une marchandise; il est une chose sacrée. Il assure à l'homme non le pain seulement, mais sa place au soleil de la dignité humaine, et constitue, entre tous les travailleurs associés, un lien de gratitude mutuelle. Chacun de nous, à son poste, remplace les autres : il se trouve là pour son compte et le compte de la collectivité.

(C. WAGNER. *Sois un homme*. Fischbacher, édit.)

13. — TOUT TRAVAIL A DROIT AU RESPECT ET A L'ESTIME

Il faudrait d'abord que le peuple le plus spirituel du monde apprît à estimer le travail. Malheureusement les travailleurs eux-mêmes ont les idées les plus fausses sur leur mérite respectif. Le négociant qui n'a pas d'enseigne à sa maison se croit supérieur à ceux qui en ont une ; le marchand en gros prend le pas sur le détaillant, le détaillant sur le revendeur, le revendeur sur l'ouvrier, l'ouvrier des villes sur l'ouvrier des campagnes. Entre ouvriers, il y des catégories, un classement aristocratique.

Les imprimeurs prennent la tête ; les chiffonniers, les vidangeurs, les égoutiers ferment la marche. Tous les autres corps d'état se croient au-dessus d'eux ; eux-mêmes, j'en ai peur, se placent par une modestie absurde et sans motif au-dessous de tous les autres. Et pourquoi ? parce que leur travail est plus pénible et plus répugnant ? Mais pauvres imbéciles que vous êtes, plus grands sont les dégoûts et les difficultés, plus il est honorable de les vaincre ! Les premiers en ce monde sont les meilleurs et les plus utiles. Soyez honnêtes gens, ne roulez pas dans l'ivrognerie et la débauche, et tout en remplissant vos hottes, en roulant vos tonneaux, en balayant vos égouts, vous prendrez le pas sans difficulté sur les petits messieurs qui s'enivrent au café.

Les musulmans, qui n'ont pas l'habitude d'être cités en exemple, raisonnent moins sottement que nous sur la question du travail. Ils disent qu'un homme doit être honoré pour ses vertus et sa sagesse, quel que soit le métier qui lui donne du pain. Dans les bazars de Constantinople on vous montrera les talebs que le peuple consulte et vénère : celui-ci fait des babouches, celui-là raccommode les vieux burnous.

Comment donc s'appelait ce philosophe grec qui tirait de l'eau durant la nuit pour gagner sa vie ? Pendant le jour, il donnait sa sagesse pour rien.

(EDMOND ABOUT. *Le Progrès*, chapitre IV. *Le travail*, p. 48, 49, Hachette et Cie, édit.)

14. — UTILITÉ POUR TOUS D'APPRENDRE UN MÉTIER MANUEL

« Les anciens étaient plus sages que nous en imposant à leurs enfants un travail manuel, quelle que fût leur condition sociale. Ce genre d'éducation pratique est le complément indispensable à toute culture virile.

Le travail manuel, à mon avis, outre les avantages que je viens d'énoncer, en a un autre. Il nous fournit un terrain de rapprochement social. Tant que ce travail est méprisé par la partie lettrée ou aisée d'une nation, il subsiste une source de malentendus et de ressentiments. Malgré toutes les protestations et tous les témoignages en l'honneur de ceux qu'on nomme les travailleurs, ceux-ci se persuadent que leur travail est après tout un esclavage auquel personne ne voudrait se soumettre librement. De là à la haine du travail il n'y a qu'un pas. Quant aux travaux de l'esprit qui se font en général dans des conditions extérieures de propreté et de confort, le peuple les déprécie facilement et n'y voit qu'un agréable passe-temps ou une fainéantise déguisée. Qu'on puisse peiner, lutter, se fatiguer, remuer de lourds fardeaux, et gravir des sentiers ardus, tout en restant assis tranquillement sur une chaise, à l'ombre, cela n'est pas aisé à comprendre pour celui qui supporte le soleil, les intempéries, les miasmes des mines.

Les malentendus qui résultent de cet état de chose sont un grave obstacle au progrès social. Pour les faire diminuer, il est nécessaire que les classes lettrées se familiarisent avec les travaux des autres classes et fassent les premiers pas vers la réhabilitation des plus humbles besognes.

(C. WAGNER. *Jeunesse*. Fischbacher, édit.)

**

Je trouve les ouvriers manuels, exposés aux intempéries et aux ardeurs du soleil, assez enclins à mépriser le travailleur de la pensée assis à l'ombre. Et celui-ci, parfois, est tenté de prendre les autres pour des machines. Il est bon que, de temps à autre, le penseur travaille des mains. Sa santé en profite, et ses relations avec ses semblables aussi. Il n'est pas mauvais qu'un philosophe ou un savant se trouve aux prises avec une ploche, une scie ou un marteau. A faire une table soi-même, on se persuade que le menuisier sait beaucoup de choses ignorées de tous, et qu'il travaille de la tête aussi.

(C. Wagner.)

15. — L'idéal dans la vie journalière.

On dit souvent : Il faut savoir retrousser les manches, mettre les mains à la pâte, et y mêler le levain. L'idéal, c'est le levain.

Or, pour que le levain pénètre dans la pâte, vous savez bien ce qui est nécessaire. De la bonne volonté et de bons bras.

..... Si une femme dit (on en voit de cette espèce) : « Moi je n'aime pas le ménage ; le pot-au-feu m'ennuie ; ce n'est pas intéressant ; ce n'est pas spirituel, » je remarque de suite qu'elle pense à la chose extérieure, aux navets dépourvus d'ailes, aux mains ternies par le foyer. Jamais pot-au-feu ne sera poétique. Il ne saurait ressembler à l'élégante amphore que portaient sur les épaules et sur leurs têtes les femmes de l'Orient biblique.

Mais qu'y peut-il, le pot-au-feu ? Est-ce lui qui doit devenir poète, avoir un idéal ? C'est vous, Madame, qui devez mettre de l'idéal dans le pot-au-feu. Et quand je dis pot-au-feu, je pense à toutes les conditions humbles et, en elles-mêmes, sans aucun esprit... Je suppose que je cire mes souliers : eh bien ! je dois les cirer avec un brin d'idéal. Je les cirerai plus gaiement et ils brilleront mieux. Si par hasard je brosse mes vêtements (ça m'arrive encore de temps en temps) qui m'empêche de les brosser avec sentiment ?... Il faut mettre de l'idéal dans ses occupations. Tous les actes comportent une addition d'idéal ; absolument comme tous les mets comportent un assaisonnement. Il faut mettre du sel dans la soupe et de l'idéal dans la vie.

Rassemblez vos souvenirs. Rappelez-vous ces gens qu'on

ne peut pas voir travailler sans que l'envie vous prenne de leur arracher le balai, le marteau, la pioche, pour leur montrer la façon de s'en servir. Il y a de ces travailleurs rosses parmi les intellectuels comme parmi les manuels. Leur attitude vous découragerait de tout travail. Ils ont l'air tout le temps de dire : « Quel sot métier ! Pour sûr, mon fils ne l'apprendra pas ! » Tandis que d'autres... Ah ! pour eux, c'est tout l'opposé. Vous les voyez à l'œuvre exerçant des états, que vous ne choisiriez pas, avec tant de ponctualité, de dévouement, de bonhomie, d'énergie, un si grand sentiment « de la fuite utile des jours », qu'ils vous semblent grands et que l'envie vous prend de les imiter.

Voilà le grand, le divin secret de la vie féconde et même de la vie heureuse. Quand vous verrez quelqu'un qui fait une chose et vous donne envie de la faire, tellement il la fait avec plaisir, arrêtez-vous. L'occasion est rare ; ne la manquez pas si elle se présente.

. . . .

Voilà[1] une profession que vous embrassez. Vous avez une vocation. Ne vous flattez pas trop de réussir. Ne partez pas comme les chercheurs d'or dont l'avenir dépend d'un filon. Faites provision d'idéal et de courage pratique. Attendez-vous aux difficultés. Méfiez-vous des dangers que la routine des vocations fait courir à l'esprit. Et, pour empêcher qu'une vocation, quelle qu'elle soit, s'enlize dans la routine, apprêtez-vous à la renouveler sans cesse par l'idéal. Sans lui toute carrière se termine en queue de poisson, l'or se change en plomb, les belles illusions en feuilles mortes.

(C. WAGNER. *L'idéal dans la vie journalière*, p. 217: *Causeries du jeudi.* Cornély, édit.)

[1] P. 220.

J'ai souvent entendu dire à des femmes de talent que les travaux du ménage et ceux de l'aiguille particulièrement étaient abrutissants, insipides et faisaient partie de l'esclavage auquel on a condamné leur sexe. Leur influence n'est abrutissante que pour celles qui les dédaignent et qui ne savent pas y chercher ce qui se trouve dans tout : le bien faire.

(G. Sand.)

16. — Les blessés du travail [1]

Lundi 13.

Nobis peut faire la paire avec Franti. Ils ne s'émeuvent de rien ni l'un ni l'autre, ils sont restés froids devant l'horrible spectacle que nous avons eu au sortir de l'école. Nous regardions avec papa certains gamins de la seconde se jeter sur la glace, la frotter avec leurs pardessus et leurs casquettes, afin de mieux glisser, lorsque nous vîmes venir au bout de la rue une foule de gens qui marchaient vite, d'un air sérieux et épouvanté, en se parlant à voix basse. Au milieu de la foule il y avait trois gardes municipaux ; derrière les gardes, deux hommes portaient une civière. Les écoliers accoururent de toutes parts. Le cortège s'avançait vers nous ; on voyait un homme étendu sur la civière. Il était pâle comme un cadavre, la tête appuyée sur l'épaule, les cheveux ébouriffés et pleins de sang ; le sang s'échappait également de sa bouche et de ses oreilles, c'était affreux. Près de la civière marchait une femme portant un enfant dans ses bras, elle paraissait folle de douleur et cria tout à coup :

« Il est mort ! il est mort ! »

Sur les pas de la femme marchait un petit garçon, le portefeuille d'école sous le bras ; il sanglotait.

« Qu'est-il arrivé ? » demanda mon père.

[1] Récit d'une écolière.

Un passant nous répondit que c'était un maçon qui était tombé du quatrième étage, tandis qu'il travaillait. Les porteurs de la civière s'arrêtèrent un instant. Beaucoup d'entre nous détournèrent les yeux avec épouvante. Je vis l'institutrice qui porte une plume rouge soutenir ma maîtresse de première supérieure, presque évanouie. Au même moment je me sentis heurter au coude. C'était le petit maçon, pâle ; il tremblait de la tête aux pieds. Il pensait certainement à son père. Moi aussi j'y pensais. Je suis tranquille quand je suis à l'école, parce que je sais papa à la maison, assis à son bureau, loin de tout danger. Mais combien parmi mes camarades pensent que leur père travaille sur un pont très élevé ou près des roues d'une machine et qu'un geste, un faux-pas peut leur coûter la vie ? Ils sont comme des fils de soldats qui auraient leur père à la guerre !

Le petit maçon regardait et tremblait toujours de plus en plus ; mon père s'en aperçut et lui dit :

« Va chez toi, mon enfant, va vite voir ton père, que tu trouveras bien portant et tranquille ! »

Le petit maçon s'en alla, non sans se retourner à chaque pas. Le funèbre cortège se remit en marche et la pauvre femme criait à fendre l'âme : « Il est mort ! il est mort !

— Non, non, il n'est pas mort, lui disait-on de tous côtés. »

Mais elle n'écoutait pas et se lamentait toujours, quand une voix indignée se fit entendre qui disait : « Vous riez ? »

Je me retournai et vis un homme à barbe noire, qui regardait Franti, lequel souriait encore. L'homme jeta à terre la casquette du méchant cœur, et d'une voix sévère :

« Découvre-toi, au moins, malheureux, lui dit-il, quand tu vois passer une victime du travail ! »

(De Amicis. *Grands Cœurs*. Traduction française par A. Piazzi. Delagrave, édit.)

En 1898 a été votée une loi sur les *Accidents du travail :* elle accorde une pension aux ouvriers victimes d'un accident et qui restent estropiés ; ils perdent ainsi de leur valeur professionnelle, deviennent moins aptes au travail, quelquefois doivent changer de profession, ou même restent incapables de tout travail ; la pension accordée est destinée à compenser la diminution du salaire qui en résulte pour l'ouvrier, ou même la privation. — Les patrons assurent leurs ouvriers à une compagnie, qui se charge de payer la pension. Le montant en est fixé par le tribunal.

(Voir Appendice, p. 462.)

17. — LE TRAVAIL DOIT ÊTRE BIEN FAIT

Un forgeron forgeait une poutre de fer...
Et, tout en martelant le fer de ses bras nus,
Le brave homme songeait aux frères inconnus
A qui son beau travail serait un jour utile.
Et donc, en martelant la poutre qui rutile,
Il chantait le travail qui rend dure la main,
Mais qui donne un seul cœur à tout le genre humain.
Tout à coup la chanson du forgeron s'arrête.
« Ah ! dit-il tristement, en secouant la tête,
Mon travail est perdu la barre ne vaut rien :
Une paille est dedans. Recommençons ! » — C'est bien !
Car le bon ouvrier est scrupuleux et juste,
Il ne craint pas l'effort de son torse robuste.
Il sait que ce qu'il doit est un travail bien fait...

Et la poutre de fer dont l'ouvrier répond
Sert un beau jour, plus tard, aux charpentes d'un pont ;
Et sur le pont hardi qui fléchit et qui tremble,
Voici qu'un régiment, six cents hommes ensemble,
Passe, musique en tête ; et le beau régiment
Sent sous ses pas le pont fléchir affreusement...

Le pont fléchit, va rompre... Et les six cents pensées
Vont aux femmes, aux sœurs, aux belles fiancées,
Et, dans le cœur des gens qui voient cela des bords,
La patrie a déjà pleuré les six cents morts.
Chante ! chante dès l'heure où la forge s'allume ;
Frappe, bon ouvrier, gaîment sur ton enclume :
Le pont ne rompra pas, le pont n'a pas rompu,
Car le bon ouvrier a fait ce qu'il a pu,
Car la barre de fer est solide et sans paille.

(JEAN AICARD. *Le livre des Petits.* Delagrave, édit.)

* *

Le but premier du marchand dans tous ses actes doit être (c'est la croyance générale) d'amasser le plus possible et de laisser aux autres (c'est-à-dire aux clients) le moins possible.

(RUSKIN).

* *

Il ne faut pas que le travailleur, quel qu'il soit, se demande : « Combien cela va-t-il me rapporter ? » Si l'on s'attache trop au salaire, on fera de mauvaise besogne : ce qui doit intéresser, c'est plus le travail lui-même que l'argent qu'il rapporte. L'avocat, le médecin, le journaliste, le professeur ne doivent pas se conduire en mercenaires : plus l'objet du travail est élevé, plus l'esprit de lucre le corrompt. Non qu'il faille mépriser le gain légitime : on ne vit pas de l'air du temps.

18. — LA CONSIGNE DU DOUANIER

Sur la frontière, au-dessus du canal qui sert de limite, deux contrebandiers, l'un de l'équipe belge, l'autre de l'équipe française, Rouy, ont établi un va et vient pour introduire en France de la dentelle, — sans payer les droits. Les paquets se succèdent, glissant le long d'une ficelle tendue ; déjà une vingtaine s'entassent dans la cape de Rouy, quand il sent « sa nuque plier sous un poids lourd comme une pierre, brutal comme un étau ». C'était la main du brigadier de douanes, Bonvoisin, qui s'abattait sur le fraudeur.

Rouy reconnut l'étreinte. Résister à cet hercule, « bâti comme un lutteur forain, » eût été une tentative vaine. Le contrebandier le savait par expérience. Gardant sa bonne humeur, il ramasse sa balle, la noue, charge le paquet sur ses épaules, et, docile, emboîte le pas du brigadier le long du chemin de halage.

Brusquement, un souvenir lui revient : « c'était la cinquième fois qu'on lui mettait la main au collet » ; et il n'ignorait pas que ces récidives l'exposaient à une peine sévère. Son parti est vite pris : il détache en cachette les pans de la cape qui nouaient la balle ; et les ballots de dentelle de rouler sur le chemin. Pour rattraper la charge, le brigadier lâche un instant son prisonnier. Rouy guettait ce mouvement. D'un élan rapide, il se jette de côté et fait un plongeon dans le canal.

Derrière lui, une masse tombe à l'eau, coule comme un plomb, barbote, puis reste engloutie : le contrebandier revient pour porter secours. Il reconnaît son persécuteur, le brigadier, qui, d'une voix suppliante, disait : « Je ne sais pas nager. Rouy, mon petit Rouy, sauve-moi ; ne me lâche pas.

— Pourquoi donc avez-vous sauté dans l'eau ?

— Je ne savais pas que c'était si profond. — Et puis, c'était la consigne. »

Le contrebandier, bon enfant, se laisse émouvoir. Il soutient Bonvoisin, l'amène à la rive et, pour aider le brigadier alourdi à sortir de l'eau, lui tend la main droite. « Bonvoisin la saisit, cette main secourable, de toute l'énergie d'un homme qui veut échapper à la noyade. Maintenant, il avait la tête hors de l'eau, puis les épaules, puis le buste, puis un genou, qu'il appuyait solidement à la berge. Et il tenait la main de Rouy, il la tenait toujours. »

— « Lâchez-moi brigadier !
— Te lâcher ? jamais. »

En vain Rouy pria, supplia, fit honte au brigadier : « Je vous ai sauvé la vie ! » Le brigadier eut « le cœur de le conduire à la prison. » Il resta inflexible, même à la pensée qu'il pourrait reprendre le fraudeur une autre fois.

Le brigadier eut-il raison d'agir ainsi ? « Comment devait-il se comporter, dans cette occasion délicate, pour faire vraiment son devoir ?

« Devait-il lâcher Rouy, qui venait de lui sauver la vie ?

« Devait-il jusqu'à la fin respecter sa consigne ? »

(G. C.)

(D'après Hugues Le Roux, *le Journal*, 3 nov. 1903.)

19. — Les vertus professionnelles : le capitaine Logre

Le 15 juillet 1903, le steamer français *Amiral Gueydon* partait de Marseille à destination de l'Indo-Chine. Après quinze jours d'une heureuse navigation, le navire se perdit dans un de ces drames de la mer dont les péripéties douloureuses ne le cèdent en rien à celles des *Naufrages célèbres*. Par bonheur, les passagers et l'équipage furent sains et saufs grâce à l'énergie, au sang-froid, à l'esprit d'abnégation du commandant, le capitaine Logre.

Le 30 juillet, vers minuit, se produisit une « épouvantable explosion » : une immense gerbe de feu s'élança du pont ; le capitaine, deux lieutenants, l'homme de barre, qui se trouvaient sur la passerelle, sautent en l'air avec les débris, et retombent sans connaissance sur le pont. Le capitaine revient bientôt à lui. Il se rend vite compte de la gravité de la situation : la partie centrale du navire est en feu ; l'incendie, poussé par un vent violent, gagne rapidement ; la chaudière peut sauter à tout moment ; la tempête fait rage ; pour se diriger, le capitaine n'a plus qu'un fragment de carte et la boussole de l'arrière, — et le bâtiment se trouve à 250 milles[1] de terre !

La responsabilité du commandant d'un navire est lourde : on lui a confié un bâtiment, un équipage, des passagers : son devoir est d'assurer le salut de tous. S'il perd la tête, si la conscience du danger trouble la netteté de ses résolutions, c'en est fait. Le capitaine Logre avait gardé tout son sang-froid : avec une décision remarquable et une vision exacte du péril, il donne de suite l'ordre de faire route de telle façon que le feu qui consume le milieu et l'avant du navire ne puisse gagner l'arrière ; il met ses marins aux pompes ; il commande à tous de se réunir sur la partie indemne, et il se dirige, aidé par le vent, vers la côte d'Arabie.

Aussi, rassurés par son calme et son sang-froid, plus encore que par ses exhortations, les passagers résistent à la panique et reprennent courage au milieu de l'obscurité qui rendait plus sinistres les lueurs de l'incendie. Confiants en son expérience et en son énergie, les marins travaillent à la manœuvre comme si de rien n'était et sans manifester aucune crainte. Sur ce navire, où la mort apparaissait menaçante, la force morale d'un homme faisait renaître l'espoir dans les cœurs angoissés : les canots avaient été préparés ; mais personne ne s'y précipita ; tous, passagers et matelots, obéirent sans murmurer à l'ordre de rester à bord tant que le navire flotterait.

Cette confiance ne fut pas trompée : le 2 août, au mo-

---

[1] Le mille marin vaut 1852 mètres.

ment où l'équipage préparait des radeaux pour abandonner le bâtiment dont « le pont brûlait à l'avant et dont la cale n'était plus qu'un immense brasier », la terre d'Arabie fut aperçue. Le capitaine Logre fait échouer son navire sur le rivage, envoie sur la côte des vivres et de l'eau douce, fait débarquer les passagers et l'équipage ; il quitte son bord le dernier.

Pendant près de 50 jours, les naufragés restèrent à la merci des Arabes, dont les uns leur fournissaient des vivres et les autres pillaient les débris de la cargaison : ce furent 50 jours d'inquiétude et de souffrances. A la fin, un cheik, plein d'humanité, Mohamet Ben Selin fournit, moyennant 2.250 francs, trois boutres au capitaine Logre. Tous s'embarquent à nouveau ; le 19 septembre un navire russe, le *Trouvor* recueille les naufragés et leur offre l'hospitalité la plus large[1].

Ainsi se termina heureusement cette triste odyssée. Par ses qualités professionnelles, par son sentiment profond du devoir, par son inébranlable courage, le capitaine Logre avait non seulement sauvé son navire[2], mais encore il avait pu rendre à la société tous ceux dont il avait la sauvegarde.

(G. C.)

20. — LE DEVOIR DU MÉDECIN

La carrière d'un médecin est faite d'une infinité de questions qui sont d'ordre moral plutôt que d'ordre scientifique. Le traitement qui serait le meilleur au point de vue médical ne s'accorde pas toujours avec la santé morale du malade ou avec telle ou telle considération de la famille. Il faut peser tout cela. Faudra-t-il conseiller une opération

---

[1] Un des trois boutres, qui s'était égaré, fut recherché et retrouvé par le navire russe. Le 18 septembre, un steamer anglais, l'*Afghanistan*, avait refusé de lui porter secours.

[2] Le bâtiment renfloué a été ramené à Marseille.

peut-être onéreuse, toujours aléatoire, qui peut frapper beaucoup le malade, être mal vue par la famille ? Le médecin n'est plus seulement un homme de science ; c'est un homme qui a à résoudre des problèmes moraux.

Il est très simple de mettre sa responsabilité à couvert, de ne pas insister pour une opération si l'on a peur d'être soupçonné d'un calcul ; il est facile encore de se retrancher derrière la famille : on consulte les parents, on les charge de prendre une décision à la place du médecin ; ou bien encore on peut écouter le malade ; car cela n'est pas sans exemple que le médecin se laisse faire en quelque sorte violence par le malade. Dans toutes ces circonstances, il aura fait son devoir en quelque sorte le plus désagréable : le sacrifice de son opinion personnelle.

Mais j'en suis bien convaincu, et vous en êtes bien sûrs aussi, l'attitude du médecin ne doit pas être celle-là. Le malade, du moment qu'il appelle le médecin, veut une chose : être bien portant, arriver à la guérison. Le médecin possède la véritable volonté du malade : il doit passer par-dessus les objections, les résistances d'un malade qui ne se rend pas compte des choses, parce qu'il doit arriver, non pas à mettre sa responsabilité de médecin à couvert, mais à rendre la santé ; il faut, non que ses intentions paraissent pures, mais que l'action accomplie soit efficace.

(L. Brunschvicg. *Causeries du jeudi*. E. Cornély, édit.)

⁂

Tous, quelle que soit votre carrière, ne vous laissez pas atteindre par le scepticisme dénigrant et stérile ; ne vous laissez pas décourager par les tristesses de certaines heures qui passent sur une nation. Vivez dans la paix sereine des laboratoires et des bibliothèques. Dites-vous d'abord : « Qu'ai-je fait pour mon instruction ? » puis, à mesure que vous avancez : « Qu'ai-je fait pour mon pays ? » jusqu'au moment où vous aurez peut-être contribué en quelque chose au progrès et au bien de l'humanité. Mais, que les efforts soient plus ou moins favorisés par la vie, il faut, quand on approche du grand but, être en droit de se dire : « J'ai fait ce que j'ai pu. »

(Pasteur. Cité par Vallery Radot. Hachette, édit.)

* *

Le succès n'est pas ce qui importe, c'est l'effort : car c'est là ce qui dépend de l'homme, ce qui l'élève, ce qui le rend content de lui-même. L'accomplissement du devoir, voilà et le véritable but de la vie, et le véritable bien.

(Jouffroy.)

* *

Qu'est-ce qui importe le plus à l'élève ? Un succès au baccalauréat, dû au hasard, — ou des études faites consciencieusement ?

21. — Le fonctionnarisme

Il ne faudrait pas craindre de décrier systématiquement l'état de fonctionnaire. C'est un état peu reluisant, sauf dans l'enseignement, où l'objet même de la fonction ennoblit les conditions dans lesquelles elle s'exerce. Mais être, par choix, employé subalterne de ministère ou d'administration, quelle pauvre destinée ! Et c'est pourtant le rêve que d'innombrables familles françaises font pour leurs fils !

Attendre de la communauté sa maigre nourriture en échange du plus maigre travail qu'on peut, et d'un travail plus mécanique et moins personnel que celui de l'ouvrier et du paysan : en sorte que c'est à qui, de l'état ou de son employé donnera le moins à l'autre ; accepter une vie étroite, sans intérêt, sans utilité, sans indépendance par timidité, paresse, peur des risques, terreur de l'avenir, ce n'est sans doute pas absolument criminel, mais enfin, cela n'est peut-être pas très fier pour un homme. J'honore plus le laboureur et l'artisan, cela va sans dire; mais j'aime même mieux le commis de magasin ou le petit boutiquier : il est plus libre dans le fond et plus agissant.

La profession de fonctionnaire se relève, je le sais, chez les chefs de service, parce qu'ils ont, eux, quelque ombre d'initiative et de responsabilité. Le fonctionnarisme, en effet, n'est pas déshonorant en soi : mais il tend à devenir peu honorable par la multiplicité des fonctionnaires, qui entraîne leur demi-oisiveté et les transforme en parasites, et par les mobiles de chétif égoïsme qui les ont fait entrer dans cette humble carrière.

Au moins pourrait-on s'efforcer de créer un préjugé contre le fonctionnarisme ; de propager cette opinion que, dans l'état actuel des choses, il est souvent le refuge des jeunes gens pas bien forts, pas bien intelligents, pas bien hardis, pas bien soucieux de leur indépendance ni de leur dignité.

(J. Lemaitre. *Opinions à répandre*. Lecène et Oudin, édit.)

22. — Les professions libérales

Il faut perdre la superstition des professions qu'on appelle « libérales », je ne sais pas pourquoi. Car il est étrange que le métier d'avoué ou le notariat soit une profession libérale et que l'agriculture n'en soit pas une. Une profession libérale vaut exactement ce que vaut celui qui l'exerce. Un médecin médiocre, un avocat à la douzaine (nous savons par quel petit effort d'esprit on peut devenir docteur en droit), un littérateur sans talent est un homme beaucoup moins intéressant et de bien moindre valeur sociale, je ne dis pas qu'un industriel intelligent, mais même qu'un bon fermier, un commerçant habile et loyal, un bon ouvrier d'art, un menuisier adroit, un maçon sérieux. Vérité très élémentaire, et pourtant très peu reconnue.

(J. Lemaitre. *Opinions à répandre*. Lecène et Oudin, édit.)

.·.

Un jour viendra où on verra, sans s'étonner, parmi les fils d'une même famille l'un fondeur et l'autre banquier, l'un tisserand et l'autre avocat.

(Ch. Gide.)

23. — Préjugés

Aucun père n'hésitera dix minutes entre un haut fonctionnaire et un grand industriel, l'homme laborieux fût-il dix fois plus intelligent et plus riche. C'est que le fonctionnaire est presque un gentilhomme : il travaille si peu !

Quand par malheur une jeune fille est réduite à épouser un beau garçon, riche, instruit, honnête, bien élevé et gagnant vingt mille écus par an dans le commerce, elle prend de longs détours pour exprimer cette déchéance à son amie de couvent. « Mon mari est dans le commerce, mais dans le haut commerce ; il fait les affaires en grand, il ne s'occupe pour ainsi dire de rien ; à peine s'il se montre à son bureau une demi-heure par jour. Du reste nous comptons nous retirer bientôt. »

L'amie, qui doit épouser un sous-préfet à 4500 francs, l'embrasse avec effusion et lui dit : « Pauvre belle ! je serai toujours la même pour toi. Mon mari n'a pas de préjugés. Tu nous présenteras le tien, lorsqu'il sera sorti des affaires ! »

Voilà comme la société française apprécie les services

qu'on lui rend. Elle commence à considérer un homme le jour où il ne travaille plus. Elle met l'industriel et le commerçant qui font marcher la grande machine nationale au-dessous du fonctionnaire[1].

(EDMOND ABOUT. *Le Progrès*, p. 45, Chapitre IV. Le travail).

24. — LA ROUTINE

Le défaut et l'incapacité de réflexion se trahissent à chaque instant chez la plupart des hommes. Même lorsqu'il s'agit d'actes du ressort de leur profession, la dépense d'intelligence est réduite au minimum. Si l'on demande à un ouvrier un travail nouveau pour lui, malgré les explications données il commettra quelque bévue; et il s'avouera sans honte incapable de faire une chose qu'il n'a pas apprise. Le plus grand nombre des commerçants et des industriels se traînent « dans les ornières creusées par d'innombrables générations d'essais et d'erreurs ». Presque toujours les perfectionnements apportés à la fabrication d'un objet sont dus à des étrangers ou sont l'œuvre d'un heureux hasard. Ce manque d'initiative chez les industriels et les ouvriers a été bien mis en lumière par de curieuses remarques d'Herbert Spencer (*Introduction à la science sociale*). Les fioles à médicaments, les burettes à huile sont façonnées de telle sorte que, si on est obligé de verser lentement, le liquide se met à couler le long du verre : le rebord du goulot a été fabriqué sans aucun souci de son usage. Et malgré ces inconvénients connus de tous, le verrier ne se met pas en frais d'imagination pour innover quelque perfectionnement. Voulez-

[1] Ces préjugés existent encore. — La lecture du *Progrès* nous montre combien les préjugés sont difficiles à déraciner en France. Ce livre, qui date de quarante ans, semble, en beaucoup de passages, écrit d'hier.

vous mettre du charbon dans la cheminée ? Vous prenez les pincettes ; vous essayez de saisir un morceau, qui, s'il est gros, vous échappe : et pourquoi ? parce que les parties extrêmes des pincettes sont lisses et polies. Dans le nombre des fabricants qui se succèdent de génération en génération, aucun n'a eu la pensée de rayer la surface de ces parties ou de les dépolir. Les sièges ne valent pas mieux ; il est rare de trouver un fauteuil confortable, qui ne vous oblige pas à changer à chaque instant de position pour être à votre aise. On peut ainsi passer en revue nombre des objets d'un usage courant : toujours la même routine inintelligente des fabricants nous condamne à de petites misères qu'un peu d'initiative nous épargnerait facilement. « En vérité, la plupart des hommes se donnent pour but de traverser la vie en dépensant le moins de pensée possible. »

(G. C.)

Trouvez des exemples de routine, — d'initiative chez l'écolier.

Avoir de l'initiative, c'est réfléchir ; oser se conduire intelligemment, c'est oser faire mieux que les autres.

(Jules Payot.)

Les tissus d'alpaga furent longtemps inconnus en Europe. En 1832, un négociant anglais fit venir du Pérou à Liverpool plusieurs cargaisons de cette laine : elle ne tenta aucun industriel. Cette provision resta quatre ans dans les magasins de l'importateur. Enfin, un jour, un jeune homme simplement mis, à l'air intelligent, se promenait à travers ces magasins, quand ses regards tombèrent sur un peu de laine défraîchie, qui sortait par la fente d'un des ballots. Le visiteur ramassa l'échantillon, le tâta, le sentit, l'emporta, fit chez lui des expériences. Satisfait, il offrit au négociant de prendre livraison des 300 et quelques sacs sales de laine graisseuse à raison de 8 pence la livre. Le jeune homme passa pour fou ; mais on se hâta de lui livrer la laine. Ce fut un événement : tout le monde voulait voir l'acheteur.

L'inventeur raillé créa cette étoffe lustrée, douce, élégante, qui s'appelle l'alpaga.

(D'après Charles Dickens.)

25. — Exemple d'initiative chez un enfant

La plupart des machines employées dans les métiers où le travail est le plus subdivisé, ont été originairement trouvées par de simples ouvriers dont toutes les pensées étaient tournées vers les moyens d'alléger la tâche qui faisait leur unique occupation. Il n'y a personne de ceux qui visitent habituellement les manufactures, à qui l'on n'ait fait remarquer quelque machine ingénieuse dont l'idée est due à quelque pauvre ouvrier jaloux de faciliter sa besogne. Dans les premières machines à vapeur, on avait coutume de se servir d'un petit garçon dont l'unique emploi était d'ouvrir, au moment convenable, le robinet par où s'injectait l'eau froide dans la vapeur. L'un d'eux, tourmenté du désir d'aller jouer avec ses camarades, remarqua qu'en fixant un cordon au manche du robinet, et en attachant l'autre bout du même cordon, au bras du levier, le robinet s'ouvrirait et se fermerait sans qu'il s'en mêlât ; — ce qui lui laisserait la liberté de jouer à son aise. C'est ainsi qu'un des plus ingénieux perfectionnements de cette machine, est dû à l'envie qu'un enfant avait de se divertir.

(J.-B. Say. *Leçons d'Économie politique.*)

26. — Les enfants ne sont pas habitués a compter sur eux-mêmes.

A quoi préparons-nous nos enfants? Qu'est-ce que nous leur enseignons?

Nous leur enseignons que l'idéal, la sagesse suprême, est de se soustraire aussi complètement que possible aux difficultés et à tous les aléas de la vie. Nous leur disons : « Mon cher enfant, compte d'abord sur nous; tu vois comme nous économisons pour pouvoir te donner, au moment de ton mariage, une dot aussi forte que possible. Nous t'aimons trop pour ne pas t'aplanir, autant qu'il est en nous, toutes les difficultés de la vie.

Compte ensuite sur nos parents, sur nos amis, qui te pousseront, qui te recommanderont, pour t'aider à trouver une carrière.

Compte encore sur le Gouvernement, qui dispose d'une quantité innombrable de places; on y est bien tranquille, on ne court aucun aléa, on est payé régulièrement à la fin de chaque mois, on a un avancement automatique, par le simple mécanisme des retraites et des décès : si bien que tu peux savoir d'avance qu'à tel âge tu gagneras tant, à tel âge tant, et enfin qu'à tel âge tu auras ta retraite, une bonne petite retraite; en sorte que, après n'avoir pas fait grand chose pendant toute ta vie, tu pourras ne rien faire du tout à un âge où un homme est encore capable d'action.

Mais, mon cher enfant, comme ces situations sont assez peu rétribuées, car on ne peut pas avoir tous les avantages à la fois, il faut que tu comptes encore sur ce que ta femme pourra t'apporter; il faut donc chercher avant tout une femme riche; mais ne t'en inquiète pas, nous te la chercherons, nous te la trouverons. Voilà, mon cher enfant, les conseils que nous dicte notre amour pour toi. »

Quand un jeune homme entend tous les jours, à son foyer, de pareils conseils ; quand tout le monde autour de lui, dans la rue, dans la société, lui tient le même langage, il finit par s'habituer, insensiblement, à compter sur les autres plus que sur lui-même, et il s'éloigne des situations qui exigent l'effort continu, l'initiative intense, et qui exposent à des aléas, comme l'agriculture, l'industrie et le commerce. Il s'oriente vers la vie tranquille.

Une telle conception de la vie a pour résultat d'engourdir, d'atrophier la volonté, l'énergie, la virilité ; elle rend l'homme moins propre à l'effort ; elle le porte plus à éviter les difficultés qu'à les vaincre ; on recherche ce que la vie a d'amusant et on écarte ce qu'elle a de sérieux ; ainsi on devient moins apte à cette action morale, qui exige essentiellement l'effort et le triomphe de soi-même.

(E. Demolins[1], *A quoi tient la supériorité des Anglo-Saxons*, p. 391. Firmin-Didot, édit.)

* *

Je relisais dernièrement la correspondance de Franklin.

Dans une lettre à sa mère, il parle d'un de ses fils qui montre peu d'empressement à se créer une situation et qui paraît compter sur la fortune de son père. « Je vais le désabuser, écrit Franklin : car, du train dont je dépense mon argent, il va voir que je ne lui laisserai rien. »

(E. Demolins.)

* *

Un père de famille français se croirait un mauvais père s'il n'assurait l'avenir de ses fils. Un père de famille anglo-saxon, qui ne leur donne pas un sou, leur donne en réalité infiniment

---

[1] M. Demolins dirige *aux Roches* (par Verneuil, Eure), un Collège où il s'efforce de développer chez ses élèves l'esprit d'initiative.

plus, cet esprit d'initiative, cette aptitude à se tirer d'affaire que nous paierions au poids de l'or. Nous vivons comme des gueux pour permettre à nos enfants de ne rien faire ou de faire le moins possible.

(D'après E. Demolins.)

**

Les fils de famille sont bien nommés parce qu'ils comptent plus sur leur famille, sur leurs parents, que sur eux-mêmes et leur travail personnel.

(D'après le même.)

27. — Les Français manquent d'initiative

Dans le courant de l'année 1903, les tableaux publiés par la direction générale des douanes faisaient connaître que les exportations françaises, comparées à celles de 1902, étaient en moins-value de 83 millions. Ce recul de nos produits sur presque tous les marchés émut vivement les industriels et les commerçants : pour quelles raisons les Anglais, les Américains, les Allemands nous distançaient-ils dans la lutte économique ? Pourquoi nos produits se trouvaient-ils brusquement évincés sur les marchés étrangers ?

Le plus simple était de se renseigner sur place. Dès le mois d'octobre on organisait des « croisières » ou « reconnaissances commerciales » qui permettaient aux intéressés d'aller dans différents pays consulter les goûts et étudier les besoins des clients de l'étranger.

Un paquebot devait porter les passagers à destination. En chaque ville, « ces touristes d'un nouveau genre » trouvaient des guides dans des négociants prévenus à l'avance : sans perte de temps, sans démarches inutiles, ils étaient conduits dans les docks et magasins des maisons d'importation ; ils se munissaient de renseignements précis sur la nature, le débit possible, le prix des marchandises recherchées dans tel ou tel pays : c'était là un moyen pratique d'instruction commerciale ; il devait être fécond en résultats. Aussi le projet fut-il accueilli avec faveur par les Chambres de Commerce qui choisirent des délégués.

Tout alla bien jusqu'au moment du départ. Alors commencèrent les difficultés. Personne ne voulait plus s'embarquer. Le Français est casanier par tempérament : s'il ne sent pas la nécessité du besoin, il recule devant les ennuis ou les dangers d'un long voyage ; il préfère ne pas changer ses habitudes. Les lettres d'excuse arrivèrent nombreuses : l'un prétextait les rhumatismes, l'autre le souci de ses affaires, un troisième des obligations de famille. La croisière ne fut plus possible, faute de voyageurs.

Ainsi libre cours est donné à l'expansion du commerce des étrangers, des Allemands surtout : actifs, laborieux, instruits, leurs représentants envahissent tous les pays : ils prennent note des goûts des consommateurs, envoient des modèles d'objets à leurs maisons de fabrique, adaptent exactement leurs produits aux habitudes de l'acheteur. Il est grand temps pour les Français de les imiter, de sortir de la routine et de l'ornière. Les Américains eux aussi nous donnent l'exemple : les Compagnies d'exportation, pour encourager les croisières, offrent des primes à quiconque trouve un nouveau débouché. Tout en voyageant par plaisir, les hommes d'initiative peuvent ainsi se rendre utiles et à eux-mêmes et à leur pays.

(G. C.)

28. — L'Association

La nécessité de l'association est si évidente que plusieurs espèces d'animaux l'ont comprise avant nous. L'homme n'était pas né, et déjà les ruminants vivaient en société sur la terre. Non seulement en famille comme le bouquetin, l'isard et le chamois, mais en tribu, comme la gazelle, l'antilope, le bison, le bélier sauvage. Les ruminants ont besoin d'une longue sécurité pour s'emplir d'herbe, et d'un long repos pour promener d'estomac en estomac cette nourriture indigeste. Que font-ils ? Ils s'associent ; ils conviennent que chacun fera le guet tour à tour dans l'intérêt de la sécurité commune. Si la vigilance des sentinelles est en défaut, si, par quelque accident, la fuite devient impossible, ils mettent leurs forces en commun pour la défense commune. Les mâles forment le bataillon carré et présentent leurs cornes à l'ennemi ; les femelles et les petits sont en sûreté dans le centre.

Le même besoin a fait du cheval sauvage un animal sociable. Lorsqu'on est obligé de conduire ses aliments le long d'un intestin de vingt mètres, il est bon de fonder une assurance mutuelle contre les surprises de l'ennemi.

Les ruminants et chevaux n'avaient formé que des tribus nomades. Le castor (encore un de nos devanciers dans la vie et dans le progrès) a fondé la première association sédentaire : le village ! Il s'agissait de barrer des cours d'eau, de poser des charpentes, d'amonceler des terrassements. Quel animal, quel homme aurait fait tant de choses à lui tout seul ? Il s'est dit : nous travaillerons ensemble, et, pour plus de commodité, nous habiterons ensemble.

Mais les associations animales sont limitées dans leur développement comme la perfectibilité de l'animal lui-même. Elles s'arrêtent à la tribu nomade ou sédentaire, et ne sauraient aller au delà. Réunissez un million d'antilopes dans un pâturage de l'Afrique centrale, vous n'aurez jamais qu'une tribu. Dix mille hommes associés pour lutter en commun contre la difficulté de vivre peuvent constituer un État, un petit peuple.

Au milieu des innombrables causes de destruction qui nous menacent, ce n'est ni la douceur des climats, ni la fertilité des terroirs, ni l'abondance des produits naturels qui nous permet de vivre quelques années sur la terre : c'est l'organisation étroite et logique de la société. Les sauvages de l'Amérique du Sud vivent sous un climat d'une douceur incomparable ; ils foulent un terrain où la couche d'humus a souvent dix mètres de profondeur. La banane, qui peut nourrir jusqu'à cent hommes sur un hectare, croît naturellement sous leur main, et la durée moyenne de leur existence est de douze à treize années ! C'est qu'ils ne pratiquent et ne comprennent que l'association élémentaire de la tribu. Les Anglais naissent dans le froid et le brouillard, sur un sol qui ne produit spontanément que de l'herbe et des chênes ; leur vie moyenne est de trente-neuf ans ! Un Anglais vit trois fois plus qu'un sauvage, parce qu'il trouve dans son berceau un petit papier invisible, une action de la grande société britannique.

Nous vivons aussi trente-neuf ans et pour une raison de même nature. Notre existence moyenne n'était que de vingt-huit ans trois quarts en 1789. La limite a reculé à mesure que la société se perfectionnait. Laissez-moi espérer que nous l'éloignerons encore ; il ne s'agit pour cela que d'étendre et de perfectionner l'association.

Elle s'étendra grâce à la vapeur qui rapproche les habitants des deux pôles, à la presse qui met toutes les idées en commun.

Elle se perfectionnera par l'idée de justice. Il n'y a d'associations durables que celles qui sont loyales et que personne n'a intérêt à dissoudre violemment. Il n'y a d'associations loyales que celles qui profitent également à tous les associés.

(Edmond About. *Le Progrès*, p. 68. Hachette, édit.)

Lecture : *Le vieillard et ses enfants*, de La Fontaine.

.⁕.

L'homme ne peut rien, livré à lui-même : il peut tout, associé à son semblable.

L'homme associé se développe en tant qu'individu, et travaille en même temps pour la collectivité.

.⁕.

L'avenir est à l'association, pourvu que ce soient des libertés qui s'associent, et pour augmenter leur liberté, non pour en rien sacrifier.

(GUYAU.)

.⁕.

L'association n'additionne pas les hommes les uns aux autres, elle n'additionne pas les efforts individuels aux efforts individuels; l'association multiplie les efforts individuels par les efforts individuels, et là où l'on est dix, on a la force de cent, parce qu'au lieu de subir le conflit des intérêts qui affaiblit l'effort de chacun, on a les coudes serrés de ces dix hommes qui font la trouée dans les foules.

(LÉON BOURGEOIS.)

29. — INITIATIVE COURAGEUSE

(La guerre de 1870 a ruiné une fabrique; il faudrait trois ou quatre cent mille francs pour la relever. Le père découragé se contenterait, pour vivre, de ses six mille francs de rente. Mais la mère le mène devant les lits de leurs quatre enfants endormis : il faut assurer leur avenir.)

— Ah ! comme j'abandonnerais tout, et de bon cœur, s'il ne tenait qu'à moi ![1]

— Soit, mais as-tu le droit d'abandonner ces quatre innocents qui dorment en toute confiance et qui ne doutent plus de l'avenir, depuis que leur papa est revenu ? Peux-tu laisser dans la misère cette population d'ouvriers, d'employés, d'artistes, qui comptent obstinément sur toi ?

[1] C'est le mari qui parle.

Ils se sont bien conduits du haut en bas de l'échelle.
M. Lambert a été blessé au combat de Beaune-la-Rolande,
et décoré. M. Bergeron a gagné la médaille militaire à
Bapaume, sous les ordres du général Faidherbe. Ce pauvre
Thomassin, coupé en deux par un obus au plateau d'Avron,
laisse une femme et un enfant qui n'auront pas besoin de
nous : la famille est à son aise ; mais nous avons sept
ouvriers blessés, trois morts, dont les veuves et les enfants
sont dignes d'intérêt, tu l'avoueras ! Et les autres ? Cinq
ou six cents malheureux de tout âge, qui chôment à leur
grand désespoir depuis l'invasion des Allemands, et qui
ne trouvent ni le pain, ni le vin, ni la viande à crédit. Les
fournisseurs leur disent d'un air narquois : « Adressez-vous à M. Dumont ! La fabrique vous nourrira. Il faut
manger à la cantine. » Ceux-là sont plus à plaindre que
nous ; car, enfin, avec le peu d'argent que j'ai rapporté des
Martigues et les bijoux que tu m'as donnés autrefois, nous
avons du pain sur la planche. Écoute, mon Pierrot : nous
sommes nés, toi et moi, de pauvres gens qui gagnaient
péniblement leur vie. Le bien nous est venu trop vite et
comme par enchantement. Je n'ai jamais compris, entre
autres choses, comment le père Simonnot, cet homme sec,
t'avait donné pour rien la moitié de son usine. Mais la fortune n'a pas eu le temps de nous gâter à fond ; elle nous
a un peu amollis, c'est tout. Eh bien ! voici l'occasion de
nous retremper dans le travail, dans les privations, dans
le souci des échéances, dans l'incertitude du lendemain.
Si nous ne trouvons pas assez d'argent pour rétablir la
fabrique en six mois, nous marcherons pas à pas, comme
un jeune ménage parti de rien : on achète ou l'on répare
une machine, on monte un atelier, puis deux ; on reconstruit un four. La femme reste à la maison pour diriger les
opérations qu'elle connaît ; le mari fait quelques voyages,
visite la clientèle, renoue les relations. Chacun de son côté
s'ingénie à trouver des procédés économiques, à créer des

produits nouveaux ; on risque de temps à autre un effort audacieux ; sans abandonner les assiettes à bas prix, on vise à l'œuvre d'art, au plat de mille écus. Pour travailler ainsi, on n'a pas besoin d'habiter un hôtel ; le plus modeste appartement, celui-ci, par exemple, est assez bon et assez beau. Un château et un parc, en été, ne sont pas indispensables ; on fait comme les trois quarts des bourgeois, on reste en ville, et quand le temps est beau on va promener les enfants au bois du Lézard ou sur les berges du canal. Il me manquait d'avoir partagé avec toi un bon plat de misère, et j'y mordrais bien volontiers de mes trente-deux dents, cher ami ! »

(EDMOND ABOUT. *Le Roman d'un brave homme*, p. 448. Hachette, édit.)

30. — L'ASSOCIATION ET L'ESPRIT D'INITIATIVE

L'association donne à la force de l'individu une puissance qui serait souvent perdue, s'il restait isolé. Loin de diminuer l'initiative de chacun, elle lui permet de se développer et lui donne l'instrument qui lui manquait pour réaliser ses projets.

L'initiative reste entière dans l'association. Pour jouer au foot-ball vous vous réunissez en une société : en y entrant, renoncez-vous à votre liberté, aliénez-vous votre volonté ? par ce fait que vous avez des associés, vous dispensez-vous d'agir par vous-même, et vous en remettez-vous aux autres du soin de faire triompher votre équipe ? Chacun, au contraire, fait de son mieux à son poste : il faut du coup d'œil, du sang-froid, et aussi de l'initiative pour juger du moment où le ballon, enlevé avec succès à l'adversaire, peut être lancé dans le but. L'associé a la liberté de ses mouvements ; et, si la discipline lui fait un devoir d'obéir au capitaine, il sent, à certain moment, que la victoire va dépendre de son esprit de décision, qu'elle sera perdue, s'il attend un ordre, qui viendrait trop tard. Le jeu en société permet à l'individu de développer son énergie, son activité, son initiative avec une puissance qu'il ne connaîtrait pas dans l'exercice pris isolément.

Dans la grande société, il n'en est pas autrement. Que seraient devenues les idées de génie des inventeurs sans l'association? Comme pour la guerre, l'argent est le nerf de l'industrie : les chemins de fer sont une des plus utiles et des plus fécondes applications de l'association des capitaux. L'association se multiplie : les syndicats d'ouvriers, les syndicats de patrons se créent pour défendre les droits de chacun des membres et de tous. Les producteurs s'entendent, se groupent en *trusts*, ou vastes associations, qui ont la prétention d'accaparer tout ce qui se produit dans une branche d'industrie : fer, acier, cuivre, etc. Dans chaque groupe, l'individu peut faire valoir son intelligence avec des moyens qui en centuplent la puissance. D'où vient au contraire la misère du petit cultivateur, du petit fabricant? de son isolement. Peut-il mettre en œuvre l'idée nouvelle, la conception originale, qui changerait le mode d'action de son commerce ou de son industrie?

(G. C.)

CHAPITRE V

LA PATRIE

1. — L'idée et l'amour de la patrie

On discute sur l'idée de patrie. Cette idée, pourtant, est très claire, si l'on s'en tient aux enseignements de l'histoire et aux sentiments naturels de l'humanité. Primitivement, la patrie était la terre des pères, le sol où reposaient les ancêtres et que leurs âmes habitaient. Et comme ces ancêtres étaient des dieux, les dieux protecteurs de la famille, la patrie qui les enfermait était elle-même sacrée. Elle était le symbole de la continuité et de la perpétuité de la famille, la figure du passé, que les vivants avaient le devoir de transmettre inviolée à leurs descendants. Peu à peu, le contenu de la patrie s'est agrandi, mais la notion est restée la même. La patrie, aujourd'hui, c'est, dans tous ses éléments, tant matériels que moraux, le patrimoine que nous ont légué nos pères et que nous devons transmettre à nos descendants. C'est le sol et ce sont les gloires et les malheurs passés, ce sont les hauts faits militaires, les conquêtes morales, sociales et politiques. Ce sont les épreuves, les douleurs, les tâches et les espérances communes. C'est la langue et les lettres, les arts, la science et la civilisation créés et accrus par nos ancêtres. Ce sont les héros en qui l'âme du peuple est concentrée, qui ont exprimé ce qu'il y a en lui de plus pur et de plus grand, dont le génie, le dévouement, l'exemple, continuent à envelopper la nation d'une influence tutélaire. Ce sont les maximes qui expriment les principes des hommes d'action, qui résument les réflexions des penseurs.

Tout cela, c'est un devoir de le conserver et de l'accroître. Pourquoi ? Parce que c'est la réalisation d'une face de l'humanité, une partie déterminée de l'œuvre d'intelligence et de justice que l'espèce humaine a pour mission d'accomplir. Cet objet nous dépasse infiniment, nous, créatures d'un jour. Notre grandeur ne peut venir que de l'abnégation avec laquelle nous lui aurons consacré notre existence.

Ainsi, le devoir envers la patrie n'est pas un devoir relatif, conditionnel, lié à la volonté de quelque puissance extérieure. C'est un devoir qui s'impose à l'homme en tant qu'homme. C'est le devoir incombant à chacun de travailler, pour sa part et dans sa sphère, à la réalisation d'une certaine forme de l'idéal humain.

L'amour de la patrie est, lui aussi, un sentiment naturel. C'est à bon droit que l'on compare la patrie à une mère, puisqu'elle nous donne l'existence sociale et humaine, comme notre mère nous donne l'existence individuelle. Elle nous élève avec sollicitude et avec amour ; car les institutions au milieu desquelles nous grandissons, les beaux exemples que nous trouvons devant nous, ne sont autre chose que les fruits de l'amour qu'elle a inspiré à nos devanciers pour leurs descendants. Tout homme, à l'âme un peu élevée, travaille pour l'avenir : c'est que la patrie vit en lui, et aime d'avance ceux qui sont à naître.

Il est banal de remarquer que nous nous sentons destitués d'une partie de nous-mêmes quand nous sommes privés de notre patrie. La remarque est banale parce qu'elle est vraie. Quiconque laisse la nature agir en lui, sent qu'il appartient à sa patrie comme le membre au corps, et qu'elle est lui-même plus que le moi superficiel auquel est bornée sa conscience distincte, parce qu'en elle il a l'être, le mouvement et la vie.

Non seulement ce sentiment est naturel, mais il faut ajouter qu'il est obligatoire. Ne nous eût-il pas été communiqué par l'exemple et par l'éducation, la réflexion nous montrerait que nous avons le devoir de l'éprouver et de l'entretenir en nous.

(BOUTROUX. *Le devoir militaire*, dans l'*Armée à travers les âges, série III.* Chapelot, édit.)

Lecture : *L'instinct de la patrie*, CHATEAUBRIAND. *Génie du Christianisme*, l. V, ch. XIV.

**

Les seigneurs, les vilains, les serfs et les bourgeois finirent par s'adapter à leur condition, se sentir reliés par un intérêt commun et former un seul corps. La comté, le duché devinrent une *patrie* que l'on aime d'un instinct aveugle, et pour laquelle on se dévoue. Elle se confond avec le seigneur et sa famille ; à ce titre on est fier de lui ; on conte ses grands coups d'épée ; on l'acclame, quand sa cavalcade passe dans la rue.

Pour que la petite patrie féodale devienne la grande patrie nationale, il suffit que toutes les seigneuries se réunissent entre les mains d'un seul seigneur, le roi.

(D'après TAINE. [*Ancien régime*, p. 13, Hachette, édit.)

**

L'amour de la patrie est un sentiment. Comme tous les sentiments, il est plus facile de l'éprouver que de le définir. La patrie, si j'essayais d'exprimer l'idée que, suivant moi, tout cœur bien né aujourd'hui y attache, c'est l'histoire ! Voilà pourquoi il est si malaisé d'absorber une nationalité fondée sur un long passé historique.

(E. JURIEN DE LA GRAVIÈRE.)

.˙.

La patrie, c'est un paysage, une chanson, une tradition, une rose de France, un vieux proverbe.

(M. Donnay. *Retour de Jérusalem*.)

.˙.

Il faut épouser sa patrie.

(*Trésor des sentences*.)

.˙.

Le véritable patriotisme, ce n'est pas l'amour du sol, c'est le respect des générations qui nous ont précédés.

(Fustel de Coulanges.)

Lecture : Renan. *Qu'est-ce qu'une nation? Discours et Conférences* (Lévy).

2. — La France

Il saute aux yeux que la nature a traité la France maternellement : terre privilégiée entre toutes, elle est redevable du grand rôle qu'elle a joué dans l'histoire à sa magnifique situation géographique qui fait face à trois mers. En bordure sur la Manche, que sillonnent les marines du septentrion, assise devant la majesté de l'Océan, dont les vastes horizons emportent la pensée vers le lointain du nouveau monde, se mirant dans les eaux transparentes de la Méditerranée où se sont baignées les plus antiques civilisations, il fallait bien, sans parler même de la complexité de nos origines et du mélange de notre sang, que la patrie française, si féconde en aspects et en produits, fût ondoyante et diverse : vive, joyeuse et passionnée, dans sa Provence et sa Gascogne au beau soleil et au bon vin ; pensive, opiniâtre et pieuse, dans sa Bretagne aux assises granitiques et aux falaises abruptes, battues des vagues et des vents; lente, appliquée, persévérante, dans ses départements normands, picards, flamands, pays de la bière lourde ou du gros cidre, des terres grasses et des larges cultures; plus fine, plus alerte et plus tempérée vers le centre; partout laborieuse, économe, ouverte à toutes les idées généreuses comme son ciel éclaire toutes les productions, aussi variée dans les aptitudes de l'esprit que dans les richesses du sol où toutes les régions se pressent, tous les climats se mêlent, toutes les cultures réussissent, depuis la vigne jusqu'au pommier, depuis l'olivier jusqu'au houblon. Si la fortune amie nous avait permis de joindre le cours du Rhin à la chaîne des Alpes, avec les Pyrénées pour base et la mer pour ceinture, la France serait le pays le plus complet, le plus harmonieux, le mieux fait du monde.

(Ch. Turgeon. *La Nation, Discours.*)

Cf. André Chénier :
France, ô belle contrée, ô terre généreuse,
Que les dieux complaisants formaient pour être heureuse, etc.

3. — Le génie de la France : trois grands Français

La France, avec la Révolution de 1789, a donné au monde un droit nouveau : elle a proclamé l'égalité de tous les hommes en tant qu'hommes, le respect de leur personne et de leur liberté auxquels tous ont droit par cela seul qu'ils existent. Et ce principe, elle l'a étendu aux peuples, qui se sont toujours réclamés d'elle pour conquérir leur indépendance. L'amour de l'humanité, le dévouement à cette grande cause, tel est le sentiment qui a toujours inspiré la France.

L'œuvre de trois grands Français du xixe siècle, de Lesseps, Hugo, Pasteur, est l'expression de ce génie civilisateur.

Ferdinand de Lesseps a été appelé le perceur d'isthmes. Lorsqu'il fut reçu à l'Académie française, le Directeur lui adressa ces paroles : « Le télégraphe électrique et la téléphonie ont supprimé la distance en ce qui concerne la communication des esprits ; les chemins de fer et la navigation à vapeur ont décuplé les facilités pour le transport des corps. N'était-il pas inévitable que le siècle regardât comme une partie inévitable de sa tâche de faire disparaître les obstacles qui gênaient ses communications rapides ? Etait-il possible que la génération qui devait percer le Cenis, le Saint-Gothard, s'arrêtât devant quelques barres de sable ou de roches, à Suez, à Panama, à Corinthe ? C'est vous, monsieur, qui avez été l'artisan élu de cette grande œuvre. »

Victor Hugo disait avec admiration à M. de Lesseps : « Vous étonnez l'univers par de grandes choses qui ne sont pas des guerres. » Il devait en effet comprendre et célébrer les travaux de la paix, le poète qui, s'il a chanté la gloire des batailles, les malheurs et les triomphes de la patrie, avait le don sacré de la pitié et le sentiment de la fraternité humaine. L'amour des faibles et des humbles, du pauvre, de l'enfant, la défense de la justice et de la liberté, du droit, lui ont inspiré ses plus beaux vers. Il a été le poète de l'humanité opprimée, tout en personnifiant l'âme de la patrie.

Pasteur, lui, avait l'obsession de la souffrance humaine. Les deuils qui l'avaient frappé « n'avaient fait que le rendre plus incliné vers les douleurs des autres. Il souhaitait passionnément que, grâce à l'application des méthodes qui dériveraient de ses travaux et dont il entrevoyait l'immense portée sur la pathologie, il y eût dans les foyers moins de ces places vides que l'on regarde toujours. Puis au delà, le sentiment de la patrie étant en lui un sentiment fixe, il songeait à ces milliers et ces milliers de jeunes hommes que la France perd chaque année, victimes des infiniment petits, virus animés et vivants. Enfin, à la pensée des épidémies qui lèvent un si lourd contingent de mort sur le monde entier; sa pitié s'élargissait[1] »; il voulait soulager les souffrances de ses semblables.

Ces « trois hommes rayonnent aujourd'hui sur le monde comme de purs foyers de lumière : l'un représente « l'esprit d'initiative et d'invention » ; l'autre, le « génie » ; le troisième, « la science ». Ce qui distingue ces trois hommes de plusieurs personnages illustres, « c'est qu'ils n'ont pas une goutte de sang à leurs mains, qu'ils n'ont pas fait couler une seule larme. Tout est pur dans leur gloire ; tout, dans leur œuvre est services rendus, consolation, bienfait. La race et l'époque qui produisent de tels hommes ne sont pas en décadence, et l'on peut être fier de sortir de l'une et d'appartenir à l'autre » (Legouvé[2]).

(G. C.)

4. — La France est une semeuse

« Il y a quelques années, la République française décida de faire graver un coin nouveau pour ses monnaies. Elle s'adressa aux maîtres médailleurs les plus célèbres, et de leurs mains sortirent des chefs-d'œuvre pour les différentes monnaies. Pour l'une des plus humbles pièces d'argent, la commande avait été faite au célèbre graveur Roty. Il lui vint à l'idée de représenter la France en semeuse, jetant le grain à pleines poignées, au soleil levant.

« L'effet fut immédiat ; la France entière se reconnut. La France, certes, ne dédaigne pas les belles et abondantes moissons ; mais, et c'est là le plus pur de sa gloire, elle aime mieux encore semer que moissonner. Une France

---

[1] Vallery-Radot. *Vie de Pasteur*, p. 324 (Hachette, édit.).
[2] *Une éducation de jeune fille* (Hetzel).

représentée en moissonneuse n'eût enthousiasmé personne. La Semeuse enthousiasma tout le monde; elle devient chaque jour davantage l'emblème classique de la patrie; elle a passé des petites monnaies aux grandes et des grandes aux timbres. Elle parcourra encore bien du chemin.

« Dans cette image, la France s'est reconnue, et avec raison : tout son passé, son présent, son avenir sont là, exprimés par un geste; telle elle fut, telle elle sera; bon sang ne saurait mentir. De cette main tendue vers le soleil qui se lève, vers l'aube éternelle des idées, sont tombés quelques-uns des grains les plus féconds qui aient jamais été semés. Elle a jeté au vent la bonne graine, et cette graine a germé. Elle a semé la liberté, et la liberté poussa; elle l'a semée sur notre sol; elle l'a semée aussi aux plaines d'Amérique, aux vallées d'Italie, aux champs de Morée[1], ailleurs encore, et partout la graine a poussé. »

(JUSSERAND[2]. *Discours prononcé à la Nouvelle-Orléans*, le 19 décembre 1903.)

.˙.

Tous les Français sont nés comédiens. Ils savent si bien apprendre leurs rôles dans toutes les situations de la vie et se draper si avantageusement que c'est plaisir à voir. Les Français sont les comédiens ordinaires du bon Dieu, troupe d'élite, et toute l'histoire de France m'apparaît quelquefois comme une

---

[1] La France aida les colonies anglaises d'Amérique, qui sont devenues les États-Unis, à s'affranchir (sous Louis XVI, — La Fayette, Rochambeau); — elle a aidé l'Italie, divisée en petits États, à conquérir son unité (1859); — elle a aidé la Morée ou Grèce à secouer le joug des Turcs (1827). La France a eu toujours une politique extérieure désintéressée et inspirée par des sentiments chevaleresques.

[2] Ambassadeur de la République française à Washington.

grande comédie, représentée d'ailleurs au bénéfice de l'humanité.

(Henri Heine. *De la France*, p. 309.)

**

Nous ne nous plaisons que dans les rôles de redresseurs de torts et de libérateurs. Nous avons aimé les autres, ce qui est la gloire unique de notre nation. Ainsi, sans que nous soyons, peut-être, meilleurs que les voisins, il s'est tout de même fait plus de bien par nous, plus de bien absolument pour l'humanité totale. C'est ce qu'on entend par ce mot que nous sommes au service de Dieu.

(Paul Desjardins.)

**

Prendre conscience de la mission particulière de la France et agir dans le sens de cette mission, c'est là le patriotisme. Si nous aimons la patrie, c'est parce que nous la sentons nôtre; mais c'est nous aussi qui la faisons.

(P. Desjardins.)

**

L'idée de patrie « suppose un pacte social incessamment renouvelé, une sorte de contrat de mariage qui l'unit à chaque citoyen pour la bonne et la mauvaise fortune, un accord tacite dans les idées, dans les désirs, dans les espérances, dans la poursuite d'un idéal collectif où les destinées particulières conspirent au destin général, où les individus subordonnent leurs agréments particuliers au bonheur et à la grandeur de l'ensemble. »

(Ch. Turgeon.)

**

Une nation, c'est le consentement actuel, le désir de vivre ensemble, la volonté de continuer à faire valoir l'héritage qu'on a reçu indivis.

(Renan.)

5. — LE PATRIOTE DOIT RESPECTER LA JUSTICE MÊME A L'ÉGARD D'UN ENNEMI

(Troie est assiégée depuis dix ans : les Grecs ne pourront s'emparer de cette ville que si les flèches léguées par Hercule à Philoctète viennent à leur aide. Or les rois grecs avaient abandonné leur compagnon dans l'île de Lemnos ; il avait été mordu au pied par un serpent, et l'odeur infecte que répandait sa plaie les avait forcés de se séparer de lui : comment maintenant lui demander ses flèches? Ulysse se charge de les avoir. Il s'embarque avec Néoptolème, fils d'Achille ; sur son conseil, ce dernier se présente seul à Philoctète : il a été traité injustement par les rois grecs ; il s'en retourne dans sa patrie et propose à Philoctète de l'emmener dans son vaisseau. Mais une fois que le malheureux sera embarqué, on fera voile vers Troie. Néoptolème décide sans peine Philoctète, qui lui confie ses armes. Puis pris de scrupule, et, honteux de son mensonge, il déclare à Ulysse qu'il ne veut pas enlever par ruse un homme qu'il a trompé. Sophocle a mis ce drame à la scène. L'extrait suivant est tiré d'une traduction de M. Bouchor.)

SCÈNE VIII

ULYSSE, NÉOPTOLÈME, LE CHOEUR

ULYSSE

Me diras-tu pourquoi tu reviens sur tes pas
Si précipitamment? Ne le diras-tu pas?

NÉOPTOLÈME

Je viens pour réparer une faute commise.

ULYSSE

De quoi me parles-tu? j'écoute avec surprise.

NÉOPTOLÈME

En suivant les conseils de l'armée et les tiens...

ULYSSE

Tu n'as rien fait de mal, enfant.

NÉOPTOLÈME

                    Tu le sais bien :
J'ai menti pour tromper un homme.

ULYSSE

                    O dieux ! quel homme ?
A quoi vas-tu songer ?

NÉOPTOLÈME

               Ce malheureux se nomme
Philoctète.

ULYSSE

Quel est ton dessein ? Réponds-moi !

NÉOPTOLÈME

Il m'a livré son arc ; et pour ceci, je dois...

ULYSSE

Ô Zeus ! tu ne vas pas, sans doute, le lui rendre ?

NÉOPTOLÈME

Quels mensonges honteux j'ai faits pour le lui prendre !

ULYSSE

Par les dieux ! tu te plais à railler, je le vois.

NÉOPTOLÈME

Dire la vérité, c'est railler selon toi ?

ULYSSE

Que m'as-tu répondu ? redis-le, si tu l'oses.

NÉOPTOLÈME

Faut-il deux, et trois fois dire les mêmes choses ?

ULYSSE

Quelqu'un t'empêchera d'agir comme tu veux.

NÉOPTOLÈME

Qui ?

ULYSSE

L'armée et les chefs; moi, qui suis l'un d'entre eux.

NÉOPTOLÈME

On te dit sage, toi ? Change, alors, de langage !

ULYSSE

Ce sont tes actions qui ne sont pas d'un sage.

NÉOPTOLÈME

S'il est bon d'être sage, *être juste vaut mieux.*

ULYSSE[1]

Est-il juste, *en rendant cet arc victorieux,
D'assurer le salut d'une ville ennemie ?*

NÉOPTOLÈME

Tais-toi. Par tes conseils j'ai fait une infamie :
Je veux la réparer, si je le peux.

ULYSSE

                Alors,
Tu ne crains pas les chefs ?

---

[1] Je dois avouer que j'ai modifié ici le sens de la réponse d'Ulysse, afin de poser très nettement les termes du problème moral qui est le fond de la pièce. (Note de M. Bouchor.)

NÉOPTOLÈME

      Pour réparer mes torts,
Je ne crains rien.

ULYSSE

     C'est toi que nous combattrons, traître,
Et non pas Ilion.

NÉOPTOLÈME

    Que tout ce qui doit être
Soit !

ULYSSE

  Vois-tu cette main frémir sur le pommeau
De mon glaive ?

NÉOPTOLÈME

    Vois-tu le mien hors du fourreau ?

ULYSSE

Tu seras, en dépit de tes menaces vaines,
Châtié par l'armée entière des Hellènes.
Je te laisse averti.

NÉOPTOLÈME, *avec une ironie hautaine.*

    Tu reprends ta raison.
Va, reste aussi prudent ; et, de cette façon,
Tu vivras sans péril, même si l'on t'irrite.

  (Se tournant vers le fond, à gauche, en appelant à haute voix :)

Toi, Philoctète, sors de l'antre qui t'abrite.

    (Ulysse se retire avec lenteur ; il sort par la droite, au premier plan.)

(MAURICE BOUCHOR. *Philoctète*, trad. en vers, p. 70. Hachette, édit.)

Cf. Aristide.

Il n'est pas de succès qui puisse compenser le mal qu'une nation se fait à elle-même quand elle renonce à prendre la justice pour loi suprême.

(CHANNING.)

* *

On doit mourir pour sa patrie; on n'a pas le droit de mentir pour elle.

(MONTESQUIEU.)

* *

On entend répéter : « Pour assurer le triomphe de la patrie, tous les moyens sont bons. » Qu'en pensez-vous ?

* *

On considère souvent comme un déshonneur la justice à l'égard de l'étranger. Cela provient en partie d'une confusion des plus funestes. Défendre ses droits au péril de sa vie, préférer mourir plutôt que souffrir l'iniquité, est beau, grand, noble et généreux. Toute nation qui laisse attenter à ses droits, sans consentir aux sacrifices les plus pénibles pour les défendre, descend dans la lie de l'humanité. Mais défendre ses droits ne signifie pas porter atteinte au droit des autres.

Malheureusement, ces deux choses sont absolument confondues dans les rapports internationaux.

(NOVICOV.)

* *

L'étranger ! quand on a prononcé ce mot, on croit avoir tout dit. L'étranger, c'est le diable; l'étranger est une bête immonde à l'égard de laquelle on se croit tout permis. Quelle profonde erreur ! L'étranger nous achète les produits qui surabondent chez nous, il nous fournit les produits qui nous manquent ; il augmente donc notre richesse et notre bien-être. L'étranger nous apporte des idées nouvelles ; il empêche donc la stagnation mentale, qui produit la décomposition et la mort de la nationalité.

(J. NOVICOV.)

Le chauvinisme se distingue du patriotisme comme l'orgueil sot et méprisant pour autrui se distingue du respect de soi et du sentiment de la dignité personnelle qui n'excluent point, bien au contraire, le respect de la dignité d'autrui.

(Jules Payot.)

L'orgueil inspiré au citoyen par les exploits de sa nation n'est autre que l'orgueil d'appartenir à une nation capable de ces exploits : car appartenir à cette nation, cela implique qu'on possède soi-même une supériorité naturelle.

(Spencer. *Préjugés du patriotisme*, dans l'*Introduction à la Science sociale.*

L'excès de patriotisme chez une nation la rend agressive et vaniteuse. En a-t-elle trop peu, elle aura aussi trop peu d'inclination à revendiquer ses droits, qui seront alors violés par les autres nations ; de plus elle dépréciera les capacités et les institutions nationales, ce qui décourage l'effort et le progrès.

(Spencer.)

L'amour de la patrie, c'est la haine de la patrie des autres.

(Voltaire.)

Il faut aimer les autres peuples, parce que leurs efforts retentissent sur le bien-être de notre propre patrie, parce qu'ils produisent des génies dont les découvertes sont des bienfaits pour toutes les patries, parce qu'ils enfantent des héros dont l'exemple est salutaire aux citoyens de tous les pays.

Non, non, il n'est pas possible, ô Athéniens, d'acquérir une puissance durable par l'injustice, le parjure et le mensonge;

les empires de cette sorte peuvent se maintenir une fois et pendant quelque temps, fleurir même au milieu des plus belles espérances, si la fortune leur est favorable; mais, avec le temps, la vérité se fait jour, et l'édifice s'écroule sur lui-même. En effet, comme une maison, un navire et les autres constructions de ce genre doivent avoir une base très solide, — de même il faut que la politique ait pour principe et pour fondement la vérité et la justice.

(DÉMOSTHÈNE. *Deuxième Olympienne.*)

* *

« Notre pays d'abord, qu'il ait tort ou raison ! »

* *

Le patriotisme est pour la nation ce qu'est l'égoïsme pour l'individu. Il a même racine et donne les mêmes biens accompagnés des mêmes maux.

(SPENCER.)

* *

Le patriotisme mène à l'orgueil. Depuis le morceau emphatique où V. Hugo intitule la France *Sauveur des nations*, jusqu'aux déclamations de ceux qui allaient répétant que détruire Paris serait éteindre le foyer de la civilisation, nous retrouvons partout la conviction que la France est le maître, ce qui implique qu'elle n'a pas besoin d'être l'élève.

(SPENCER.)

6. — LA FRANCE ET LA GUERRE

On aime sa famille, sans pour cela désirer le malheur de ses voisins. On peut aimer sa patrie, et ne pas vouloir pour cela anéantir celle des autres. Il y a mille moyens de la servir, de la rendre grande et prospère, sans rêver pour elle la gloire, ou plutôt la honte d'asservir une autre partie de l'humanité.

Peut-être viendra-t-il une époque, une *ère sans violence*, où les peuples seront libres de travailler en pleine sécurité. Mais tout en préparant ces siècles de paix, il faut songer à la défense de sa propre patrie et de son territoire ; il ne faut pas oublier ceux qui ont été séparés de nous par la violence. On peut flétrir les massacres horribles de la guerre, « tout en continuant à ressentir le frissonnement mystérieux répandu par ce symbole auguste qui s'appelle le drapeau ».

Sans doute, nous sommes loin encore de l'entente universelle des peuples : mais on ne peut nier qu'une ère nouvelle semble se lever, que leurs rapports deviennent moins hostiles à la solidarité et aux bienfaits de la paix. L'Angleterre[1] et la France viennent de régler, par des concessions mutuelles, les difficultés qui les divisaient sur plusieurs points du globe ; elles ont donné, par leur esprit de conciliation mutuelle, un bel exemple aux nations rivales. La France et l'Italie viennent de signer (avril 1904) *un traité de travail :* c'est la première fois que deux pays emploient leur diplomatie à traiter le sort des ouvriers et à faciliter leur établissement dans l'industrie étrangère ; cette préoccupation toute pacifique est de bon augure, et c'est de la bonne politique que celle qui met au premier plan les intérêts des travailleurs[2]. Ces

---

[1] Le rôle du roi Édouard VII a été prépondérant : le prince de Galles n'a pas oublié la France qu'il aimait.

La bonne volonté réciproque, le désir de s'entendre ont suffi sans arbitrage ; la France et l'Angleterre se sont arrangées, parce qu'elles avaient intérêt à le faire ; elles se sont montrées animées d'un esprit vraiment pratique. Elles possédaient des droits incontestés, dont l'exercice les gênait mutuellement, en Égypte, à Terre-Neuve ; elles se sont fait entre elles un abandon de ces droits, de façon à recevoir par les traités un peu plus d'avantages que de pertes, — en compensation. — Beaucoup d'Anglais ont vu avec plaisir ce traité, surtout parce qu'il isole l'Allemagne : tant l'intérêt égoïste reste la base de la politique !

[2] Les relations entre la France et l'Italie, qui, il y a à peine quelques années étaient très tendues grâce à Crispi, sont devenues très amicales.

« L'Italie et la France, issues toutes les deux du vieux tronc latin, conserveront à travers les siècles les traditions d'affinité ineffaçables ; et, aujourd'hui, elles affirment de nouveau leur amitié dans

actes diplomatiques viennent donner une force nouvelle aux traités d'arbitrage[1] que la France a échangés avec l'Angleterre, l'Italie, l'Espagne, les Pays-Bas : tous ces contrats, bien qu'ils laissent en dehors de leurs clauses les questions qui touchent à l'existence même et à l'honneur d'une nation (comme si l'honneur véritable d'un pays pouvait différer de la justice), ces contrats, dis-je, sont de nature à arrêter bien des conflits naissants que le temps pourrait rendre dangereux.

La paix ne semble plus à la merci de la mauvaise humeur d'un chef d'État brutal et violent : cependant toutes les chances de guerre ont-elles disparu ? Il ne faut pas oublier que l'Allemagne s'est opposée de toutes ses forces à la réunion de la Conférence de la Haye ; l'empereur ne cesse d'augmenter les effectifs des troupes casernées en Alsace-Lorraine, d'y élever des forts. Au moment même où M. Loubet était acclamé en Italie (26 avril 1904) Guillaume II rappelait dans un discours à Carlsruhe les « glorieuses victoires de Wœrth, de Forbach, de Sedan », qui ont fondé l'unité de l'empire allemand[2], il parle sans

cette Rome éternelle, de laquelle le génie national des deux peuples a tiré tant d'inspirations. »
(Paroles prononcées pra le roi d'Italie).

« Nos gouvernements ont compris combien il importait de mettre les intérêts de leurs pays d'accord avec les sympathies qui les portaient l'un vers l'autre ; de leur heureuse collaboration sont sortis plus récemment la convention d'arbitrage et le traité du travail, où il me plaît de voir, avec vous, un gage nouveau de paix politique et un instrument fécond de progrès social ».
(Paroles prononcées par M. Loubet en réponse au toast du roi d'Italie, le 25 avril 1904, à Rome.)

[1] Voir appendice, page 467.
[2] « Le souvenir de l'époque grandiose où le peuple allemand a consommé son unité, le souvenir des batailles de Wœrth, de Wissembourg, de Sedan, le souvenir du cri de joie dont le grand-duc de Bade a salué le premier empereur d'Allemagne, affermiront la conviction que Dieu nous aidera à en finir avec les querelles intestines. »
Quelques jours après, l'empereur venait en Alsace-Lorraine faire

cesse de la « plus grande Allemagne » et rêve l'hégémonie du monde. A l'heure actuelle, il se sent isolé ; l'Europe devient hostile à l'Allemagne ; raison de plus, disait le chancelier Bulow, pour « aiguiser nos glaives et en tenir le fil bien tranchant : c'est le seul moyen de désarmer la haine et l'envie ».

La guerre russo-japonaise fournit la preuve que les nations peuvent être contraintes de recourir aux luttes sanglantes, même si elles sont sincèrement pacifiques : la bonne volonté risque d'être mise en échec par des ambitieux. Les difficultés qui avaient surgi entre la Russie et le Japon pouvaient être résolues par la diplomatie. Le tsar, qui a été le promoteur de la Conférence de la paix, ne désirait pas personnellement la guerre. Il y comptait si peu que la Russie s'est trouvée surprise à l'improviste grâce aux sentiments humanitaires de l'empereur, et elle paie cher

un voyage pendant lequel il célébrait l'anniversaire du traité de Francfort ; il visitait les travaux du fort Kaiser-Wilhem, qui se construit en ce moment et est destiné à barrer la vallée de la Bruche, « vallée directrice d'une invasion française en basse Alsace (sic) ». Le 15 mai, il s'arrête à Sarrebruck ; il y prononce un nouveau discours belliqueux et presque comminatoire : il s'est montré là en chef d'armée.

« Sarrebruck n'est plus désormais une ville frontière et ce pays n'est plus à la merci des invasions dévastatrices de l'ennemi ; car, en ce moment, j'arrive, moi, son successeur, en qualité d'empereur d'Allemagne, de Metz, qui est une ville frontière allemande et dont les remparts inexpugnables protègent cette contrée qui, si Dieu le veut ainsi, ne sera jamais dévastée par une nouvelle guerre. »

L'empereur d'Allemagne semble prendre plaisir à donner le change en faisant croire que la France a des intentions belliqueuses ; n'est-ce pas l'Allemagne qui, dès 1875, voulait recommencer la guerre pour nous anéantir ?

Il ne faut pas oublier que si, à la mort de l'empereur d'Autriche, les peuples, qui sont maintenant groupés sous son autorité, se séparent et vont chacun à leur patrie d'élection, l'Allemagne gagnera ainsi 9 à 10 millions de sujets : elle aura une population de 70 millions. Ce sera le plus fort groupement national du centre de l'Europe ; et nulle puissance isolée ne sera en état de lui résister.

maintenant les conséquences de cette imprévoyance. Le tsar espérait à tort en la bonne volonté des autres; de leur côté, dès qu'ils se sont sentis prêts, les Japonais acculés à cette extrémité ont déclaré la guerre.

Ainsi donc, même sans vouloir une guerre de conquête, la France ne peut désarmer : le moment n'est pas encore venu. Elle peut encore être obligée de défendre l'intégrité de son territoire ou de ses colonies : l'Indo-Chine et le Tonkin ne sont-ils pas convoités par le Japon en quête de débouchés pour son industrie? « Il est très vrai, disait M. Delcassé au Sénat (26 décembre 1903) que l'on peut considérer avec regret les gros budgets militaires des États de l'Europe : mais un gouvernement n'a pas le droit de rêver quand la nation qu'il représente risque de payer les frais de ses rêveries. Il n'a pas le droit d'oublier que la sécurité d'un État et le libre développement de son génie et de ses institutions de solidarité sociale reposent sur la garantie d'une puissance militaire intacte et prête à toutes les éventualités. »

(G. C.)

**

Au delà des Alpes, comme au delà des Vosges, il existe des cartes représentant la France au-dessus de Lyon, devenue allemande, la France au-dessous de Lyon devenue italienne. L'Italie ne s'est rapprochée de nous que par intérêt commercial; au point de vue politique, elle reste contre nous avec la Triple Alliance : et si elle s'était mise du côté de nos ennemis, c'était pour avoir sa part de nos dépouilles. On nous a réservé longtemps le sort de la Pologne. Maintenant les sentiments changent : depuis cette année 1904, les sympathies des nations viennent à la France pacifique; on commence à reconnaître que nous ne voulons pas troubler la paix.

(D'après FOUILLÉE, *Revue de métaphysique et de morale*, janvier 1904.)

Un journal allemand, la *Neckar Zeitung*, faisait, il y a une vingtaine d'années, la proposition suivante : « Il faut enlever aux Français toutes les provinces du Nord et les donner à la Belgique ; et par provinces du Nord nous entendons désigner non seulement l'Artois, la Picardie et la Normandie, mais encore la Bretagne. Qu'on tire ensuite une ligne allant de Mézières à Lyon et qu'on attribue à l'Allemagne toute la bande de territoire située en deçà de cette ligne ; à l'Italie toute la rive gauche du Rhône ! L'Europe aura trouvé alors la paix et le repos. »

(Cité par Novicov, *Les luttes entre les sociétés humaines*, p. 678, F. Alcan.)

7. — Les nationalités [1]

Chaque nation, comme chaque individu, a son caractère propre, sa personnalité, sa façon particulière de comprendre la vie et d'exprimer ses idées dans la littérature, les arts et la philosophie. Mais par cela même qu'elle prend conscience d'elle-même, elle tend à se séparer des autres et à former un tout distinct dans l'ensemble de l'humanité : chacune des grandes nations européennes tend à s'assurer une puissance matérielle, à l'exclusion des autres États voisins : de là, des armements ; de là, le caractère

---

[1] Un *peuple* est un groupement plus ou moins étendu d'individus ayant un caractère propre, une communauté de mœurs, de coutumes, de vie, qui s'affermit par l'hérédité ; le peuple se crée par le lent travail des générations ; il a un esprit commun, des habitudes analogues, qui le séparent des autres peuples.

Une *nation* est une communauté d'hommes unis et organisés en *État* : c'est un peuple qui est arrivé à l'unité politique de gouvernement. Ainsi les Italiens formaient un peuple avant 1860 ; ils forment une nation depuis qu'ils ont conquis un gouvernement commun et qu'ils ont, par ce gouvernement, la faculté d'exprimer la volonté de l'ensemble et de la faire passer dans les actes.

La tendance des *peuples* à se constituer en *nation* est la *nationalité*. L'Autriche souffre de la diversité de ses peuples, qui veulent aller chacun à la nation avec laquelle ils ont des affinités. — Mais, d'autre part, l'idée nationale a créé le royaume d'Italie et l'Empire d'Allemagne.

offensif du patriotisme, qui semble n'être plus qu'une manifestation d'un égoïsme collectif.

Telle est la situation actuelle. Elle a provoqué, en France, par réaction, une sorte de croisade en faveur de l'idée d'humanité et de cosmopolitisme. Plus de frontières entre les peuples! Plus de barrières factices qui les divisent et en font des frères ennemis! « Il semble par moments que le chant de l'*Internationale* va devenir notre chant national » (Darlu).

Un certain nombre de faits viennent appuyer la théorie de ceux qui se font gloire d'être des *sans-patrie* : les relations internationales, les réunions des représentants des différents pays qui se rencontrent pour traiter en commun les questions communes relatives à l'hygiène, aux mœurs, au droit, sont de plus en plus fréquentes; on a lancé — sans succès — l'idée d'un désarmement des nations; le consommateur a intérêt à acheter le produit le moins cher, d'où qu'il vienne[1]; la science n'a pas de patrie, et les découvertes d'un Pasteur ne connaissent pas de frontières : elles se répandent chez tous les peuples. Ces arguments, répandus dans la masse, tendent à dissoudre l'idée de patrie et à détruire le principe d'unité morale qui en fait la force.

Cette propagande contraste avec ce qui se passe dans les pays étrangers : en Russie, en Angleterre, en Allemagne, aux États-Unis, le sentiment national tend à s'accroître et gagne en intensité. On ne s'y demande pas si l'idée et le sentiment patriotique sont en opposition avec une autre idée plus large et un autre amour plus étendu, l'idée et l'amour de l'humanité, dans lequel l'amour étroit de la patrie doit se fondre, s'effacer et disparaître : là, l'idée de patrie est pour tous « l'expression de la vie d'un être col-

[1] En Angleterre, cependant, on fait mauvais accueil aux produits allemands; on les signale : « made in germania » pour en empêcher la vente.

lectif qui tend de toutes ses forces à durer, à se développer, à satisfaire ses besoins essentiels, indépendance, accroissement de population, prospérité, puissance, richesse. Nous ne nous faisons pas une juste idée de la force du sentiment national à l'étranger. En Angleterre, nous venons d'entendre l'explosion de ce sentiment : il avait été longuement et cruellement meurtri ; à la nouvelle de la délivrance de Ladysmith, il a éclaté instantanémemt, d'un bout du territoire à l'autre, en une joie furieuse, en un délire universel. Au fond, c'est l'instinct national qui emporte ces énormes masses humaines, ces empires les plus grands que la terre ait portés, l'empire allemand, l'empire russe, la Grande-Bretagne, les États-Unis dans une orbite incalculable » (Darlu[1]). C'est la fièvre de l'*impérialisme*, c'est-à-dire de l'expansion, de la domination mondiale qui les agite et les jette dans les aventures. Les petits groupes de peuples, eux aussi, ne restent pas indifférents à ce sentiment national : « après avoir sommeillé silencieusement pendant des siècles sous la domination d'une race étrangère, ils se sont dressés tout à coup dans la conscience qu'ils ont prise de leurs droits, de leur être collectif : Tchèques d'Autriche, Croates de Hongrie, Bulgares de Macédoine. » (Darlu.)

Ce principe national, cette idée de patrie, a été un des facteurs les plus importants de l'histoire au xixe siècle : la Révolution française en 1789 avait proclamé le droit des peuples à disposer d'eux-mêmes, à former des groupes suivant leurs affinités, leurs traditions, leurs besoins, à reprendre leur personnalité quand elle a été confisquée[2]. Après 1815, ce principe, qu'on a appelé le *principe des nationalités*, a été un instrument d'émancipation. « Des

---

[1] *Revue de métaphysique et de morale*, décembre 1903. Darlu.

[2] La Révolution proclamait ce droit des peuples à conserver la patrie qui leur plaît, au moment même où s'achevait le partage de la Pologne.

ombres du passé ressuscitent soudain, des peuples longtemps lésés dans leurs intérêts, blessés dans leur orgueil,
secouent le joug qu'ils ont porté pendant des siècles ; des
tronçons épars d'antiques nations se cherchent, se rejoi-
gnent, affirment leur volonté de vivre sous les mêmes
lois. » (Jallifier.) La Grèce, les petits États des Balkans
rejettent le joug des Turcs ; la Belgique se sépare de la
Hollande ; les principautés et les royaumes allemands, si
longtemps divisés, se réunissent en un empire (1870) ; les
duchés et les comtés d'Italie se groupent en un seul État
et donnent naissance à la nation italienne (1860). Ce
principe des nationalités devient « un des facteurs les
plus redoutables de la politique contemporaine. Redoutable, quand il désagrège et disloque les vieilles domina-
tions fondées sur la force, comme il est arrivé pour l'empire
ottoman ; plus redoutable encore, quand au lieu de décom-
poser, il recompose, lorsqu'à l'idée d'affranchissement se
joint l'idée d'unité » (Jallifier).

Si l'idéal de la civilisation humaine est « de former des
sociétés de plus en plus vastes et de plus en plus pacifiques », capables de s'entendre entre elles et de former
une sorte de fédération, par quels moyens peut-on en
prévoir la réalisation ? Par des moyens pacifiques — traités
d'arbitrages, accords ; — ou par des guerres ? En tout cas,
il est certain que les États modernes n'ont constitué leur
unité qu'après de longues et sanglantes luttes : « il a fallu
tuer pendant des années des centaines de milliers d'hommes
au sud de la Loire pour souder la France du midi à la
France du nord. Il a fallu Sadowa et Sedan même pour
rapprocher les tronçons du corps allemand. » Nous répu-
gnons à la perspective de luttes nouvelles qui seraient la
condition de l'établissement de ces groupements de plus
en plus étendus de sociétés humaines. Mais tous les autres
peuples acceptent cette idée de guerre fatale, en quelque
sorte, comme moyen d'arriver à résoudre la question des

nationalités. L'Allemand Max Nordau, dans ses *Paradoxes sociologiques* nous montre « les petits peuples, qui partagent un pays avec d'autres et ne peuvent s'appuyer sur de puissants parents, voués à la destruction. Seules dureront les grandes nations, et, parmi les petites, celles-là seulement qui seront capables de fonder un État national indépendant, en expulsant, ou en supprimant, si besoin est, les éléments de peuples étrangers qui étaient fixés parmi elles ». En un mot, c'est vers une unité nationale de plus en plus forte que tendent les peuples, par la force plutôt que par les traités. La succession de l'empereur d'Autriche fera peut-être assister au commencement de ces luttes : les races diverses qui s'agitent en Bohême, en Hongrie, en Croatie, en Autriche, les Slaves, les Allemands, les Tchèques, qui sont en lutte violente les uns contre les autres, iront sans doute chacun vers le peuple de leur choix, vers leurs compatriotes : les 9 ou 10 millions d'Allemands se joindront à la *Plus grande Allemagne* ; les 15 millions de Slaves à la Russie ; les Croates tendront à reconquérir leur indépendance. Ces séparations se feront-elles pacifiquement ? « La vérité, dit M. G. Tarde, est que l'accentuation des nationalités en voie de dégager leur originalité et leur personnalité collectrice ne saurait s'opérer sans quelque ébullition de patriotisme belliqueux : mais c'est en se diversifiant de la sorte qu'elles réalisent la condition nécessaire de leur *association* internationale. » Ainsi le sentiment national, né du principe établi par la Révolution française, resserre chez tous les peuples les liens qui les unissent à l'idée de patrie : voilà le fait. Est-ce le moment de le laisser se dissoudre en France ?

« Le droit moral des nations s'est exalté en un nationalisme agressif. » (Henry Bérenger.)

Peut-être un jour viendra où toutes les patries se respecteront en s'aimant, où chaque peuple s'harmonisera avec les autres peuples. Mais,

Nous n'en sommes encore[1]
Qu'au premier rayon blanc qui précède l'aurore.

G. C.)

(A. DE VIGNY.

*
* *

« Rome s'était donné une vocation : conquérir le monde. L'Allemagne a cette vocation : revendiquer pour elle tout ce qui est germanique, exalter le germanisme, développer dans l'univers la puissance germanique. »

(LAVISSE.)

*
* *

Il existe contre nous en Europe ce préjugé que la France est l'obstacle à la paix. On croit que les autres nations nous admirent et nous aiment. Or on se moque de notre esprit humanitaire, de notre révolution et de ses principes, de notre sensiblerie qui nous fait préférer l'amour des antipodes à l'amour de la patrie. Les frontières intellectuelles ne sont pas encore abaissées.

(A. FOUILLÉE.)

8. — A LA FRANCE

(Pendant la guerre 1870-71, aucune nation étrangère n'éleva la voix pour nous. D'Angleterre, d'Amérique arrivaient au vainqueur des félicitations, qui exprimaient la haine de la France. Le poète exprime sa douleur de voir la patrie abandonnée de tous.)

Personne pour toi. Tous sont d'accord. Celui-ci,
Nommé Gladstone, dit à tes bourreaux : Merci !
Cet autre, nommé Grant, te conspue, et cet autre,
Nommé Bancroft, t'outrage : ici c'est un apôtre,
Là c'est un soldat, là c'est un juge, un tribun,
Un prêtre, l'un du Nord, l'autre du Sud ; pas un

---

[1] Cité par H. BÉRENGER, *Almanach de la Paix*, 1901.

Que ton sang à grands flots versé, ne satisfasse;
Pas un qui sur ta croix ne te crache à la face.
Hélas ! Qu'as-tu donc fait aux nations? Tu vins
Vers celles qui pleuraient, avec ces mots divins :
Joie et paix ! — Tu criais : Espérance ! Allégresse !
Sois puissante, Amérique, et toi, sois libre, ô Grèce !
L'Italie était grande; elle doit l'être encor.
Je le veux ! — Tu donnas à celle-ci ton or,
A celle-là ton sang, à toutes la lumière.
Tu défendis le droit des hommes, coutumière
De tous les dévouements et de tous les devoirs[1].
Comme le bœuf revient repu des abreuvoirs
Les hommes sont rentrés pas à pas à l'étable
Rassasiés de toi, grande sœur redoutable,
De toi qui protégeas, de toi qui combattis.
Ah ! se montrer ingrats, c'est se prouver petits.
N'importe ! pas un d'eux ne te connaît. Leur foule
T'a huée, à cette heure où ta grandeur s'écoule,
Riant de chaque coup de marteau qui tombait
Sur toi, nue et sanglante, et clouée au gibet.
Leur pitié plaint tes fils, que la fortune amère
Condamne à la rougeur de t'avouer pour mère.
Tu ne peux pas mourir; c'est le regret qu'on a.
Tu penches dans la nuit ton front qui rayonna;
L'aigle de l'ombre est là qui te mange le foie;
C'est à qui reniera le vaincu; et la joie
Des rois pillards, pareils aux bandits des Adrets,
Charme l'Europe et plaît au monde... — Ah ! je voudrais,
Je voudrais n'être pas Français, pour pouvoir dire
Que je te choisis, France, et que dans ton martyre

---

[1] La France appela les peuples à la liberté ; mais les guerres de conquêtes de Napoléon détruisirent le souvenir des « guerres fraternelles » de la Révolution. Il bouleversa l'Europe, l'Allemagne surtout ; il y a soulevé des haines vivaces qui ont uni les peuples contre nous.

Je te proclame, toi, que ronge le vautour,
Ma patrie et ma gloire, et mon unique amour !

(Victor Hugo. *L'Année terrible.* Hetzel, édit.)

9. — La fraternité des peuples

Dans les dernières années du Second Empire, les idées de paix et d'humanité, de conquête sans violence s'étaient développées parmi les penseurs, les savants, les hommes politiques. On se plaisait à espérer que « la fraternité de la science travaillant à diminuer les maux de l'humanité » réaliserait du même coup la fraternité des peuples : désormais les hommes s'entendraient « non pour détruire mais pour édifier ». Il régnait chez tous un mélange de douceur, de confiance, d'optimisme, que fortifiait encore la rivalité intellectuelle et morale de la France et de l'Allemagne. La guerre de 1870 vint donner un cruel démenti à ces illusions de la paix fondée sur la science et de la politique fondée sur le sentiment. La France venait de proclamer le droit des peuples à disposer eux-mêmes de leur patrie; elle avait créé le royaume d'Italie, établi l'unité allemande; elle l'avait fait par désintéressement, sans se douter qu'elle serait la victime de redoutables ennemis. La guerre de 1870 dissipa toutes ces illusions.

(D'après Vallery-Radot. *Vie de Pasteur*, Hachette).

Edgar Quinet, dans l'*Allemagne et la Révolution* (1831), avait prévu les dangers dont l'unité allemande menacerait la France. Il a montré l'Allemagne, longtemps perdue dans le rêve et le sentiment, sans lien politique, sans esprit public, sans force nationale, prenant conscience de l'action, de la vie réelle, de l'unité sous la direction du despotisme prussien[1]. La littérature établit un premier lien ; le joug de Napoléon Ier, la défaite rallièrent, par la communauté du malheur, toutes les principautés éparses.

« A mesure que le système germanique se reconstitue chez lui, il exerce une attraction puissante sur les populations de même langue et de même origine qui en avaient été détachées par la force. Sachons que la plaie du traité de Westphalie et la cession des provinces d'Alsace et de Lorraine saignent encore au cœur de l'Allemagne, autant que les traités de 1815 au cœur de la France.

Chez un peuple qui rumine si longtemps ses souvenirs, on trouve cette blessure au fond de tous les projets et de toutes les rancunes. Longtemps un des griefs du parti populaire contre les gouvernements du Nord a été de n'avoir point arraché ce territoire à la France en 1815, et, comme il le dit lui-même, de n'avoir pas *gardé le renard, quand il le tenait dans ses filets*. Mais ce que l'on n'avait pas osé en 1815 est devenu plus tard le lieu commun de l'ambition nationale. »

(Extraits des œuvres d'Edgard Quinet. *L'Allemagne et la Révolution*, p. 61-63. Hachette, édit.)

∴

Je ne puis que saigner tant que la France pleure.
Ne me parlez donc pas de concorde à cette heure;
Une fraternité bégayée à demi
Et trop tôt, fait hausser l'épaule à l'ennemi;
Et l'offre de donner aux rancunes relâche
Qui demain sera digne, aujourd'hui serait lâche.

Cf. Sully-Prudhomme, dans *les Impressions de la guerre*. — Victor-Hugo. *L'Année terrible*, p. 132, Hetzel, édit.

---

[1] Le nord de l'Allemagne faisait de la Prusse son instrument :

De toutes les nations la plus humanitaire est la France. Le moyen de faire triompher l'idée d'humanité, ce n'est pas de compromettre par des théories de dissolution et de suicide national l'existence, la force, la cohésion morale du peuple qui travaille le plus à élever au-dessus de soi les droits de l'humanité.

(A. Fouillée.)

« Jusqu'au moment suprême de la constitution des États-Unis d'Europe, que chaque peuple ait la main sur la garde de son épée ; autrement, il pourrait disparaître avant le grand jour. »

(Kant. *Projet de traité de paix perpétuelle.*)

Si la France, comme tous le reconnaissent, à donné à l'humanité en 1789 un droit nouveau, si sa mission est de faire prévaloir ce droit dans le monde, il faut que la patrie française continue à exister : l'humanité entière y est intéressée. Il s'agit, non pas de faire la guerre, mais de ne pas renoncer à notre patrimoine national. Par humanitarisme, nous risquons de renoncer à l'influence humanitaire de notre patrie, à son rôle dans la civilisation.

(A. Fouillée.)

« Si la France disparaissait, nous ne serions pas pour cela *sans patrie* ; nous en aurions d'autres, — un peu moins préoccupées peut-être ; « des droits de l'homme » et de « la solidarité humaine ».

(A. Fouillée. *Rev. de métaphysique et de morale*, p. 136, janvier 1904.)

Berlin, 16 avril 1904.

« Le conseil de guerre de Thorn a condamné à 7 mois de prison un sous-officier de uhlans qui a fait subir, dans 27 cas,

« et si on le laissait faire, il la pousserait, lentement et par derrière, au meurtre du vieux royaume de France. » (E. Quinet.)

des mauvais traitements aux soldats placés sous ses ordres. Il frappait souvent ses victimes avec une canne, leur emplissait la bouche de sable, leur maintenait son cigare allumé sur le nez ou la joue, etc. ».

Tant qu'à faire l'exercice, mieux vaut encore le faire à la française qu'à la prussienne.

***

Trèves, 20 mai 1904. — Un sous-officier allemand vient de comparaître devant le conseil de guerre, sous l'inculpation de mauvais traitements exercés sur ses hommes ; le nombre s'élève à 500 ; — coups de baïonnette, coups de poing, c'était la ration ordinaire. Il faisait aussi coucher les soldats à plat ventre et les piétinait avec ses lourdes bottes munies de gros clous.

Les suicides et désertions deviennent si fréquents dans l'armée allemande que le gouvernement s'en émeut.

10. — La France et le désarmement de l'Europe

En novembre 1903, un député déposa sur le bureau de la Chambre un « projet de résolution invitant le gouvernement français à se concerter avec les autres gouvernements en vue de prendre des mesures communes pour la réduction des effectifs militaires et la limitation des dépenses de l'armée. » M. Delcassé, ministre des affaires étrangères, repoussa la proposition en ces termes :

« Je réponds que nous n'avons pas besoin de parler aux puissances. Nous avons fait plus que leur parler. Nous avons agi.

« Depuis quelques années, non seulement nos budgets de la guerre et de la marine ont cessé de monter, mais ils ont baissé dans une notable proportion. Pendant ce temps les budgets militaires des autres puissances suivent une progression constante et, j'ajoute, préoccupante.

« Les autres puissances ne peuvent pas douter que nous serions ravis de les voir suivre notre exemple.

« S'il ne les a pas décidées, comment se flatter qu'une parole les déterminerait ?

« Qu'est-ce que notre dignité peut gagner à prononcer des paroles inutiles? Quand les autres nous auront invités, c'est-à-dire quand elles auront arrêté la progression de leurs dépenses militaires, nul ne peut craindre que nous apportions la moindre disposition malveillante dans l'examen des propositions qu'on pourrait nous faire ; car je n'ai pas à dire *pourquoi ce n'est pas à nous de prendre l'initiative.* » (Chambre des députés, 23 novembre 1903).

La France, vaincue en 1870, ne peut par dignité, faire une telle proposition. Nul ne peut suspecter ses intentions. Elle a travaillé pendant trente ans à rétablir ses forces militaires, mais seulement pour rester sur la défensive ; elle s'est alliée à la Russie, pour garantir la paix. Il est d'autres nations puissantes dont c'est le devoir de prendre cette initiative de désarmement, l'Allemagne ou l'Angleterre.

* *

« Certes, il ne faudrait pas interpréter notre amour de la paix comme une abdication de nos sentiments d'honneur et de dignité nationale. Dans l'Europe de l'avenir, telle que nous la rêvons, le désarmement ne saurait être le témoignage unilatéral de l'humiliation d'une nation isolée : pour être accepté, il doit être universel. »

(BERTHELOT. *Discours prononcé au banq. de l'Arbitr. International*, 26 novembre 1903.)

* *

La France, après les défaites de la guerre de 1870, a reconstitué son armée, non pas de manière à pouvoir prendre l'offensive, mais seulement pour être en état de résister à de nouvelles attaques de l'Allemagne et de l'Italie son alliée : les gouvernements de ces deux nations nous attribuaient faussement des intentions belliqueuses. L'alliance russe est une alliance défensive.

Pour la marine, alors que les budgets des puissances augmentaient dans des proportions considérables, c'est-à-dire doublaient, celui de la France s'est augmenté seulement d'un tiers. Celui de 1904 qui se monte à 312 millions est en diminution de 700 mille francs sur le précédent : celui de l'Angleterre pour 1904 se monte à près *d'un milliard*, cette nation veut que sa marine soit capable de tenir tête au moins aux escadres des deux nations les plus fortes ; il y a 10 ans, elle dépensait 400 millions seulement ; — dans le même laps de temps, la France est passée de 220 à 300 millions. L'Allemagne aura bientôt 38 cuirassés, 38 croiseurs.

La France a fait depuis la guerre de 1870 plus de sacrifices pour l'instruction publique que pour la guerre. Qu'on en juge :

Budget de 1868 :

    Guerre . . . . 370 millions.
    Marine . . . . 161 —
    Instruction publique . . . . . 23 —

Budget de 1881-82.

    Guerre . . . . 571 millions.
    Marine . . . . 197 —
    Instruction publique . . . . . 114 —

Budget de 1903-04.

    Guerre . . . . 678 millions.
    Marine . . . . 312 —
    Instruction publique . . . . . 238 —

Les dépenses de la guerre et de la marine n'augmentent que par la nécessité de suivre la progression des autres nations et de ne pas rester dans un état d'infériorité qui nous serait fatal.

* *

Les charges militaires ne peuvent diminuer que dans la mesure où l'existence de la nation ne sera pas mise en danger.

* *

« En travaillant sans relâche à l'éducation morale et physique des hommes, en faisant de l'armée nationale, dans laquelle passent tous les Français sans exception, une école de dévouement, de patriotisme et de solidarité, vous réalisez le vœu de la République qui est d'avoir une armée instruite, disciplinée et forte, parce que c'est le meilleur moyen d'avoir la paix en augmentant encore *les sympathies qui se rapprochent volontiers des forts qu'elles respectent*, et rarement des faibles dont l'amitié et le concours sont inutiles.

(*Extrait du discours prononcé par M. Loubet à Montélimar*, le 17 septembre 1903, à l'issue des manœuvres du Sud-Est exécutées par le 14e et le 15e corps.)

« Nous sommes sûrs, étant forts, de pouvoir être pacifiques, parce que les nations qui nous entourent et même celles qui sont éloignées viendront vers nous rechercher notre amitié; nous ne craindrons pas d'être surpris par les événements. *Si vis pacem*...
Vous connaissez la devise. Je ne veux pas vous dire que nous devons préparer la guerre, mais c'est ne vérité de tous les temps : soyons forts, non pour préparer la guerre, mais pour l'éviter. » (Président Loubet. Discours d'Arras, — 22 mai 1904).

11. — Un peuple doit être toujours prêt pour défendre le droit

« Le peuple qui se laisse impunément enlever une lieue carrée se verra bientôt prendre toutes les autres, jusqu'à ce qu'il ne lui reste plus rien en propre et qu'il ait cessé d'exister comme Etat, et un pareil peuple ne mérite pas un sort meilleur. » (*La lutte pour le droit*, par R. von Ihering.)

« Peut-être l'aube est proche du jour où pour les peuples eux-mêmes la force aura cessé d'être le recours suprême et incertain du droit. Mais, sous le régime de l'arbitrage aussi bien que sous celui de la paix armée, il restera vrai des peuples comme des individus, que selon la vigoureuse formule du même écrivain, « la défense du droit est un devoir de la conservation morale de soi-même. » Malheur à qui s'abandonne. »

(MILLERAND. Préface de la brochure *Alsace-Lorraine*, de Nystrom. Ollendorff, édit.)

* *

Chez Longfellow, l'amour de la paix était profond; mais c'était un homme, et un homme sage, et il savait que la *couardise n'est pas promotrice de paix*, et que même le grand mal de la guerre peut être un *moindre mal* que de ramper sous l'iniquité.

(ROOSEVELT, cité par Izoulet, dans le *Temps*.)

* *

Le capitaine Mahan..., vrai type du « gentilhomme chrétien » ... donne une expression au sentiment de la grande majorité des hommes virils et réfléchis, quand il dénonce le *danger de l'aveugle apologie de la paix à tout prix*, parce qu'elle peut amener les hommes à pactiser avec l'iniquité, à transiger avec l'injustice, flattant leur conscience de la croyance que la guerre est chose si entièrement mauvaise qu'à côté d'elle nul autre mal toléré n'est mauvais.

(ROOSEVELT, cité par Izoulet, dans le *Temps*.)

* *

Les plus sages partisans de la paix et les plus doués de long regard se souviendront toujours que, en premier lieu, pour être bonne, elle doit être juste, car l'*injuste et couarde paix peut être pire qu'aucune guerre;* et que, en second lieu, elle ne peut souvent s'obtenir qu'au prix d'une guerre.

(ROOSEVELT, cité par Izoulet, dans le *Temps*.)

* *

Une maigre attention est accordée à la femmelette ou au couard qui babille de paix; mais une due attention est accordée à l'homme fort qui, avec l'épée ceinte sur la cuisse, prêche la paix, non par d'ignobles motifs, mais par un sens profond de l'obligation morale.

(ROOSEVELT, cité par Izoulet, dans le *Temps*.)

12. — NÉCESSITÉ D'AVOIR UNE ARMÉE

On a dit, quelquefois, que nous avons un culte passionné pour l'armée, cette armée qui groupe aujourd'hui toutes les forces nationales, qui est recrutée, non plus maintenant parmi ceux dont c'était le métier d'être soldats, mais bien dans le plus pur sang du pays; on nous reproche de consacrer trop de temps à l'examen de la progression de l'art de la guerre, qui met la patrie à l'abri du danger : ce n'est pas un esprit belliqueux qui anime et dicte ce culte ; c'est la nécessité, quand on a vu la France tombée si bas, de la relever afin qu'elle reprenne sa place dans le monde.

Si nos cœurs battent, c'est pour ce but et non pour la recherche d'un idéal sanglant : c'est pour que ce qui reste de la France nous reste entier ; c'est pour que nous puissions compter sur l'avenir et savoir s'il y a dans les choses d'ici-bas une justice immanente qui vient à son jour et à son heure.

(GAMBETTA. *Discours de Cherbourg*, 9 août 1880.)

* * *

Il faudrait, ce semble, distinguer entre la guerre agressive et d'expansion, qui est souvent l'œuvre de rapacités privées — et qui peut donc être un crime — et la guerre nationale et défensive qui, selon toute apparence, demeurera, pendant des siècles encore, une toujours menaçante nécessité. Sur cette nécessité, vous savez ce qu'ont dit des philosophes qui n'étaient pas tous des scélérats et des fanatiques. Une guerre est une crise de la concurrence vitale entre les peuples.

(Jules LEMAITRE.)

13. — LA PATRIE FRANÇAISE : L'ARMÉE EST SA SAUVEGARDE

La patrie n'est pas une personne vague : elle a un corps et elle a une âme. Elle est un fragment délimité du sol terrestre : voilà le corps ; — elle est une fraction déterminée de l'humanité : voilà l'âme. Elle a un caractère particulier, physique et moral, qui la distingue des autres patries. Ce caractère, chacun de nous le porte en soi : la patrie nous crée à son image. Un Français diffère au premier coup d'œil d'un Allemand, d'un Anglais, d'un Russe. Nous avons donc notre être à nous et nous le devons à la patrie. Mais la patrie, fraction de l'humanité, contribue, pour sa part, par son génie propre, par ses idées, par ses actes, à l'œuvre humaine collective ; elle a sa fonction dans un ensemble. En servant la patrie, nous accomplissons un devoir envers l'humanité, et par là même, de quelque façon que nous concevions Dieu dans la liberté de nos consciences, un devoir envers Dieu.

Entre les patries, les plus grandes sont celles qui ont rendu le plus de services à l'humanité. Il n'en est pas d'aussi grande que la France. Dans sa vie intérieure, elle jouit de la liberté politique, et s'efforce de pratiquer la justice sociale; au dehors, personne ne souffre par elle : elle n'a pas, comme l'Angleterre, une Irlande, comme la Prusse et la Russie et l'Autriche, une Pologne ; comme l'Allemagne, une Alsace. Hors d'Europe, là où elle domine des races inférieures, elle est humaine. Elle a seule cet honneur que ses idées et ses armes furent souvent libératrices et qu'elle a aidé des nations à naître.

Nulle part, l'amour de la patrie n'est aussi noble qu'en France. Le service militaire, quand il a son principe et sa raison dans un sentiment pareil, atteint sa pleine noblesse. Jamais donc ce service ne fut aussi noble qu'aujourd'hui.

A cette noblesse, tout le monde participe, depuis le soldat jusqu'au général en chef. L'armée forme une grande personne morale. Nécessairement la relation du supérieur avec l'inférieur n'est plus la même qu'autrefois : le droit de commandement et le devoir d'obéissance y persistent, mais il n'y a plus de place pour le dédain du supérieur à l'égard de l'inférieur : celui-ci n'est plus quelqu'un d'une autre classe, d'une autre sorte.

Le patriotisme est la grande source, aujourd'hui, de force morale. Sans la force morale, aucune armée ne sut jamais résister, ni vaincre, et la force morale est plus nécessaire aujourd'hui que jamais, étant donné notre régime militaire et les conditions de la guerre moderne.

Avant la guerre, notre armée, par le mode de recrutement, par la longue durée du service, par les rengagements, par la présence des chevronnés, avait un peu du caractère d'une armée professionnelle ; elle avait une plus longue accoutumance à la discipline ; elle était moins nombreuse, et, dans la paix comme dans la guerre, mieux sous l'œil et dans la main.

Aujourd'hui, en campagne, il sera plus facile à chacun d'écouter l'instinct de conservation. Il faut donc que chacun ait en soi-même la raison de la discipline, la connaissance, l'acceptation de son devoir, et cet élan, sans lequel le nombre est impuissant et qui peut suppléer au nombre.

C'est parce que le devoir militaire est ainsi compris que le régiment devient partout une école militaire de patriotisme où s'achève l'œuvre de l'école proprement dite. Et, de cette armée animée de force morale, conduite en même temps par la force intellectuelle et scientifique, la France peut espérer sa tranquillité, le redressement de ses griefs légitimes, et la restauration de sa gloire.

(Lavisse. *Programme du cours* dans *l'Armée à travers les Ages*, série III. Chapelot et Cie, édit.)

Le patriotisme est la vertu essentielle des peuples qui veulent rester forts. Mais les rapports entre les peuples peuvent avoir un caractère de plus en plus pacifique, sans que la patrie y perde rien.

Il en est qui invoquent leurs sentiments humanitaires pour refuser de servir dans l'armée : ils oublient que la loi est la même pour tous les Français, et que cette loi a établi l'impôt du sang, sans exception, ni privilège. Cette égalité devant la loi a été proclamée par la Révolution.

« L'amour du pays est une vertu élémentaire, comme l'amour du foyer, ou comme l'honnêteté et le courage. La nation la plus utile est celle qui est le plus à fond *saturée de l'idée nationale* et qui réalise le plus pleinement ses droits comme nation et ses devoirs envers ses propres citoyens.

Ceci n'est en aucune façon incompatible avec un scrupuleux respect pour les droits des autres nations, ou un désir de remédier aux maux des autres peuples souffrants. »

(ROOSEVELT.)

Reconnaître ses fautes de conduite et l'insuffisance de ses facultés est un trait de caractère qu'on loue chez un homme; admettre que nous nous sommes mal conduits vis-à-vis d'une autre nation, c'est au contraire manquer de patriotisme et mériter le blâme. Prendre le parti d'un autre peuple avec lequel nous sommes en mésintelligence, cela ressemble fort à une trahison aux yeux de la plupart des citoyens.

(SPENCER.)

14. — La guerre de 1870 : la force et le droit des nations

Messieurs, ayant passé une partie de ma vie, à suivre de près la politique de la Prusse et de l'Allemagne, je vous prie de m'accorder un moment d'attention, je ne demande qu'un instant.

. . . .

Jusqu'ici, les conquérants se contentaient de mettre la main sur un territoire, de s'en emparer de force. Ils le gardaient s'ils le pouvaient. C'était le droit de la guerre. Aujourd'hui les prétentions de la Prusse sont toutes nouvelles. Après avoir saisi l'Alsace et la Lorraine, elle prétend faire voter, consacrer cette prise de possession par le suffrage universel. Ce qui n'est jusqu'ici qu'une déprédation deviendrait aussi le droit consenti par les Français.

Ici se montre le secret, la pensée intime des puissances allemandes; elles savent que tout ce qui n'est pas fondé sur les principes nouveaux inaugurés par la France est caduc. Elles veulent que la France se poignarde avec son suffrage universel. Faire servir une Assemblée nationale à démembrer la nation, voilà le dessein de l'ennemi.

Ainsi l'esprit féodal allemand se venge de nos libres institutions démocratiques en faisant d'elles l'instrument de notre ruine. C'est là la pensée de la Prusse : obliger la France de se mutiler elle-même; faire de la France un peuple tributaire de cinq milliards, à la manière des peuples asservis de l'antiquité.

Voilà le droit nouveau allemand où se mêle la haine féodale à la haine de race.

Mais ces principes de mort, pouvons-nous y souscrire? Où chercherais-je le droit de livrer des populations qui ne veulent pas être livrées ?

Vous le savez comme moi : une assemblée ne peut pas faire tout ce qu'elle veut ; elle ne peut rien contre la force des choses. Or, s'il est une vérité consacrée, c'est que l'Alsace et la Lorraine font partie intégrante et nécessaire de la France.

Vous l'avez entendu dernièrement de la bouche de leurs

représentants. Cette terre d'Alsace et de Lorraine crie : Je suis France ! Je veux rester France ! Il n'appartient qu'à la force de soutenir le contraire. Mais le droit n'a rien à faire ici pour consacrer la démence et les impiétés de la force.

Pour moi, je l'avoue, je ne me sens pas le droit de dire à des compatriotes, liés à nos destinées depuis des siècles : « Vous êtes Français comme moi ; je vous ai toujours connus Français ; et maintenant, aujourd'hui ou demain, vous allez cesser de l'être. Vous deviendrez Prussiens, Allemands, que sais-je, tout ce que l'on voudra. » Cela est absurde ; pourtant cela sera en vertu de mon vote et de mon libre arbitre.

Eh bien, Messieurs, ces paroles je ne puis les prononcer, personne ne m'a donné le droit de les prononcer, parce qu'elles contiennent en elles une iniquité et une impossibilité.

Voici pour le fond de la question. Venons maintenant aux prétextes.

Sur quoi se fonde l'Allemagne pour s'attribuer, dans le butin, l'Alsace et la Lorraine ? C'est, dit-elle, que ces provinces lui sont nécessaires pour la couvrir contre une agression future de la France.

Or, ce prétexte se détruit lui-même à nos yeux. Il n'est pas vrai que, dans la constitution actuelle de la France et de l'Europe, l'Alsace et la Lorraine soient des positions agressives contre l'Allemagne. Cela a été démontré avec une évidence funèbre dans cette dernière guerre : une armée française ne peut déboucher de Strasbourg sur l'autre côté du Rhin, sans avoir aussitôt derrière elle l'armée prussienne sur la Saar. Dès leurs premiers pas de l'autre côté du Rhin, les Français seraient plus loin de Paris que ne le seraient les Prussiens. Il est donc certain que l'Alsace et la Lorraine ne sont pas aujourd'hui des positions offensives contre l'Allemagne.

Mais la vérité, la voici : par les traités de 1814 et 1815 les puissances allemandes ont pris contre la France toutes leurs précautions ; elles ont ôté à la France tout ce qui pouvait lui être ôté sans la détruire. Souvent nous entendons répéter : l'Alsace et la Lorraine sont des provinces intéressantes ; mais songez à la France. La question, Messieurs, est ainsi mal posée ; ce n'est que la moitié de la vérité. Pour la rétablir dans son entier, il faut dire : l'Alsace et la Lorraine ne sont pas seulement deux provinces ; elles sont les deux boulevards de la France ; elles en sont les deux remparts ; ôtez-les à la France, et elle est ouverte à l'ennemi. Que la Prusse possède ces remparts, et la Prusse peut s'étendre à son gré dans la France centrale ; elle peut déborder, sans trouver d'obstacles, jusqu'à la Marne. L'ennemi est maître chez nous ; il est à perpétuité sur le chemin de Paris, il tient la France à la gorge ! Est-ce là, je vous le demande, une paix ? Non, c'est la guerre à perpétuité sous le masque de la paix. Si c'est ce que demande la Prusse, il est donc bien vrai qu'elle veut, non pas seulement notre déchéance, mais notre anéantissement.

Or, c'est là ce que je ne voterai jamais ! Si le présent est funeste, sauvons au moins le lendemain : nous ne le pouvons qu'en repoussant les préliminaires de la paix qui détruisent à la fois le présent et l'avenir !

> (EDG. QUINET. *Discours contre le Traité de paix*, *à l'Assemblée nationale*, 1ᵉʳ mars 1871. Edition du Centenaire, p. 286, Hachette, édit.)

***

Pour comprendre à quel point le vol du territoire d'une nation est coupable, il faut se rappeler que le territoire d'une nation est autre chose qu'une propriété ordinaire : c'est le sol sacré de la patrie, la tombe des aïeux, le berceau des enfants, le foyer d'une vaste famille. Lui imprimer le sceau de la domination étrangère, ce n'est pas seulement une œuvre de spoliation inique, c'est un acte de profanation.

(A. Franck.)

15. — La force ne doit pas primer le droit

« Tous les traités de paix qui ratifient *l'annexion d'un pays contre la volonté de ceux qui l'habitent*, sont des actes de contrainte, auxquels le vaincu est tenu de se soumettre, mais dont l'effet utile se résume dans le mot « trêve ». Ce serait un sophisme pur que de les qualifier d' « actes de droit ». Car, bien qu'ils rentrent dans ce qu'on est convenu d'appeler le droit des gens positif ou réel, ils ne participent pas, en réalité, des principes du droit véritable dont ils sont le contre-pied puisqu'ils proviennent de la *Force*.

Le sentiment plus éclairé que nous avons, de nos jours, de la justice, nous impose de ne point oublier le droit inviolable qu'ont les peuples de disposer d'eux-mêmes, et s'oppose à ce que nous acceptions qu'une victoire, remportée sur un champ de bataille, puisse avoir comme conséquence une annexion contre la volonté de ceux qui la subiront. Lorsqu'un fait semblable se produit, on peut dire que le droit des gens a été remplacé par le « canon ». Aucun traité ne peut être considéré comme valable, dont l'objet a été de s'emparer d'un pays contre le vœu de ses habitants. Le respect de semblables traités ne s'impose pas comme une obligation morale absolue, mais simplement comme un devoir relatif. L'État vainqueur le sait si bien qu'il se prépare toujours à défendre sa proie par la force des armes : il n'est jamais tranquille, et s'attend invariablement, de la part du vaincu, à une reprise des hostilités, qu'il considère comme une chose toute naturelle. Le désir de reprendre une portion de territoire per-

due est aussi naturel ; il provient de l'amour de la patrie
et du sentiment de la violation du droit. »

> (LALANCE. Traduit de la brochure *Alsace-Lor-
> raine*, du docteur suédois *Anton Nyström*,
> p. 4-5. Ollendorff, édit.)

*
* *

On coupe par morceaux les peuples. On en prend
Ce qu'on veut, ce qui plaît, les bras, le cœur, la tête.
On est un tas d'oiseaux de proie et de tempête.
Se ruant sur l'auguste et sombre genre humain.

> (V. HUGO. *Alsace-Lorraine*. *Toute la lyre*, III, p. 161, Hetzel.)

*
* *

Quoi ! vous n'entendez pas, tandis que vous chantez,
Mes frères, le sanglot profond des deux cités ![1]
Quoi ! vous ne voyez pas, foule aisément sereine,
L'Alsace en frissonnant regarder la Lorraine !

> (V. HUGO. *Toute la lyre*, III. *La libération du territoire*,
> p. 168, Hetzel.)

16. — LE PATRIOTISME FRANÇAIS

« Il y a deux espèces de nations : celles qui se résignent
devant la conquête et celles qui ne se résignent pas. C'est
parce que la France, abandonnée, trahie par ceux qui lui
avaient promis de la conduire à la victoire, envahie, mutilée, foulée par cinq cent mille Allemands, ne s'est pas rési-
gnée ; c'est parce qu'elle ne se résigne pas, qu'elle fait
encore figure dans le monde et qu'elle peut porter la tête
haute devant l'Europe. N'est-ce rien que d'avoir montré
que la force n'est pas tout en ce monde, qu'à côté de la
force il y a le droit, qui ne se prescrit pas, et qu'il existe

---

[1] Metz et Strasbourg.

dans les choses humaines une autre loi, un autre dieu que le succès ? »

(Jules Ferry. *Discours prononcé à Raon-l'Etape*, octobre 1874.)

***

De quel œil, grands dieux, verrions-nous affluer ici les étrangers, si nous fussions tombés où nous sommes, si Philippe eût été nommé chef et maître de la Grèce, et que pour empêcher ce déshonneur, d'autres eussent combattu sans nous ! Sans nous, dont la patrie avait toujours préféré d'honorables dangers à une sûreté sans gloire !

(Démosthène. *Pour la Couronne.*)

***

L'homme qui se croit né pour ses seuls parents attendra sa mort du destin, de la nature ; mais se croit-il né aussi pour sa patrie ? il aimera mieux périr que de la voir opprimée ; oui, la mort lui semblera moins redoutable que le déshonneur et l'outrage, inséparables de la servitude.

(*Id.*)

***

Le rôle essentiel du soldat consiste, en réalité, non pas à tuer, mais à être tué. Sans s'en rendre bien compte, c'est pour cela que le monde l'honore.

(Ruskin.)

***

Notre estime pour le soldat est fondée sur ce fait dont nous sommes bien sûrs : si on le place sur la brèche d'une forteresse, avec, par derrière lui, tous les plaisirs du monde et, comme seules perspectives, la mort et son devoir, il restera face au danger. Il sait qu'il peut être choisi pour ce poste à tout moment ; il en a à l'avance et à tout instant pris son parti, et, en réalité, il meurt tous les jours.

(Ruskin.)

LA PATRIE

Le jeune soldat a conscience d'être utile, par l'accomplissement de ses devoirs nouveaux, à une foule d'hommes qui sont devenus depuis peu ses semblables, à cette grande patrie qui est en train de se l'assimiler et dont il se souciait si peu naguère, absorbé jusque-là dans ses préoccupations de famille.

(TARDE.)

« La médiocrité de la solde du soldat, la manière dont il est habillé, couché et nourri, son entière dépendance rendaient trop cruel de prendre un autre homme qu'un homme du bas peuple. A ces pauvres gens, on adjoignait les vagabonds et les volontaires embauchés, qui étaient la lie des grandes villes. » Telle était la composition de l'armée sous l'Ancien régime. Tous ceux qui le pouvaient se faisaient exempter.

(D'après TAINE.)

Le soldat n'est pas seulement une force matérielle analogue à l'arme dont il est chargé. Le soldat n'obéit véritablement que s'il saisit l'esprit de l'ordre donné. Il doit entrer avec intelligence dans la pensée du chef, imaginer les moyens, les détails de l'exécution. La discipline militaire n'est pas seulement obéissance passive ; elle est en même temps intelligence et dévouement. C'est une initiative obéissante.

(D'après BOUTROUX.)

La guerre qui jette toute une nation sur une autre ne peut plus avoir pour origine une cause médiocre. C'est une guerre de salut. Elle provoque dans la conscience du citoyen une révolte violente qui le prépare au sacrifice suprême.

Ceux qui s'enfuient du combat sont des lâches, capables d'accepter une vie sans liberté, sans dignité.

17. — L'ARMÉE ET LE MILITARISME

L'armée est l'ensemble des troupes régulières qu'un pays, dans l'état actuel de la civilisation, est forcé d'entretenir pour la sauvegarde de ses intérêts et la défense de son droit.

En France, « l'armée se confond maintenant avec la nation ; c'est la partie virile de la nation organisée et instruite en temps de paix de manière qu'au moment du besoin le pays se dresse tout entier de lui-même ». Aussi, comme le disait la loi de recrutement de 1790, « le service militaire est un devoir et un honneur ».

Depuis la loi de 1872, tous les citoyens sont égaux devant « l'impôt du sang » : auparavant, ceux qui étaient riches, pouvaient se dispenser, en se faisant remplacer par un autre, de participer au service militaire. Il n'en est plus ainsi et tous sont appelés sous les drapeaux [1].

Dans une armée ainsi constituée, les vertus, qu'on croyait autrefois propres au soldat, ne diffèrent pas des vertus du citoyen. La discipline militaire ne diffère pas de la discipline sociale : elle est avant tout morale ; le commandement du chef est pour le soldat ce qu'est la loi pour le citoyen. Cette obéissance doit être librement consentie par la volonté, et non imposée par la crainte de la prison ou de la salle de police. Elle est faite du sentiment du devoir patriotique, de la confiance dans les chefs, de respect et d'affection, elle se concilie avec l'esprit démocratique, si elle s'impose par le sentiment d'équité du chef, le souci d'éviter toute servitude inutile, et la volonté réfléchie d'obéir du subordonné. Les autres vertus, dites guerrières, la patience, l'ordre, l'endurance, le courage de sacrifier sa vie ne sont pas autres que les vertus civiques, « elles trouvent à s'exercer dans une foule de

---

[1] On se demande ce que peut signifier le cri : « A bas l'armée ! »

professions, depuis le médecin qui affronte les épidémies jusqu'au juge intègre », qui ne sacrifie rien de la justice à son intérêt personnel.

L'ancien soldat était un professionnel, un homme de métier, en quelque sorte sans intérêts, comme sans relations, en dehors du régiment, qui était pour lui une petite patrie dans la grande, et souvent la véritable patrie. Le soldat actuel, c'est l'ouvrier, l'artisan, l'industriel, le commerçant qui délaisse son métier ou sa profession seulement pendant le temps nécessaire à recevoir l'instruction militaire indispensable à tout bon serviteur du pays. « L'officier ne commande plus à un mercenaire ignorant, mais à un citoyen français, son égal devant la loi. L'officier n'a envers le soldat d'autre supériorité que celle que lui confère son grade ; le commandement militaire n'est plus un privilège ; c'est une fonction nationale [1]. »

Il en va tout autrement lorsque l'armée, distincte du pays, forme une *armée de métier*, ou lorsque le corps des officiers, recruté uniquement dans l'aristocratie, se croit supérieur au reste de la nation et forme une caste à part, comme en Allemagne : « un simple chef de bataillon a le pas sur les membres du Parlement ; un commandant de corps d'armée marche avant les ministres en exercice et les présidents des Chambres ; le moindre officier a ses entrées à la Cour, privilège dont ne jouit pas le directeur de la Monnaie, par exemple, ni tel autre gros personnage dans la hiérarchie civile [2]. »

[1] L'officier n'est plus tel que le décrivait un homme du métier dans la *Revue scientifique* (1897). « Entrez dans une caserne à l'heure de l'exercice ; vous y rencontrerez des officiers se promenant le sabre au côté, devisant entre eux de choses et d'autres, de choses qui la plupart du temps sont plutôt banales. Ils roulent entre leurs doigts la cigarette qu'ils fumeront tout à l'heure pendant la pause. Ils ne se préoccupent pas de vivifier l'enseignement professionnel en y infusant les éléments moraux qui constituent l'éducation ».

[2] Commandant Manceau. *Notre armée.*

Les jeunes officiers, ne pouvant déployer leurs qualités d'action à la guerre, les dépensent en molestant les bourgeois et en brutalisant les soldats [1]. En Allemagne, tout a été fait en vue de l'armée ; tout, dans cet organisme puissant, tend à la guerre, et à la guerre de conquête, non de défense. L'armée a été, dans l'esprit du peuple, la force qui a cimenté l'unité allemande lors de la guerre de 1870 ; l'unité faite, c'est l'idée de domination impériale sur le monde qui devient son idéal ; c'est l'idée, c'est l'ambition de l'*Empereur*, que l'armée se glorifie de servir ; les chefs se regardent comme *ses* délégués, *ses* serviteurs, et non comme les serviteurs de la nation ; ils l'imitent dans leurs attitudes, se montrent cassants ; leur orgueil, leur amour-propre, leur exaltation des sentiments d'honneur les séparent de plus en plus du pays, et font d'eux des officiers de métier, avec tous leurs vices : c'est le réveil de la fureur belliqueuse, de l'esprit d'agression et de conquête ; tout se ramène pour eux à « l'avancement et aux plaisirs ». Cette organisation et ces tendances de l'armée allemande aboutissent au militarisme : c'est un pays militaire constitué dans le pays, et en dehors de lui.

Le militarisme n'est pas sans danger. Dans *Bas les Armes*, la baronne de Suttner l'a montré : le ministre se déclare partisan de la paix ; on doit pourtant, ajoute-t-il, tenir compte des « aspirations de l'armée ». Voici comment lui répond un des personnages du roman, Tilling :

« Permettez-moi, Excellence, de me défendre contre la supposition que je pourrais, pour ma part, souhaiter une guerre, et de repousser également l'idée que le point de vue militaire peut différer du point de vue humanitaire.

---

[1] Pendant les trois premiers mois de 1904, plus de 40 officiers et sous-officiers ont été jugés et condamnés pour brutalités envers les conscrits ; d'autres ont été seulement déplacés. C'est la preuve d'un abaissement dans la moralité de l'armée.

L'armée n'est faite que pour défendre le pays, si l'ennemi le menace, de même que le corps des pompiers n'a d'autre utilité que d'éteindre l'incendie s'il éclate ; ni le soldat ni le pompier ne sont autorisés à appeler de leurs vœux la guerre ou l'incendie. Guerre et incendie sont synonymes de malheurs ; l'homme ne doit, en aucun cas, souhaiter le malheur de son semblable... Je sais que, sans l'incendie et la guerre, ni le pompier, ni le militaire n'ont chance de se distinguer ; mais il faut qu'un homme ait le cœur ou l'esprit mal fait pour souhaiter un avantage personnel, s'il doit être la conséquence d'un malheur général. La paix est le plus grand des biens, ou mieux, elle est l'absence du plus grand des maux. Ainsi que vous le disiez vous-même, elle est la seule condition favorable aux intérêts d'une nation, et vous admettriez que l'armée pût légitimement souhaiter le retour de la guerre !... Vous passeriez à la guerre pour donner satisfaction à l'armée !... Vous allumeriez volontairement l'incendie pour entretenir l'activité des pompiers et leur fournir l'occasion de se distinguer[1] ! »

(G. C.)

18. — L'OBÉISSANCE DU SOLDAT

Je me rappelle une catastrophe qui a coûté, il y a quelques années, la vie à plusieurs centaines de marins anglais. L'escadre faisait une manœuvre des plus simples dans les eaux de Tripoli en Syrie ; le contre-amiral commandant le *Camperdown* reçoit du vice-amiral l'ordre d'un mouvement, et il s'aperçoit que, d'après ses calculs, l'abordage est fatal. Voyez : ce sont de ces drames que les moralistes n'ont pas inventés pour la gloire de la casuistique ; ils se présentent tout d'un coup avec une effroyable acuité, et en quelques secondes ils se décident.

[1] Baronne de SUTTNER. *Bas les Armes !* Fasquelle. éditeur.

Le contre-amiral fait hisser un pavillon, signifiant qu'il n'a pas compris l'ordre et demandant une confirmation. L'ordre est formellement maintenu : il n'y a plus qu'à obéir. Le navire sur lequel était le vice-amiral, la *Victoria*, est abordé par le *Camperdown* et coule en cinq minutes, avec une perfection automatique qui fait d'ailleurs l'éloge des ingénieurs anglais ; la moitié des marins n'a pu être sauvée. Le contre-amiral, qui devait, de par les règlements comparaître devant un conseil de guerre, a été naturellement acquitté, comme il devait l'être, et félicité pour avoir affirmé, d'une façon malheureusement trop caractéristique, la nécessité pour l'institution militaire de respecter jusque dans ses erreurs présumées, l'ordre établi.

(L. Brunschvicg. *Causeries du jeudi*, p. 34, Cornély, éditeur).

19. — Le drapeau

« Voyez-vous, disait souvent le vieux capitaine en frappant sur la table, vous ne savez pas, vous autres, ce que c'est que le drapeau. Il faut avoir été soldat ; il faut avoir passé la frontière et marché sur des chemins qui ne sont pas ceux de la France ; il faut avoir été éloigné du pays, sevré de toute parole qu'on a parlée depuis l'enfance ; il faut s'être dit, pendant les journées d'étapes et de fatigue, que tout ce qui reste de la patrie absente, c'est le lambeau de soie aux trois couleurs françaises qui clapote, là-bas, au centre du bataillon, il faut n'avoir eu, dans la fumée du combat, d'autre point de ralliement que ce morceau d'étoffe déchirée, pour comprendre, pour sentir, tout ce que renferme dans ses plis cette chose sacrée qu'on appelle le drapeau. Le drapeau, mes pauvres amis, mais sachez-le bien, c'est, contenu dans un seul mot, rendu palpable dans un seul objet, tout ce qui fut, tout ce qui est la vie de chacun de nous : le foyer où l'on naquit, le coin de terre où l'on grandit, le premier sourire d'enfant, la mère qui vous berce, le père qui gronde, le premier ami, la première larme, les espoirs, les rêves, les chimères, les souvenirs ; c'est toutes ces joies à la fois, toutes enfermées dans un mot, un nom, le plus beau de tous, la patrie ! Oui, je vous le dis, le drapeau, c'est tout cela, c'est l'honneur du régiment, ses gloires et ses titres flamboyant en lettres d'or sur ses couleurs fanées, qui portent le nom des victoires ; c'est comme la conscience des braves gens qui marchent à la mort sous ses plis ; c'est le devoir dans ce qu'il a de plus sérieux et de plus fier, représenté dans tout ce qu'il a de plus grand : une idée flottant dans un étendard. Aussi bien, étonnez-vous qu'on l'aime, ce drapeau parfois en haillons, et qu'on se fasse, pour lui, trouer la poitrine ou broyer le crâne. Il semble que tous les cœurs du régiment tiennent à sa hampe par des fils invisibles. Le perdre, c'est la honte éternelle. Autant vaudrait souffleter un à un ces milliers d'hommes, que leur arracher, d'un seul coup, leur drapeau. Non, non, vous ne comprendrez jamais ce que peut souffrir un homme qui sait que son drapeau est demeuré, comme une partie intégrante du pays, aux mains de l'ennemi ! C'est une idée fixe qui dès lors le torture et le déchire : « Le drapeau est là-bas. Ils l'ont pris ; ils le gardent ! » Nuit et jour il y songe, il en rêve, il en meurt parfois.

Qu'est-ce qu'un drapeau ? me direz-vous, un symbole... Et qu'importe qu'il figure ici ou là-bas, dans une revue ou une apothéose ? Symbole, soit ; mais tant que l'espèce humaine aura besoin de se rattacher à quelque croyance saine, mâle et vraie, il lui en faudra encore de ces symboles dont la vue seule remue en nous, jusqu'au profond de l'être, tous les généreux sentiments, tout ce qui nous porte vers le dévouement, le sacrifice, l'abnégation et le devoir !... »

(Jules Claretie. Extrait du volume épuisé, *Les Belles Folles*. Dentu, édit.)

20. — Nos morts

Ils gisent dans le champ terrible et solitaire ;
Leur sang fait une mare affreuse sur la terre ;
Les vautours monstrueux fouillent leur ventre ouvert ;
Leurs corps farouches, froids, épars sur le pré vert,
Effroyables, tordus, noirs, ont toutes les formes
Que le tonnerre donne aux foudroyés énormes ;
Leur crâne est à la pierre aveugle ressemblant ;
La neige les modèle avec son linceul blanc ;
On dirait que leur main lugubre, âpre et crispée,
Tâche encore de chasser quelqu'un à coup d'épée ;
Ils n'ont pas de parole, ils n'ont pas de regard ;
Sur l'immobilité de leur sommeil hagard
Les nuits passent ; ils ont plus de chocs et de plaies
Que les suppliciés promenés sur des claies ;
Sous eux rampent le ver, la larve et la fourmi ;
Ils s'enfoncent déjà dans la terre à demi,
Comme dans l'eau profonde un navire qui sombre ;
Leurs pâles os, couverts de pourriture et d'ombre,
Sont comme ceux auxquels Ezéchiel parlait ;
On voit partout sur eux l'affreux coup du boulet,
La balafre du sabre et le trou de la lance ;
Le vaste vent glacé souffle sur ce silence ;
Ils sont nus et sanglants sous le ciel pluvieux.
O morts pour mon pays, je suis votre envieux.

(Victor Hugo. *L'Année terrible*, p. 89. Hetzel, édit.)

21. — Le patriotisme de Jeanne d'Arc

Une enfant de douze ans, une toute jeune fille conçoit l'idée étrange, absurde, si l'on veut, d'exécuter ce que les hommes ne peuvent plus faire, sauver son pays. Elle couve cette idée pendant six ans sans la confier à personne. Elle attend qu'elle ait dix-huit ans, et alors, inébranlable, elle exécute son dessein, malgré les siens et malgré tout le monde.

Elle traverse la France ravagée et déserte, les routes infestées de brigands; elle arrive à la cour de Charles VII, se jette dans les guerres et dans les camps qu'elle n'a jamais vus, dans les combats. Rien ne l'étonne. Elle plonge, intrépide, au milieu des épées. Blessée toujours, désespérée jamais, elle rassure les vieux soldats, entraîne tout le peuple, qui devient soldat avec elle, et personne n'ose plus avoir peur de rien. Tout est sauvé ! La pauvre fille, de son corps délicat et tendre, a émoussé le fer, brisé l'épée ennemie, couvert de son sein le sein de la France.

La récompense, la voici.

Livrée en trahison, outragée des barbares, tentée de ses juges qui essayent de la prendre par ses paroles, elle résiste à tout, elle s'élève au-dessus de tous, prononce des paroles sublimes qui feront pleurer éternellement.

Quand on lui demanda à cette fille jeune et simple, qui n'avait rien fait que coudre et filer pour sa mère, comment elle avait pris sur elle de se faire homme, de s'en aller parler aux soldats, de les mener, les commander, les forcer de combattre, elle ne dit qu'un mot : « la pitié qu'il y avait au royaume de France. »

Souvenons-nous, Français, que la patrie, chez nous, est née du cœur d'une femme, de sa tendresse et de ses larmes, du sang qu'elle a donné pour nous.

(MICHELET. *Histoire de France*. C. Lévy, édit.)

22. — Chacun de nous travaille pour la patrie

Quiconque travaille sert son pays, fait quelque chose pour sa grandeur, collabore pour sa part à l'œuvre de tous. N'oublions jamais qu'il n'est point de besogne, si humble qu'elle paraisse, qui ne puisse être agrandie, ennoblie par cette pensée. Si nous honorons notre tâche, si nous comprenons qu'il importe qu'elle soit faite et bien faite, nous nous y mettrons avec plus de courage et d'allégresse, nous la remplirons avec plus de conscience. Ceux d'entre vous qui du hameau, l'hiver, gagnent l'école du village, trouvent une bonne route que les pluies n'ont pas défoncée, ni changée en fondrières ; ils le doivent aux braves gens qui, leurs grosses lunettes sur le nez, suant sous les chauds soleils d'été, cassent à grands coups de leur marteau au long manche flexible les pierres qu'on étend et qu'on écrase sur le chemin. Les casseurs de pierres sont de bons serviteurs de la patrie. Il n'y a de besogne humiliante que celle qu'on ne fait point ou qu'on fait mal. Je ne sais de vraiment honteux que l'oisiveté de ceux qui, riches ou mendiants, se refusent à entrer dans le grand chœur du travail humain.

(G. Séailles. *Pour nos enfants*, Revue, 1re année, p. 67).

∴

Celui qui remplit fidèlement ses devoirs de famille, rend les plus grands services à la patrie ; en se consacrant à ses devoirs de citoyen, on sert l'humanité. La vraie manière de servir l'humanité, c'est de défendre la cause de la liberté, de la justice, de l'égalité, telle que notre démocratie s'efforce de les réaliser.

(D'après Wagner. *Jeunesse*.)

Le principe des nationalités tend à faire de la patrie une entreprise contre l'humanité ; la patrie cesse alors d'être une école de fraternité qui vous mûrit pour la solidarité universelle : elle devient un foyer d'égoïsme, où se fomentent la haine, l'hostilité, l'envie.

La jeunesse studieuse peut beaucoup contre ces tendances : elle a une mission à remplir auprès des étudiants étrangers qui viennent en France : qu'elle leur fasse aimer notre patrie. Que les jeunes gens qui le peuvent aillent dans les universités des autres pays : qu'ils s'y créent des camarades, et l'affection conquise se reportera sur la France.

23. — Un patriote : Pasteur

En 1893, M. Cambon, alors gouverneur général de l'Algérie, donnait le nom de *Pasteur* à un village de la province de Constantine : il voulait ainsi rendre hommage aux services rendus par l'illustre savant à la science et à l'humanité. Pasteur lui répondit :

« J'éprouve une émotion profonde à savoir que grâce à vous, mon nom restera attaché à ce coin de terre. Lorsqu'un enfant de ce village demandera l'origine de cette dénomination, je souhaiterais que l'instituteur lui apprît simplement que c'était le nom d'un Français qui a beaucoup aimé la France et qu'en la servant de son mieux il a pu contribuer au bien de l'humanité. *La pensée que mon nom pourra éveiller un jour dans l'âme d'un enfant le premier sentiment de patriotisme me fait battre le cœur*. Je vous aurai dû dans ma vieillesse cette grande joie. Je vous remercie plus que je ne saurais dire[1]. »

Pasteur pouvait se rendre cette justice qu'il aimait la France : la pensée d'être utile à son pays le suivait dans tous ses travaux ; il l'associait à toutes ses recherches. Lorsqu'en octobre 1868, il fut frappé, en pleine activité,

---

[1] Cité par Vallery-Radot. *Vie de Pasteur*, p. 669. Hachette, édit.

« d'une attaque d'hémiplégie si grave qu'on pensait qu'il n'en reviendrait pas, » et que lui-même se croyait perdu, il songeait à la France et disait tristement : « Je regrette de mourir; j'aurais voulu rendre plus de services à mon pays. » Pendant la guerre de 1870, il voulut prendre rang dans la garde nationale : il ne le put à cause de sa paralysie. « Il eut alors le ferme vouloir de continuer ses travaux. Mais les défaites qui, coup sur coup, fondirent sur la France, l'accablèrent. Venu à Arbois au mois de septembre, il suivit la marche des événements « avec anxiété... Dans ses lettres et dans son cahier de notes on retrouve la trace vivante de ses impressions, les accès de désespoir et d'indignation, les angoisses, les reprises d'espoir et de courage, comme aussi les réflexions sur les causes de la défaite de plus en plus certaine et complète : il avait toujours été ardent patriote; mais il aima la France, d'autant plus qu'elle était plus malheureuse. Il ne put jamais parler sans un frémissement de douleur de la guerre de 1870, que l'Allemagne poursuivait sans excuse, au mépris de l'humanité » : il avait trop souffert de voir l'invasion prussienne débordant « sur le sol sacré de la patrie, et ces mots, Pasteur les prononçait » avec foi et tendresse.

« Dès ce moment, le relèvement de la France fut sa grande préoccupation. Les impressions simples et fortes qui passent sur un peuple, il les éprouvait comme les ressent un soldat dans l'armée, un citoyen dans la foule; mais en même temps, avec la puissance de sa nature créatrice, il voulait faire quelque chose d'utile, de grand. Persuadé qu'une des grandes causes des revers de la France était dans « l'oubli, le dédain qu'elle avait eu pour les grands travaux de la pensée, surtout dans les sciences exactes », dans l'avance qu'elle avait laissé prendre sur ce terrain aux autres nations, particulièrement à l'Allemagne, il avait l'ardent désir de lui voir reprendre son rang et la ferme volonté dy' ider de tout son pouvoir. Il était impatient de se remettre au travail. « Pauvre France, chère patrie, disait-il, que ne puis-je contribuer à te relever de tes désastres ! »

« A cette époque, on lui proposa d'abord la direction d'un laboratoire et d'un établissement de sériciculture [1] à Milan, puis, mieux encore, une chaire de chimie à Pise. Pasteur qui avait refusé d'emblée la première proposition, hésita pour la seconde, se demandant si c'était servir les vrais intérêts de la patrie que d'assister impuissant à tant de désastres : ne valait-il pas mieux porter au loin l'enseignement français, essayer de provoquer chez les jeunes étudiants italiens l'enthousiasme pour les savants de France et les grandes choses dues à la France? Ce nom, Pasteur aimait à le dire. Chaque fois qu'il le prononçait, sa voix forte avait quelque chose de fier, de tendre. C'était l'accent d'un fils plein de gratitude qui, à travers ses premières impressions, son amour du travail, son désir de gloire, pensait toujours au pays. Il le servirait encore là-bas.

« Les avantages personnels qui lui furent promis, — car on voulait lui donner le traitement du professeur le mieux favorisé, — décidèrent de son refus. « Je croirais commettre un crime et mériter la peine des déserteurs, écrivait il, si j'allais chercher, loin de ma patrie dans le malheur, une position matérielle meilleure que celle qu'elle peut m'offrir.

« Il avait hâte d'entreprendre une nouvelle étude. » Il avait, avant 1870, par ses travaux sur les maladies des vers à soie, sauvé les départements du midi d'une ruine certaine. Après la guerre, « une pensée de patriotisme intervint encore dans le choix de son sujet. Puisque l'Allemagne [2] avait une supériorité incontestable dans la fabrication de la bière, n'était-ce pas bonne et utile besogne

---

[1] Culture de la soie.
[2] VALLERY-RADOT, p. 298.

que d'essayer d'affranchir la France du tribut qui lui était imposé sur ce point? Pasteur voulait marquer d'un progrès durable cette industrie de la bière. » Il visita non seulement les brasseries françaises, mais aussi celles d'Angleterre : il montra aux Anglais le défaut de leur fabrication. « Être utile, donner aux autres le plus possible de soi, rendre des services indéfiniment renouvelables, c'était là son programme, le règlement de sa vie. Il était d'autant plus heureux d'offrir aux Anglais, qui se piquent volontiers du titre d'hommes pratiques, la preuve de ce que peut, dans le domaine utilitaire, la science désintéressée, qu'il aimait à se persuader qu'une dette morale envers un savant de France serait dans quelque mesure réversible sur la France elle-même. « Il faut refaire des amis à notre chère France, » ne cessait-il de dire.

Aussi une de ses grandes joies était, dans les Congrès de savants, où il représentait la France, d'être distingué; il était fier non pas pour lui, comme il le disait, — et sa modestie était sincère, — mais pour son pays, en songeant qu'il le relevait par la science en face des étrangers. C'est ainsi qu'à Londres, à Milan, à Genève, à Edimbourg, il valut à la France les plus grands honneurs : « c'est là ce qu'il désirait. » La suprématie scientifique de la patrie était son rêve.

Toute sa vie, il montra « que si la science n'a pas de patrie, l'homme de science doit en avoir une et que c'est à elle qu'il doit reporter l'influence que ses travaux peuvent avoir dans le monde. » Mais, son patriotisme, loin d'être étroit et exclusif, se conciliait avec un sentiment humanitaire qui le faisait « citoyen du monde entier ». Il se glorifiait de travailler pour l'humanité, sans renoncer à son amour pour la France : il fit sentir, par le refus de la décoration que voulait lui offrir l'empereur d'Allemagne[1],

---

[1] L'ordre du *Mérite de Prusse*.

qu'il ne pouvait pas ne pas protester[1] contre la violation de droit commise envers nous.

Tout son patriotisme, il l'a résumé dans les paroles suivantes qu'il prononça au Congrès de Milan : « Je me sens pénétré de deux impressions profondes : la première, c'est que la science n'a pas de patrie; la seconde, qui paraît exclure la première, mais qui n'en est pourtant qu'une conséquence directe, c'est que la science est la plus haute personnification de la patrie. La science n'a pas de patrie, parce que le savoir est le patrimoine de l'humanité, le flambeau qui éclaire le monde. La science doit être la plus haute personnification de la patrie, parce que de tous les peuples, celui-là sera toujours le premier qui marchera le premier par les travaux de la pensée et de l'intelligence.

« Luttons donc dans le champ pacifique de la science pour la prééminence de nos patries respectives. Luttons, car la lutte c'est l'effort; la lutte, c'est la vie, quand la lutte a le progrès pour but[2]. »

(D'après VALLERY-RADOT, *Vie de Pasteur*, Hachette.)

Travaux de Pasteur.

Pasteur a donné les règles de la fabrication du vinaigre et de la bière; — il a donné les règles à suivre pour mettre les troupeaux à l'abri des contaminations charbonneuses, et les vers à soie des maladies qui les détruisaient.

---

[1] Pasteur faisait de la question d'Alsace-Lorraine une question d'humanité : la France qui avait proclamé et défendu le droit des peuples à disposer d'eux-mêmes voyait l'Alsace mise hors la France, et par le peuple qu'elle avait cru le plus idéaliste, le plus pacifique.

[2] VALLERY-RADOT, p. 364. Toutes les citations de ce morceau sont extraites de la *Vie de Pasteur*.

Les chirurgiens, d'autre part, en prenant sa méthode pour guide, ont fait disparaître les infections purulentes qui amenaient la mort de tant d'opérés.

Il a donné les règles à suivre pour préserver les chevaux, bœufs et moutons de la maladie charbonneuse qui en tuait chaque année pour 20 millions.

Il a guéri la rage, la diphtérie; ceux qui continuent sa méthode de vaccination par les sérums arriveront peut-être à guérir toutes les maladies et à en préserver l'humanité.

***

La science a été la passion maîtresse de ma vie. Je n'ai vécu que pour elle, et dans les heures difficiles, inséparables des longs efforts, la pensée de la patrie relevait mon courage. J'associais sa grandeur à la grandeur de la science.

(PASTEUR.)

***

La race la moins cultivée sera infailliblement supprimée, ou, ce qui à la longue revient au même, rejetée au second plan par la race la plus cultivée (Renan). Pourquoi l'écolier, s'il aime son pays, trouve-t-il dans cet amour une raison de bien s'acquitter de ses devoirs, de bien travailler au lycée ou au collège ?

CHAPITRE VI

L'ÉTAT ET LES LOIS

1. — Fonctions de l'État

L'homme est un être sociable : un instinct de sympathie, qui le porte à rechercher ses semblables, et ses besoins le poussent à s'unir aux autres individus; grâce à eux, les besoins de la vie journalière, le boire, le manger, le logement, le vêtement sont pleinement satisfaits. Mais cette société risque à chaque instant d'être rompue par les écarts des volontés de chacun, par le manque de respect des droits des associés, qui peuvent être attaqués dans leurs biens ou dans leurs personnes : chaque individu se fera-t-il justice lui-même? Le faible ne serait-il pas opprimé par le fort? L'établissement d'une autorité supérieure aux volontés individuelles est donc nécessaire : cette autorité sera celle de la loi imposée à tous également pour empêcher les violences et les injustices. « La loi, c'est la conscience de ceux qui n'en ont pas. »

Mais la loi, malgré le caractère sacré qu'elle tient de la justice, ne serait pas toujours écoutée, si elle n'avait des sanctions ou châtiments qui la font respecter de tous. La loi elle-même a besoin, pour être établie et appliquée, d'un pouvoir, qui s'appelle l'État, et qui agit au nom de tous les associés!

L'État fait la loi, mais en s'inspirant de la justice, qui lui est antérieure et supérieure. Ce n'est pas parce qu'il y a des lois que la vie humaine doit être respectée, que la liberté et que la propriété doivent être à l'abri de toute violation ; mais c'est parce qu'il y a des propriétés, c'est parce que la liberté et la vie humaine ont leur valeur propre qu'il y a des lois pour les protéger. L'État fait régner l'ordre ; il permet aux libertés individuelles de se développer sans se nuire et de se concerter pour atteindre l'idéal de la vie humaine.

Quelle idée doit-on se faire de cet État qui substitue l'action de la puissance publique au despotisme de l'individu ? L'État existe-t-il en dehors des citoyens qui le composent ? L'État n'est pas une personne distincte et indépendante de la personne de ses nationaux, pas plus qu'une forêt n'existe en dehors de ses arbres, une armée en dehors des soldats qui la composent. « Sa force est faite de nos forces ; sa tendance est faite de nos tendances ; son droit est fait de nos droits. » L'État, c'est la nation même ; « l'État, c'est nous tous. »

Cependant « un tout n'est pas identique à la somme de ses parties, quoique, sans elles, il ne soit rien ; de même, en s'assemblant dans une organisation définie et par des liens durables, les hommes forment un être nouveau qui a sa nature et ses lois propres. » (Durckeim.) Si donc « l'État ne se comprend pas sans une nation qu'il représente et sans des nationaux qu'il administre, il est néanmoins autre chose[1] ». L'État est la *représentation officielle* de la nation. Il a mission de défendre *l'intérêt public*, qui ne se confond pas toujours avec les intérêts des simples particuliers[2], qui leur est quelquefois opposé, mais « qui est quelque chose de plus haut, de plus auguste dans l'espace et dans le temps ». Aussi est-il armé de *droits propres* et de *pouvoirs particuliers* « qui ne sont

---

[1] Ch. Turgeon. *Revue du Droit public* (année 1899, p. 76).

[2] L'État a aboli l'esclavage, le despotisme paternel, l'oppression de la femme par l'homme.

nullement la somme totale des droits reconnus et des pouvoirs conférés aux simples particuliers ».

Veut-on quelques exemples qui rendent manifeste la différence entre l'action de l'État et les actes des sujets, sous le rapport des lois qui les régissent ?

L'activité du simple particulier s'exerce pacifiquement et ne s'impose pas par la contrainte aux autres associés : l'État agit en souverain, commande, juge ; il a le droit de recourir à la force, le droit de punir, quand le maintien de l'ordre l'exige.

La puissance de l'État est constituée en monopole et ne laisse pas les vengeances privées détruire la paix publique : lui seul se charge d'assurer le maintien de la paix publique.

Les particuliers n'aspirent qu'à réaliser des bénéfices dans leurs entreprises : quand l'État a équilibré son budget, il ne demande rien de plus ; — et c'est suffisant. « *L'action collective de l'État* est par suite différente de *l'action individuelle des simples particuliers* ; l'État français est quelque chose de plus que les 38 millions 350 mille nationaux qui habitent la terre de France[1]. »

Mais cet État, qui possède des prérogatives spéciales, n'a de puissance que parce qu'il concentre « toutes les forces morales et matérielles de ses membres » : sans eux, sans leur initiative, sans leur effort individuel, « il ne peut conquérir ni richesse, ni puissance ». Son devoir est donc de leur permettre de développer leur personnalité, leurs facultés en toute liberté ; il leur assurera le droit de vivre en personnes morales, et devra le respecter, une fois qu'ils l'auront obtenu.

Le meilleur État est celui dans lequel les individus apprendraient à se passer de son pouvoir.

Dans quels cas l'État peut-il intervenir dans la vie individuelle ?

[1] Ch. Turgeon.

La division des travaux, la concurrence des métiers et des professions, l'égoïsme des associés qui s'efforcent de tout ramener à leur propre intérêt, risquent de faire naître des oppositions et des luttes entre les membres de l'association politique : des individus peuvent refuser l'obéissance, troubler la communauté par les fraudes, les vols, les meurtres, les violences. Ces forces rivales ou ennemies, l'État doit les coordonner et les maintenir.

Dans ce but, l'État a trois pouvoirs : il fait les lois qui sont destinées à empêcher les injustices et à délimiter le droit de chaque membre de l'association politique; elles garantissent la liberté sous toutes ses formes, la sécurité des biens et de la vie : c'est le *pouvoir législatif*[1].

Les lois faites, il faut veiller à ce qu'elles soient observées : c'est le rôle du *pouvoir exécutif;* il doit réprimer toute tentative contre la paix publique. Mais ce n'est pas lui qui juge si la loi est violée ou non : quand il croit qu'une atteinte lui a été portée, il défère[2] le coupable au troisième pouvoir :

Le pouvoir judiciaire, aux juges et aux magistrats, qui décident s'il y a faute et quelle peine doit être infligée. L'État, pour garantir aux citoyens l'exercice de leurs droits, peut punir ceux qui portent atteinte aux droits d'autrui : c'est la nécessité de cette protection qui est la source du droit de punir. La peine doit être proportionnée à la faute.

L'État exerce aussi un droit de tutelle sur les intérêts des particuliers en péril ; c'est ainsi qu'il intervient pour établir une hygiène meilleure dans les logements; — pour réglementer les heures de travail des femmes, des enfants, des ouvriers, et les empêcher d'être astreints à des

---

[1] En France, il est représenté par la Chambre des Députés et le Sénat.

[2] C'est le *Procureur de la République* qui agit dans ce cas au nom de l'État.

fatigues excessives, dépassant les forces humaines; — pour défendre l'emploi, dans l'industrie, de substances nuisibles à la santé (blanc de céruse, etc.); — pour protéger l'industrie contre la concurrence étrangère; — pour répartir des secours aux pauvres et organiser une assistance publique; — pour imposer l'instruction et la faire donner à tous.

L'État se charge des travaux publics que les ressources des particuliers ne pourraient mener à bonne fin : travaux de construction des ports, des canaux, etc., travaux dont l'utilité importe à tous et à la prospérité de la nation.

Ainsi comprise, la souveraineté de l'État, n'a rien de commun avec la doctrine du bon plaisir, à condition que l'État ne se place jamais en dehors du droit.

Enfin, l'État doit veiller à la sécurité du patrimoine national et le maintenir intact : il doit repousser les agressions du dehors, et ne rien faire pour les provoquer : c'est le rôle de l'armée, de la marine, de la diplomatie de prendre les mesures nécessaires.

Le pouvoir exécutif constitue le *gouvernement* : Président de la République et ministres.

Quel est le fondement de l'autorité de l'État ? La raison nous dit : ce fondement doit être dans le droit de chaque citoyen de participer à l'administration du pays, soit directement, comme à Athènes, soit par des représentants qu'il nomme, députés ou sénateurs, choisis par lui. Le citoyen est alors à la fois *gouvernant*, puisqu'il fait les lois, et *gouverné*, puisqu'il obéit aux lois qu'il a faites. C'est une autorité consentie : c'est le régime de la démocratie.

(G. C.)

Les lois civiles règlent les rapports des citoyens entre eux, dans les affaires de la vie privée.

Les lois politiques expriment les règles qui sont suivies dans l'administration de l'État : elles forment la Constitution.

* *

La loi est l'expression de la volonté générale. Tous les citoyens ont le droit de concourir, personnellement ou par leurs représentants, à sa formation. Elle doit être la même pour tous, soit qu'elle protège, soit qu'elle punisse. Tous les citoyens, étant égaux à ses yeux, sont également admissibles à toutes les dignités, places et emplois publics, selon leur capacité et sans autre distinction que celle de leurs vertus et de leurs talents.

(Déclaration des droits de l'homme.)

* *

La loi, c'est la patrie elle-même ordonnant à chacun de respecter la vie, les biens, la liberté, la conscience, la croyance de chacun et de tous, au nom de la justice.

(Ch. Lévêque.)

* *

Le but de la loi est de réaliser dans la société, au moins en partie, l'ordre moral.

(Montesquieu.)

* *

Jules Simon, après le coup d'État du 2 décembre 1851, vint le 9 décembre faire une leçon à la Sorbonne. Il commença ainsi : « Le droit vient d'être publiquement violé par celui qui avait la charge de le défendre, et la France doit dire demain dans ses comices si elle approuve cette violation du droit ou si elle la condamne. »

* *

Louis Bonaparte, en ne gardant pas le pouvoir dans les conditions où la loi le lui avait conféré, en s'emparant de l'autorité par la force, violait la légalité. C'est ce qu'on appelle un *coup d'État*.

La légalité c'est l'ensemble des règles et dispositions qui, si elles sont observées, donnent au gouvernement l'autorité juste et légitime.

2. — La mort de Baudin

Le 2 décembre 1851, la constitution est violée. Celui qui en a la garde et qui lui a juré obéissance et fidélité fait litière de la légalité et du droit. Des hommes de cœur et d'action s'insurgent contre le crime. Le 3, au matin, sur une barricade improvisée, huit représentants du peuple, sans armes, l'écharpe sur la poitrine, attendent en silence les troupes qui arrivent. Ces républicains stoïques, qui ont fait un devoir du sacrifice de leur vie, s'appellent Baudin, Brillier, Bruchner, Dulac, de Flotte, Morigne, Malardier, Victor Schœlcher. Pendant que Baudin reste debout sur la barricade, ses collègues en descendent pour se porter résolument au-devant des soldats. Schœlcher les harangue. La parole se perd dans le bruit des armes qu'on apprête. L'instant est solennel. Les représentants se découvrent comme pour saluer la mort et poussent le cri de « Vive la République ! » Les soldats les écartent de la baïonnette sans les blesser, et quand ils sont au pied de la barricade, la fusillade éclate. Baudin tombe foudroyé, montrant par cette fin héroïque comment, en mourant pour vingt-cinq francs par jour, on entre dans l'immortalité.

Organe indéfectible de la conscience universelle, l'histoire frappe de ses flétrissures ineffaçables ceux qui portent une main criminelle sur les institutions de leur pays. Elle réserve la gloire de ses palmes à ceux qui, comme Baudin, donnent leur vie pour la défense des lois et de la liberté !

(Fallières. *Discours, Journal Officiel du* 23 *décembre* 1901.)

.°.

La loi de Lynch est une procédure sommaire par laquelle le peuple, sans respecter les formalités ordonnées par la loi, saisit, juge, condamne sans appel, exécute séance tenante un coupable.

Lynch était quelque fermier de Virginie qui se faisait justice lui-même sans recourir aux tribunaux. Il n'avait pas l'idée de la séparation des pouvoirs.

Cette coutume persiste aux États-Unis, surtout à l'égard des nègres qui ont commis un meurtre, allumé un incendie. C'est la foule qui délibère et juge : elle renvoie les magistrats, qui protestent pour la forme. Dans ces jugements sommaires, la légalité (c'est-à-dire les règles qui garantissent le droit du coupable) est violée. La légalité, ce sont les formes exigées pour montrer que la loi a été observée.

.°.

On ne peut condamner un inculpé sur des pièces qui ne seraient soumises ni à lui, ni à son avocat.

.°.

Quelquefois, quand un individu a commis quelque forfait, la foule indignée veut l'arracher aux mains de la police. Elle n'a pas le droit de l'enlever à ses juges et de l'empêcher d'être jugé suivant la procédure que la loi impose.

.°.

La légalité est une garantie du citoyen. Mais il peut en abuser. Ainsi un mendiant qui exerce son métier sous le porche d'une église ne peut être arrêté : la loi ne le permet pas.

Ceux qui mendient, en exposant leurs enfants au froid pour inspirer la pitié, usent d'un droit qui ne peut être enlevé : c'est un moyen légal.

3. — Signification de la prise de la Bastille

L'attaque de la Bastille ne fut nullement raisonnable. Ce fut un acte de foi...

L'histoire revint cette nuit-là, une longue histoire de

souffrances, dans l'instinct vengeur du peuple. L'âme des pères qui, tant de siècles, souffrirent, moururent en silence, revint dans les fils et parla...

Et qu'est-ce que la Bastille faisait à ce peuple ? Les hommes du peuple n'y entrèrent presque jamais... Mais la justice lui parlait, et une voix qui plus fortement encore parle au cœur, la voix de l'humanité et de la miséricorde, cette voix douce qui semble faible et qui renverse les tours ; déjà, depuis dix ans, elle faisait chanceler la Bastille.

Il faut dire vrai ; si quelqu'un eut la gloire de la renverser, c'est cette femme intrépide qui si longtemps travailla à la délivrance de Latude contre toutes les puissances du monde. La royauté refusa, la nation arracha la grâce ; cette femme, ou ce héros, fut couronnée dans une solennité publique. Couronner celle qui avait pour ainsi dire forcé les prisons d'État, c'était déjà les flétrir, les vouer à l'exécration publique, les démolir dans le cœur et dans le désir des hommes... Cette femme avait pris la Bastille.

Depuis ce temps, le peuple de la ville et du faubourg, qui sans cesse, dans ce lieu si fréquenté, passait, repassait dans son ombre, ne manquait pas de la maudire. Elle méritait bien cette haine. Il y avait bien d'autres prisons ; mais celle-ci, c'était celle de l'arbitraire capricieux, du despotisme fantasque, de l'inquisition ecclésiastique et bureaucratique. La cour, si peu religieuse en ce siècle, avait fait de la Bastille le domicile des libres esprits, la prison de la pensée. Moins remplie sous Louis XVI, elle avait été plus dure (la promenade fut ôtée aux prisonniers), plus dure et non moins injuste : on rougit pour la France d'être obligé de dire que le crime d'un des prisonniers était d'avoir donné un secret utile à notre marine ! On craignit qu'il ne le portât ailleurs.

Le monde entier connaissait, haïssait la Bastille. *Bastille, tyrannie* étaient, dans toutes les langues, deux mots synonymes. Toutes les nations, à la nouvelle de sa ruine, se crurent délivrées.

En Russie, dans cet empire du mystère et du silence, cette Bastille monstrueuse entre l'Europe et l'Asie, la nouvelle arrivait à peine que vous auriez vu des hommes de toutes les nations crier, pleurer sur les places ; ils se jetaient dans les bras l'un de l'autre, en se disant la nouvelle : « Comment ne pas pleurer de joie ? La Bastille est prise. »

(Michelet. *Histoire de la Révolution*. C. Lévy, édit.)

La fête du 14 juillet.

Le sens du juste et de l'injuste est, dans une démocratie, le fondement de l'État.

La fête de la République, la fête du 14 Juillet, en est le meilleur témoignage. Pourquoi célébrons-nous l'anniversaire de la prise de la Bastille ? C'est qu'elle marque la fin de l'*arbitraire* de l'ancien régime. La Bastille n'était pas de ces prisons dans lesquelles les détenus moisissaient sur « la paille humide » ; ils étaient même fort à l'aise dans ses cachots : ils avaient la liberté de se voir, de recevoir des visites, d'être nourris à leur gré ; on y buvait du champagne. Le nombre des prisonniers n'y était pas très grand : en moyenne, la Bastille reçut par an 40 prisonniers sous Louis XIV, 43 sous Louis XV, 19 sous Louis XVI. Pourquoi donc était-elle odieuse ? C'est qu'elle était le symbole de ce « bon plaisir » des rois, qui pouvait y faire entrer ou en faire sortir tout sujet *sans qu'il eût passé devant des juges*, sans « autre forme de procès ».

(G. C.)

4. — Socrate[1] refuse de s'enfuir et de désobéir aux lois de son pays

Au moment de nous enfuir d'ici, ou comme il te plaira

---

[1] Socrate avait été condamné injustement. Il était libre d'éviter la mort par un exil volontaire.

d'appeler notre sortie, si les lois et la république se présentaient devant nous et nous disaient : « Socrate, que vas-tu faire ? L'action que tu prépares tend-elle à autre chose qu'à renverser et nous et l'État tout entier, autant qu'il dépend de toi ? ou te semble-t-il possible qu'un État subsiste et ne soit pas renversé, lorsque les jugements rendus n'y ont aucune force et sont foulés aux pieds par des particuliers ?

Que répondrions-nous, Criton, à ce reproche et à beaucoup d'autres semblables qu'on pourrait nous faire ? Car que n'aurait-on pas à dire, surtout un orateur, sur cette infraction à la loi qui ordonne que les jugements rendus seront exécutés? Ou répondrons-nous que la République a été injuste envers nous et qu'elle n'a pas bien jugé ? est-ce là ce que nous répondrons ? »

Criton. — Par Jupiter, cela même, Socrate.

Socrate — Et que diront les lois à leur tour ? « Socrate, est-ce de cela ou de ta soumission aux jugements rendus de la république que nous sommes convenues avec toi ? » Et si nous paraissions surpris de ce langage, elles nous diraient peut-être : « Ne t'étonne pas, Socrate, mais réponds-nous, puisque tu as coutume de procéder par questions et par réponses.

Hé bien, dis, quel sujet de plainte as-tu contre la république et nous pour entreprendre ainsi de nous renverser ? Et d'abord n'est-ce pas à nous que tu dois la vie ? n'est-ce pas grâce à nous que ton père a épousé ta mère et t'a engendré ? Parle, dans les lois qui président au mariage, y a-t-il quelque chose à reprendre ? — Non, dirais-je. — Est-ce alors dans les lois relatives à l'éducation, et suivant lesquelles tu as été élevé toi-même ? Celles d'entre nous qui ont été instituées pour cet objet n'ont-elles pas bien fait d'ordonner à ton père de t'instruire dans les exercices de l'esprit et dans ceux du corps ? — Elles ont bien fait, répondrais-je. — Hé bien, puisque tu nous dois ton existence et ton éducation, pourrais-tu nier que tu sois notre enfant et notre serviteur, toi et tes aïeux ? Et, s'il en est ainsi, penses-tu avoir les mêmes droits que nous, et qu'il te soit permis de nous rendre ce que nous pourrions te faire souffrir ? Si tu étais sous la dépendance d'un père ou d'un maître, tu n'aurais point des droits égaux aux siens, et tu ne pourrais lui rendre ni injures pour injures, ni coups pour coups, ni rien de semblable ; et tu aurais ce droit envers les lois et la patrie ! Et parce que nous aurions prononcé ta mort, la croyant juste, tu entreprendrais notre ruine, autant qu'il est en toi !

Et tu dirais que tu fais bien d'agir de la sorte, toi qui as réellement consacré ta vie à la vertu ? Ou ta sagesse va-t-elle jusqu'à ignorer que la patrie est, aux yeux des dieux et des hommes sensés, un objet plus précieux, plus respectable, plus auguste, et plus sacré qu'une mère, qu'un père et que tous les aïeux ; qu'il faut avoir pour la patrie irritée plus de respect, plus de soumission et plus d'égards que pour un père ; qu'il faut la ramener par la persuasion ou obéir à ses ordres, et souffrir sans murmure tout ce qu'elle commande de souffrir, soit qu'elle nous fasse battre de verges ou charger de chaînes, soit qu'elle nous envoie à la guerre pour y être blessés ou tués ; que notre devoir est d'obéir, et qu'il n'est permis ni de reculer, ni de lâcher pied, ni de quitter son poste ; mais que dans les combats, devant le tribunal et partout, il faut obéir aux ordres de la patrie, ou la faire revenir par des moyens de persuasion que la justice avoue ; qu'enfin si c'est une impiété de faire violence à son père ou à sa mère, c'en est une bien plus grande de faire violence à sa patrie ? » Que répondrions-nous à cela, Criton ? Reconnaîtrions-nous que les lois diraient la vérité ?

Criton. — Il me le semble, du moins, Socrate.

Socrate. — « Considère donc, Socrate, ajouteraient-elles peut-être, que, si ce que nous venons de dire est vrai, l'action que tu entreprends contre nous est injuste. En effet, nous t'avons fait naître, nous t'avons nourri, élevé; nous t'avons fait, comme aux autres citoyens, tout le bien dont nous avons été capables : cependant nous ne laissons pas de publier que tout Athénien qui, après avoir examiné nous et les usages de la république, n'en sera point satisfait, pourra se retirer où bon lui semblera avec tout son bien. Et si quelqu'un, ne trouvant à son gré ni nous ni la république, veut aller habiter soit dans une de nos colonies, soit en pays étranger, il n'y a pas une de nous qui mette obstacle à son départ, et l'empêche d'aller où il lui plaira, emportant sa fortune avec lui. Mais si quelqu'un demeure après avoir vu comment nous administrons la justice et les autres parties du gouvernement, dès lors nous dirons qu'il s'est, par le fait, engagé à exécuter nos ordres ; et s'il ne le fait pas, nous soutenons qu'il est injuste de trois manières : il nous désobéit, à nous qui lui avons donné la vie ; et, après avoir promis de nous obéir, il nous désobéit sans se donner la peine de nous ramener par la persuasion, si nous commettons quelque erreur ; et tandis que nous proposons ce que nous voulons, au lieu de le prescrire tyranniquement, et que même nous laissons le choix ou d'obéir ou de nous convaincre d'injustice, lui ne fait ni l'un ni l'autre. Voilà, Socrate, les accusations méritées qui s'élèveront contre toi si tu accomplis ton projet. »

(PLATON, *Criton*. Traduction A. FOUILLÉE, p. 242. Ch. Delagrave et C¹ᵉ, édit.)

5. — LA FRAUDE LÉGALE

(Dans le *Malade Imaginaire*, Argan voudrait trouver un moyen de tourner la loi pour avantager dans son testament sa seconde femme, au détriment de sa fille née d'un premier mariage. Il s'adresse à un notaire, M. de Bonnefoy.)

Argan. — Approchez, monsieur de Bonnefoy, approchez. Prenez un siège, s'il vous plaît ; ma femme m'a dit, monsieur, que vous étiez fort honnête homme, et tout à fait de ses amis ; et je l'ai chargée de vous parler pour un testament que je veux faire.

Béline. — Hélas ! je ne suis point capable de parler de ces choses-là.

Le notaire. — Elle m'a, monsieur, expliqué vos intentions, et le dessein où vous êtes pour elle ; et j'ai à vous dire là-dessus que vous ne sauriez rien donner à votre femme par votre testament.

Argan. — Mais pourquoi ?

Le notaire. — La coutume y résiste. Si vous étiez en pays de droit écrit, cela se pourrait faire ; mais à Paris, et dans les pays coutumiers, au moins dans la plupart, c'est ce qui ne se peut, et la disposition serait nulle. Tout l'avantage qu'homme et femme conjoints par mariage se peuvent faire l'un à l'autre, c'est un don mutuel entre vifs ; encore faut-il qu'il n'y ait enfants, soit des deux conjoints, ou de l'un d'eux, lors du décès du premier mourant.

Argan. — Voilà une coutume bien impertinente, qu'un mari ne puisse rien laisser à une femme dont il est aimé tendrement, et qui prend de lui tant de soin. J'aurais envie de consulter mon avocat, pour voir comment je pourrais faire.

Le notaire. — Ce n'est point à des avocats qu'il faut aller, car ils sont d'ordinaire sévères là-dessus et s'imaginent que c'est un grand crime que de disposer en fraude de la loi. Ce sont gens de difficultés, et qui sont ignorants des détours de la conscience. Il y a d'autres personnes à consulter, qui sont bien plus accommodantes, qui ont des expédients pour passer doucement par-dessus la loi, et rendre juste ce qui n'est pas permis, qui savent aplanir les difficultés d'une affaire, et trouver des moyens d'éluder la coutume par quelque avantage indirect. Sans cela, où en serions-nous tous les jours? Il faut de la facilité dans les choses ; autrement nous ne ferions rien, et je ne donnerais pas un sou de notre métier.

Argan. — Ma femme m'avait bien dit, Monsieur, que vous étiez fort habile et fort honnête homme. Comment puis-je faire, s'il vous plaît, pour lui donner mes biens et en frustrer mes enfants ?

Le notaire. — Comment vous pouvez faire ? Vous pouvez choisir doucement un ami intime de votre femme, auquel vous donnerez en bonne forme par votre testament tout ce que vous pouvez ; et cet ami ensuite lui rendra tout. Vous pouvez encore contracter un grand nombre d'obligations, non suspectes, au profit de divers créanciers qui prêteront leur nom à votre femme, et entre les mains de laquelle ils mettront leur déclaration que ce qu'ils en ont fait n'a été que pour lui faire plaisir. Vous pouvez aussi, pendant que vous êtes en vie, mettre entre ses mains de l'argent comptant, ou des billets que vous pouvez avoir, payables au porteur...

(Molière, *Le Malade imaginaire*, acte I, scène vii.)

* *

On n'est pas homme pour avoir la figure humaine ou pour raisonner sur quelques sujets grossiers à la façon des autres. On n'est homme qu'à la condition de la culture intellectuelle et morale... *L'individu n'est complètement responsable de ses actes que s'il a reçu sa part à l'éducation qui fait homme...* Autrement, vous le punissez d'être brute. Mais est-ce sa faute, s'il n'a pas reçu l'éducation morale ? La société a charge d'âmes.

(Renan.)

* *

Il n'y a pas d'homme un peu versé dans la procédure criminelle qui ne pense avec terreur à combien peu tient la vie d'un homme sous le poids d'une accusation capitale, et qui ne se rappelle des exemples où un individu n'a dû son salut qu'à quelque circonstance extraordinaire qui a mis au jour son innocence prête à succomber ?

⁎

L'on court les malheureux pour les envisager ; l'on se range en haie, ou l'on se place aux fenêtres pour observer les traits et la contenance d'un homme qui est condamné et qui sait qu'il va mourir : vaine, maligne, inhumaine curiosité !

(La Bruyère.)

⁎

Bien des criminels tuent pour voler une petite somme d'argent, quelques centaines de francs, qui leur permettront de vivre quelques jours dans le plaisir. Que mérite ce mépris de la vie humaine ?

⁎

L'organisation politique ou Etat a pour but, non de faire régner toutes les vertus, mais de garantir toutes les libertés en les conciliant le mieux possible.

La peine doit être utile et réparatrice : elle doit réprimer, intimider, amender ; il ne peut y avoir de restriction légitime au droit d'un individu que celle qu'exige le droit des autres. La peine doit empêcher le coupable de recommencer et le contraindre à ne pas faire de sa liberté un usage qui compromette celle d'autrui : c'est un moyen de défense de la société.

Si la société croit pouvoir se défendre sans la peine de mort, elle doit l'abolir.

⁎

L'Etat fait des routes, creuse des canaux, se charge de la police, paie les fonctionnaires, entretient l'armée. Il lui faut de l'argent pour cela ; nous le lui donnons sous forme d'impôt, et, ainsi, nous ne faisons que payer des services rendus.

Il est juste de faire payer à chacun en proportion de ce qu'il possède.

⁎

La séparation des pouvoirs est, selon Montesquieu, la première et nécessaire garantie de la liberté dans une nation...

Les divers pouvoirs se contrôlent et se contiennent mutuellement, s'empêchent l'un l'autre d'empiéter sur les droits de l'individu, se font équilibre ; et par là, la liberté individuelle est sauvegardée contre les caprices de l'autorité.

(H. Marion.)

∴

Pourquoi les juges sont-ils inamovibles ?

∴

Quand tous les pouvoirs sont dans les mêmes mains, où le citoyen trouverait-il un recours contre les excès de pouvoir de ceux qui gouvernent ?

(H. Marion.)

∴

Dans la constitution de tout État libre, il faut inscrire, en termes clairs et précis, le principe qu'aucun impôt ne sera perçu, s'il n'est voté par le Parlement.

(E. De Laveleye.)

6. — La loi et le droit

Antigone, fille d'Œdipe, roi de Thèbes, accompagne son père aveugle, détrôné et chassé de son pays. Elle dirige ses pas, et veille sur ses jours ; seule elle lui est restée fidèle, et, malgré sa jeunesse, elle partage sa pauvreté sans rien regretter des splendeurs d'autrefois, sans rien demander à ses frères et à sa sœur, restés à Thèbes. N'est-elle pas la plus heureuse, puisqu'elle est près de son père ? Avec quelle grâce souriante elle lui dit sa joie d'être avec lui et de lui prodiguer ses soins !

Son père meurt et elle revient à Thèbes ; elle trouve sa patrie déchirée par la guerre civile ; ses deux frères se disputent le trône ; l'aîné, Polynice, a appelé l'étranger contre son frère et les deux rivaux succombent dans cette lutte impie. Leur mort donne le trône à leur oncle, Créon, qui a été l'ennemi acharné du malheureux Œdipe.

Créon n'avait pu espérer une telle fortune, aussi va-t-il montrer qu'il est le maître, que tous doivent s'incliner devant ses ordres. Il commence par défendre, sous peine de mort, d'ensevelir le corps de Polynice. Or, les Grecs croyaient que l'âme de celui qui était resté sans sépulture ne pouvait entrer au lieu du repos, qu'elle devait errer éternellement sur la terre, sans être jamais réunie aux siens.....

C'est aux sœurs de Polynice, Antigone et Ismène, qu'incombe le devoir d'accomplir les cérémonies funèbres, et d'ouvrir à l'âme de leur frère le séjour de la paix.

Antigone ne se dira pas qu'elle doit obéir aux ordres du roi, qu'elle est obligée de s'incliner devant la force ; elle ne cherchera aucune excuse pour se dispenser d'accomplir son devoir ; sa conscience n'hésite pas une minute, elle sait ce qu'elle doit à son frère : elle le fera quoi qu'il arrive ensuite.

Pendant qu'elle fait si résolument le sacrifice de sa vie, le roi vient justifier devant le peuple la défense qu'il a faite, et le peuple de Thèbes accepte ses raisons, applaudit ses paroles : « Tu as le droit d'appliquer toutes les lois aux morts et aux vivants ! » La foule n'a jamais été révoltée par les injustices des puissants ; elle se laisse entraîner par ceux qui lui parlent, surtout quand ils ont la force. Mais, au moment où tous jurent de respecter les ordres du roi, on apprend qu'une main inconnue a recouvert de poussière le corps de Polynice. La colère du roi est terrible. Ses ennemis, dit-il, ont payé les coupables ; c'est pour de l'argent que des téméraires ont exposé leur vie. — N'est-ce pas remarquable qu'il donne aussitôt l'explication que les âmes viles et basses ont toujours donnée, donnent encore, du courage et de l'héroïsme ? La foule accepte cette calomnie. Comment comprendrait-elle que l'on sacrifie son repos et sa vie pour autre chose que de l'or ? Depuis trois mille ans, elle demande le prix de toutes les actions généreuses, de tous les sacrifices que les âmes vraiment humaines font à la justice.

Mais voici Antigone accompagnée d'un garde. Celui-ci raconte qu'il avait découvert le corps de Polynice et qu'il a surpris Antigone au moment où elle le recouvrait de poussière.

CRÉON

Et toi, toi qui tiens tes yeux baissés vers la terre, avoues-tu ou nies-tu avoir fait ce qu'il a dit ?

ANTIGONE

Je l'ai fait; je le déclare et ne le nie point.

CRÉON

Connaissais-tu la défense que j'avais faite ?

ANTIGONE

Je la connaissais : comment l'ignorer ? elle était publique.

CRÉON

Et pourtant, tu as osé braver cette loi !

ANTIGONE

Ce n'était pas le ciel qui avait promulgué cette défense, ce n'était pas non plus la Justice, concitoyenne des dieux infernaux, qui avait pu imposer de telles lois aux hommes, et je ne croyais pas que tes décrets eussent assez de force pour faire prévaloir les volontés d'un homme sur celles des immortels, sur ces lois qui ne sont point écrites et qui ne sauraient être effacées. Ce n'est pas d'aujourd'hui, ce n'est pas d'hier qu'elles existent, elles sont de tous les temps, et personne ne peut dire quand elles ont commencé. Devais-je donc par crainte d'un homme, refuser mon obéissance aux dieux ?

(*Pour nos enfants*, 8ᵉ année, p. 321.)

∗.∗

Quand nous disons : *La loi*, nous en avons plein la bouche, et n'imaginons pas qu'au-dessus de la loi il peut y avoir cette chose qu'on appelle : *la Justice*.

∗.∗

Un père s'entretient avec son fils.

La nature a fait de bonnes lois de toute éternité[1]... Est-ce que l'homme n'est pas antérieur à l'homme de loi ? Est-ce que la raison de l'espèce humaine n'est pas tout autrement sacrée que la raison d'un législateur ?... A la rigueur, il n'y a point de lois pour le sage. Toutes étant sujettes à des exceptions, c'est à lui qu'il appartient de juger des cas où il faut s'y soumettre ou s'en affranchir. — Je ne serais pas trop fâché, répond le père, qu'il y eût dans la ville un ou deux citoyens comme toi, mais je n'y habiterais pas, s'ils pensaient tous de même.

(DIDEROT. *Entretien d'un père avec ses enfants.*)

7. — LA SOUVERAINETÉ NATIONALE.

Oui, mon cher Georges, vous avez raison de le croire et de le dire, nous sommes républicains au village. Et sans parler des autres avantages de la République, la République est le gouvernement de notre choix, parce qu'il est le seul qui tienne réellement compte de la souveraineté nationale.

Les rois, vous le savez, prétendaient que leur pouvoir était issu de je ne sais quel droit divin. Ils se donnaient pour des élus de Dieu, et certes, leurs crimes ou leurs fautes, leur méchanceté ou leur incapacité, ont souvent prouvé qu'ils ne l'étaient guère. N'importe ! ils s'autorisaient de cette prétendue délégation divine pour exiger de leurs sujets l'obéissance absolue. Le roi était le seul maî-

[1] C'est le fils qui parle.

tre, le seul souverain ; et Louis XIV osait dire : « L'État, c'est moi. »

Aujourd'hui, l'État c'est tout le monde ; le souverain, c'est l'ensemble de la nation. De même que l'individu est libre et s'appartient à lui-même, de même la nation, qui est une collection d'individus, est libre et s'appartient à elle-même.

Le souverain, ce n'est plus un seul homme, substituant sa volonté despotique à la volonté de tous ; le souverain, c'est vous, c'est moi, ce sont tous les citoyens, et nous usons de notre souveraineté en choisissant, par le suffrage universel, les hommes auxquels nous déléguons notre autorité pour faire les lois conformes à l'intérêt du pays et pour en assurer l'exécution. Le suffrage universel est l'instrument de la souveraineté du peuple. Le suffrage universel doit être libre et éclairé. S'il n'est pas libre, si par les artifices ou l'intimidation on arrache aux citoyens des votes contraires à leur conscience, il est évident que la souveraineté nationale est opprimée. D'autre part, s'il n'est pas éclairé, la souveraineté populaire se manifestera au hasard ; elle se trompera, elle, compromettra les intérêts du pays.

« Le peuple, dit Montesquieu dans l'Esprit des Lois, est souverain par les suffrages, qui sont ses volontés. La volonté du souverain est le souverain lui-même. Les lois qui établissent ce droit de suffrage sont donc fondamentales dans une république démocratique. »

Mais ce qu'il faut surtout bien comprendre, c'est que la République est le seul gouvernement compatible avec le principe de la souveraineté du peuple. Une monarchie quelconque, un empire héréditaire est en contradiction avec ce principe. Un peuple en effet qui se lie à une dynastie, qui remet le pouvoir à perpétuité à un homme et aux descendants de cet homme, abdique sa souveraineté. Un peuple n'est souverain que quand il peut à des époques régulières et légalement fixées manifester les changements de sa volonté, et faire passer le pouvoir dans d'autres mains.

(GABRIEL COMPAYRÉ. *Éléments d'instruction civique et morale.* Delaplane, édit.)

8. — UN EMPEREUR

Nous venons de faire un empereur, et pour ma part je n'y ai pas nui. Voici l'histoire. Ce matin, d'Anthouard nous assemble, et nous dit de quoi il s'agissait, mais bonnement, sans préambule ni péroraison. « Un empereur ou la république, lequel est le plus de votre goût ? » Comme on dit : « rôti ou bouilli, — potage ou soupe, que voulez-vous ? » Sa harangue finie, nous voilà tous à nous regarder, assis en rond. « Messieurs, qu'opinez-vous ? » Pas un mot ; personne n'ouvre la bouche. Cela dure un quart d'heure ou plus, et devenait embarrassant pour d'Anthouard et pour tout le monde, quand Maire, un jeune homme, un lieutenant que tu as pu voir, se lève, et dit : « S'il veut être empereur, qu'il le soit ; mais pour en dire mon avis, je ne le trouve pas bon du tout. — Expliquez-vous, dit le colonel ; voulez-vous ? ne voulez-vous pas ? — Je ne le veux pas, répond Maire. — A la bonne heure. » Nouveau silence. On recommence à s'observer les uns les autres, comme des gens qui se voient pour la première fois. Nous y serions encore, si je n'eusse pris la parole : « Messieurs, dis-je, il me semble, sauf correction, que ceci ne nous regarde pas. La nation veut un empereur, est-ce à nous d'en délibérer ? » Ce raisonnement parut si fort, si lumineux, *si ad rem*[1]... que veux-tu ? j'entraînai toute l'assemblée. Jamais orateur n'eut un succès si complet. On se lève, on signe, on s'en va jouer au billard. Maire me disait : « Ma foi, commandant, vous parlez comme Cicéron ; mais pourquoi voulez-vous donc tant qu'il soit empereur, je

[1] Approprié à la circonstance.

vous prie ? — Pour en finir, et faire notre partie de billard. Fallait-il rester là tout le jour ? Pourquoi, vous, ne le voulez-vous ? — Je ne sais, me dit-il, mais je le croyais fait pour quelque chose de mieux. » Voilà le propos du lieutenant, que je ne trouve point tant sot. En effet, que signifie, dis-moi, un homme comme lui, Bonaparte, soldat, chef d'armée, le premier capitaine du monde, vouloir qu'on l'appelle Majesté ? Être Bonaparte, et se faire sire ! « Il aspire à descendre ».: mais non, il croit monter en s'égalant aux rois. Il aime mieux un titre qu'un nom. Pauvre homme ! ses idées sont au-dessous de sa fortune. Je m'en doutai quand je lui vis donner sa petite sœur à Borghèse [1], et croire que Borghèse lui faisait trop d'honneur.

(P.-Louis Courier.)

9. — L'État républicain

Ce n'est que par les efforts de tous les bons citoyens que le gouvernement républicain peut vivre et prospérer...

C'est là ce qui fait que le régime républicain offre des garanties sérieuses même contre l'incapacité, contre les hasards de la naissance, contre les infirmités, contre les passions, contre les vices d'un seul homme. Aussi faut-il bien se garder, parmi nous, de jamais faire du régime républicain l'apanage d'un seul homme ; il faut en faire, au contraire, un régime qui change de mains, qui est mobile et qui va, par l'élection, par le choix, tous les jours plus assuré, plus juste et plus moral, au plus digne. Quand celui-ci a fait son temps, on le remplace, la nation étant appelée à se donner ainsi pour premier magistrat, — et non pour maître, — le plus intelligent, le plus expérimenté, le plus digne.

C'est pourquoi la République est, par excellence, le

---

[1] Prince italien.

régime de la dignité humaine, le régime du respect de la volonté nationale.

(GAMBETTA, *Discours*.)

10. — L'UNIVERSELLE MÉFIANCE

Examinons un des moyens les plus sûrs et le plus souvent employés dans tous les temps pour tenir la multitude en haleine : les délations. Si une délation accompagnée de preuves est l'acte d'un bon citoyen, un amas de délations, bientôt reconnues fausses, n'a-t-il pas pour effet de corrompre les hommes simples, de les rendre haineux et malveillants, de leur inspirer de la méfiance contre le tribunal dont la décision ne justifiera pas leur préjugé, de leur laisser une longue prévention contre des accusés absous ?... Chaque jour, quelque nouveau crime, quelque nouveau danger est pathétiquement révélé aux plus crédules, pour leur apprendre à inquiéter, à tourmenter au hasard ceux qu'on leur désigne comme ennemis; à se défier de leurs législateurs, de leurs magistrats, de leurs généraux, de tous les officiers publics qui ne peuvent rien que par la confiance publique; à les embarrasser d'obstacles, de dégoûts, de violences; à sévir eux-mêmes contre des hommes vaguement accusés, qui peuvent être coupables, mais qui, suivant l'expression de ce sage et vertueux Tacite, « condamnés sans être entendus et sans défense, meurent comme meurt un innocent ».

(ANDRÉ CHÉNIER. *Réflexions sur l'esprit de parti*, avril 1791.)

11. — LE BULLETIN DE VOTE

Je voudrais qu'on fît bien pénétrer dans la tête de l'électeur que ce bulletin de vote, que ce carré de papier, c'est sa destinée, que c'est lui — quand il écrit un nom sur son carré de papier — qui prononce souverainement sur le bien ou le mal qui doit lui arriver.

Si vous vous rappelez qu'il y a un jour, une heure où vous êtes libre d'écrire tel nom de préférence à tel autre sur votre bulletin de vote, vous vous procurerez tous ces avantages après lesquels vous soupirez, et vous ferez disparaître tous les obstacles dont vous vous plaignez.

Retenez bien que vous pouvez influer sur l'administration, sur les finances, sur les fonctionnaires, sur les lois, sur tout enfin, à l'aide de ce carré de papier, parce que, le jour où vous votez, vous gouvernez; parce que, le jour où vous votez, vous êtes les maîtres. Et que diriez-vous d'un maître qui, au lieu d'avoir souci de ses intérêts, en confierait la gestion à un mandataire dont il ne connaîtrait ni les désirs, ni l'honneur, ni la probité; à un mandataire qui ne ferait les affaires à lui confiées que dans son seul intérêt et non dans l'intérêt de son maître?

Oui, voilà l'idée mère, voilà l'idée libératrice du suffrage universel! C'est là qu'est l'idée à l'aide de laquelle nous vaincrons, si vous voulez vaincre.

Il faut bien nous imprégner de cette idée que, le jour où le plus humble des électeurs comprendra la relation, le rapport qui existe entre ce carré de papier, entre ce bulletin de vote et tout ce qui se fait dans l'administration publique, ce jour-là nous serons libres.

Oui, quand chacun comprendra, sentira la valeur de son vote, il votera avec un sentiment religieux qui est l'expression de la vraie religion, la solidarité humaine qui rapproche et relie les hommes.

(GAMBETTA. *Discours*; Fasquelle, édit.)

.⁎.

Pourquoi l'État devait-il imposer l'obligation de l'instruction?

12. — Puissance morale du bulletin de vote

Le côté profond, efficace, politique du suffrage universel,

ce fut d'aller chercher dans les régions douloureuses de la société, dans les bas-fonds, comme vous dites, l'être courbé sous le poids des négations sociales, l'être froissé qui, jusqu'alors, n'avait eu d'autre espoir que la révolte, et de lui apporter l'espérance sous une autre forme, de lui dire : « Vote, ne te bats plus ! »

Ce fut de rendre sa part de souveraineté à celui qui, jusque-là, n'avait eu que sa part de souffrances ; ce fut d'aborder dans ses ténèbres matérielles et morales l'infortuné qui, dans les extrémités de détresse, n'avait d'autre arme, d'autre défense, d'autres ressources que la violence, et de lui retirer la violence, et de lui remettre dans les mains, à la place de la violence, le droit.

Le suffrage universel, donnant à ceux qui souffrent un bulletin, leur ôte le fusil. En leur donnant la puissance, il leur donne le calme. Le suffrage universel dit à tous, — et je ne connais pas de plus admirable formule de la paix publique : — « Soyez tranquilles : vous êtes souverains. »

Il ajoute : « Vous souffrez ? Eh bien, n'aggravez pas vos souffrances ; n'aggravez pas les souffrances publiques. Vous souffrez ? Eh bien, vous allez travailler vous même, dès à présent, à la destruction de la misère par des hommes en qui vous mettez votre âme et qui seront en quelque sorte votre main. Soyez tranquilles. »

Puis, pour ceux qui seraient tentés d'être récalcitrants, il dit : « Avez-vous voté ? — Oui. — Vous avez épuisé votre droit. Tout est dit. Quand le vote a parlé, la souveraineté a prononcé. Il n'appartient pas à quelques-uns de faire ou refaire l'œuvre de tous. Vous êtes citoyens, vous êtes libres, votre heure reviendra ; sachez l'attendre. En attendant, travaillez, écrivez, parlez, discutez, éclairez-vous, éclairez les autres. A vous aujourd'hui la liberté ; demain la souveraineté ; vous êtes forts. »

(V. Hugo. *Discours à la Législative*, 1848.)

Lorsque, dans un gouvernement, en parlant de la chose publique, chacun dit : « Que m'importe ? » la chose publique est perdue.

(Montesquieu.)

Ne pas faire de politique quand on est citoyen, c'est manquer au premier, au plus absolu de ses devoirs, par la raison que la politique représente les intérêts les plus élevés et les plus généraux de la société. Au moins faudrait-il être logique ; quand on ne s'occupe pas de politique, on ne doit pas voter... Aujourd'hui la politique, chez nous, est la chose de tous, et tous doivent savoir en quoi elle consiste, puisque tous en font par leur vote.

(E. Véron.)

Le nombre est entré sur la scène ; il n'est plus spectateur, il est acteur. Là où règne le suffrage universel, il faut une élévation universelle des caractères, des esprits et des cœurs ; autrement, il faut s'attendre à des calamités et à des ruines universelles. Il ne s'agit plus seulement d'obtenir des agriculteurs moins routiniers ou des ouvriers plus habiles ; il faut créer des citoyens et des hommes dans la plus noble acception du mot.

(E. Laboulaye.)

Chacun est citoyen au même titre. Nous avons tous les mêmes droits et par conséquent nous avons tous les mêmes devoirs. Comment connaître ces devoirs si on ne les apprend pas ? La responsabilité pèse sur tous : il faut donc que chacun sache ce qu'il doit faire pour être utile à lui-même et à son pays. Ignorant, on croit à tout, et tout parti peut s'emparer de vous. Instruit, on réfléchit, et quand on dépose son vote dans l'urne, on sait ce que l'on fait : on agit en citoyen. Autrement, on n'est qu'un troupeau destiné à être toujours conduit et finalement, toujours tondu par un infaillible berger.

(E. Laboulaye.)

Le vote doit être désintéressé. Il ne s'agit pas seulement ici de la vénalité du vote, qui est un acte honteux et d'ailleurs puni par les lois. Le désintéressement doit être entendu dans un sens plus étendu. On doit, en votant, ne considérer que l'intérêt du pays, et nullement, ou du moins très secondairement, l'intérêt des localités représentées ; à moins, bien entendu, qu'il ne s'agisse précisément de ces intérêts, comme dans le vote pour les conseillers municipaux.

(P. Janet.)

Sommes-nous appelés à élire un député, un conseiller général, ou même un modeste conseiller municipal, demandons-nous si le nom que nous allons déposer dans l'urne est bien celui de l'homme que nous soupçonnons le plus capable de faire les affaires du pays, du département ou de la commune, et non celui d'un parent, d'un ami, d'un protecteur.

(A. Franck.)

On ne doit jamais voter pour un candidat qui déverse ou laisse déverser l'injure, la calomnie sur ses concurrents : c'est un homme violent et déloyal, à qui il ne faut pas confier un mandat. Il le remplirait mal. Il agirait avec ses électeurs, comme avec ses rivaux.

Il faut que notre démocratie prenne l'habitude de résister aux excitations violentes, se refuse aux haines de classe, de croyances ou de races ; il faut qu'en elle s'élève, au milieu, au-dessus de toutes les tempêtes des passions, un esprit public uniquement inspiré par la ferme conscience et la ferme raison.

(Léon Bourgeois.)

13. — La liberté individuelle avant la Révolution

Quinze jours avant l'attentat de Damiens, un négociant provençal, passant dans une petite ville à six lieues de Lyon, et étant à l'auberge, entendit dire, dans une chambre qui n'était séparée de la sienne que par une cloison, qu'un nommé Damiens devait assassiner le roi. Ce négociant venait à Paris ; il alla se présenter chez M. Berrier, ne le trouva point, lui écrivit ce qu'il avait entendu, retourna voir M. Berrier et lui dit qui il était.

Il repartit pour sa province : comme il était en route, arriva l'attentat de Damiens. M. Berrier, qui comprit que ce négociant conterait son histoire, et que cette négligence le perdrait (lui Berrier), envoie un exempt de police et des gardes sur la route de Lyon ; on saisit l'homme, on le bâillonne, on le mène à Paris ; on le met à la Bastille, où il est resté pendant dix-huit ans. M. de Malesherbes, qui en délivra plusieurs prisonniers en 1775, conta cette histoire dans le premier moment de son indignation.

(CHAMFORT.)

14. — Lettre de cachet [1]

« *Monsieur le Comte de Jumilhac,* je vous fais cette lettre pour vous dire de recevoir dans mon château de la *Bastille* le *sieur Drouet* — et de l'y retenir jusqu'à nouvel ordre de ma part.

Sur ce, je prie Dieu qu'il vous ait, Monsieur le *Comte de Jumilhac,* en sa sainte garde.

Ecrit à Versailles, le 14 janvier 1765.

LOUIS. »

(Musée Carnavalet ; — Salle de la Bastille.)

(*Nota.* Les mots soulignés sont écrits à la main. Les autres sont imprimés.)

Lecture : le *Mariage de Figaro*, acte V, scène II, le monologue de Figaro.

---

[1] On enfermait à la Bastille non pas des individus ayant commis un crime, mais toute personne dont le roi ou même un simple particulier, s'il avait de hautes relations, croyait avoir à redouter quelque chose.

15. — Les privilèges sous l'ancien régime
(*Ordonnance burlesque prêtée au roi.*)

Le courage infatigable de quelques-uns de nos sujets à nous demander des pensions ayant exercé sans relâche notre munificence royale, nous avons enfin cédé à la multitude des requêtes qui nous ont été présentées, lesquelles ont fait, jusqu'ici, la plus grande sollicitude du trône. Ils nous ont représenté qu'ils n'ont point manqué, depuis notre avènement à la couronne, de se trouver à notre lever; que nous les avons toujours vus sur notre passage immobiles comme des bornes, et qu'ils se sont extrêmement élevés, pour regarder, sur les épaules les plus hautes, notre sérénité... Ainsi, désirant traiter les suppliants avec bonté et leur accorder toutes leurs prières, nous avons ordonné ce qui suit :

Que tout laboureur, ayant cinq enfants, retranchera journellement la cinquième partie du pain qu'il leur donne. Enjoignons aux pères de famille de faire la diminution sur chacun d'eux, aussi juste que faire se pourra.

Défendons expressément à tous ceux qui s'appliquent à la culture de leurs héritages, ou qui les ont donnés à titre de ferme, d'y faire aucune réparation, de quelque espèce qu'elle soit.

Ordonnons que toutes personnes qui s'exercent à des travaux vils et mécaniques, lesquelles n'ont jamais été au lever de Notre Majesté, n'achètent désormais d'habits, à eux, à leurs femmes et à leurs enfants, que de quatre ans en quatre ans; leur interdisons en outre, très étroitement, ces petites réjouissances qu'ils avaient coutume de faire dans leurs familles, les principales fêtes de l'année.

Et d'autant que nous demeurons avertis que la plupart des bourgeois de bonnes villes sont entièrement occupés à pourvoir à l'établissement de leurs filles, lesquelles ne se sont rendues recommandables, dans notre État, que par une triste et ennuyeuse modestie, nous ordonnons qu'ils attendront à les marier jusqu'à ce qu'ayant atteint l'âge limité par les ordonnances, elles viennent à les y contraindre. Défendons à nos magistrats de pourvoir à l'éducation de leurs enfants. »

(MONTESQUIEU. *Lettres Persanes*. Lettre 124.)

16. — OPPRESSION DU PEUPLE SOUS L'ANCIEN RÉGIME

Un jour, m'étant à dessein détourné pour voir de près un lieu qui me parut admirable, je m'y plus si fort et j'y fis tant de tours que je me perdis enfin tout à fait. Après plusieurs heures de courses inutiles, las et mourant de soif et de faim, j'entrai chez un paysan dont la maison n'avait pas belle apparence, mais c'était la seule que je visse aux environs. Je croyais que c'était comme à Genève ou en Suisse, où tous les habitants à leur aise sont en état d'exercer l'hospitalité.

Je priai celui-ci de me donner à dîner en payant. Il m'offrit du lait écrémé et du gros pain d'orge, en me disant que c'était tout ce qu'il avait. Je buvais ce lait avec délices et je mangeais ce pain, paille et tout ; mais cela n'était pas fort restaurant pour un homme épuisé de fatigue. Ce paysan, qui m'examinait, jugea de la vérité de mon histoire par celle de mon appétit. Tout de suite, après avoir dit qu'il voyait bien que j'étais un bon jeune honnête homme, qui n'était pas là pour le trahir, il ouvrit une petite trappe à côté de sa cuisine, descendit, et revint un moment après avec un bon pain bis de pur froment, un jambon très appétissant, quoique entamé, et une bouteille de vin dont l'aspect me réjouit le cœur plus que tout le reste ; il joignit à cela une omelette assez épaisse, et je fis un dîner tel qu'un piéton n'en connut jamais.

Quand ce vint à payer, voilà son inquiétude et ses craintes qui le reprennent : il ne voulait point de mon argent ; il le repoussait avec un trouble extraordinaire ; et ce qu'il y avait de plaisant, c'était que je ne pouvais imaginer de quoi il avait peur. Enfin il prononça en frémissant les mots terribles de « commis et de rats-de-cave ». Il me fit entendre qu'il cachait son vin à cause des aides[1], qu'il cachait son pain à cause de la taille[2], et qu'il serait un homme perdu si l'on pouvait se douter qu'il ne mourût pas de faim. Tout ce qu'il me dit à ce sujet, et dont je n'avais pas la moindre idée, me fit une impression qui ne s'effacera jamais.

Ce fut là le germe de cette haine inextinguible qui se développa depuis dans mon cœur contre les vexations qu'éprouve le malheureux peuple et contre ses oppresseurs. Cet homme, quoique aisé, n'osait manger le pain qu'il avait gagné à la sueur de son front, et ne pouvait éviter sa ruine qu'en montrant la même misère qui régnait autour de lui. Je sortis de sa maison aussi indigné qu'attendri, et déplorant le sort de ces belles contrées à qui la nature n'a prodigué ses dons que pour en faire la proie des barbares publicains[3].

(J.-J. Rousseau.)

.˙.

La nécessité d'être gentilhomme pour être capitaine de vaisseau, est tout aussi raisonnable que celle d'être secrétaire du roi pour être matelot ou mousse.

Cette impossibilité d'arriver aux grandes places, à moins que d'être gentilhomme, est une des absurdités les plus funestes dans presque tous les pays. Il me semble voir des ânes défendre les carrousels et les tournois aux chevaux.

(Chamfort.)

[1] Impôt sur les boissons sous l'ancien régime.
[2] Impôt personnel.
[3] C'est-à-dire les fermiers généraux, qui percevaient les impôts.

17. — La torture

(Un enfant, qui s'est hissé sur les bras jusqu'à une fenêtre, assiste à la torture d'Urbain Grandier[1].)

— Oh! ma sœur, ma sœur, donne-moi la main pour descendre!

— Qu'est-ce que tu vois donc? s'écria Martine.

— Oh! je n'ose pas le dire; mais je veux descendre; — et il se mit à pleurer.

— Reste, reste, dirent toutes les femmes; reste, mon enfant, n'aie pas peur, et dis-nous bien ce que tu vois.

— Eh bien, c'est qu'on a couché le curé entre deux grandes planches qui lui serrent les jambes; il y a des cordes autour des planches.

— Ah! c'est la question, dit un homme de la ville. Regarde bien, mon ami; que vois-tu encore?

L'enfant, rassuré, se remit à la lucarne avec plus de confiance, et, retirant sa tête, il reprit:

— Je ne vois plus le curé, parce que tous les juges sont autour de lui à le regarder, et que leurs grandes robes m'empêchent de voir. Il y a aussi des capucins qui se penchent pour lui parler tout bas.

La curiosité assembla plus de monde aux pieds du jeune garçon, et chacun fit silence, attendant avec anxiété sa première parole comme si la vie de tout le monde en eût dépendu.

— Je vois, reprit-il, le bourreau qui enfonce quatre morceaux de bois entre les cordes, après que les capucins ont béni les marteaux et les clous... Ah! mon Dieu! ma sœur, comme ils ont l'air fâché contre lui, parce qu'il ne parle pas... Maman, maman, donne-moi la main, je veux descendre.

[1] Il était accusé de sorcellerie. La scène se passe sous Louis XIII.

Au lieu de sa mère, l'enfant, en se retournant, ne vit plus que des visages mâles qui le regardaient avec une avidité triste et lui faisaient signe de continuer. Il n'osa pas descendre, et se remit à la fenêtre en tremblant.

— Oh ! Je vois le père Lactance et le père Barré qui enfoncent eux-mêmes d'autres morceaux de bois qui lui serrent les jambes. Oh ! comme il est pâle ! Il a l'air de prier Dieu ; mais voilà sa tête qui tombe en arrière comme s'il mourait. Ah ! ôtez-moi de là...

Et il tomba dans les bras du jeune avocat, de M. du Lude et de Cinq-Mars, qui s'étaient approchés pour le soutenir.

— *Deus stetit in synagoga deorum : in medio autem Deus dijudicat...* chantèrent des voix fortes et nasillardes qui sortaient de cette petite fenêtre ; elles continuèrent longtemps un plain-chant de psaumes entrecoupé par des coups de marteau, ouvrage infernal qui marquait la mesure des chants célestes. On aurait pu se croire près de l'antre d'un forgeron ; mais les coups étaient sourds et faisaient bien sentir que l'enclume était le corps d'un homme.

— Silence ! dit Fournier, il parle ; les chants et les coups s'interrompent.

Une faible voix en effet dit lentement :

— O mes pères, adoucissez la rigueur de vos tourments ; car vous réduiriez mon âme au désespoir, et je chercherais à me donner la mort.

(A. DE VIGNY. *Cinq-Mars*[1]. Delagrave, édit.)

18. — MANSUÉTUDE DES ANCIENS JUGES

Les chambres de tortures étaient d'âpres demeures ;
On n'y passait jamais plus de quatre ou cinq heures,

---

[1] Dans l'*Édition des extraits* par M. Tréfeu.

Et l'on entrait jeune homme et l'on sortait viéillard.
Le juge pour le code et le bourreau pour l'art
S'épuisaient, et, mêlant fer rouge et loi romaine,
Ayant à travailler sur de la chair humaine,
N'épargnaient rien afin d'arriver à l'aveu.
Sous leurs mains, l'os, le muscle, et l'ongle et le cheveu
Frémissaient, et, hurlant plus fort selon la fibre
Qui tressaille, et selon le nerf profond qui vibre,
Un homme devenait un clavier où Vouglans
Jouait de l'agonie avec ses doigts sanglants.
Ne croyez pas pourtant que lui, ni Farinace,
Ou Levert, n'eussent rien au cœur que la menace ;
Ils priaient au besoin le captif garrotté ;
Ils sucraient la torture avec de la bonté ;
L'accusé qui résiste attriste la grand'chambre ;
Bénins, ils l'imploraient en lui brisant un membre ;
Ils étaient paternels ; ils se penchaient, prêchant,
Suppliant, regrettant d'agir, l'air pas méchant,
Pour faire à cet œil terne et sombre, à cette bouche,
A cette âme aux abois, vomir l'aveu farouche.

(VICTOR HUGO. *Toute la lyre*, p. 63. Hetzel, édit.)

19. — LES PRINCIPES DE 1789. — DÉCLARATION DES DROITS DE L'HOMME ET DU CITOYEN

PRÉAMBULE

Les représentants du Peuple français, constitués en Assemblée Nationale, considérant que l'ignorance, l'oubli ou le mépris des droits de l'homme sont les seules causes des malheurs publics et de la corruption des gouvernements, ont résolu d'exposer, dans une Déclaration solennelle, les droits naturels, inaliénables et sacrés de l'homme, afin que cette Déclaration, constamment présente à tous les membres du corps social, leur rappelle sans cesse leurs droits et leurs devoirs, afin que les actes du pouvoir législatif et ceux du pouvoir exécutif pouvant être, à chaque instant, comparés avec le but de toute institution politique, en soient respectés ; afin que les réclamations des citoyens, fondées désormais sur des principes simples et incontestables, tournent toujours au maintien de la Constitution et au bonheur de tous. En conséquence, l'Assemblée Nationale reconnaît et déclare, en présence et sous les auspices de l'Être suprême, les droits suivants de l'homme et du citoyen.

Article premier. — Les hommes naissent et demeurent libres et égaux en droits ; les distinctions sociales ne peuvent être fondées que sur l'utilité commune.

Art. 2. — Le but de toute association politique est la conservation des droits naturels et imprescriptibles de l'homme ; ces droits sont la liberté, la propriété, la sûreté et la résistance à l'oppression.

Art. 3. — Le principe de toute souveraineté réside essentiellement dans la Nation ; nul corps, nul individu ne peut exercer d'autorité qui n'en émane expressément.

Art. 4. — La liberté consiste à pouvoir faire tout ce qui ne nuit pas à autrui ; ainsi l'exercice des droits naturels de l'homme n'a de bornes que celles qui assurent aux autres membres de la société la jouissance de ces mêmes droits ; ces bornes ne peuvent être déterminées que par la loi.

Art. 5. — La loi n'a le droit de défendre que les actions nuisibles à la société. Tout ce qui n'est pas défendu par la loi ne peut être empêché, et nul ne peut être contraint à faire ce qu'elle n'ordonne pas.

Art. 6. — La loi est l'expression de la volonté générale ; tous les citoyens ont droit de concourir personnellement, ou par leurs représentants, à sa formation ; elle doit être la même pour tous, soit qu'elle protège, soit qu'elle punisse. Tous les citoyens, étant égaux à ses yeux, sont également admissibles à toutes dignités, places et emplois publics, selon leur capacité, et sans autre distinction que celle de leurs vertus et de leurs talents.

Art. 7. — Nul homme ne peut être accusé, arrêté, ni détenu que dans les cas déterminés par la loi, et selon les formes qu'elle a prescrites. Ceux qui sollicitent, expédient, exécutent ou font exécuter des ordres arbitraires doivent être punis ; mais tout citoyen, appelé ou saisi en vertu de la loi, doit obéir à l'instant ; il se rend coupable par la résistance.

Art. 8. — La loi ne doit établir que des peines strictement et évidemment nécessaires, et nul ne peut être puni qu'en vertu d'une loi établie et promulguée antérieurement au délit et légalement appliquée.

Art. 9. — Tout homme étant présumé innocent jusqu'à ce qu'il ait été déclaré coupable, s'il est jugé indispensable de l'arrêter, toute rigueur qui ne serait pas nécessaire pour s'assurer de sa personne doit être sévèrement réprimée par la loi.

Art. 10. — Nul ne doit être inquiété pour ses opinions, même religieuses, pourvu que leur manifestation ne trouble pas l'ordre public établi par la loi.

Art. 11. — La libre communication des pensées et des opinions est un des droits les plus précieux de l'homme. Tout citoyen peut donc parler, écrire, imprimer librement, sauf à répondre de l'abus de cette liberté dans les cas déterminés par la loi.

Art. 12. — La garantie des droits de l'homme et du citoyen nécessite une force publique ; cette force est donc instituée pour l'avantage de tous et non pour l'utilité particulière de ceux à qui elle est confiée.

Art. 13. — Pour l'entretien de la force publique et pour les dépenses de l'administration, une contribution commune est indispensable ; elle doit être également répartie entre tous les citoyens, en raison de leurs facultés.

Art. 14. — Tous les citoyens ont le droit de constater par eux-mêmes ou par leurs représentants la nécessité de la contribution publique, de la consentir librement, d'en suivre l'emploi et d'en déterminer la quotité, l'assiette, le recouvrement et la durée.

Art. 15. — La société a le droit de demander compte à tout agent public de son administration.

Art. 16. — Toute société, dans laquelle la garantie des droits n'est pas assurée, ni la séparation des pouvoirs déterminée, n'a point de constitution.

Art. 17. — La propriété étant un droit inviolable et sacré, nul ne peut en être privé, si ce n'est lorsque la nécessité publique, légalement constatée, l'exige évidemment et sous la condition d'une juste et préalable indemnité.

* *

Le principe fondamental de la *Déclaration* est dans l'idée d'un droit naturel, inhérent à la personne humaine, quelles que soient sa naissance ou sa condition, antérieur à la loi civile. L'institution de l'État a pour but de consacrer et garantir ce droit individuel.

* *

La devise *Liberté, Égalité, Fraternité* fut inaugurée au moment où la Révolution posait des principes formellement contradictoires à l'ordre ancien, devenu depuis longtemps oppressif.

* *

Au premier coup d'œil, ce qui frappe dans la société, c'est l'*inégalité* établie par les conditions mêmes de la vie individuelle.

La société se compose d'hommes, de femmes, d'adultes, de vieillards, de malades, de bien portants, de forts et de faibles, au physique comme au moral. Ceci est inflexible. L'organisation sociale n'y peut rien.

Le temps moderne qui a secoué les inégalités de la noblesse, accepte les *inégalités de capacité* : celles-là sont réelles et indestructibles; elles reposent sur la nature même des individus, qui est diverse par la loi immuable des choses.

Il n'y a d'égalité entre les individus que dans les organismes les plus primitifs ; partout, au contraire, où la vie a un certain développement, nous avons des différences, des variétés de forces et d'aptitudes. Ce qui fait la supériorité des civilisations supérieures, c'est la variété de nos aptitudes qui se complètent réciproquement.

(Yves Guyot.)

20. — Ronde patriotique.

(Faite et chantée à bord d'un vaisseau de l'État, sur l'Océan Indien, pour célébrer l'anniversaire de la prise de la Bastille, 1701.)

Jadis sur de vieilles vitres
Un noble fondait ses droits ;
Un caillou casse les vitres ;
Voilà le noble aux abois.
Aussi sur de vieilles vitres
Pourquoi donc fonder ses droits ?

Un comte avait sa noblesse
Bien roulée en parchemin ;
Un maudit rat pièce à pièce
A rongé tout le vélin ;
Pourquoi diable sa noblesse
Est-elle de parchemin ?

Nos droits sont dans la nature :
La raison les recouvra ;
Ils ne craignent pas l'injure
D'un coup de vent ni d'un rat ;

Mais aussi c'est la nature
Qui dans nos cœurs les grava.

(*Le Chansonnier Patriote*, Paris, l'an I de la République, p. 85.)

21. — Le peuple après la Révolution

Je ne puis pas me plaindre : j'ai mon petit-fils Jacques à l'école Polytechnique de Paris, dans les premiers ; j'ai ma petite-fille Christine mariée à l'inspecteur des forêts Martin, un homme rempli de bon sens ; mon autre petite-fille, Juliette, est mariée avec le commandant du génie Forbin ; et le dernier, Michel, veut être médecin. Il s'est déjà fait recevoir bachelier l'année dernière à Nancy ; pourvu qu'il travaille, tout ira bien.

Tout cela, je le dois à la Révolution ! Avant 89, je n'aurais rien eu ; j'aurais travaillé toute ma vie pour le seigneur et pour le couvent. Aussi, quand je suis dans mon fauteuil, au milieu de la grande salle, et que la vieille faïence reluit au-dessus de la porte, sur l'étagère, à la lueur du foyer ; quand la grand'mère et les poussins vont et viennent autour de moi ; quand je vois dehors, à travers les vitres, mes pommiers blancs, mon vieux rucher, et que j'entends dans la grande cour mes garçons de ferme qui chantent, qui rient avec les filles ; ou bien les charrues qui partent, les voitures de foin qui rentrent, les fouets qui claquent, les chevaux qui hennissent ; quand je suis là, pensif, et que je me représente la misérable baraque où vivaient mes pauvres père et mère, mes frères et sœurs, en 1780 ; les quatre murs nus et décrépits, les lucarnes bouchées avec de la paille, le chaume affaissé par la pluie, la neige fondue et le vent ; cette espèce de tanière noire, vermoulue, où nous étouffions dans la fumée, où le froid et la faim nous faisaient grelotter ; quand je songe à ces braves gens, à ce bon père, à cette mère, courageux, travaillant sans relâche pour nous donner un peu de fèves à manger, et que je les vois couverts de guenilles, l'air désolé, minables ! je frémis en moi-même ; et, si je suis seul, je baisse la tête et je pleure.

(ERCKMANN-CHATRIAN. *Histoire d'un paysan.* Tome I. Hetzel, édit.)

22. — DIALOGUE ENTRE UN LIEUTENANT ET UN SERGENT SOUS LA RESTAURATION[1]

Dites-moi, mon lieutenant, on va donc rétablir tout ce qui était jadis ? — Assurément, mon cher. — Et ce Benjamin ne veut pas ? — Non, le coquin ne veut pas. — Et il veut qu'on maintienne ce qui est à présent ? — Justement. — Quel maraud ! Dites-moi, mon lieutenant, ce bon temps-là, c'était le temps des coups de bâton, de la schlague pour les soldats ? — Que sais-je, moi ? — C'était le temps des coups de plat de sabre ? — Que veux-tu que je te dise ? ma foi, je n'y étais pas. — Je n'y étais pas non plus ; mais j'en ai ouï parler ; et s'il vous plaît, il dit, ce monsieur Benjamin, que tout cela n'est pas bien ? — Oui, c'est un drôle, qui n'aime que sa Révolution ; il blâme généralement tout ce qui se faisait avant. — Alors, mon lieutenant, nous autres sergents, pouvions-nous devenir officiers ? — Non, certes, dans ce temps-là. — Mais la Révolution changea cela, je crois, nous fit des officiers, ôta les coups de bâton ? — Peut-être ; mais qu'importe ? — Et ce Benjamin-là, dites-vous, mon lieutenant, approuve la Révolution, ne veut pas qu'on remette les choses comme elles étaient ? — Que de discours ! marchons. — Allez, mon lieutenant ; allez, en m'attendant. — Ah ! coquin, je te

[1] A Tours.

devine ; tu penses comme Benjamin ; tu aimes la Révolution. — Je hais les coups de bâton. — Tu as tort, mon ami ; tu ne sais pas ce que c'est. Ils ne déshonorent point, quand on les reçoit d'un chef ou bien d'un camarade. Que moi, ton lieutenant, je te donne la bastonnade ; que toi, tu la donnes aux soldats, en qualité de sergent ; aucun de nous, je t'assure ne serait déshonoré. — Fort bien. Mais, mon lieutenant, qui vous la donnerait ? — A moi ? personne, j'espère. Je suis gentilhomme ! — Je suis homme. — Tu es un sot, mon cher. C'était comme cela jadis. Tout allait bien. L'ancien régime vaut mieux que la Révolution. — Pour vous, mon lieutenant. — Puis c'est la discipline des puissances étrangères : Anglais, Suisses, Allemands, Russes, Prussiens, Polonais, tous bâtonnent le soldat. Ce sont nos bons amis, nos fidèles alliés ; il faut faire comme eux. Les cabinets se fâcheront, si nous voulons toujours vivre et nous gouverner à notre fantaisie. Martin-Bâton commande les troupes de la Sainte-Alliance. — Ma foi, mon lieutenant, je n'ai pas grande envie de servir sous ce général ; et puis, je vous l'avoue, j'aime l'avancement. Je voudrais devenir, s'il y avait moyen, maréchal. — Oui, j'entends maréchal des logis dans la cavalerie. — Non, ce n'est pas cela. — Quoi ? maréchal-ferrant ? — Non. — Propos séditieux. Tu te gâtes, Francisque. Qui diable te met donc ces idées dans la tête ? tu ne sais pas ce que tu dis. Tu rêves, mon ami, ou bien tu n'entends pas la distinction des classes. Moi, noble, ton lieutenant, je suis de la haute classe. Toi, fils de mon fermier, tu es de la basse classe. Comprends-tu, maintenant ? Or, il faut que chacun demeure dans sa classe ; autrement, ce serait un désordre, une cohue ; ce serait la Révolution. — Pardon, mon lieutenant ; répondez-moi, je vous prie : Vous voulez, j'imagine, devenir capitaine ? — Oui. — Colonel ensuite ? — Assurément. — Et puis général ? — A mon tour. — Puis maréchal de France ? — Pourquoi non ? Je peux bien l'espérer comme un autre. — Et moi, je reste sergent? — Quoi? ce n'est pas assez pour un homme de ta sorte, né rustre, fils d'un rustre? Souviens-toi donc, mon cher, que ton père est paysan. Tu voudrais me commander, peut-être? — Mon lieutenant, le maréchal duc de....., qui nous passe en revue, est fils d'un paysan? — On le dit. — Il vous commande. — Eh! vraiment, c'est le mal. Voilà le désordre qu'a produit la Révolution. Mais on y remédiera, et bientôt, j'en suis sûr ; mon oncle me l'a dit : on arrangera cela en dépit de Benjamin, qui sera pendu le premier, si nous ne l'assommons tout à l'heure. Viens, Francisque, mon ami, mon frère de lait, mon camarade, viens, sabrons tous ces vilains avec leur Benjamin. Il n'y a point de danger ; tu sais bien qu'à Paris ils se sont laissé faire. — Allez, mon lieutenant, mon camarade, allez devant et m'attendez. — Francisque, écoute-moi. Si tu te conduis bien, que tu sabres ces vilains quand je te le commanderai, si je suis content de toi, j'écrirai à mon père qu'il te fasse laquais, garde-chasse ou portier. — Allez, mon lieutenant. — Oh! le mauvais sujet. Va, tu en mangeras, de la prison, je te le promets.....

(P.-L. COURIER. *Première lettre particulière*).

23. — L'ÉGALITÉ ET LA LIBERTÉ

Riches ou pauvres, vous venez tous[1] à cette école recevoir la même instruction : voilà, mes enfants, la première image de l'égalité. Autrefois, l'instruction, elle aussi, était un privilège réservé à certaines classes de la société.

L'égalité, c'est donc ce qui fait que chacun a les mêmes droits que son voisin, qu'il peut agir comme lui, sauf en ce qui dépend de l'intelligence et de la fortune. De même que dans la nature et dans la grande société humaine tous les hommes, qu'ils soient rouges, noirs ou blancs, sont

[1] L'auteur s'adresse aux élèves des écoles primaires.

cependant des hommes, de même dans la société civile tous les hommes, petits ou grands, fortunés ou indigents, à quelque religion qu'ils appartiennent, à quelque profession qu'ils emploient leur vie, tous les hommes sont des citoyens.

Vous aimerez l'égalité dans la société civile, comme vous l'aimez déjà dans la famille : dans la famille, parce qu'elle vous assure les mêmes soins, les mêmes caresses, la même part à l'héritage paternel; dans la société, parce qu'elle vous y donne les mêmes droits. Quels sont ces droits ?

Un seul mot les résume tous ; la liberté. L'homme est libre, c'est-à-dire qu'il s'appartient à lui-même. Par suite, il dispose librement de sa personne, de ses facultés, dans la mesure où l'exercice de ses facultés ne nuit pas aux droits d'autrui, ne lèse pas la liberté d'autrui.

Sur les bancs où vous êtes assis, sur les tables où vous écrivez, vous prenez pour vos livres, pour vos cahiers, pour vous-même, toute la place qu'il est possible de prendre sans gêner vos camarades, vos voisins de table. Eh bien ! c'est là l'image de la liberté, c'est-à-dire de la place que chacun de vous est appelé à prendre plus tard, au nom de ses droits dans la société civile.

(Gabriel Compayré. *Éléments d'instruction morale et civique. Les droits civils*, p. 69 et 70.)

∗

Ce mot de liberté exprime tout un ensemble de garanties, indépendance de la conscience en matière religieuse, faculté d'exprimer ses opinions sous toutes les formes, droit d'intervention dans les affaires publiques et de contrôle sur le pouvoir exécutif, substitution de l'initiative individuelle ou collective des citoyens à l'action exclusive de l'État.

24. — La liberté

Tous les éléments de la civilisation renfermée dans la notion du bien-être peuvent se développer par la vertu seule du temps. Mais ce qu'il y a de plus noble en nous, la liberté, échappe à cette nécessité aveugle. Pour y atteindre il faut de l'âme, du courage, du caractère ; là où ils manquent, l'éternité même ne pourrait produire un atome libre.

Ce qu'elle peut faire par elle-même, ce sont de joyeux esclaves, heureux de n'être rien. Voilà la félicité telle que les hommes l'ont connue et adorée dans le Bas-Empire. C'est celle qui est toujours entre leurs mains. *Felicitas temporum.*

Il est certain que, dans un siècle, les hommes seront mieux nourris, mieux couverts, mieux vêtus, plus facilement transportés. Ils posséderont, à n'en pas douter, ce qu'ils appellent une meilleure vie animale. A moins d'un cataclysme, rien n'empêchera ce progrès. Mais cette chose divine, la dignité, compagne de la liberté, il faut qu'ils la méritent pour la posséder. C'est folie de croire qu'elle les visitera, sans qu'ils fassent un pas vers elle.

(Edgar-Quinet. *Extraits.* Hachette, édit.)

Lecture : *La Liberté*, dans A. Chenier (*Idylles*).

.·.

Égalité est un nom à double entente : il signifie l'égalité politique, l'égalité devant l'impôt, l'admissibilité aux emplois, en un mot l'abolition de tous les privilèges qui ont été détruits avec le droit divin. Ceci est fait et bien fait. Mais il signifie aussi le nivellement social ; ceci est impraticable et par conséquent cause de troubles ; le nivellement ne peut être établi ; et il sort de cette idée mal interprétée des troubles et des agitations ruineuses.

(D'après Littré.)

∗.∗

Jusqu'à la loi de 1872, les jeunes gens compris dans le contingent annuel de l'armée pouvaient se faire exempter du service militaire, en *achetant* un remplaçant : ils versaient 2.000 à 2.500 francs à la Caisse de Dotation de l'armée. Le remplaçant touchait 1.200 francs environ sur cette somme.

∗.∗

Dans le service de la patrie, il n'y a pas place pour les rivalités d'amour-propre, ces dédains et ces mépris mutuels qui accompagnent les ambitions égoïstes. C'est là que se trouve la solution du problème tant débattu de l'inégalité des conditions dans la société. Cette inégalité est insupportable, tant qu'elle n'est conçue que comme une suite de lutte des individus pour l'existence et la domination. Mais si l'on songe que la patrie a besoin de serviteurs placés à différents postes et que sa grandeur est faite des dévouements les plus humbles comme des plus éclatants, on verra l'inégalité matérielle se résoudre en une harmonie providentielle et en une véritable égalité morale.

(BOUTROUX.)

25. — L'ÉGALITÉ PAR L'INSTRUCTION

La société est intéressée à mettre en valeur toutes les intelligences qu'elle recèle. Et présentement, l'instruction générale n'est accessible qu'aux enfants riches. L'enseignement primaire est une sorte de vestibule, dans lequel on enferme l'enfant pauvre en lui faisant défense de passer outre. Il doit rester sur le seuil du temple. On entr'ouvre devant ses yeux la fenêtre d'où lui vient une demi-clarté, sans lui permettre d'élargir ses horizons vers la pleine lumière. Est-ce juste ? Est-ce sage ?

Ni l'un, ni l'autre. Ce n'est pas juste, parce que l'enseignement secondaire n'est donné qu'à ceux qui ont les moyens matériels de le payer. Ce n'est pas sage, parce que l'enseignement secondaire est souvent donné à ceux qui n'ont pas les moyens intellectuels de le recevoir. Pourquoi les enfants du peuple, qui manifestent de réelles dispositions pour l'étude, doivent-ils se contenter du minimum des connaissances humaines? Pourquoi les enfants du riche, qui ne font preuve d'aucune aptitude suffisante, sont-ils condamnés à subir le maximum de la culture universitaire? Pourquoi gaver ceux-ci laborieusement? Pourquoi sevrer ceux-là prématurément? La société fait à cela double perte, en arrêtant d'abord les intelligences qui pourraient s'élever, en élevant ensuite les médiocrités qui devraient descendre. J'en conclus que l'instruction complète doit être administrée seulement aux enfants, riches ou pauvres, qui font preuve, aux différentes étapes de leurs études, de capacités réelles et d'activité soutenue : ce qui suppose une sélection à tous les degrés de l'enseignement, depuis le point initial jusqu'au point final. Comment la réaliser sans violence, sans secousse, sans coercition?[1]

(CHARLES TURGEON. *Le féminisme français*, p. 262. Tome I. L. Larose, édit.)

26. — LES CONDAMNÉS DOIVENT ÊTRE TRAITÉS COMME DES HOMMES

Des condamnés que l'on conduisait de la prison sont tombés en chemin, morts de chaleur et d'épuisement. Nekhludov[2] a vu les cadavres. Il ne peut chasser de ses yeux l'horrible vision. Il revoit, avec une intensité extraordinaire, le visage du second mort, ses lèvres déjà bleues, souriant sous une fine moustache, son petit front énergique, et, à découvert sur le côté rasé de sa tête, l'oreille

---

[1] L'auteur conseille, pour favoriser « l'ascension des déshérités vers la lumière, d'élargir et d'améliorer le système des bourses qui a du bon, à condition qu'elles soient la récompense de la valeur et non le prix des recommandations. »

[2] Personnage principal du roman de *Résurrection* de Tolstoï.

finement dessinée, tout ce qui disait quelle belle et forte et précieuse créature un ordre barbare avait tuée. « Assassins, assassins », s'écrie-t-il, et il cherche la main responsable du crime. Mais il a beau suivre toute la filière administrative, il ne trouve nulle part le coupable. Le gouverneur a signé de son plus beau paraphe un ordre préparé dans ses bureaux. Le directeur de la prison l'a exécuté ponctuellement. Le médecin a passé en revue les déportés au moment du départ et il a fait monter les malades en voiture. Le chef du convoi a conduit les prisonniers, comme il le devait, d'un certain endroit dans un autre endroit. Chacun d'eux a observé scrupuleusement la consigne de sa charge. Chacun a été un fonctionnaire irréprochable. Et c'est pour cela que « ces hommes n'ont pas vu devant eux d'autres hommes et leurs obligations d'hommes envers eux, mais seulement leur service, c'est-à-dire des obligations qui, à leurs yeux, les dispensaient de tout rapport direct d'homme à homme. « Tous ces hommes sont impénétrables au sentiment de l'humanité, comme sont impénétrables à la pluie les pierres de cette tranchée, — songeait-il en considérant les revêtements de pierre le long desquels l'eau gouttait jusqu'aux rails du wagon. — Et peut-être c'est chose indispensable de creuser des tranchées et de les revêtir de pierres ; mais on souffre à voir cette terre privée de la pluie qu'elle attend, cette terre qui aurait si bien pu, elle aussi, produire, du blé, de l'herbe, des buissons, des arbres. Et de même il en est avec les hommes. Tout le mal vient de ce que les hommes croient que certaines situations existent où l'on peut agir sans amour avec les hommes, tandis que de telles situations n'existent pas. Avec les choses, on peut agir sans amour : on peut, sans amour, fendre le bois, battre le fer, cuire des briques ; mais dans les rapports d'homme à homme, l'amour est aussi indispensable que l'est, par exemple, la prudence dans les rapports de l'homme avec les abeilles. La nature le veut ainsi, c'est une nécessité de l'ordre des choses. Si l'on voulait laisser de côté la prudence quand on a affaire aux abeilles, on nuirait aux abeilles et on se nuirait à soi-même. Et pareillement, il n'y a pas à songer à laisser l'amour de côté, quand on a affaire aux hommes. Et cela n'est que juste, car l'amour réciproque entre les hommes est l'unique fondement possible de la vie de l'humanité. L'homme qui ne se sent pas d'amour pour les autres hommes, qu'un tel homme s'occupe de soi, de choses inanimées, de tout ce qui lui plaira, excepté des hommes. »

(QUESTIONS DE MORALE. *Conférence de A. Darlu.*
F. Alcan, édit.)

27. — LE FONCTIONNAIRE DOIT ÊTRE HUMAIN

« Ce qui est particulièrement affreux, c'est que ces infortunés[1] ont été tués sans que l'on puisse savoir qui les a tués. Ils ont été conduits à la gare, comme tous les autres prisonniers, sur un ordre écrit de Maslinnikov. Mais Maslinnikov, évidemment, s'est borné à remplir une formalité ; on lui a apporté à signer une pièce rédigée dans les bureaux ; l'imbécile y a apposé son plus beau paraphe, sans même s'inquiéter de ce qui y était écrit ; et, pour rien au monde, il ne consentirait à se croire responsable des accidents qui viennent d'arriver. Encore moins pourra-t-on en rendre responsable le médecin de la prison, qui a passé en revue les déportés avant leur départ. Celui-là a ponctuellement rempli ses obligations professionnelles ; il a mis à part et fait monter en voiture les prisonniers malades, et, sans doute, il n'a point prévu qu'on ferait marcher le convoi en plein midi, par cette chaleur, en foule compacte. Le directeur ? Le directeur n'a fait, lui

---

[1] Les prisonniers conduits de la prison à la gare.

aussi, qu'exécuter les ordres de ses chefs ; comme ceux-ci le lui ordonnaient, il a fait partir, à la date fixée, un nombre déterminé de prisonniers : tant d'hommes, tant de femmes. Impossible, également, d'accuser le chef du convoi : on lui a ordonné d'aller chercher des prisonniers dans un certain endroit et de les conduire dans un certain autre ; c'est ce qu'il a fait, du mieux qu'il a pu. Il a dirigé le convoi aujourd'hui comme la fois dernière ; et lui non plus ne pouvait guère prévoir que des hommes robustes et valides, comme les deux que j'ai vus, ne supporteraient pas la fatigue et mourraient en chemin. Personne n'est coupable ; et cependant ces infortunés ont été tués, et tués par ces mêmes hommes qui ne sont point coupables de leur mort !

« Et cela provient de ce que tous ces hommes, gouverneurs, directeurs, officiers de paix, sergents de ville, tous ils estiment qu'il y a des situations dans la vie où la relation directe d'homme à homme n'est pas obligatoire. Car tout ces hommes, depuis Maslinnikov jusqu'au chef du convoi, s'ils n'étaient pas fonctionnaires, auraient eu vingt fois l'idée que ce n'était pas chose possible de faire marcher un convoi par une telle chaleur ; vingt fois en chemin ils auraient arrêté le convoi ; et voyant qu'un prisonnier se sent mal, perd le souffle, ils l'auraient fait sortir des rangs, l'auraient conduit à l'ombre, lui auraient donné de l'eau, et, en cas d'accident, ils lui auraient témoigné de la compassion.

(Tolstoï. *Résurrection*. Trad. Wyzewa. Perrin, édit.)

28. — Fraternité dans la pratique de la vie.

Vous allez bientôt envahir les professions dites libérales, et quelques-unes des autres. Dans l'exercice de ces

professions, souvenez-vous toujours de la communauté.
— Médecins ou pharmaciens (oh! de première classe), vous aurez maintes occasions d'être secourables aux pauvres gens, de faire payer pour eux les riches, de réparer ainsi, dans une petite mesure, l'inégalité des conditions, et d'appliquer pour votre compte l'impôt progressif sur le revenu. — Notaires (car il y en a ici qui seront notaires), vous pourrez être, un peu, les directeurs de conscience de vos clients et insinuer quelque souci du juste dans les contrats dont vous aurez le dépôt. — Avocats ou avoués, vous pourrez souvent, par des interprétations d'une généreuse habileté, substituer les commandements de l'équité naturelle, ou même de la pitié, aux prescriptions littérales de la loi, qui est impersonnelle, et qui ne prévoit pas les exceptions. — Professeurs, vous formerez les cœurs autant que les esprits; vous... enfin vous ferez comme vous avez vu faire dans cette maison. — Artistes ou écrivains, vous vous rappellerez le mot de La Bruyère, que « l'homme de lettres est trivial (vous savez dans quel sens il l'entend) comme la borne au coin des places »; vous ne fermerez pas sur vous la porte de votre « tour d'ivoire », et vous songerez aussi que tout ce que vous exprimez, soit par des moyens plastiques, soit par le discours, a son retentissement, bon ou mauvais, chez d'autres hommes et que vous en êtes responsables. Hommes de négoce ou de finance, vous serez exactement probes; vous ne penserez pas qu'il y ait deux morales, ni qu'il vous soit permis de subordonner votre probité à des hasards, de jouer avec ce que vous n'avez pas, d'être honnête à pile ou face.
— Industriels, vous pardonnerez beaucoup à l'aveuglement, aux illusions brutales des souffrants; vous ne fuirez pas leur contact, vous les contraindrez de croire à votre bonne volonté, tant vos actes la feront éclater à leurs yeux; vous vous résignerez à mettre trente ou quarante ans à faire fortune et à ne pas la faire si grosse: car c'est

là qu'il en faudra venir. — Hommes politiques, j'allais dire que vous ferez à peu près le contraire de presque tous vos prédécesseurs, mais ce serait une épigramme trop aisée. Vous ne promettrez que ce que vous pourrez tenir. Vous ne monnayerez pas votre influence ; vous ne tirerez pas, avec âpreté, de votre mandat tous les profits, petits ou grands, qu'il comporte. Vous aurez pitié, mais vous ne ferez pas de la pitié une carrière. Vous aurez de la pudeur : vous direz qu'il est déloyal d'afficher certaines idées extrêmes et simplistes qui, si l'on en était réellement pénétré, devraient se traduire par des sacrifices et des renoncements dont on est évidemment incapable. Vous haïrez l'hypocrisie. Vous réfléchirez que pousser les malheureux à une révolte d'où ne peut sortir pour eux qu'une aggravation de souffrance, — et cela pour arriver, vous, à la notoriété ou au pouvoir et, finalement, pour « jouir », — c'est vivre de leur substance, c'est s'engraisser de leur misère, sans rien risquer et en feignant de les servir, et qu'ainsi les exploiteurs peuvent se rencontrer ailleurs que dans les rangs des capitalistes. Pour tout dire, en un mot, humanisez vos professions, quelles qu'elles soient. Faites qu'entre vos mains elles soient toutes, et véritablement, libérales.

(JULES LEMAITRE. *Les Contemporains*, p. 381. T. VI. Lecène et Oudin, édit.)

29. — GUERRE CIVILE ET FRATERNITÉ

J'ai vu, pendant trois jours de haine et de remords,
L'eau refléter des feux et charrier des morts
    Dans une grande et noble ville.
Le tisserand, par l'ombre et la faim énervé,
De son dernier métier brûlé sur le pavé
    Attisait la guerre civile.

L'ÉTAT ET LES LOIS

Le soldat fratricide égorgeait l'ouvrier ;
L'ouvrier sacrilège, aveugle meurtrier,
    Massacrait le soldat son père ;
Peuple, armée, oubliaient qu'ils sont du même sang ;
Et les sages pensifs disaient en frémissant :
    O siècle ! ô patrie ! ô misère !

Durant trois nuits la ville, hélas, ne dormit plus.
Tous luttaient. Le tocsin fut le seul angelus
    Qu'eurent ces sinistres aurores.
Les noirs canons, roulant à travers la cité,
Ebranlaient, au-dessus du fleuve ensanglanté,
    L'arche sombre des ponts sonores.

Ah ! la nature et Dieu, devant l'humanité,
Même étalant leur grâce avec leur Majesté,
    N'empêchent pas ces tristes choses !
Car ces événements se passaient, ô destin,
Sur les bords où Lyon à l'horizon lointain
    Voit resplendir les Alpes roses.

4 septembre 1841.

(Victor Hugo. *Toute la lyre*, I, p. 75. Hetzel, édit.)

CHAPITRE VII

L'HUMANITÉ

1. — LES RAPPORTS DES NATIONS ENTRE ELLES DOIVENT ÊTRE RÉGLÉS PAR LA JUSTICE

Le genre humain entier forme une vaste société, dont les nations diverses sont des membres répandus sur la face de la terre, éclairés, chauffés par le même soleil, entourés par les eaux du même océan, conformés de la même manière, sujets aux mêmes besoins, formant les mêmes désirs, occupés du soin de se conserver, de se procurer le bien-être et d'écarter la douleur. La nature ayant rendu semblables, à ces égards, tous les citoyens du monde, il s'ensuit que la conformité de leur essence les rapproche, met des rapports entre eux, fait qu'ils agissent de même et que leurs actions ont une influence nécessaire sur leur existence, sur leur bonheur où leur malheur réciproques.

De ces principes incontestables, il faudra nécessairement conclure que les peuples sont liés à d'autres peuples par les mêmes liens, par les mêmes intérêts que chaque homme dans une nation ou société particulière est lié à chacun de ses concitoyens : conséquemment chaque nation doit observer envers les autres nations les mêmes devoirs, les mêmes règles que la vie sociale prescrit à chaque individu envers les membres d'une société particulière. Une nation est obligée, pour son propre intérêt, de pratiquer les mêmes vertus que tout homme doit montrer à son semblable, fût-il étranger ou inconnu. Un peuple doit la justice à un autre peuple, c'est-à-dire est obligé de respecter ses droits, ses possessions, sa liberté, son bien-être, par la même raison que tout peuple veut qu'on respecte ces choses dont il jouit lui-même. Si, comme on l'a suffisamment prouvé, la justice est la source commune de toutes les vertus sociales, il s'ensuit nécessairement qu'elle prescrit à chaque peuple de montrer de la bienveillance, de la compassion dans leurs calamités, de la protection dans leur faiblesse, de la reconnaissance pour leurs services, de la sincérité et de la fidélité dans les conventions réciproques ou traités. Il s'ensuit encore des mêmes principes que, pour entretenir l'union et la paix si utiles à la félicité mutuelle des nations, un peuple, en vue de ses avantages, doit montrer de la générosité aux autres peuples, sacrifier à la concorde et à la gloire une portion même de ses droits; ne point faire sentir aux autres le poids de son orgueil et de sa supériorité; enfin, il ne doit pas manquer aux égards que des citoyens du monde sont en droit d'exiger les uns les autres.

(D'HOLBACH, *Morale Universelle*.)

* *

C'est à bon droit que les lois puniraient comme voleur le propriétaire qui, trouvant dans le champ du voisin le complément logique de son domaine, s'en emparerait par vol ou par violence : une nation qui se compléterait par le même moyen, serait-elle moins coupable? A ces envahissements, nous opposons et le droit de la nation et le droit de l'individu.

(CH. TURGEON.)

* *

La guerre est, pour les nations, le droit, refusé à l'individu, de se faire justice elles-mêmes d'un tort ou d'un dommage qu'elles prétendent leur avoir été causé. Les lois condamnent le duel et permettent la guerre.

∗ ∗ ∗

Les nations doivent observer la loyauté dans leurs rapports. Bismarck y manqua en 1870, lorsqu'il rendit la guerre entre la Prusse et le France inévitable par un mensonge. Il avait reçu du roi de Prusse une dépêche lui disant que l'ambassadeur de France, comte de Benedetti, était venu lui demander à la gare d'Ems la renonciation de la Prusse, pour l'avenir, à la candidature au trône d'Espagne du prince de Hohenzollern ; le roi de Prusse avait renvoyé Benedetti à son ministre, Bismarck. — Celui-ci, dans le compte rendu de cette dépêche, datée d'Ems, déclara publiquement que le roi de Prusse n'avait pas voulu recevoir Benedetti ; il avait refusé de lui parler. Cet outrage, attribué faussement à notre ambassadeur, décida le gouvernement français à la guerre.

∗ ∗ ∗

Au moyen âge, quand deux hommes avaient un procès, on les faisait combattre l'un contre l'autre. Le vainqueur avait raison, le vaincu avait tort.

Nous en sommes encore là au point de vue de l'appréciation des supériorités sociales. Jusqu'à présent, l'humanité n'a découvert d'autre procédé, pour les déterminer, que les massacres sur les champs de bataille. La nation qui peut tuer le plus d'ennemis, dans le temps le plus court, est proclamée la plus parfaite.

(Novicov.)

∗ ∗ ∗

L'insulte, la calomnie ne sont pas plus permises envers les États et les gouvernements qui les représentent qu'envers les particuliers ; on attente à leur indépendance par cela même qu'on les blesse dans leur honneur, et quand l'outrage s'adresse à une nation faible, incapable de se défendre, c'est joindre la lâcheté au crime, c'est se déshonorer soi-même.

(A. Franck.)

La guerre est l'acte par lequel un peuple résiste à l'injustice au prix de son sang. Partout où il y a justice, il y a cause légitime de guerre jusqu'à satisfaction.

(LACORDAIRE.)

Toute guerre de délivrance est sacrée ; toute guerre d'oppression est maudite.

(LACORDAIRE)

Les véritables fruits de la nature humaine, les arts, les sciences, les grandes entreprises, les hautes conceptions, les vertus mâles tiennent surtout à l'état de guerre... En un mot, on dirait que le sang est l'engrais de cette plante qu'on appelle génie.

(JOSEPH DE MAISTRE.)

Les armées et la guerre n'auront qu'un temps, car il n'est point vrai que la terre soit avide de sang. La guerre est maudite de Dieu et des hommes qui la font et qui ont d'elle une secrète horreur ; et la terre ne crie au ciel que pour lui demander l'eau fraîche de ses fleuves et la rosée pure de ses nuées.

(ALFRED DE VIGNY.)

Lectures : La Bruyère, Ch., *des Jugements* ; — Maupassant, *Sur l'Eau* ; — *Les deux amis.*

2. — LES CRIMES DE LA GUERRE : LA PROPRIÉTÉ[1]

Après avoir vu leur domicile envahi, après avoir subi les plus dures exigences, les familles ont dû livrer leur argenterie et leurs bijoux. Tout ce qui était précieux a été saisi par l'ennemi et entassé dans ses sacs et ses chariots. Des effets d'habillement, enlevés dans les maisons et dérobés chez les marchands, des objets de toute sorte,

[1] (*Circulaire de M. de Chaudordy aux agents diplomatiques,* 29 nov. 1870.

des pendules, des montres ont été trouvés sur les prisonniers tombés entre nos mains. On s'est fait livrer et on a pris au besoin aux particuliers de l'argent.

Tel propriétaire arrêté dans son château a été condamné à payer une rançon personnelle de 80,000 francs ; tel autre s'est vu dérober les châles, les fourrures, les dentelles, les robes de soie de sa femme.

Partout les caves ont été vidées, les vins empaquetés, chargés sur des voitures et emportés ailleurs, et, pour punir une ville de l'acte d'un citoyen coupable uniquement de s'être levé contre les envahisseurs, des officiers supérieurs ont ordonné le pillage et l'incendie, abusant par cette exécution sauvage de l'implacable discipline imposée à leurs troupes.

Toute maison où un franc-tireur a été abrité et nourri est incendiée.

Voilà pour la propriété.

3. — Prouesses Borusses

En attendant qu'on ait la Lorraine et l'Alsace,
On décroche une montre au clou d'un horloger ;
On veut dans une gloire immense se plonger ;
Mais briser une glace est une sotte affaire ;
Il vaut mieux l'emporter ; à coup sûr l'on préfère
L'honneur à tout. Mais l'homme a besoin de tabac,
On en vole. A travers Reichshoffen et Forbach,
A travers cette guerre où l'on eut cette chance
D'un Napoléon nain livrant la grande France,
Dans ces champs où manquaient Marceau, Hoche et Condé,
A travers Metz vendue et Strasbourg bombardé,
Parmi les cris, les morts tombés sous les mitrailles,
Montrant l'un sa cervelle et l'autre ses entrailles,
Les drapeaux avançant ou fuyant, les galops
Des escadrons pareils aux mers roulant leurs flots,

Au milieu de ce vaste et sinistre engrenage,
Conquérant pingre, on pense à son petit ménage ;
On a pour idéal d'offrir une pendule
A quelque nymphe blonde au pied du mont Adule ;
Bellone échevelée et farouche descend
D'un nuage d'où sort l'éclair, d'où pleut le sang,
Et s'emploie à clouer des caisses d'emballage ;
On rançonne un pays village par village ;
On est terrible, mais fripon ; on est des loups,
Des tigres et des ours qui seraient des filous.
On renverse un empire et l'on coupe une bourse.
César, droit sur son char, dit : Payez-moi ma course.
On massacre un pays, le sang est encore frais ;
Puis on arrive avec le total de ses frais ;
On tarife le meurtre, on cote la famine :
« Voilà bientôt six mois que je vous extermine ;
C'est tant. Je ne saurais vous égorger à moins. »

(VICTOR HUGO. *L'Année terrible*, p. 83, Hetzel, édit.)

4. — LES CRIMES DE LA GUERRE : LA VIE HUMAINE

La vie humaine n'est plus respectée. Alors que la nation entière est appelée aux armes, on a fusillé impitoyablement non seulement des paysans soulevés contre l'étranger, mais des soldats pourvus de commissions et revêtus d'uniformes légalisés. On a condamné à mort ceux qui tentaient de franchir les lignes prussiennes, même pour leurs affaires privées.

(*Circulaire de M. de Chaudordy aux puissances.*)

5. — Les crimes de la guerre : atrocités prussiennes a Bazeilles

Pour se venger des pertes colossales que l'héroïque défense de l'infanterie de marine à Bazeilles [1] leur avait fait éprouver, les Bavarois fusillèrent le lendemain de la bataille, en une seule fois, douze habitants de la ville de Bazeilles et une femme ; à midi ils fusillèrent un autre groupe, dans lequel on comptait six femmes ; au coin d'une rue, l'on put voir toute la journée, jusqu'au lendemain un groupe de cinq cadavres de femmes, liées les unes aux autres par les mains; le ruisseau avait débordé, leur sang coagulé interrompait le courant. Un coup de fusil, parti d'une maison, avait tué un officier bavarois. Pour se venger, les Prussiens se saisissent d'un habitant notable de la ville, M. Henri, propriétaire de l'hôtel du Lion d'or. On le roue de coups, on le piétine, puis on l'attache à l'étrier d'un uhlan qui prend le trot et force ce malheureux à courir pendant deux kilomètres. On le détache alors et il sert aux féroces amusements d'un détachement saxon. Il est frappé à coups de poings et de crosses de fusil, puis ramené à Bazeilles. Là, on attache à ses côtés deux autres notables, MM. Collet et Charlot, et on les fait conduire à Douzy. Mme Charlot veut suivre son mari et, comme elle proteste avec indignation contre une pareille ignominie, un soldat bavarois l'ajuste avec son fusil, tire et lui casse le bras. Les trois otages sont assommés à coups de plat de sabre et jetés dans un hangar ; le maire et le curé les y avaient précédés : pour passer le temps, les soldats les mettent fréquemment en joue et font mine de lâcher la détente de leur fusil. On vient les chercher ; on attelle

---

[1] 31 août-1er sept. 1870. — Le général von der Thann, qui commandait les Bavarois, crut devoir, pour justifier ces horreurs, écrire, après la guerre, une lettre où il s'efforçait de les atténuer.

M. Henri à une charrette chargée d'effets militaires, de sacs ; un turco blessé est juché tout en haut et l'on met MM. Charlot et Collet par derrière pour pousser. Tout cela étant disposé, on se met en route, et les Prussiens distribuent des centaines de coups de plat de sabre à ces malheureux otages. Le pauvre turco blessé n'est pas épargné, et ces sauvages s'amusent à le faire rouler en bas de la voiture. A Mouzon, on les attache à des roues de voiture et l'on donne à leur corps la position oblique ; les Chinois ne sont pas plus raffinés dans les tortures qu'ils infligent à leurs prisonniers. M. Henri passe devant un conseil de guerre ; comme il n'y avait aucune preuve qu'il eût tué l'officier allemand, il est acquitté ; mais avant de le rendre en liberté, on l'enferme dans l'église avec ses deux compagnons de chaîne, sans leur donner de nourriture. Le lendemain, on vient les prendre et on les achemine sur une autre route ; les malheureux ne peuvent plus croire à la fin de leurs tortures, lorsque, arrivés à Dun-sur-Meuse, on les met en liberté tous les trois. Mais quel véritable chemin de croix ils avaient fait ! Rentrant à Bazeilles, ils trouvèrent leurs maisons incendiées ; et des cadavres d'hommes et de femmes fusillés se trouvaient encore au pied des murs contre lesquels on les avait conduits. Dix-sept maisons seulement avaient été incendiées, pendant la bataille ; les Bavarois employèrent trois jours entiers à mettre le feu à plus de trois cent soixante maisons que les obus avaient épargnées. M. Bellonet, maire de Bazeilles, dressa l'état des citoyens fusillés ou massacrés par l'ennemi : ils étaient presque une centaine ! On remarque parmi eux un homme de quatre-vingt-six ans, M. Domelier, dont le cadavre fut jeté dans une maison en feu ; la femme Déhaye et ses deux enfants, qui furent jetés dans un puits ; la veuve Leguay, âgée de soixante-seize ans !... Ah ! on se souviendra longtemps, à Bazeilles, du passage des Bavarois ! Nous avons parlé des morts, mais il y eut des centaines d'habitants qui furent blessés, roués de coups, menacés, à deux doigts de la mort, et qui n'oublieront jamais de pareilles horreurs. La France non plus ne doit pas les oublier.

(J. Turquan. *Les Héros de la défaite*. Berger-Levrault, édit.)

6. — Cruauté de Louvois

Louvois, premier ministre de Louis XIV, voulait engager le prince à détruire la ville de Trèves, dont les ennemis pouvaient faire une place d'armes. Le roi avait repoussé cette proposition cruelle, lorsque Louvois lui dit un jour : « J'ai bien senti, Sire, que le scrupule est la seule raison qui vous a empêché de consentir à une chose aussi nécessaire à votre service que l'est ce brûlement de Trèves. J'ai donc cru rendre un service à Votre Majesté en me chargeant moi-même de tout l'odieux, et, sans vous en parler, j'ai dépêché un courrier avec l'ordre de brûler Trèves à son arrivée. » A ces mots, le roi, transporté de colère, se jette sur les pincettes, et en aurait chargé Louvois, sans Madame de Maintenon qui se mit entre eux, et les lui arracha des mains. Cependant Louvois gagnait la porte. « Dépêchez, lui cria le roi, dépêchez tout à l'heure un autre courrier avec un contre-ordre. S'il n'arrive pas à temps, si l'on brûle une seule maison, votre tête m'en répondra. » Louvois n'avait pas envoyé de courrier, mais il le tenait tout près, et il serait parti, si le roi n'avait paru que légèrement fâché. En sorte que la généreuse indignation du monarque préserva une grande ville d'une destruction totale.

(X.)

7. — Les crimes de la guerre : les personnes

(Le 25 janvier 1870, une avant-garde prussienne se dirigeait vers Arbois[1]. Dès qu'elle apparut à un détour de la route de Besançon, un zouave, qui errait à la recherche de son régiment, l'accueillit par un coup de feu tiré du village de Montigny[2]. Ce soldat isolé, vite rejoint, fut saisi et fusillé séance tenante.)

Un des sous-officiers prussiens qui, après le coup de feu tiré à Montigny, conduisaient quelques soldats en tirailleurs, jugea de loin, à vue de pays, qu'une maison située dans le faubourg de Nerreux, à l'extrême limite d'Arbois, entre vignes et jardins, devait être un poste-abri de francs-tireurs. Il dirigea de ce côté la marche de ses hommes. Ce fut bien vite fait d'atteindre cette maison.

La besogne de ce sous-officier, entré violemment dans la maison qui paraissait suspecte, fut rapide. S'il s'attendait à quelque embuscade, il fut rassuré, lui et les trois hommes qui l'accompagnaient. Toute une famille, réunie au premier étage de cette petite demeure, allait se mettre à table : la femme, le mari, un fils de dix-neuf ans et deux jeunes filles. Le sous-officier, vainqueur et agissant de sa propre autorité, ne fit aucune perquisition. Il n'interrogea personne. Peut-être lui aurait-on dit que la seule chose faite par ces pauvres gens était d'avoir donné quelques verres de vin aux soldats français. Sans même demander le nom du chef de famille, de cet Antoine Ducret, âgé de cinquante-neuf ans, le sous-officier le saisit par la veste. Il ordonna à ses soldats de s'emparer également du fils. La femme Ducret, qui étendit les bras devant la porte pour qu'on ne passât pas, pour qu'on n'arrachât pas du foyer ce père et ce fils, fut rejetée jusqu'au fond de la pièce.

---

[1] Petite ville du Jura. Pasteur y passa son enfance.
[2] A deux kilomètres d'Arbois.

Ses deux filles, muettes d'effroi, l'entourèrent pendant que toutes trois entendaient le bruit des bottes prussiennes qui descendaient lourdement les quelques marches de l'escalier de bois. Non loin de cette maison, au bas des vignes en pente, le long d'un ruisseau, est une fontaine publique. Ducret fut placé à droite contre le mur. Comprenant ce qu'on allait faire, il cria : « Epargnez mon fils ! — Qu'est-ce que tu demandes, toi ? dit le sous-officier au fils. — Je veux rester près de mon père, » répondit-il simplement. Le père, frappé de deux balles tirées à bout portant, tomba aux pieds de son fils, qui un instant après eut la tête fracassée. Les deux corps, mutilés ensuite à coups de baïonnette, restèrent étendus près du ruisseau. Les voisins réussirent à empêcher la mère et les deux filles de quitter leur maison jusqu'au moment où les corps furent dans le cercueil.

Sur les tombes d'Antoine Ducret et de Charles Ducret, on inscrivit ces mots amphibologiques. « Décédés à Arbois, le 25 janvier 1871, par le feu des Prussiens. » Mais pour l'honneur de l'humanité, un chef allemand, ayant su les détails de ce crime, offrit à la femme de Ducret la vie du sous-officier. Écartant toute idée de vengeance : « Non, dit-elle, sa mort ne me les rendrait pas. »

(VALLERY-RADOT. *Vie de Pasteur*, p. 288-89, Hachette, édit.)

8. — LES CRIMES DE LA GUERRE : LA SCIENCE

Le père du peintre Regnault[1], le physicien célèbre, membre de l'Institut, était à Genève lorsqu'il apprit la mort de son fils. Un autre chagrin, sans être comparable à son désespoir de père, l'atteignit encore. La guerre, non plus seulement avec ses horreurs, ses flaques de sang, ses

---

[1] Tué à Buzenval, devant Paris, 19 janvier, 1871.

flammes d'incendie, mais la guerre, cette guerre, avec son côté odieux de calculs et de préméditation, se montrait dans un épisode digne aussi d'être recueilli. Regnault avait laissé, dans l'appartement qu'il occupait à Sèvres, comme directeur de la manufacture, ses instruments de laboratoire. Tout en apparence était à la même place, dans le même ordre. Nulle trace d'effraction, pas le moindre éclat de vitres. Mais un Prussien, très diplômé certainement, avait passé là. « Rien ne semblait changé dans cet asile de la science, a écrit J.-B. Dumas, et tout y était détruit. On s'était contenté de casser la tige de ces thermomètres ou de briser les tubes de ces baromètres ou de ces manomètres devenus, par leur participation aux plus importantes expériences du siècle, de véritables monuments historiques. Pour les balances et autres appareils de précision, il avait suffi d'en fausser d'un coup de marteau les pièces fondamentales. » Dans un coin, il y avait un tas de cendres : c'étaient les registres, les manuscrits, les notes de Regnault, son travail de dix années. Que de résultats étaient aussi détruits ! « Cruauté, s'écriait J.-B. Dumas qui, comme Chevreul, comme Pasteur, fit éclater son indignation, cruauté dont l'histoire n'offre pas d'autre exemple. » — « On peut excuser, ajoutait-il, le soldat romain qui, dans la fureur d'un assaut, massacrait Archimède : il ne le connaissait pas. Mais un tel travail de destruction, accompli avec une sournoiserie sacrilège et barbare ! »

(VALLERY-RADOT. *Vie de Pasteur*, p. 272, Hachette, édit.)

9. — LA CIVILISATION ET LA GUERRE

En 1870, les Prussiens firent souvent preuve de barbarie, et en particulier au siège de Paris. « Des hauteurs de Châtillon, ils bombardaient toute la rive gauche. Ils se servaient des drapeaux blancs à croix rouge de Genève, qui flottaient sur le Valde-Grâce et le Panthéon, pour régler leur tir. Ils ne respectaient ni les ambulances, ni les établissements scientifiques.

Le 9 janvier 1871, Chevreul[1] lut à l'Académie des sciences la déclaration suivante :

« Le jardin des plantes médicinales, fondé à Paris par édit du roi Louis XIII, à la date du mois de janvier 1626,

« Devenu le Muséum d'histoire naturelle par décret de la Convention du 10 juin 1793,

« Fut bombardé,

« Sous le règne de Guillaume Ier, roi de Prusse, comte de Bismark chancelier,

« Par l'armée prussienne, dans la nuit du 8 au 9 janvier 1871.

« Jusque-là, il avait été respecté de tous les partis et de tous les pouvoirs nationaux et étrangers[2]. »

(Cité par VALLERY-RADOT. *Vie de Pasteur*, p. 267, Hachette.)

10. — PASTEUR ET LA PRUSSE

(En 1868, l'Université de Bonn avait adressé à Pasteur un diplôme de docteur en médecine : c'était l'hommage des savants allemands qui le félicitaient « d'avoir contribué le plus à la connaissance des petits organismes et d'avoir fait heureusement avancer la science des fermentations ». Pasteur s'était montré fier, et à bon droit, de ce diplôme : mais, pendant la guerre, il eut honte de l'honneur accepté.)

---

[1] Illustre savant français, âgé alors de quatre-vingt-cinq ans. « Il avait cru, comme Pasteur, à la civilisation, aux liens qui établissent des rapprochements entre les peuples par les sciences, les lettres et les arts. »

[2] « Les Prussiens commencèrent le bombardement de Paris, alors que la capitulation par la famine était inévitable et continuèrent cet acte sauvage quand il fut devenu évident pour tous qu'il n'avancerait pas d'une heure la reddition de l'héroïque capitale. » (Vie de Pasteur, p. 281.)

« Aujourd'hui, la vue de ce parchemin m'est odieuse, et je me sens offensé de voir mon nom, avec la qualification de *Virum Clarissinum*[1] dont vous le décorez, se trouver placé sous les auspices d'un nom voué désormais à l'exécration de ma patrie, celui de *Rex Guilelmus*[2].

« Tout en protestant hautement de mon profond respect envers vous et envers tous les professeurs célèbres qui ont apposé leur signature au bas de la décision des membres de votre ordre, j'obéis à un cri de ma conscience en venant vous prier de rayer mon nom des archives de votre Faculté et de reprendre ce diplôme en signe de l'indignation qu'inspirent à un savant français la barbarie et l'hypocrisie de celui qui, pour satisfaire un orgueil criminel, s'obstine dans le massacre de deux grands peuples.

« Depuis l'entrevue de Ferrières, la France combat pour le respect de la dignité humaine et la Prusse pour le triomphe du plus abominable des mensonges, savoir, que la paix future de l'Allemagne est au prix du démembrement de la France, tandis que, pour tout homme sensé, la conquête de l'Alsace et de la Lorraine est l'enjeu d'une guerre sans limite... »

La protestation se terminait par ces mots : « Écrit à Arbois (Jura) le 18 janvier 1871, après la lecture du stigmate d'infamie inscrit au front de votre Roi par l'illustre directeur du Muséum d'histoire naturelle, M. Chevreul. »

(Cité par Vallery-Radot. *Vie de Pasteur*, p. 269, Hachette.)

* *

La Prusse ne doit faire en Allemagne que des conquêtes morales.

(Guillaume, *roi de Prusse*.)

[1] Homme très illustre.
[2] Roi Guillaume.

11. — LES ARGUMENTS EN FAVEUR DE LA GUERRE

Mon père avait, en faveur de la guerre, une série d'arguments qu'il était impossible d'entamer.

1° La guerre est d'institution divine ; voir les Saintes Écritures ;

2° Il y a toujours eu des guerres ; donc il y en aura toujours ;

3° Sans la guerre, qui décime de temps en temps la population du globe, celle-ci s'accroîtrait outre mesure ;

4° Une paix continuelle amollirait, énerverait l'homme : paix éternelle, décadence des mœurs !

5° La guerre est le meilleur moyen de tremper les caractères, d'entretenir et de raviver les sentiments héroïques ;

6° Il s'élèvera toujours des contestations entre nations. L'opposition des intérêts amènera toujours des conflits ; l'idée de paix perpétuelle est un non-sens.

Aucune de ces affirmations n'est défendable, si on l'examine de près. Cependant elles servent de retranchements successifs au champion de la guerre, quand il se voit obligé d'évacuer une de ses positions.

Par exemple, si le défenseur de la guerre est acculé au point de ne plus soutenir le n° 4 et d'être obligé d'avouer que l'état de paix est plus digne de l'humanité, plus favorable à son bonheur ainsi qu'à sa culture intellectuelle, il vous dira :

« Je concède que la guerre est un mal ; mais c'est un mal inévitable, ainsi que le prouve le n° 1. »

Si on lui démontre que ce mal peut, au contraire, être évité par la confédération des États, par l'arbitrage international, etc., etc., il vous répondra :

« Soit ! on pourrait l'éviter, mais on ne le doit pas, car il y a le n° 5..., »

Si l'avocat de la paix arrive à convaincre son adversaire que la guerre, au contraire, rend l'homme sauvage et féroce :

« Oui, concèdera-t-il, mais il y a le n° 3. » (Cet argument serait meilleur dans la bouche d'adversaires de la guerre qui cherchent pourtant à lui trouver une explication rationnelle. Le souci d'éviter à l'humanité future les dangers de la disette n'entre pour rien dans la pensée des amis de la guerre.)

Si l'homme avait vraiment à se préoccuper de parer à un excès de population, il aurait pour cela des moyens plus directs que la guerre. Cet argument ne porte que parce qu'il a une apparence scientifique et semble procéder d'un sentiment très humanitaire. Comme il est beau de se préoccuper de nos chers arrières-neveux qui vivront dans quelques milliers d'années !

Ce n° 3 a souvent embarrassé les partisans de la paix : on connaît si peu les sciences naturelles et l'économie sociale que l'on ignore généralement que l'équilibre entre les naissances et les décès se maintient de lui-même. La nature accroît la fécondité des espèces, en raison directe des dangers qui les menacent. Après une guerre, le nombre des naissances augmente précisément pour compenser le surplus des décès. Il est également constaté qu'après une longue période de paix et de prospérité, le chiffre des naissances diminue. En tout cas, il est certain que, dans leurs déclarations de guerre, les rois et les gouvernements ne se préoccupent nullement de cette question d'excès de la population.

Accordé ! mais le n° 1 ?

Et ainsi de suite, de sorte que le débat se poursuit indéfiniment. Le partisan de la guerre tient toujours bon : son raisonnement se meut dans un cercle où vous pouvez le poursuivre éternellement sans l'atteindre.

(BARONNE DE SUTTNER. *Bas les armes !* Fasquelle, édit.)

12. — Les bienfaits moraux de la guerre

Quant aux bienfaits moraux de la guerre, citons les paroles de M. de Moltke : « La paix perpétuelle est un rêve, mais n'est pas toujours un beau rêve. La guerre fait partie de l'ordre des choses établi par Dieu. Elle développe les plus nobles vertus de l'homme : le courage, l'abnégation, l'esprit de sacrifice. Le soldat fait fi de la vie. Sans les guerres, le monde tomberait en pourriture et se perdrait dans le matérialisme. » On pourrait d'abord demander à M. de Moltke s'il a assisté au conseil de Dieu à l'époque, où, selon lui, il méditait de créer les mondes. Vraiment le feld-maréchal traite un peu Dieu de compère et compagnon. M. de Moltke se disait chrétien. Qu'il nous montre la page de l'Évangile où Dieu sanctifie la guerre. Mais laissons le terrain religieux. La guerre, prétend le feld-maréchal prussien, développe les sentiments généreux. C'est possible. Mais elle ne développe pas moins les instincts sauvages que nous avons tant de peine à comprimer en nous. Est-ce qu'elle ne fait pas de l'homme un animal sanguinaire, débridé et sans frein ? Est-ce qu'elle ne le ravale pas, de plus, à l'état de la brute, puisque la guerre est absolument sans aucun résultat utile quatre fois sur cinq ? Le soldat fait fi de sa vie. C'est vrai, mais, hélas ! Il fait aussi fi de celle des autres ! M. de Moltke rangera-t-il parmi les plus nobles vertus de l'homme ce levain de haine et de brutalité, que la guerre laisse après elle pendant de si longues années, quelquefois pendant des siècles ? Cette haine, à son tour, produit l'exclusivisme national, c'est-à-dire l'agent le plus efficace de la stagnation de la pensée humaine. — La suppression de la guerre doit amener la pourriture. Alors les Huns ont été au point culminant de l'élévation morale et les Suisses sont tombés, de nos jours, au dernier degré de la décomposition. Qui oserait soutenir un pareil paradoxe ?

(Novicov. *Les luttes entre les sociétés humaines*, p. 433-34, F. Alcan, édit.)

**

Pour connaître les hommes, il faut les voir en temps de guerre. Que celui qui tient à garder ses illusions sur les hommes, reste chez soi.

(Von Kretschmann.)

**

La guerre fournit d'innombrables exemples de l'égoïsme humain. Les devoirs que l'éducation, l'accoutumance, la morale, la religion imposent dans le train ordinaire de la vie, disparaissent ici parce que les témoins qui les apprécieraient ou les condamneraient font défaut.

(Lettres du général allemand Von Kretschmann, sur la guerre de 1870.)

**

A la nouvelle que les Français avaient sacrifié cinq bataillons pour conquérir quelques sacs de pommes de terre, c'est-à-dire avaient, en échange de chaque douzaine de pommes de terre, laissé sur le terrain un mort et un blessé, nous nous sommes réjouis — c'est atroce — au delà de toute expression, car c'est un signe qu'ils ne pourront plus tenir longtemps.

(Von Kretschmann.)

**

A Seux, un officier donne l'ordre à son hôte d'ouvrir une armoire. L'hôte répond qu'il n'a pas la clef. L'officier essaie de fracturer l'armoire, et comme son hôte s'y oppose, il lui brûle la cervelle (1870).

(Von Kretschmann.)

A Étrépagny, en Normandie, le 30 novembre 1870, sur l'ordre de leurs chefs, les Saxons enfoncent les portes, se saisissent des habitants atterrés et les entraînent hors de la ville à coups de plats de sabre et le pistolet sous la gorge ; d'autres, munis de tampons de foin qu'ils imbibent de pétrole, mettent le feu aux maisons et n'épargnent même pas l'ambulance où ont été soignés leurs blessés. Quelques habitants réussissent à sauver leurs demeures, mais ils n'y parviennent qu'en graissant la patte à ces incendiaires. Une soixantaine d'habitations, plusieurs fermes avec leurs récoltes deviennent la proie des flammes ; des chevaux de culture, amenés dans les rues, sont éventrés à coups de baïonnette avec une sauvagerie dont les Bavarois eux-mêmes se fussent étonnés. Vers quatre heures, quand ils voient l'embrasement complet, les Saxons reprennent le chemin de Gisors, après avoir pris l'infernale précaution de briser les pompes à incendie, comme pour enlever à leurs victimes jusqu'à la moindre lueur d'espérance.

(ROLIN. *La guerre dans l'Ouest*. Plon et Nourrit, édit.)

13. — FRATERNITÉ

Depuis six mille ans la guerre
Plaît aux peuples querelleurs,
Et Dieu perd son temps à faire
Les étoiles et les fleurs.

La gloire, sous ses chimères
Et sous ses chars triomphants,
Met toutes les pauvres mères
Et tous les petits enfants.

Notre bonheur est farouche ;
C'est de dire : Allons ! Mourons !
Et c'est d'avoir à la bouche
La salive des clairons.

Et cela pour des Altesses
Qui, vous à peine enterrés,
Se feront des politesses,
Pendant que vous pourrirez.

Aucun peuple ne tolère
Qu'un autre vive à côté ;
Et l'on souffle la colère
Dans notre imbécillité.

C'est un Russe ! égorge, assomme !
Un Croate ! feu roulant.
C'est juste. Pourquoi cet homme
Avait-il un habit blanc ?

Celui-ci, je le supprime,
Et m'en vais le cœur serein,
Puisqu'il a commis le crime
De naître à droite du Rhin.

On pourrait boire aux fontaines,
Prier dans l'ombre à genoux,
Dormir, songer sous les chênes :
Tuer son frère est plus doux.

On se hache, on se harponne ;
On court par monts et par vaux ;
L'épouvante se cramponne
Du poing au crin des chevaux.

Et l'aube est là sur la plaine !
Oh ! J'admire, en vérité,
Qu'on puisse avoir de la haine,
Quand l'alouette a chanté.

(V. Hugo. *Chanson des rues et des bois.*
Hetzel, édit.)

14. — Humanité de Louis XV

Sous le règne de Louis XV, un chimiste dauphinois, nommé Dupré, avait inventé un feu si rapide et si dévorant, qu'on ne pouvait ni l'éviter ni l'éteindre. L'eau augmentait son activité. Sur le canal de Versailles, en présence du roi, et dans les cours de l'Arsenal de Paris, on en fit des expériences qui firent frémir les militaires les plus intrépides. Quand on fut bien sûr qu'un seul homme avec un tel art pouvait détruire une flotte ou brûler une ville, on défendit à Dupré de communiquer son secret à qui que ce fût ; et sa discrétion fut achetée par une forte récompense. Cependant Louis XV était dans les embarras d'une guerre funeste. Chaque jour il faisait des pertes nouvelles ; les Anglais le bravaient jusque dans ses ports ; il pouvait les détruire, mais il craignait d'augmenter les maux de l'humanité.

(X.)

15. — C'était a Talaveyra...

C'est à Talaveyra de la Reine, en Espagne.
Les Anglais, contre qui nous étions en campagne,
Tenaient, en s'appuyant sur un vieux château fort,
Le côté du midi, nous le côté du nord.
Deux versants ; un ravin entre les deux armées.
On se battait depuis le matin ; les fumées
Monstrueuses que fait un combat furieux
Salissaient le soleil, terrible au fond des cieux.
Nous nous heurtions, Français contre Anglais. Les mitrailles
Pleuvaient, et l'on voyait des crânes, des entrailles,
Des ventres entr'ouverts ainsi qu'un fruit vermeil,
Et, sur l'immense mort sanglante, le soleil.
Le sabre, le canon, l'espingole, la pique,
C'est tout simple, on s'y fait ; mais avoir le tropique

Sur sa tête, c'est trop. Nous avions soif. Le fer
Et le plomb, c'est la mort ; mais la soif, c'est l'enfer.
Le soleil, la sueur, la soif, oh ! quelle rage !
Nous n'en faisions pas moins notre implacable ouvrage,
Et l'on se massacrait éperdûment. Partout
Des cadavres, mêlés aux combattants debout,
Gisaient, indifférents déjà comme des marbres.

Tout à coup j'aperçus le ruisseau sous les arbres ;
Un Espagnol le vit et cria : Caramba !
Je descendis vers l'eau qu'un Anglais enjamba ;
Un Français accourut, puis deux, puis trois, puis quatre,
On se mit à genoux, on cessa de se battre,
Quitte à recommencer ; les blessés, à pas lents,
Se traînaient ; on trinqua dans les casques sanglants.
— A votre santé, dis-je. Ils dirent : A la vôtre ! —
Et c'est ainsi qu'on vint boire un peu l'un chez l'autre.

La bataille reprit, sans trêve cette fois,
Affreuse, et nous songions, nous, en pensant aux rois,
Aux empereurs, à tous ces sombres téméraires,
Qu'ils font des ennemis, mais que Dieu fit des frères.

(V. HUGO. *Légende des siècles.* Hetzel, édit.)

16. — PRÉJUGÉS SUR LA GUERRE

La gloire attachée dans presque tous les pays à la conquête, à la guerre, à la bravoure, est visiblement un reste des mœurs sauvages qui subsistaient chez toutes les nations avant qu'elles fussent civilisées : il n'est guère de peuples qui soient encore détrompés de ce préjugé si fatal au repos de l'univers. Les sociétés mêmes qui devraient sentir le mieux les avantages de la paix, admirent les grands exploits, attachent une idée noble au métier de la guerre, et n'ont pas pour les injustices et les forfaits qu'elle entraîne toute l'horreur qu'elles mériteraient.

Qu'est-ce en effet que faire la guerre (excepté dans le cas d'une juste défense), sinon la violation la plus criante des droits les plus saints de la justice et de l'humanité ? Si un assassin, un voleur, un brigand paraissent des hommes détestables, quelle indignation ne devrait pas exciter dans tous les cœurs un peuple conquérant qui, pour satisfaire son ambition, pour augmenter ses domaines, pour assouvir son avarice, sa vengeance et sa rage, et quelquefois pour contenter les caprices de sa vanité, fait périr des millions d'hommes, inonde les campagnes de sang, réduit les villes en cendres, ravage en un instant les espérances du laboureur, et, placé isolément sur les débris des nations et des trônes, s'applaudit de ses crimes, se glorifie des maux sans nombre qu'il a fait souffrir au genre humain.

Tels sont les jeux qui servent d'amusement à des peuples forcenés, guidés par des chefs dépourvus de justice et d'entrailles. Si quelque chose semble devoir rabaisser l'homme au-dessous de la bête, c'est sans doute la guerre. Les lions et les tigres ne combattent que pour satisfaire leur faim ; l'homme est le seul animal qui, de gaîté de cœur et sans cause, vole à la destruction de ses semblables et se félicite d'en avoir beaucoup exterminé.

Les nations belliqueuses ont la folie de sacrifier ce qu'elles possèdent à l'espoir incertain de dominer, de jouer un grand rôle, de s'agrandir. Les plus vastes monarchies, formées par des guerres et des victoires, se sont affaissées sous le poids de leur propre grandeur. En un mot, sous quelque point de vue que l'on envisage la guerre, elle est une calamité pour ceux mêmes qui la font avec le plus de succès.

(D'HOLBACH. *Morale Universelle.*)

Lecture : LAMARTINE. *La Marseillaise de la Paix.*

17. — Napoléon et la guerre

« Un soir Napoléon voulut jouir au clair de lune d'une victoire qu'il venait de gagner. » Prenant le bras d'un de ses maréchaux, Soult, il parcourut à pied le champ de bataille. Le sol était « bossué[1] » ; çà et là apparaissaient des masses confuses, informes ; « tout cela était immobile et muet » ; mais de temps à autre, de ces monticules s'élevaient des cris de désespoir ; puis tout rentrait dans le silence : trente mille hommes étaient là gisant sur le sol détrempé de sang, les uns morts, les autres blessés et brisés, torturés par la souffrance : « dans ce désert de la gloire, tout à l'heure si retentissant, ils appelaient en vain un verre d'eau, un seul pour éteindre le feu qui dévorait leurs entrailles. »

« Au milieu de ce charnier, Napoléon aperçut une lueur indécise qui miroitait sur la terre mouillée. » Il se dirigea vers cette lumière : en approchant, il put voir, devant une tente immense, des hommes en tablier de toile blanche « qui balayaient d'un air indifférent, des lambeaux de chair que les chirurgiens venaient de tailler dans un corps vivant ». D'autres entassaient sur un bûcher des bras et des jambes coupés et se préparaient à y mettre le feu.

Napoléon ému et troublé par l'horreur du spectacle, la voix serrée par l'angoisse, dit au maréchal Soult : « Une ferme, et deux mille livres de rente. »

(G. C.)

*
* *

La guerre, dit-on, c'est la gloire : le jour où il n'y aurait plus de guerre, il n'y aurait ni Alexandre, ni César ; c'est là une erreur ; il resterait encore le choléra ou le typhus.

(Eug. Pelletan.)

---

[1] Lire : Leconte de Lisle, *Soir de Bataille*. (Poèmes barbares.)

∗∗

Le lendemain, le jour commençant à luire, on découvrit l'affreux champ de bataille d'Eylau, et Napoléon lui-même fut ému au point de le laisser apercevoir dans le bulletin qu'il publia. Sur cette plaine glacée, des milliers de morts et de mourants cruellement mutilés, des milliers de chevaux abattus, une innombrable quantité de canons démontés, de voitures brisées, de projectiles épars, des hameaux en flammes, tout cela, se détachant sur un fond de neige, présentait un spectacle saisissant et terrible. « Ce spectacle », s'écriait Napoléon, « est fait pour inspirer aux princes l'amour de la paix et l'horreur de la guerre ! » Singulière réflexion dans sa bouche, et sincère au moment où il la laissait échapper.

(THIERS. *Histoire du Consulat et de l'Empire.* Combet, édit.)

∗∗

On voit tous les jours de grands personnages, ayant l'apparence et la réputation d'hommes de sens, débiter d'un ton magistral que les quatre plus grands hommes de la terre furent Alexandre, Annibal, César et Napoléon. Quoi ! dans notre siècle, au milieu d'hommes éclairés, on peut prononcer, sans exciter le rire, d'aussi vieilles niaiseries ! On a gardé ce fétichisme pour les conquérants, cette admiration aveugle et enfantine pour ce qu'on appelle le génie militaire !

(P. LEROY-BEAULIEU.)

∗∗

Un homme en tue un autre pour lui prendre sa bourse ; on l'arrête, on l'emprisonne, on le condamne à mort, et il meurt ignominieusement, maudit par la foule, la tête coupée sur la hideuse plate-forme. Un peuple en massacre un autre pour lui voler ses champs, ses maisons, ses richesses, ses coutumes ; on l'acclame, les villes se pavoisent pour le recevoir quand il rentre couvert de sang et de dépouilles, les poètes le chantent en vers enivrés, les musiques lui font fête.

(OCTAVE MIRBEAU.)

18. — Les bienfaiteurs de l'humanité

Chassez de vos autels, juges vains et frivoles,
Ces héros conquérants, meurtrières idoles,
Tous ces grands noms, enfants des crimes, des malheurs,
De massacres fumant, teints de sang et de pleurs.
Venez tomber aux pieds de plus nobles images :
Voyez ces hommes saints, ces sublimes courages,
Héros dont les vertus, les travaux bienfaisants
Ont éclairé la terre et mérité l'encens ;
Qui, dépouillés d'eux même et vivant pour leurs frères,
Les ont soumis au frein des règles salutaires,
Au joug de leur bonheur ; les ont faits citoyens ;
En leur donnant des lois leur ont donné des biens,
Des forces, des parents, la liberté, la vie ;
Enfin, qui d'un pays ont fait une patrie.
Et que de fois pourtant leurs frères envieux
Ont d'affronts insensés, de mépris odieux,
Accueilli les bienfaits de ces illustres guides
Comme dans leurs maisons ces animaux stupides,
Dont la dent méfiante ose outrager la main
Qui se tendait vers eux pour apaiser leur faim.
Mais n'importe ; un grand homme, au milieu des supplices,
Goûte de la vertu les augustes délices.
Il le sait, les humains sont injustes, ingrats.
Que leurs yeux un moment ne le connaissent pas ;
Qu'un jour entre eux et lui s'élève avec murmure
D'insectes ennemis une nuée obscure ;
N'importe, il les instruit, il les aime pour eux :
Même ingrats, il est doux d'avoir fait des heureux.
Il sait que leur vertu, leur bonté, leur prudence,
Doit être son ouvrage et non sa récompense,
Et que leur repentir, pleurant sur son tombeau,
De ses soins, de sa vie est un prix assez beau.

Au loin dans l'avenir sa grande âme contemple
Les sages opprimés que soutient son exemple ;
Des méchants dans soi-même il brave la noirceur :
C'est là qu'il sait les fuir ; son asile est son cœur.

(André Chénier. *Hermès*.)

19. — Un conquérant pacifique : Pasteur

Pasteur, invité par le comité d'organisation du Congrès médical international qui devait se tenir à Londres, reçut du gouvernement de la République la mission de représenter la France[1].

Le 3 août, à son arrivée dans l'immense salle de Saint-James qui, depuis le parterre jusqu'aux galeries supérieures, était remplie, comme débordante de spectateurs, un des commissaires, le reconnaissant dès l'entrée, vint le prier de monter sur l'estrade réservée aux membres les plus illustres du congrès. Pendant qu'il se dirigeait vers les marches de cette estrade, les applaudissements éclatèrent. De toutes parts on poussait des vivats, des hurrahs. Pasteur se retourna vers ses deux compagnons, qui étaient son fils et son gendre, et leur dit avec un mouvement d'inquiétude : « C'est sans doute le prince de Galles qui arrive ; j'aurais dû venir plus tôt.

— Mais c'est vous que tout le monde acclame ! » dit, avec son grave et affectueux sourire, le président du Congrès, Sir James Paget.

Quelques instants plus tard le prince de Galles fit son entrée, ainsi que son beau-frère, le fils de l'Empereur d'Allemagne, le prince héritier. Dans son discours, Sir James Paget disait que la science médicale devait poursuivre trois buts : la nouveauté, l'utilité, la charité. Le seul nom de savant prononcé était celui de Pasteur. Les

[1] Fin de juillet 1881.

applaudissements furent tels qu'ils obligèrent Pasteur, placé derrière Sir James Paget, à se lever pour saluer cette grande assemblée.

« J'étais bien fier, écrivait Pasteur dans une lettre datée du 3 août à Mme Pasteur, j'étais bien fier intérieurement, non pour moi, — tu sais ce que je suis devant les triomphes, — mais pour mon pays, en songeant que j'étais distingué exceptionnellement au milieu de ce concours immense d'étrangers, d'Allemands surtout, qui sont ici en nombre considérable, bien plus nombreux que les Français, dont le total cependant ne s'élève pas à moins de 250. Jean-Baptiste et René étaient dans la salle. Tu juges de leur émotion.

« Après la séance, lunch chez sir James Paget, avec le prince de Prusse à sa droite, le prince de Galles à sa gauche. Puis, réunion des 25 ou 30 convives dans le salon. Sir James m'a présenté au prince de Galles devant qui je me suis incliné, en lui disant que j'étais heureux de saluer un ami de la France. « Oui », m'a-t-il dit, « un grand ami ». Sir James Paget a eu le bon goût de ne pas me demander de me présenter au prince de Prusse ; quoi qu'il n'y ait place dans de telles circonstances que pour la courtoisie, je n'aurais pu me décider à paraître avoir demandé à lui être présenté. Mais voilà que lui-même s'approchant de moi me dit : « M. Pasteur, permettez-moi de me présenter à vous et de vous dire que je vous ai applaudi tout à l'heure. » Il a continué, fort aimable du reste. »

Au milieu des rencontres inattendues provoquées par ce Congrès, c'était un spectacle intéressant de voir ce fils de roi et d'empereur, héritier de la couronne d'Allemagne, allant au-devant de ce Français dont l'esprit de conquête portait sur la maladie et sur la mort.

(VALLERY-RADOT. *Vie de Pasteur*, p. 465-467. Hachette, édit.)

« Les plus belles victoires sont les victoires que le génie humain remporte sur la nature. Il n'y a pas de plus glorieuses conquêtes que celles de la science ; et l'histoire des découvertes utiles constitue la véritable histoire de l'humanité. Aussi est-il regrettable que le nom d'un grand savant, d'un grand inventeur soit moins connu, moins populaire que celui de tel roi, de tel général, dont les triomphes ont coûté la vie à des milliers d'hommes. »

(D'après J. Simon.)

20. — Ce que doit être la guerre pour les peuples civilisés

(Un grand-père raconte des épisodes de guerre à son petit-fils ; celui-ci s'étonne en entendant dire que des soldats français ont laissé fuir, sans tirer sur lui, un officier ennemi qui ne pouvait plus leur nuire.)

Grand-père me répondit :
« A la guerre, mon petit, quoiqu'il se fasse quelquefois de grandes boucheries, on ne tue pas pour le plaisir de tuer. »
Je regardai mon grand-père d'un air étonné. Ce n'était pas là l'idée que nous nous faisions de la guerre, nous autres élèves du père Barré. Nos notions sur la guerre ressemblaient à celles des Peaux-Rouges. Quand nous jouions à la guerre, tout le monde y passait (par métaphore, bien entendu). Nos règles étaient très simples : dans la guerre au fusil et au canon, chacun des camps se cachait de l'autre ; le théâtre de l'action, c'étaient les futaies et les fourrés de Bucy. A un signal donné chacun des deux camps marchait dans la direction de l'autre, les soldats passant furtivement d'arbre en arbre en évitant de se montrer.

Le premier qui apercevait un ennemi criait : « Pan ! un tel. » « Pan ! » c'était le coup de fusil, « Un tel » désignait l'ennemi visé, qui devait tomber mort à l'instant. Il y avait des chicaneurs qui ne voulaient pas mourir ; alors commençaient des discussions interminables entre le mort et son vainqueur.

Un à un, nous sortions de nos cachettes pour venir apporter notre témoignage et nos raisons, ou tout au moins pour huer le mort récalcitrant.

Une fois le mort bien et dûment mort, nous regagnions nos lignes, et la guerre recommençait. Généralement le combat finissait faute de combattants, la règle était de tuer tout le monde, officiers et soldats, dès qu'ils se laissaient entrevoir.

L'hiver, nous nous battions à coups de boules de neige. Nos règlements militaires étaient aussi sauvages qu'en été : tout tuer, point de prisonniers : c'est embarrassant à garder.

Voilà quelles étaient mes idées sur la guerre. Je les appliquais tout naturellement à la grande guerre que se font les hommes entre eux. Je ne pouvais comprendre qu'ayant un ennemi, surtout un officier à sa portée, mon arrière-grand-père ne fît pas aussitôt faire feu sur lui. On doit tuer le plus d'ennemis possible, en vertu de l'axiome : Plus on en tue, moins il en reste. Mais, objectai-je à mon grand-père, si on ne tue pas pour le plaisir de tuer, alors pourquoi fait-on la guerre ? »

Grand-père me répondit : « Les peuples se font ou du moins devraient se faire la guerre à la dernière extrémité, et quand tous les autres moyens ont échoué pour régler les difficultés qu'ils ont ensemble... Ils se font la guerre pour bien des raisons : par exemple, pour venger une insulte faite au drapeau ; on fait la guerre pour défendre le pays : ça, c'est la guerre sacrée; c'est pour faire cette guerre-là que les sept Jousserand étaient partis; on fait encore la guerre pour prendre des provinces au voisin ; ça, c'est une mauvaise guerre, une vilaine guerre. Ceux qui la font réussissent quelquefois à prendre des provinces ou des royaumes entiers, et ils triomphent pendant quelque temps ; mais Dieu est juste, et le bien mal acquis ne profite jamais. Il arrive toujours un moment où les preneurs de provinces sont forcés de rendre gorge.

« Dans tous les cas, chacun sait bien que les guerres même les plus justes sont de terribles fléaux. On les subit, et on les fait parce qu'elles sont inévitables ; mais on fait du moins ce qu'on peut pour en diminuer un peu l'horreur, et pour empêcher toutes les violences et les cruautés inutiles...

... Dès qu'un soldat est hors de combat, ce n'est plus un ennemi. On ne tient pas à ce que les gens meurent, on tient à ce qu'ils soient hors d'état de nuire, et ce pauvre diable ne pouvait plus faire aucun mal. A la distance où l'on tire, dans les batailles, on ne sait pas ce que l'on fait, et l'on tue beaucoup de gens que l'on se contenterait de blesser et de mettre hors de combat, si l'on était maître des coups. Cela est si vrai, que l'on tient pour infâmes ceux qui achèvent les blessés sur le champ de bataille : on les fait passer en jugement et on les pend ignominieusement. »

Toutes mes idées sur la guerre étaient encore une fois complètement bouleversées. Cependant, comme je n'avais pas mauvais cœur, le côté généreux et chevaleresque de cette loi frappa mon imagination.

(J. Girardin. *Grand-père*, p. 103. Hachette, édit.)

**

Une démocratie est avare du sang de ses fils, mais nos souhaits pacifiques ne doivent pas nous empêcher de rester forts et de faire les sacrifices nécessaires pour cela. Une heure de défaite coûte plus cher que tous les préparatifs et tous les armements indispensables pour l'éviter.

.·.

En 1870, l'Allemagne imposa à la France une contribution de cinq milliards, soit 550 francs par famille ; elle mit dans le traité de Francfort des conditions destinées à ruiner notre commerce et notre industrie.

21. — LA CONVENTION DE GENÈVE

La Convention de Genève a été signée le 22 août 1864 : depuis on l'a souvent remaniée. Aujourd'hui toutes les nations civilisées s'accordent, en principe, à l'observer.

Son but a été *d'humaniser la guerre*. Une fois le soldat tombé sur le champ de bataille, ce n'est plus un adversaire :

C'est un blessé qu'il faut relever ;
Un malheureux qu'on doit soulager ;
Un homme qui a le droit de mourir tranquille.

Plusieurs clauses ont été rédigées pour atteindre ce but ; les médecins et les brancardiers ont été neutralisés comme les blessés : le jour, le drapeau et le brassard blanc à croix rouge ; la nuit, la lanterne rouge indiquent au respect des combattants la place des blessés et des ambulances.

Tout blessé recueilli dans une maison lui sert de sauvegarde et l'exempte de contributions de guerre et de logements militaires.

Plus de ces engins qui causent aux soldats des souffrances inutiles, tels que les boulets à chaînes et les balles explosives ; plus d'empoisonnement des projectiles, des puits, des fontaines, de la nourriture.

Plus de corsaires.

Les résultats obtenus sont à l'honneur de la civilisation moderne. Les membres de la Croix-Rouge peuvent circuler sur les champs de bataille, sinon sans danger, car les balles sont aveugles et frappent les médecins comme les soldats, au moins sans crainte d'être attaqués. De plus, sitôt une guerre déclarée, les neutres se solidarisent avec les belligérants, et envoient gratuitement, souvent aux deux ennemis à la fois, des remèdes, des brancardiers, des médecins, des services entiers d'ambulance. Combien ces mœurs l'emportent sur celles du moyen âge, où les armées étaient suivies de « coutilliers », dont le service consistait à « égorgeter » les blessés après la bataille !

Et, cependant, que de progrès encore à réaliser. La fraternité humaine voudrait qu'une fois la bataille gagnée, une trêve permette aux vaincus de recueillir leurs blessés, et de les éloigner du champ de bataille ; que les assiégés décimés par les épidémies puissent évacuer leurs malades, ou soient autorisés à faire venir des médicaments, et des vivres frais pour les blessés de la ville investie, que les médecins soient renvoyés à leurs ambulances, aussitôt arrêtés par l'ennemi, qu'il y ait une sanction à l'inobservation des clauses de la convention ! Mais il en est d'elles comme des décisions du tribunal de la Haye : aucune puissance n'est capable de les faire respecter !

(René LEROI.)

∴

Les prisonniers de guerre, autrefois [1] réduits en esclavage, sont maintenant traités avec humanité.

Lire dans l'*Iliade*, ch. VI, — Adieux d'Hector et d'Andromaque, — les tristes prévisions du héros pour le sort de son fils, s'il vient à lui manquer.

∴

Les petits États, qui sont impuissants à se défendre contre les forts, se sont fait une ressource de leur faiblesse même, ils

Cf CÉSAR, *Commentaires*, le traitement des vaincus.

ont demandé à leurs voisins de reconnaître leur *neutralité* : l'État neutre est inviolable ; en cas de guerre son territoire est fermé aux armées des belligérants.

22. — Les droits des belligérants d'après l'état-major allemand

La Convention de Genève a exprimé dans ses différents articles les sentiments d'humanité qui doivent atténuer les maux de la guerre. L'œuvre n'est pas complète, cependant, et malgré le bon vouloir des diplomates, il reste encore trop de l'ancienne cruauté dans les *droits des belligérants*.

On peut s'en assurer en lisant la brochure que vient de publier sous ce titre le grand état-major allemand. Il reconnaît que « le progrès des mœurs a modifié l'âme humaine, et que certaines pratiques font horreur dans notre temps. L'ouvrage où il prétend fixer les règles de ce qui est permis et de ce qui est défendu par le droit des gens vise à ne pas trop choquer l'esprit moderne. » A-t-il réussi ? Et peut-on trouver que les Allemands ont fait œuvre d'humanité ?

La Convention de Saint-Pétersbourg déclarait « que le seul but légitime de la guerre est l'affaiblissement de l'ennemi. » Les Allemands, reprenant l'opinion du maréchal de Moltke prétendent que la guerre autorise, bien plus, impose « l'anéantissement et des forces militaires de l'ennemi, et de toutes ses ressources, telles que ses finances, ses chemins de fer, ses moyens d'alimentation et même le prestige de son gouvernement ». N'est-ce pas là une sorte de retour à la barbarie ? On ne doit, ajoutent-ils comme correctif, user de ménagements envers les habitants et leurs propriétés que dans la mesure où le succès n'en peut souffrir.

Dans la catégorie des combattants actifs ils rangent les

chefs d'Etat, les ministres, même s'ils n'ont pas de rang militaire, les armées régulières, et aussi les troupes irrégulières. En admettant les corps francs aux bénéfices des usages de la guerre — à condition qu'ils aient des chefs responsables et des armes apparentes visibles — les Allemands condamnent les mesures atroces qu'ils ont prises en 1870 contre nos francs-tireurs. Ils les faisaient fusiller sans pitié, au lieu de les garder prisonniers ; ils brûlaient et rançonnaient les villages où ces troupes avaient trouvé des vivres et un abri. Ils reconnaissent aujourd'hui qu'ils ont alors violé le droit des gens.

Ils sont encore prêts à recommencer cette violation en ce qui concerne les bombardements. D'après eux, une armée a le droit de bombarder les villes ouvertes, les villages, les bâtiments isolés, si ils sont utilisés par l'adversaire ; rien n'oblige à ménager les édifices religieux, les écoles, les musées, les bibliothèques. La guerre de 1870 nous a montré cette théorie déjà mise en pratique, à Strasbourg, à Paris.

Ce qu'ils n'admettent pas, ce sont les crimes et pratiques déloyales, l'empoisonnement des fontaines et des puits, des vivres, l'assassinat d'un ennemi, l'emploi des projectiles amenant une souffrance inutile (balle mâchée, etc.) la mise à mort des prisonniers et des blessés, le refus de la vie sauve à ceux qui se rendent.

Toutes les ruses de guerre sont bonnes, sauf le port de l'uniforme de l'ennemi. Il est permis de payer des traîtres et des espions, de fomenter la guerre civile, de favoriser les crimes des tiers et de tirer parti des vols, assassinats, incendies commis par d'autres. Les Allemands oublient que « profiter d'un crime, même si on ne l'a pas fait commettre, établit une solidarité morale ».

Sur la nécessité de la déclaration de guerre, les Allemands sont muets. Ce n'est plus qu'une formalité sans raison d'être. Nous sommes prévenus.

Tel qu'il est, ce code, qui a la prétention de diminuer l'horreur de la guerre, n'est pas fait pour nous rassurer ; il doit inspirer l'horreur des luttes, quand elles ne sont pas commandées par l'intérêt vital de la patrie.

(G. C.)

23. — Les progrès de la moralité de l'espèce humaine peuvent faire espérer la fin des guerres

Quand deux chiens affamés trouvent un os, ils se le disputent à coups de dents, et le vainqueur, c'est-à-dire celui des deux qui a le moins souffert dans la lutte, garde toute la proie pour lui seul. Si ces chiens avaient, je ne dirai pas des cerveaux d'hommes, car c'est à peine si les hommes commencent à valoir mieux, mais s'ils avaient le cerveau fait comme l'auront les hommes futurs, ils comprendraient qu'ils feraient mieux de se partager cet os, et, une fois réconfortés, de s'en aller ensemble à la recherche de quelque nouvelle pitance. Or, si je vous ai dit à l'instant que c'est à peine que nous commençons à valoir mieux que ces chiens, il est certain que nos premiers aïeux ne valaient absolument pas mieux : le plus fort tuait le plus faible pour lui arracher ce que celui-ci avait pu se procurer. Et, si le plus faible ne possédait même pas quelque proie qui pût lui servir de rançon, le plus fort le tuait pour le manger ; on peut même supposer que c'est de cette dernière manière — par l'anthropophagie — qu'ont débuté les relations entre humains. Si pessimiste que l'on soit, on sera bien obligé de convenir que nous avons accompli quelques progrès par rapport à la moralité générale de l'homme des cavernes.

En moins d'un demi-siècle, l'institution de l'esclavage qui avait existé de tous temps, que l'on considérait comme légitime et nécessaire, est devenue un objet de scandale.

Que dire de l'égalité devant la loi, de la liberté du travail, de l'abolition de la torture, de la liberté de conscience? Dans la seconde moitié du siècle dernier, ces idées étaient le privilège du petit groupe d'utopistes auquel nous devons l'Encyclopédie. Il fallut vingt années pour publier ce monument du progrès humain ; son dernier volume parut en 1772; et dix-neuf ans plus tard, les rêves des utopistes étaient réalisés, à la fois aux États-Unis (*Déclaration des Droits* ou *Amendements à la Constitution*, proposés en 1789 et ratifiés le 15 décembre 1791), et en France (*Déclaration des Droits de l'homme et du citoyen*, 5-14 septembre 1791). Aujourd'hui, ces principes sont à la base du droit public de toutes les nations civilisées; s'il arrive que leur rayonnement s'affaiblisse parfois, tantôt dans un pays, tantôt dans un autre, nous savons qu'il ne peut s'agir là que de régressions momentanées, d'oscillations inévitables de la courbe du progrès : ceux mêmes qui sont disposés à les violer, ne manquent pas de leur rendre un hommage hypocrite et de s'en réclamer, tant ils savent que ces idées sont dès maintenant profondément imprimées dans la conscience universelle.

Ainsi, l'égalité devant la loi, l'abolition de la torture, la liberté de conscience, ont été des utopies pour le bisaïeul d'un homme de notre génération et des vérités réalisées pour son grand-père. De même, l'abolition de l'esclavage était une utopie pour nos grands-pères, et nos pères l'ont vu réaliser. Et, bien certainement le rétablissement des castes, de la torture, de la religion d'État et de l'esclavage, de ces institutions naguère considérées comme voulues par toutes les lois divines et humaines, nous semblerait aujourd'hui une entreprise à la fois criminelle et chimérique.

(G. Moch. *L'Ère sans violence*, dans *Questions de Morale*. F. Alcan, édit.)

Tous ces fléaux, la guerre, le duel, les luttes économiques, les luttes religieuses, et bien d'autres encore, ne sont que les divers aspects que revêt le mal fondamental dont souffre encore l'humanité, l'esprit de violence et de domination : c'est à cet esprit qu'il faut s'attaquer.

(G. Moch.)

24. — Le respect de la justice s'étend de plus en plus parmi les nations

Le monde, et spécialement l'Europe, est placé aujourd'hui dans une situation analogue à celle dans laquelle se trouvait la société féodale du xe et du xie siècle. A cette époque, le démembrement de l'Empire de Charlemagne avait plongé les pays occidentaux dans une véritable anarchie. La ruine du pouvoir central avait donné libre cours à toutes les passions violentes. L'état de guerre avait donc succédé à l'ordre et à la paix que le grand Empereur s'était efforcé de faire régner dans son Empire. Chaque canton était désolé par les querelles qui mettaient aux prises les seigneurs voisins; et les paysans, déjà troublés par les invasions des Normands et des Sarrasins, étaient en proie à la misère et à la peur. Rien de durable ne pouvait être entrepris; tout était exposé aux surprises d'un coup de main.

L'Église avait déjà conçu son rêve de domination universelle; elle avait espéré faire de Charlemagne et de ses successeurs les artisans de l'unité matérielle qu'elle jugeait indispensable à l'établissement de l'unité morale dont elle poursuivait le triomphe. Le morcellement de l'autorité qui s'accomplissait à la faveur de ces guerres incessantes compromettait la réussite de ses calculs les plus ambitieux.

Tous les humbles désiraient, demandaient la paix.

L'Église se fit leur interprète : elle l'exigea en leur nom.

L'entreprise était difficile. On ne peut pas, du jour au lendemain, imposer la paix à des hommes aussi turbulents que les féodaux du xiᵉ siècle, même sous la menace des peines les plus sévères dont l'Église était prodigue. Il fallut renoncer à faire observer la Paix de Dieu qui avait été proclamée par un concile en l'an mil; on se contenta de la Trêve de Dieu. La guerre devait être suspendue du mercredi au lundi matin, et les jours de grandes fêtes de l'Église. Les serfs, les gens d'Église, les femmes, et les enfants étaient placés sous la protection divine et soustraits ainsi aux violences des gens de guerre. Quiconque se dérobait à ces obligations serait excommunié; dans ce siècle de piété étroite et profonde, il risquait, en étant retranché de l'Église, d'être aussi retranché de l'Humanité.

La guerre n'était cependant pas bannie du monde entier. En suspendant ses effets pendant quelques jours, on n'avait pas cherché à faire disparaître ses causes. C'est pour cela que le bienfait de l'Église fut incomplet.

L'œuvre allait être achevée, en France du moins, par la royauté Capétienne.

Dès la fin du xiᵉ siècle, les princes de cette dynastie adoptent dans leurs États une attitude de justiciers qui ne contribua pas peu, d'ailleurs, en leur faisant prendre en mains la défense des humbles contre les violences et les crimes des seigneurs féodaux, à sceller une sorte de pacte d'union entre le Roi et le Peuple de France et à favoriser les progrès des Capétiens. Philippe-Auguste s'appropria l'idée des Conciles : il proclama et il fit observer la trêve du Roi, comme l'Église avait institué la trêve de Dieu. Ce fut la Quarantaine-le-Roi qui imposa aux seigneurs qui se faisaient la guerre une trêve de quarante jours; le parti le plus faible avait le droit de l'exiger du parti le plus fort, sous la garantie de la royauté dont l'autorité avait déjà les moyens de faire respecter ses volontés. C'était un délai suffisant pour permettre au Roi, dont on cherchait ainsi la protection, de ménager un accommodement entre les adversaires et d'éviter ainsi des combats inutiles.

L'idée de substituer la justice à la violence, pour le règlement des conflits privés, commençait donc à se faire jour. Louis XI la précisa lorsqu'il imposa l'Asseurement : la trêve de quarante jours devait être indéfiniment prolongée si l'un des deux adversaires soumettait sa cause au jugement du Roi. Ce fut un triomphe pour la justice royale, dont la compétence s'étendait à tous les différends qui pouvaient surgir dans le royaume.

La royauté capétienne y trouva son profit, puisque sa justice prévalut dans les matières mêmes où l'on avait eu jusqu'alors l'habitude de recourir à la justice de Dieu. Mais l'humanité y trouva aussi son compte, puisque l'état de paix fut substitué désormais à l'état de guerre dans l'intérieur d'un pays soumis à un même souverain. Ainsi se préparaient l'unité matérielle et l'unité morale de la France, et, peu à peu, à l'exemple de ce qui se passait en France, se préparaient aussi l'unité matérielle et l'unité morale des autres pays occidentaux. Quand cette transformation fut accomplie, la guerre fut reportée au delà des frontières de chacun de ces Etats.

Nous l'avons établi plus haut : à la conception de l'Etat telle que l'ont eue les hommes du xvie, du xviie, et du xixe siècle, on est en train de substituer une conception plus large.

Mais la guerre internationale est un obstacle à cette œuvre d'unité européenne, comme la guerre privée était l'obstacle essentiel à l'œuvre d'unité nationale dont les rois capétiens poursuivaient le triomphe. Il faut accomplir, pour préparer la venue du jour où il sera possible d'instituer les Etats-Unis d'Europe, une tâche semblable à celle qui fut réalisée par le xie, le xiie et le xiiie siècles. Ils proclamèrent successivement la Trêve de Dieu et la Quarantaine-le-roi ; proclamons à notre tour la Trêve de l'humanité.

Le respect de la Justice royale imposé à tous a provoqué la fin de la guerre privée et a préparé l'unité nationale ; l'établissement de la justice internationale mettra fin aux guerres nationales et préparera l'union des peuples.

(A. Crémieux. *La guerre et l'arbitrage international*[1], p. 28. Cornély, édit.)

25. — Les guerres deviendront de plus en plus rares

En droit, chaque État indépendant est souverain, c'est-à-dire libre de déclarer la guerre à chaque instant, à son gré et pour des motifs dont il est seul juge. Il en découle que, dans les relations internationales, l'état de guerre est la règle. Les nations sont comme des animaux sauvages, toujours prêts à se jeter les uns sur les autres pour se dévorer. Si la paix subsiste pendant quelques années, c'est un accident, voilà tout. Dans les rapports juridiques la guerre est un cas pathologique, dans les rapports anarchiques la paix est une chance heureuse. Mais la paix n'amène jamais de désarmement, précisément parce qu'elle n'est pas considérée comme l'état normal.

Eh bien, cette situation ne pourra pas durer éternellement. La guerre ne sera jamais complètement supprimée sur la terre pour deux raisons principales. Si les hommes étaient capables d'établir la justice parfaite, ils pourraient

---

[1] Excellente petite brochure, pleine d'idées justes ; l'auteur, résolument pacifiste, montre et l'idéal à atteindre dans les relations internationales, et les obstacles qui s'opposent encore à sa réalisation. (Cornély, édit.)

encore rêver la paix perpétuelle. Mais jamais la justice des hommes ne sera parfaite, parce que jamais ils ne connaîtront la vérité absolue. Il arrivera donc toujours que des individus ou des groupes d'individus préféreront mourir plutôt que de se soumettre à des sentences qu'ils considéreront comme injustes : de là des guerres. La seconde raison, c'est que l'homme ne sera jamais absolument sain ni au physique ni au moral. Les cas pathologiques sont inévitables, les cas de folie se produisent toujours. Dans les sociétés les plus civilisées, il y a des fous qui se jettent sur les passants et qui en tuent quelques-uns. Il y a des aberrations collectives, comme des aberrations individuelles. Il y aura toujours des crimes internationaux, c'est-à-dire des guerres. Mais, comme les assassinats dans nos sociétés civilisées, elles deviendront des anomalies.

(Novicov. *Les luttes entre les sociétés humaines*, p. 425. F. Alcan, édit.)

.

Il faut faire comprendre aux peuples que leur intérêt, comme leur devoir, est de lutter entre eux, non par la guerre, mais par la paix, et de substituer au sanglant et stérile antagonisme qui les a divisés jusqu'ici, un antagonisme pacifique et fécond, qui n'exclut pas, mais appelle au contraire la concorde et la paix.

(J. Barni.)

.

Les hommes politiques peuvent quelquefois jouir de l'impunité, parce qu'ils meurent ; les nations ne le peuvent jamais, parce qu'elles vivent toujours assez longtemps pour subir les conséquences de leurs actes.

(Funck-Brentano.)

26. — LA FORMATION DES ÉTATS-UNIS D'EUROPE EST-ELLE POSSIBLE ?

On parle parfois des États-Unis d'Europe : Victor Hugo se plaisait à en prévoir la prochaine formation. Il se laissait entraîner, et nous nous laissons entraîner après lui, par le spectacle séduisant que nous offrirait la vieille Europe ainsi réorganisée sur le modèle du Nouveau-Monde ; mais nous ne réfléchissons pas qu'il n'y aurait entre les deux mondes qu'une analogie superficielle, résultant d'une seule similitude de noms. Sans doute, la République des États-Unis couvre un territoire aussi étendu que celui de l'Europe ; mais il est loin d'être aussi peuplé. Quand cette République a pris naissance, elle comptait à peine 4 millions d'habitants ; à ce moment la France en avait déjà 25 millions. Aujourd'hui, certes, cette population a augmenté, mais elle est loin d'être aussi nombreuse que la population de l'Europe. Celle-là atteint à peine le chiffre de 90 ou de 100 millions d'individus : celle-ci dépasse celui de 300 millions.

D'autre part la race des Américains du Nord est une : l'élément anglo-saxon, qui est dominant, a absorbé en lui toutes les autres races européennes qui ont envoyé des émigrants aux États-Unis. Peut-on dire qu'il en soit de même en Europe ?

Enfin, les États de la Confédération, malgré leurs dimensions, n'atteignent pas aux proportions territoriales de la plupart des grands États de l'Europe. Ils ne constituaient pas, avant d'entrer dans l'Union, des nations ayant, comme les nations de l'Europe, le sentiment de leur existence particulière profondément cimenté en elles par de longs siècles d'autonomie. Ils n'avaient pas un passé historique. Tout au plus pourrait-on les comparer à ces États souverains de l'Allemagne qui ont consenti à se réunir dans l'Empire allemand, sans rien perdre en apparence de leur organisation intérieure et de leur autonomie, ou peut-être même, pour être plus exact, à cette République des Provinces-Unies, qui existait encore en 1776 et qui était considérée alors comme le modèle des États républicains.

Les États-Unis d'Europe ne pourraient donc rien être de semblable; ce n'est que par une analogie de mots qu'on pourrait les comparer aux États-Unis d'Amérique.

(Ad. Crémieux. *La guerre et l'arbitrage international*. Cornély, édit.)

27. — Obstacles qui s'opposent a une fédération européenne

Certains esprits semblent croire que le progrès naturel des rapports internationaux et du droit des gens, le lien croissant des intérêts, la raison des gouvernements, plus éclairés qu'ils ne furent dans le passé et exempts des passions aveugles de leurs sujets, sont des bases suffisantes d'un commencement de fédération européenne. Quelques États du moins, ou quelques hommes, car tout revient à cela, seraient des initiateurs possibles... Une nation comme la France pourrait donner le grand exemple en se renfermant tout d'abord dans une attitude strictement défensive... Puis tout irait de soi ; l'exemple serait suivi : après un certain temps de paix, l'examen systématique et la solution amiable des cas litigieux devant se généraliser, un tribunal international s'instituerait, sans demander aucun sacrifice à des nations qui auraient cessé de craindre et de vouloir se faire craindre et renoncé au faux point d'honneur qui n'est dans les cœurs qu'une forme de la guerre. Enfin, comme il n'existe pas des cas litigieux seulement, mais encore des affaires communes aussi bien que des intérêts communs aux différents États, la voie serait ouverte à une fédération proprement dite.

Ces vues optimistes sont toutes superficielles : elles font dépendre la paix générale de la volonté persévérante à travers les changements intérieurs des États. Mais les gouvernants ne sont pas en général capables des vertus dont les gouvernés n'ont point en eux profondément les éléments. Ceux-là, outre qu'ils participent aux plus injustes passions des nations qu'ils conduisent, sont dominés par d'autres qui leur sont particulières, ont un orgueil et des ambitions propres, et se dirigent par la raison d'État, qui est le contraire de la morale et du droit, par conséquent de la paix... Il n'est pas possible que la paix générale se réalise sans impliquer le sentiment général de la paix. Les idées de paix, de justice, de travail, qui sont les idées sociales par excellence, ont à faire la conquête du monde[1]. »

(RENOUVIER. *Science de la morale*, t. II, p. 472. Ladrange, édit.)

28. — LES NATIONS DOIVENT GARDER LEUR PERSONNALITÉ

« ... L'unité, imposée brutalement aux Grecs par Philippe et par Alexandre, non seulement ne fut que provisoire, mais contribua grandement à détruire la force originale et le caractère propre des vieilles cités grecques; elle donna naissance à un hellénisme amolli et banal, qui fut plus tard sans résistance devant l'expansion romaine. Il en eût été tout autrement, si ces cités rapprochées peu à peu par le danger commun et par une plus juste intelligence de leurs vrais intérêts, mais demeurées d'ailleurs autonomes, avaient fini par se confédérer librement en gardant chacune leur personnalité. Lorsque des groupes d'hommes, même restreints, se sont fait, par la continuité d'une action indépendante, une existence propre,

---

[1] Ecrit en 1869, et encore vrai.

on est en droit de penser qu'il n'est pas à souhaiter, même pour le bien général de l'humanité qu'ils se fondent trop complètement les uns dans les autres, en perdant ainsi leurs caractères distinctifs. La collectivité humaine, dans son ensemble, est probablement plus belle et plus féconde, tant que s'épanouissent en elle des types variés de formations nationales, que si, par la réalisation d'une unité destructive, tous ceux qui la composaient se trouvaient réduits à une stérile uniformité.

(MAURICE CROISET. *L'Idée de Patrie à Athènes au IV⁰ siècle* dans *Minerva*. Fontemoing, édit.)

* *

Il est utile qu'il y ait des *nations* et pas seulement une *humanité*. Toute nation est un être qui aspire à durer, à perpétuer son type, sa conception de la vie, sa conscience. Cette diversité est plus profitable au genre humain que l'uniformité que l'on rêve pour notre planète, — si jamais l'âme des noirs, des blancs, des jaunes[1], peut toutefois arriver à une identité parfaite. Les types divers accroissent la richesse spirituelle de l'humanité. Chaque nation tire profit pour elle-même du caractère différent des autres.

On pourra peut-être arriver à ce que la permanence de ces types divers n'entraîne pas nécessairement la permanence de l'antagonisme guerrier.

* *

Pour pratiquer la justice internationale, il n'est pas nécessaire d'aimer l'humanité plus que son pays. La justice n'exclut pas le patriotisme. Même, quand on aura cessé de massacrer, les joies et les douleurs de la patrie viendront se répercuter dans les cœurs. Ce n'est pas sans une profonde angoisse qu'on verra la dépopulation de son pays et le recul de sa nationalité. Ce n'est pas sans une joie intense qu'on en verra la croissance et l'expansion. Quand la patrie commencera à rétrograder, on se sentira mourir avec elle.   (NOVICOV.)

* *

[1] Les Rouges ont à peu près disparu.

Nous devons agir et travailler pour la patrie, non *contre* les autres patries, mais *avec* elles, pour l'humanité.

(FOUILLÉE.)

29. — CAUSES ÉCONOMIQUES DE CONFLITS

Les traités d'arbitrage entre nations exceptent des cas de convention les questions vitales ; le tribunal qui siège à La Haye n'est pas non plus capable, à l'heure actuelle, de les résoudre, ainsi que l'a reconnu le président, le comte Mouravief, après le jugement de l'affaire du Vénézuéla. C'est là un fait regrettable : la porte reste ouverte aux violents, auxquels la concurrence économique fournira longtemps encore des motifs de guerre.

La lutte entre la Russie et le Japon en donne un exemple. En trente ans, à partir de 1867, le Japon s'est transformé, civilisé, c'est-à-dire a adopté l'industrie, les armes, les dépenses militaires et les procédés diplomatiques des Européens. La transformation a coûté cher aux Japonais : pour en payer les frais, il faudrait à leur industrie des débouchés, où ils écouleraient leurs produits. Il y en a un, immense, en face de leurs îles : il s'étend de Vladivostock à l'Indo-Chine, tout l'Extrême-Orient. Le Japon s'est trouvé alors en face de ses anciens maîtres, auxquels il est supérieur par le bon marché de la main-d'œuvre et sa communauté de race avec les indigènes Asiatiques. L'Extrême-Orient est pour les Européens et les États-Unis un client sérieux : onze milliards d'affaires par an ne se retrouvent pas facilement. Déjà les progrès de leur élève leur ont fermé le marché du Japon, qui fabrique pour lui-même : vont-ils lui abandonner le continent ? La Corée même semble perdue pour eux : les Japonais y ont supplanté les Anglais et vendent à leur place des cotonnades. Mais ce n'est qu'un début pour les Japonais, qui ont une plus vaste ambition : de là leur inquiétude, quand ils ont vu les Russes établis en Mandchourie et le Transsibérien amener les marchandises d'Europe à Port-Arthur. Le « péril blanc » était certain ; la Corée risquait de leur échapper ; ils ont hâté et précipité la lutte d'autant plus qu'ils se souviennent avec rancune d'avoir été arrêtés par l'Europe en 1894 et qu'ils ne sont pas fâchés de lui montrer qu'ils ont su profiter de ses leçons [1].

Ce qui se produit entre le Japon et la Russie peut se renouveler entre les autres nations. Les pays d'Europe sont partout en concurrence pour la vente de leurs produits ; mais les champs d'action se resserrent et les marchés se ferment ; les luttes, qui se maintiennent d'abord sur le terrain économique, peuvent devenir aiguës et entraîner la guerre. Les Européens ne peuvent vivre de la vente de leurs produits sur leurs propres marchés ; ils ont été chassés de l'Amérique du Nord : il leur reste encore l'Asie à se disputer, puisque l'Afrique a été partagée en sphères d'influence. En Asie, le plateau de l'Iran et la Mongolie, le Thibet qui ouvrent l'accès de l'Inde, sont le théâtre de la rivalité des Russes et des Anglais ; la Chine est déjà en partie distribuée. Il y a là en perspective beaucoup de conflits entre des concurrents aussi ardents que le sont les Allemands, les Anglais, les Russes, les Américains. « Jadis, on ne considérait comme glorieuses que les guerres européennes ; on se disputait, au prix de combien d'hommes et d'argent ! quelques menus morceaux d'Allemagne ou de Pologne ou quelque bicoque des Pays-Bas. Désormais, au lieu des bords du Rhin et de la Vistule, on s'arrachera peut-être à coups de canon les bords du Yang-tsé-Kiang ou du Nil. Ainsi les motifs de

---

[1] Les Japonais ont été instruits dans le maniement des armes, la tactique, etc., par des officiers européens, anglais, français, russes même : l'Europe leur a vendu des canons, torpilles, etc., quelle imprudence ! Ce peuple jeune veut essayer ses armes nouvelles.

conflits, tout en s'éloignant, deviennent plus nombreux [1]. »
(Jallifier.)

(G. C.)

☆☆

Chaque peuple cherche à s'enrichir aux dépens de ses voisins : il s'efforce de fonder les profits de son industrie et de son commerce sur l'appauvrissement des autres peuples. Chacun voudrait s'approprier toutes les richesses naturelles du globe terrestre. Chacun prétend conquérir les autres nations, — les nations barbares ou demi-civilisées d'abord, — puis les nations civilisées. De là ces prétentions criminelles à l'impérialisme qui menacent le monde de nouvelles conflagrations.

(Berthelot.)

30. — Solidarité internationale

De même que les individus, les nations sont solidaires les unes des autres ; et elles le sont pour le mal comme pour le bien. Les guerres ne frappent pas seulement les belligérants; par leurs répercussions, elles atteignent les autres nations. Pendant la guerre de Crimée [2], entreprise pour nuire à la Russie et l'empêcher d'avoir une marine sur la mer Noire, « la France et l'Angleterre, dont la

---

[1] Il existe en Europe même des causes de guerre : les petits Etats des Balkans, les Macédoniens voudraient secouer le joug des Turcs; à chaque printemps, une effervescence dangereuse y bouillonne. La succession de l'empereur d'Autriche, nous l'avons vu, sera féconde en luttes : chaque race voudra retourner à sa patrie d'élection ou être indépendante. Les Allemands en profiteront peut-être pour s'ouvrir la route de l'Adriatique. Enfin la question d'Alsace-Lorraine non résolue, — si ce n'est par la force, — est toujours une menace pour nous du côté de l'Allemagne. La Triplice pourra se dissoudre à l'ouverture de la succession d'Autriche : l'Italie revendique certaines provinces de cet empire. Le grand avantage de la Triplice est d'empêcher deux ennemies irréconciliables, l'Autriche et l'Italie, d'en venir aux mains.

[2] Elle a coûté 800 mille hommes et une douzaine de milliards.

récolte en blé avait été insuffisante, étaient privées, par leurs propres mains de quelque vingt millions d'hectolitres de blé dont elles avaient besoin » ; le pain renchérit. Les industriels payaient à des prix excessifs les lins et les suifs qu'ils faisaient venir d'ordinaire de Russie.

Pendant la guerre de Sécession [1], dans l'Amérique du Nord, ce fut « la famine du coton qui amena la fermeture partielle ou totale des usines, la ruine ou la gêne des industriels, le chômage et la misère des ouvriers ».

La guerre du Transvaal n'a pas été moins funeste à l'Angleterre : les sans-travail, dans de lugubres processions, étalaient leur misère dans les rues de Londres, pour faire appel à la charité publique. Le contre-coup s'est fait ressentir en même temps en France : l'Angleterre, qui est le meilleur client de la France, a restreint ses achats par suite de la diminution des bénéfices de ses commerçants et de ses industriels.

Cette crainte du mal, qui résulte du mal d'autrui n'est pas, par bonheur, seule à nous enseigner qu'il faut « avoir avec les nations d'autres rapports que ceux de la malveillance et des hostilités. Le bien lui aussi rayonne et se partage ». C'est ainsi que toute découverte faite sur un point quelconque du globe intéresse le globe entier. Le jour où une idée est émise, « le jour où un progrès est réalisé, le jour où un remède est trouvé, c'est l'humanité entière qui en profite [2] ». L'invention d'un métier par le

---

[1] Les Américains du Sud des Etats-Unis voulaient se séparer des Américains du Nord, ces derniers l'emportèrent et maintinrent l'unité.

[2] En mars 1871, Mommsen, l'historien allemand, écrivit à Renan pour lui demander « si l'*internationalité des sciences* était close pour l'époque actuelle ».

Renan répondit : « L'internationalité des bombes a beaucoup nui à l'internationalité des sciences ; or, vous avez été le premier à signer l'adresse par laquelle les Berlinois demandaient le bombardement de Paris, c'est-à-dire la destruction de nos collections savantes. »

Français Jacquart a profité aux tisserands étrangers qui pouvaient gagner moins péniblement leur pain. Stéphenson, Fulton, en créant l'un les chemins de fer, l'autre en construisant un bateau à vapeur, ont travaillé pour le monde entier.

Nous retrouvons partout cette loi de dépendance, dans les rapports des savants comme dans ceux des travailleurs. La règlementation des heures de travail des ouvriers ne relève plus seulement de l'initiative d'un pays ; elle devient internationale. Jusqu'à présent, dans les différents pays, les ouvriers travaillaient dans les usines et les ateliers le nombre d'heures que le patron exigeait ; aux moments de presse, ou chez les industriels rapaces, les ouvriers pouvaient être astreints à un labeur qui les surmenait, surtout les femmes et les enfants. Aussi chez les nations, qui n'ont pas limité par une loi les heures de travail, le prix de revient d'une marchandise est moins élevé que dans les pays où l'ouvrier ne peut donner qu'un nombre d'heures fixé, et pour un salaire équivalent ; elles peuvent écouler à bon marché leurs produits chez les autres peuples et faire tort ainsi à leur production et à leur commerce. Ces considérations ont, tout dernièrement[1], au sénat français, été d'un certain poids lors de la discussion de la loi relative au travail des femmes et des enfants dans les manufactures : on proposait une loi qui abaissait pour eux à dix heures la journée, au lieu de dix heures et demie, mais en maintenant le salaire antérieur. L'industriel français se trouve ainsi grevé de frais, qui ne pèsent pas sur ses concurrents étrangers. Aussi, plusieurs sénateurs ont-ils demandé, pour remédier à ce désavantage, que le gouvernement se concerte avec ceux des autres nations : il ne devra accorder, dans les traités de commerce, des avantages qu'aux pays qui con-

[1] Fin mars 1904.

sentiront à s'imposer les mêmes sacrifices que la France.

Les États de l'Europe commencent à entrer dans cette voie. La France et l'Italie viennent de signer (15 avril 1904) un *traité de travail*. Ce traité porte sur des mesures d'assistance et de prévoyance ; il s'occupe aussi de l'extension des lois du travail en Italie. Le gouvernement italien, en retour des avantages concédés, s'engage à organiser l'inspection du travail, qui surveillera les usines et empêchera la liberté du surmenage ; ainsi disparaîtra un élément de la concurrence faite à notre production. Cet arrangement en suscitera d'autres du même genre, qui auront pour conséquence de rendre uniformes dans les pays civilisés les lois du travail, pour l'amélioration du sort du plus grand nombre : l'accord sera facilité, quand la question de concurrence pourra être éliminée.

(G. G.)

* *

Les nations multiplient les conférences, les Congrès, où leurs représentants discutent en commun les mesures qui peuvent être utiles à toutes. C'est là un fait d'un heureux augure.

* *

Quand un désastre se produit, chacun oublie de se demander si les victimes sont françaises, anglaises ou américaines : on se souvient seulement que ce sont des hommes, et cela suffit, pour que, dans le cœur de chacun, la pitié s'éveille.

* *

Quand la mort frappe sur un sol étranger un homme de génie, la France le pleure comme un de ses enfants.

(Pasteur.)

* *

Le grand obstacle à la guerre, c'est dès à présent la conscience collective de l'humanité ; c'est le sentiment d'une solidarité de plus en plus étroite entre les peuples. Si vous mettez le feu à la moisson de votre voisin, « l'aquilon souffle et vos champs sont brûlés ». Toute violence qui lèse les uns, lèse aussi les autres par contre-coup.

(Berthelot.)

**

« Quand vous dites au patron français : « Ne faites travailler vos ouvriers que huit heures », il vous répond : « Mon concurrent allemand fait travailler les siens quatorze. — Il les tue! — Parfaitement! C'est précisément pour cela que je tue les miens, parce que tant qu'il les tuera, il faut que je tue les miens ou que je ferme l'usine. » Il a raison ; et la réforme n'est possible qu'à la condition d'être quasi-universelle. C'est une loi absolue que toute question sociale est une question internationale. C'est donc par des traités industriels analogues aux traités de commerce que la question des ouvriers peut être non point résolue, mais adoucie.

(Faguet, *Questions politiques*.)

**

La nécessité s'impose à l'Europe d'être solidaire, de se sentir solidaire et de vouloir être solidaire. La solidarité de l'Europe ou la décadence de l'Europe entière, tel sera le grand fait de progrès ou le grand fait désastreux pour l'Humanité qui caractérisera le xx° siècle.

(*Id.*)

**

Il est certainement plus facile de célébrer les bienfaits de la paix que d'indiquer comment on pourrait la maintenir. Pour concilier les intérêts si divergents des nations, pour apaiser leurs différends et, par conséquent, pour empêcher les guerres, vous voulez mettre à la place de la diplomatie une assemblée permanente d'élus des peuples : j'ai plus de confiance dans la sagesse et la puissance des gouvernements que dans cet aréopage. Le temps des guerres de cabinets appartient au passé, et l'on trouverait difficilement aujourd'hui un chef d'État qui consentît à se charger d'une lourde responsabilité en tirant l'épée sans nécessité. Puissent seulement les gouvernements être partout assez forts pour dominer les passions des peuples qui poussent à la guerre !

(De Moltke.)

31. — Principe de l'arbitrage

Le premier principe de droit est qu'on ne peut se faire justice soi-même et qu'on ne doit pas être juge dans sa propre cause. Tout différend, pour être jugé, exige un tiers qui décide entre les deux parties adverses : il doit en être ainsi pour un litige entre deux citoyens d'un même pays ou entre deux pays [1].

La condition de tout arbitrage, c'est que les deux parties contractantes, qui font choix d'un tiers pour les mettre d'accord, prennent l'engagement de se soumettre à la décision de l'arbitre choisi, et sans en appeler ni à la force, ni à un autre juge.

Jusqu'à ce moment l'arbitrage était facultatif. Depuis six mois, il a été signé un certain nombre de traités *d'arbitrage permanent* [2] entre plusieurs pays : toutes les discussions à venir entre ces pays doivent être soumises à des arbitres désignés.

* *

De 1794 à 1900, il n'y a pas eu moins de *cent soixante-dix-sept* arbitrages entre nations ; aucun n'a été vain. Jamais, quelle qu'ait été la décision, ni la nation condamnée, ni la nation au profit de laquelle la sentence a été prononcée, n'ont hésité à accepter cette sentence et à s'y soumettre. Et, chose significative, de ces cent soixante-dix-sept arbitrages, répartis sur un espace de cent six ans, les trois quarts — 134 — appartiennent aux quarante dernières années du xix° siècle ; 90 — plus de la moitié — à la seule dernière période de 1881 à 1900.

N'est-il pas évident qu'il s'est opéré, sans qu'on s'en soit suf-

[1] D'après C. Richet, *Les Guerres et la Paix*, Schleicher frères, édit.

[2] Voir Appendice V, p. 467.

fisamment rendu compte encore, un changement considérable dans l'état des esprits, dans les relations des gouvernements, et, comme je le disais tout à l'heure, qu'à la place du droit de la guerre, qui recule, s'établit un droit des gens, qui avance et que l'on commence à pouvoir appeler le droit de la paix?

(Fréd. Passy.)

Pendant la guerre de Sécession, les Anglais avaient manifestement donné de l'aide aux Sudistes. Les Sudistes vaincus, le gouvernement de Washington exigea de la Grande-Bretagne une indemnité pour le tort qu'il avait subi. Malgré l'opinion anglaise qui s'y refusait, Gladstone admit le principe d'un arbitrage, par le traité de Washington, du 27 février 1871. La décision des arbitres fut rendue à Genève le 14 septembre 1872; une indemnité de 80 millions de francs fut accordée aux États-Unis. A ce propos, le premier ministre anglais déclarait : « Cette blessure d'amour-propre pèse un grain de poussière dans la balance, comparée à la valeur morale de cet exemple : deux grandes nations, parmi les plus fières et les plus sensibles au sentiment patriotique, venant de bon gré devant un tribunal loyalement choisi, plutôt que de s'en rapporter au jugement de l'épée. »

Un procès est une mauvaise fin aux querelles; une rixe est une fin plus mauvaise encore.

(Hanotaux.)

32. — Conférence de La Haye

Sur l'invitation du tsar Nicolas II, les délégués de 26 États [1] se réunirent en juillet 1899 à La Haye ; le but de la conférence était d'améliorer la condition de l'humanité, et de mettre dans les rapports des nations un peu de cet

---

[1] Allemagne, Angleterre, Autriche-Hongrie, Belgique, Chine, Danemark, Espagne, États-Unis, France, Grèce, Italie, Japon, Luxembourg, Mexique, Monténégro, Pays-Bas, Perse, Portugal, Roumanie, Russie, Serbie, Siam, Suède et Norvège, Suisse, Turquie, Bulgarie.

ordre qui ne règne encore qu'imparfaitement, mais qui règne pourtant dans les rapports des individus entre eux. Il s'agissait de soumettre les conflits entre nations civilisées à une juridiction arbitrale permanente, à un tribunal qui jugerait les litiges internationaux.

C'était un grand progrès. Malheureusement, ce tribunal n'a pas de force armée qui puisse assurer la sanction du jugement rendu : il faut s'en rapporter à la *bonne foi* des parties qui se sont présentées au tribunal arbitral[1]. Cette question de la sanction rend presque inefficace l'établissement de la Cour permanente. Comment contraindre un État violent au respect de la chose jugée ? Et s'il faut une armée, on revient à la guerre.

* *

Autrefois, c'étaient surtout les rivalités des souverains, leurs animosités mutuelles, leurs intérêts de dynastie, leur ambition juste ou injuste qui déchaînaient les guerres. Aujourd'hui que le pouvoir passe aux mains des nations elles-mêmes, que celles-ci ont une conscience croissante de leurs intérêts et de leurs droits, que cette conscience forme l'opinion publique, que l'opinion publique est entretenue par la presse et dirigée par elle, les litiges deviennent des conflits internationaux.

(FOUILLÉE.)

[1] « J'ai acquis la conviction que cette cour internationale est adaptée à la solution de toutes les questions litigieuses dans lesquelles prédominent de purs éléments de droit et qui ne touchent pas à des questions de la vie politique et nationale des Etats et des peuples.

La grande œuvre fondée par l'empereur Nicolas a encore besoin d'être soutenue par la sollicitude bienveillante des Etats qui se préoccupent de faire avancer le développement pacifique de l'humanité sur la base du droit et de l'équité.

Entre autres raisons qui permettent d'envisager le succès assuré de la cour arbitrale de La Haye, il faut citer la confiance, la sympathie et l'intérêt qu'ont évoqués partout les débats de la cour dans l'affaire vénézuélienne ».

(Rapport du comte Mouravief, Président du tribunal, après l'affaire du Vénézuéla, *avril* 1904.)

Le journalisme est devenu une grande école de haine mutuelle entre les peuples, comme entre les classes de la société. Un Anglais, M. Hadgson Pratt, a suivi pendant dix-sept ans les articles de journaux relatifs aux affaires internationales : s'il avait dressé la liste de tous les faux rapports et malentendus créés par la presse internationale, il n'y en aurait pas eu moins de cinq cents. Certaine presse, en accumulant mensonge sur mensonge, attise les haines et prépare les guerres. Les agences de télégraphes et d'informations y concourent également. L'opinion publique a besoin de devenir pacifique, de haineuse et militante qu'elle est aujourd'hui. Les *Associations de la Paix*[1] y contribueront.

(D'après A. FOUILLÉE.)

Je voudrais voir les gens qui poussent à la guerre
Sur un champ de bataille, à l'heure où les corbeaux
Crèvent à coups de bec et mettent en lambeaux
Tous ces yeux et ces cœurs qui s'enflammaient naguère.

(PONSARD.)

33. — L'ÉDUCATION PACIFIQUE

Un jour, pendant une classe de morale, causant avec mes élèves, les interrogeant sur le courage de résister à l'opinion publique, — en particulier lorsqu'elle préfère les conquérants ambitieux aux savants et aux inventeurs, — je posai cette question : « Qui devons-nous le plus admirer, Pasteur ou Napoléon ? » Un élève me répondit : « Je n'aime pas les savants ; toujours penchés sur leurs cornues, ou occupés à compter des gouttes, ils sont trop simples et tiennent trop peu de place, font trop peu de bruit dans le monde. »

Toutes les jeunes imaginations sont séduites par le côté dramatique de la guerre : la guerre, « c'est le courage, c'est le déploiement de la force, c'est l'énergie, c'est la

---

[1] Il existe une centaine de *Sociétés de la paix*.

dévouement, c'est le sacrifice poussé souvent jusqu'à ses dernières limites, jusqu'à l'endurance de la maladie, de la fièvre, de la misère, de l'abandon, jusqu'à la mort dans les conditions les plus douloureuses et les plus affreuses. »
La guerre, c'est aussi la gloire française, représentée par les batailles : l'enfant « se représente Napoléon mêlé au fracas des combats, ou passant, les jours de revue, au milieu d'une escorte de maréchaux, ou bien entrant comme un souverain dans une capitale qui n'était pas la sienne, » commandant en maître à l'Europe et distribuant les trônes et les couronnes.

Ce que l'enfant ne voit pas, c'est le champ de carnage, baigné de sang humain, c'est le charnier pestilentiel au milieu duquel se traînent les blessés et les moribonds fiévreux qui demandent : « A boire » ! ou « achevez-moi ! » « D'autres, au creux des buissons, au revers des fossés, sous les amas de cadavres, sous les chevaux tués, les canons renversés, gisent dans la boue sanglante piétinée ; il y en a d'autres encore qui n'auront plus que le souffle, quand l'ambulancier les apercevra, au bout de trois ou quatre jours d'investigations sur la ligne de bataille[1] ».

La gloire militaire ! qu'on relise : un *Souvenir de Solférino*, par M. Dunant[2]. « Il y a raconté sa visite du champ de bataille de Solférino. Il a entendu, dans le silence de la nuit, les gémissements des blessés, les râles des mourants et les cris déchirants des oubliés qui appellent au secours. Il a vu, le lendemain de la boucherie, ce Tyrolien au visage noir et tuméfié, qui s'était tordu, avant de rendre le dernier soupir, dans d'atroces convulsions, comme le témoignaient sa bouche pleine de terre et d'écume, et ses mains crispées, aux ongles retournés.....

---

[1] L. Descaves, *l'Etat*.
[2] Médecin suisse, fondateur de la Croix-Rouge, promoteur de la Convention de Genève, Lauréat en 1898 d'un des prix Nobel.

Peut-être quelques malheureux, voyant, faute de soins, leurs plaies s'enflammer, avaient-ils envié le camarade enterré vivant, lui, pêle-mêle avec les morts, dans la précipitation d'une corvée. Les vers anticipant l'instant de leur besogne, quelle épouvante pour une proie qui respire encore[1]!..... « Mais c'est surtout dans les nombreux hôpitaux[2] de la Lombardie, note M. Dunant, que l'on pouvait apprendre à quel prix s'achète ce que les hommes appellent la gloire, et combien cette gloire se paie cher. »

Pourquoi réserve-t-on la gloire à cette boucherie seulement ? La guerre seule donne-t-elle lieu à des actes d'énergie, de dévouement et de sacrifice ? Est-ce que le « pompier au feu, le sauveteur à la mer, le médecin dans les hôpitaux, l'infirmier au chevet des malades, bravant les épidémies, respirant l'atmosphère empoisonnée des salles encombrées, n'ont pas un dévouement aussi admirable, aussi grand, d'autant plus grand qu'il n'a pas, sauf celui des pompiers et des sauveteurs, le même éclat devant la masse des hommes, qu'il est simple, qu'il est obscur ?..... Est-ce que Stephenson, le pauvre nettoyeur de charbon, au fond de la mine, qui à force de persévérance s'instruit, à force d'intelligence et de génie dote le monde de bottes de mille lieues, mises à la disposition de tous les peuples, est-ce que tous les inventeurs, tous les savants, bienfaiteurs de l'humanité, n'ont pas fait des choses aussi grandes que les plus grandes dans leur genre qui ont pu être faites par la violence et la haine ? » (Fr. Passy).

L'émotion même ne manque pas, — l'émotion qui naît de l'anxiété produite par l'imprévu d'une lutte dramatique, — l'émotion ne manque pas à la lecture de la biographie des savants. Qu'on se figure les angoisses de

---

[1] L. Descaves, *l'État*.

[2] On manquait de chirurgiens : 3 médecins s'évanouirent de fatigue après quarante-huit heures d'opérations.

Pasteur inoculant pour la première fois à un être humain le remède contre la rage : « espérances infinies, transes, idée et sentiment fixes d'arracher l'enfant à la mort, Pasteur passait par une série d'émotions diverses, contraires, aussi intenses les unes que les autres. » Quoi de plus poignant que cette lutte contre le virus de la terrible maladie ! Quoi de plus grand que cette victoire !

Que ceux qui, dans leurs lectures, se sentent portés vers ces grands chefs caracolant à la tête des troupes qu'ils entraînent à la mort, — quand ce n'est pas une guerre sacrée de défense, — se disent : « Si j'avais été mordu par un chien enragé, à quoi me servirait la gloire de ce conquérant que j'admire plus que tous ? A quoi me servirait la gloire de Napoléon, si j'avais le croup ? »

Il faut s'habituer à comparer ceux qui, dans les guerres, ont fait œuvre utile et nécessaire, comparer un Hoche ou un Marceau à un Napoléon : on perdra l'enthousiasme irréfléchi pour ceux qui ont sacrifié tant de nos semblables à la satisfaction d'une ambition funeste à tous ; Napoléon, par son rêve de domination universelle, n'a-t-il pas valu à la France la haine de l'Europe et celle de l'Allemagne en particulier ?

Il serait bon de méditer ces paroles sérieuses du grand ami de l'humanité, de Pasteur :

« Deux lois contraires semblent aujourd'hui en lutte ; une loi de sang et de mort qui, en imaginant chaque jour de nouveaux moyens de combat, oblige les peuples à être toujours prêts pour le champ de bataille ; et une loi de paix, de travail, de salut, qui ne songe qu'à délivrer l'homme des fléaux qui l'assiègent... Celle-ci met une vie humaine au-dessus de toutes les victoires ; celle-là sacrifierait des centaines de mille existences à l'ambition d'un seul. La loi dont nous sommes les instruments cherche même à travers le carnage à guérir les maux sanglants de cette loi de guerre... Laquelle de ces deux lois l'emportera sur l'autre? Dieu seul le sait. Mais ce que nous pouvons assurer, c'est que la science française se sera efforcée, en obéissant à cette loi d'humanité, de reculer les frontières de la vie[1]. »

(G. C.)

⁂

Anathème aux victoires non remportées pour la défense de la patrie et qui ne servent qu'à la vanité d'un conquérant.

(CHATEAUBRIAND.)

⁂

Dire la vérité et rien que la vérité est un héroïsme bien plus profitable à notre espèce que consentir à se faire massacrer.

(NOVICOV.)

---

[1] PASTEUR, *cité par Vallery-Radot.*

CHAPITRE VIII.

LIBERTÉ INDIVIDUELLE ET DISCIPLINE SOCIALE

1. — Le bon citoyen

Dans une classe, les élèves se considèrent trop souvent comme étant en état de lutte avec le maître : les meilleurs même, sans s'associer aux tours que peuvent jouer les mauvais élèves, les approuvent et s'en amusent. Ils ne se rendent pas compte que leur devoir est de collaborer avec le maître, sous son autorité légitime et reconnue, au lieu de rester sur le pied de guerre.

Il en est de même dans la société. Le bon citoyen est celui qui reconnaît l'autorité de la loi, et s'y soumet de son plein gré. Il comprend que le bon ordre est nécessaire à la patrie ; il fait de son mieux pour coopérer à son maintien. Mais le plus souvent, les sympathies, en France, vont à celui qui viole la loi. Il suffit qu'une chose soit défendue pour que nous ayons envie de la faire. C'est une sorte « d'incapacité civique, d'inaptitude sociale ». Les citoyens devraient sentir que « la loi est faite pour eux, dans leur intérêt, et que le défenseur de la loi est le leur ». L'agent de police ne doit pas être tourné en ridicule, ni nargué : il représente la loi, qui est une mesure de sauvegarde, et non une prescription arbitraire et tyrannique.

Le jeu de foot-ball peut servir à apprendre cette discipline sociale : la discipline est l'âme de ce jeu, et une discipline voulue, consentie. Il s'agit d'envoyer un ballon dans le but opposé. Mais l'équipe des adversaires barre la route.

Si un des joueurs dispose du ballon, mais est trop loin du but, il doit le faire passer à un camarade qui, mieux placé, pourra le faire arriver entre les deux poteaux, ou le passera lui-même à un autre équipier. Mais il arrive souvent que le joueur, qui tient le ballon, pour avoir l'honneur de marquer le point, pour avoir son nom inscrit dans les gazettes sportives, refuse de passer *son* ballon à un camarade : ne serait-ce pas lui donner l'occasion d'un succès qu'il regarde comme sien? Il préfère se livrer à des courses folles, aller de côté et d'autre, — et, entre temps, — se faire enlever l'instrument de succès par un adversaire; il fait perdre son équipe; peu lui importe : il veut avant tout un succès *personnel*. S'il se conduit de même dans la vie, s'il ne pense qu'à lui, il manquera du *sens social*; il se conduira en *individualiste*, sans se préoccuper des autres associés.

Si, au contraire, le joueur reste bien à son poste, attend son tour de jouer, sans impatience, agit à son tour, et rien qu'à son tour, s'il sait attendre et être prêt, il aura acquis les qualités les plus précieuses, celles qui rendent la coopération efficace. Il aura l'habitude de la règle et saura observer la discipline. Il se sentira le collaborateur des nombres, au lieu d'agir suivant son caprice et sa fantaisie. Il saura que ses actes doivent se combiner avec ceux des autres. Son initiative individuelle doit se concilier avec une coopération active de chacun au bien de tous.

(D'après Izoulet. *La Cité Moderne*, p. 212. F. Alcan.)

*
* *

Le citoyen en général est l'individu qui a part à l'autorité et à l'obéissance publique. Dans la république parfaite, c'est l'individu qui peut et qui veut librement obéir et gouverner tour à tour, suivant les préceptes de la vertu.

(Aristote.)

La liberté politique ne consiste point à faire ce que l'on veut. Dans un État, c'est-à-dire dans une société où il y a des lois, la liberté ne peut consister qu'à pouvoir faire ce que l'on doit vouloir, et à n'être point contraint de faire ce que l'on ne doit point vouloir.

(MONTESQUIEU.)

Il faut se mettre dans l'esprit ce que c'est que l'indépendance, et ce que c'est que la liberté. La liberté c'est le droit de faire tout ce que les lois permettent; et si un citoyen pouvait faire ce qu'elles défendent, il n'aurait plus de liberté, parce que les autres auraient tout de même ce pouvoir.

(MONTESQUIEU.)

Nous trouvons la loi parfaite, quand elle nous protège, quand elle est conforme à notre intérêt, à notre prétention; mais dès qu'elle nous impose une gêne, un sacrifice, elle nous paraît beaucoup moins respectable; volontiers, nous essayons de l'éluder ou de la tourner.

(G. CHARMONT.)

On croit que la loi peut tout..... Mais l'autorité morale de la loi vient de notre adhésion; nous lui reconnaissons cette autorité lorsqu'elle s'impose à notre raison et à notre conscience.

(*Id.*)

Citoyens, nous devons considérer que la loi est notre garantie et que nous ne pouvons sauvegarder notre propre droit qu'à la condition de respecter et de défendre, au besoin, celui des autres.

(*Id.*)

Payer l'impôt n'est pas seulement une obligation imposée par la loi, c'est un devoir de conscience, c'est une dette à laquelle on ne peut se soustraire sans manquer à la probité aussi bien qu'à la vérité. Celui qui trompe le fisc est coupable à un double point de vue : il trahit ses obligations envers l'État, et il fait payer les autres à sa place. Qu'une telle conduite ne soit pas celle d'un bon citoyen, cela est évident; mais ce n'est pas non plus celle d'un honnête homme.

(A. Franck.)

* *

Disposer des deniers des contribuables dans l'intérêt de la popularité de sa personne ou de son parti, c'est commettre un véritable détournement. Lorsque ce détournement est commis par le législateur, et prend une forme légale, il n'est pas punissable; mais il n'en reste pas moins un détournement, un acte injuste et blâmable.

(Courcelle-Seneuil.)

* *

Être bon père et bon époux, se montrer assidu au travail, mener de front indissolublement le sentiment du devoir et celui de son propre droit, se montrer équitable envers ses concitoyens quels qu'ils soient, être aussi attentif à respecter leur liberté qu'à maintenir la sienne, pratiquer l'ordre et l'économie, avoir le souci de l'intérêt public et le respect des lois, c'est un programme en dehors duquel il n'y a pas d'avenir pour une démocratie.

(Michel Chevalier.)

* *

La démocratie a une leçon à apprendre : celle qui enseigne l'activité personnelle, infatigable, la résistance consciencieuse, l'opiniâtreté invincible, ce qui fait un caractère, ce qui fait un homme.

(Bersot.)

* *

L'individualisme est un sentiment réfléchi et paisible qui dispose chaque citoyen à s'isoler de la masse de ses semblables, et à se retirer à l'écart avec sa famille et ses amis; de telle sorte que, après s'être créé ainsi une petite société à son usage, il abandonne volontiers la grande société à elle-même.

(de Tocqueville.)

Pour qu'une démocratie vraiment digne de ce nom puisse se fonder et durer, il faut que les membres de la société civile apprennent à se gouverner eux-mêmes, soit dans la sphère purement individuelle, soit dans le cercle de la famille, soit dans le cercle plus étendu de l'atelier, soit enfin dans leurs relations avec les autres États; dans toutes ces relations, ils prendront pour principes de leur conduite le respect de la liberté et de l'égalité de l'homme et du citoyen, et l'amour de l'humanité qui contient la fraternité.

L'avenir de la démocratie est attaché à l'intelligence et à la pratique de ces grandes et simples vérités.

(J. Barni.)

2. — Le citoyen doit connaitre les affaires de son pays

Rencontrant un jour Glaucon, Socrate vint à bout de s'en faire écouter, en lui parlant ainsi : « Vous avez donc envie, Glaucon, de gouverner la république ? — Oui, Socrate. — De tous les projets humains, c'est le plus beau, sans doute; si vous l'accomplissez, vous n'aurez pas de désirs que vous ne puissiez satisfaire ; vous obligerez vos amis, vous élèverez votre propre maison, vous augmenterez la puissance de votre patrie; vous serez connu d'abord à Athènes, ensuite dans toute la Grèce, peut-être même, comme Thémistocle, jusque chez les barbares ; et, quelque part que vous soyez, tous les yeux se porteront sur vous. » Ces paroles enflaient Glaucon et l'arrêtaient doucement auprès de Socrate.

Celui-ci continua en ces termes : « Il est évident que si vous voulez être honoré, Glaucon, il faut servir l'État. — Assurément. — Au nom des dieux, n'ayez pas pour moi de secret : dites-moi quel est le premier service que vous rendrez à l'État »? Glaucon se taisait, cherchant en lui-même par où il commencerait : « Si vous vouliez, lui dit Socrate, rendre plus florissante la maison d'un de vos amis, vous tâcheriez d'augmenter sa fortune : ne tâcherezvous pas aussi d'augmenter les richesses de la république?

Assurément. — Le moyen de la rendre plus riche, n'est-ce pas d'accroître ses revenus ? — Cela est clair. — Dites-moi d'où se tirent à présent les revenus de l'État, à combien ils montent : vous en avez sûrement fait une étude, afin de suppléer aux produits qui se trouveraient trop faibles et de remplacer ceux qui manqueraient. — Je vous le jure, je n'y avais pas même songé. — Puisque cela vous est échappé, parlez-nous des dépenses de l'État; car, sans doute, vous avez envie de supprimer celles qui sont inutiles. — Je ne me suis pas plus occupé de cet objet.

— Remettons donc à un autre temps le projet d'enrichir la patrie; car le moyen de réussir, si l'on ne connaît ni ses revenus ni ses dépenses ? — Mais, Socrate, ne peut-on pas encore enrichir la République avec les dépouilles de ses ennemis? — Très certainement, pourvu que l'on soit plus puissant qu'eux; car avec des forces inférieures, on perdrait même ce que l'on a. — Vous dites la vérité. — Ainsi celui qui forme le dessein d'entreprendre une guerre doit bien connaître les forces de son pays et celles de ses ennemis, afin que, s'il juge sa patrie plus forte, il lui conseille la guerre; plus faible, il lui persuade le parti de la circonspection. — A merveille. — Dites-nous donc d'abord quelle est notre puissance de terre et de mer, et quelles sont les forces de nos ennemis. — Par Jupiter : je ne saurais répondre sur-le-champ. — Si vous en avez un état par écrit, communiquez-le-moi; je serai fort aise de vous entendre. — En vérité, je n'en ai rien écrit.

— Nous ne nous presserons donc pas de délibérer sur la guerre; vous n'en avez pas encore examiné les immenses détails, puisque vous commencez à peine à gouverner. Mais vous aurez songé à la défense du pays : vous savez quelles garnisons sont nécessaires, lesquelles ne le sont point; quel nombre de soldats est suffisant dans l'une, et ne suffit pas dans l'autre : vous renforcerez les garnisons utiles, vous retirerez celles qui ne le sont pas. — Pour moi, je les retirerais toutes; car à la manière dont elles gardent le pays, elles le ruinent. — Mais s'il n'est plus gardé, ne sentez-vous pas qu'il deviendra la proie du premier venu? D'ailleurs, êtes-vous allé visiter les garnisons? ou comment savez-vous qu'elles font si mal leur devoir? — Je m'en doute.

— Quand nous n'aurons plus de conjectures et que nous aurons des notions positives, nous délibèrerons. — Socrate, c'est peut-être un parti plus sage. — Je sais, Glaucon, que vous n'avez pas visité les mines d'argent, et qu'ainsi vous ne pouvez dire pourquoi elles rapportent moins qu'autrefois. — Il est vrai que je n'y suis jamais allé. — On dit que l'air en est malsain : ce sera une excuse suffisante, quand il s'agira de délibérer sur cette partie. — Vous vous moquez de moi, Socrate. — Je suis sûr du moins que vous avez soigneusement examiné combien de temps le blé qu'on recueille dans le pays peut nourrir la république, combien on en consomme de plus chaque année, afin que la disette ne vous surprenne pas, et que vous puissiez, avec vos connaissances et vos conseils, sauver vos concitoyens. — Socrate, vous me parlez là d'une grande affaire, s'il faut entrer dans de pareils détails.

— Cependant on n'est pas même capable de gouverner sa maison, si l'on n'en connaît pas les besoins et qu'on ne se mette pas en peine d'y subvenir. Comme notre ville contient plus de dix mille maisons et qu'il est difficile de les gouverner toutes en même temps, que n'avez-vous essayé d'abord de relever la maison de votre oncle? elle réclame un appui. Après cet essai de vos forces, vous eussiez pris une plus grande charge ; mais si vous ne pouvez aider un simple particulier, comment pouvez-vous être utile à tout un peuple ? N'est-il pas clair que celui qui ne peut soulever un talent[1] ne doit pas essayer de porter un fardeau encore plus pesant ? — J'aurais rendu de grands services à la maison de mon oncle, s'il eût voulu m'écouter. — Quoi, vous ne pouvez persuader votre oncle, et vous croyez que vous parviendrez à persuader tous les Athéniens et votre oncle avec eux. Prenez garde, Glaucon, qu'en recherchant la gloire, vous ne vous attiriez le blâme. Ne voyez-vous pas combien il est dangereux d'entreprendre ce qu'on ne sait pas, ou d'en parler.

(XÉNOPHON. *Les Mémorables*, p. 109, traduction A. FOUILLÉE, Delagrave édit.)

3. — CE QU'UN JEUNE FRANÇAIS DOIT SAVOIR

« Sur les murs des écoles, des lycées, et, en général, de tous les établissements d'instruction, on accrocherait des tableaux résumant en quelques chiffres bien apparents la situation financière de la France.

Le maître commenterait ces chiffres et expliquerait que l'argent, au point de vue de la puissance d'un pays, est un facteur aussi nécessaire que l'armée : sans argent, on n'a pas d'armée et pas de canons, et l'on est à la merci du voisin.

Grâce à ces leçons de choses, les Français finiraient, avec le temps, par comprendre qu'un pays qui suit la politique financière que nous suivons depuis si longtemps est un pays dont la puissance décroît chaque jour. Peut-être alors consentiraient-ils à s'occuper de leurs affaires, ce qu'ils ont négligé de faire jusqu'ici. »

(H. HARDUIN. *Propos d'un Parisien*.)

---

[1] Pièce de monnaie valant environ 5 500 francs.

LIBERTÉ INDIVIDUELLE ET DISCIPLINE SOCIALE 457

4. — Budget des dépenses de la France (1904)

L'État se trouve dans la situation d'un particulier qui possèderait une maison de rapport habitée par des locataires payant bien, mais grevée d'une hypothèque colossale : le tiers du revenu est absorbé par le paiement des intérêts de l'hypothèque.

La France a emprunté pour faire des routes, creuser des canaux et des ports, bâtir des écoles, faire la guerre, payer les frais et indemnités[1] de guerre, les pensions des blessés, etc.

Le total des emprunts s'élève à (*dette consolidée*)	28 milliards 1/2
Et les intérêts de cette dette à	960 millions.
Le paiement des pensions ou retraites monte à	254 —
Indemnités du chef de l'État, des sénateurs, députés	14 —
Frais de perception des impôts, exploitation des industries monopolisées (tabacs, allumettes, des Postes, etc.)	437 —
Armée de terre	687 —
Marine	314 —
Instruction publique[2]	215 —
Finances, justice, affaires étrangères, commerce, agriculture, industrie, colonies[3]	700 —
Total	3.581 millions[4].

[1] Cinq milliards à la Prusse en 1871, en particulier.

[2] La conservation et l'extension de notre patrimoine scientifique est aussi utile que la défense du territoire.

[3] Il ne reste ainsi que la somme de 700 millions pour les dépenses utiles, celles qui rapportent : la France ne peut pas faire pour les canaux, pour les travaux destinés à mettre nos ports de commerce en état de rivaliser avec les ports étrangers (Gênes, Anvers) les dépenses nécessaires et indispensables.

[4] Sous saint Louis, ce budget s'élevait à 3 millions.
Sous Louis XIV,   —   226 —
Sous Napoléon Ier, —   1 milliard.

CHATEL. Lectures.

*
* *

Les dettes publiques européennes s'élevaient :

Au commencement du siècle dernier, à. .	25 milliards.
En 1825, à	40 —
En 1847, à.	47 —
En 1870, à	75 —
Aujourd'hui, elles dépassent	130 —

L'intérêt de ces dettes représente 6 milliards; les dépenses militaires nécessitent également 6 milliards.

Les nations prélèvent donc annuellement sur le revenu de leur travail plus de 12 milliards qui ne servent pas à produire de nouvelles richesses.

(D'après NEYMARCK.)

*
* *

La France a le privilège d'occuper le premier rang pour les dettes publiques.

Les dettes de l'Angleterre et de la Russie
ne dépassent pas . . . . 18 milliards

*
* *

A Paris les habitants supportent par tête 119 francs d'impôts communaux ;

A Lyon, 39 francs; — à Marseille, 53 francs; — à Bordeaux, 39 francs.

Le total des impôts par tête (ceux de l'État y compris) est :

A Paris.	235 francs.
A Londres	74 —
A Vienne.	90 —
A Berlin	110 —
A Rome	54 —
A Pétersbourg.	26 —

Le capital de la dette communale représente par tête :

A Paris.	1048 francs.
A Londres	222 —
A Vienne	183 —

5. — Obéissons a la loi

La loi reste la loi, même injuste et cruelle,
La force vient d'en haut : nul n'est au-dessus d'elle.
Tout un peuple obéit, nous devons obéir ;
Dieu jugera plus tard et saura qui punir.
Pour nous, suivons l'exemple et le sort de nos frères ;
Nul n'a droit de marcher dans des sentiers contraires.
Celui qui, sans orgueil, fait ce que fait chacun,
Et, soumis à la loi, subit le sort commun,
Eût-il le moins bon lot et les plus sombres chances,
Il échappe aux remords, la pire des souffrances.
Mais celui qui, rebelle et marchant à l'écart,
Dans les devoirs de tous veut se choisir sa part ;
Qui se croit, sans nul titre, excepté du vulgaire,
Et, seul, contre son peuple ose se mettre en guerre ;
Qui des lois et des mœurs veut remonter le cours,
Haï souvent, flétri parfois, vaincu toujours,
Ne sachant plus se prendre à rien de légitime,
Se condamne au malheur..., hélas ! peut-être au crime !

(Victor de Laprade, *Pernette*. Perrin édit.)

APPENDICES

APPENDICE I

Société des Équitables Pionniers de Rochdale.

La Société a pour but de réaliser un avantage pécuniaire et d'améliorer la condition individuelle et sociale de ses membres en réunissant par l'épargne un capital, divisé en actions de une livre, et avec l'intention de mettre en pratique le plan suivant :

Ouvrir un magasin pour la vente des denrées alimentaires, vêtements, etc. ;

Acheter ou construire des maisons pour ceux de leurs membres, qui désireront s'aider mutuellement pour améliorer les conditions de leur vie domestique et sociale ;

Entreprendre la fabrication des articles que la Société jugera convenable de produire pour fournir du travail à ceux de ses membres qui seraient en état de chômage ou qui souffriraient d'une réduction continue du salaire ;

Acheter ou affermer des terres qui seraient cultivées par ses membres sans travail ou dont le salaire serait insuffisant.

Sitôt qu'il sera possible, la société procédera à l'organisation de la production, de la distribution et de l'éducation, dans son sein et par ses propres moyens, ou, en d'autres termes, elle se constituera en colonie, autonome et indigène, où tous les intérêts seront mis en commun. La Société viendra en aide aux autres sociétés coopératives qui voudraient fonder de semblables colonies.

Afin de propager la tempérance, la Société ouvrira dans une de ses salles un café de tempérance.

∴

L'idée vraiment féconde des Pionniers de Rochdale — notamment de Charles Howarth, puisque c'est bien le moins que parmi ces anonymes l'histoire retienne un nom — ce fut de répartir les bénéfices non plus au prorata des apports en argent, des actions, mais au prorata des achats effectués, achats contrôlés de la façon la plus simple par la remise de jetons, d'une valeur numérale égale à celle de l'argent reçu à la caisse.

(Ch. Gide.)

APPENDICE II

Tarif des pensions accordées pour accidents de travail[1].
(Cour d'Appel de Rennes.)

I. *Bras droit.* 1° Perte presque complète du bras droit (ouvrier manœuvre). Réduction 50 p. 100;

2° Fracture de l'avant-bras droit (apprenti maçon). Réduction 2/5.

II. *Main droite.* 1° Perte de la première phalange et de la moitié de la deuxième phalange de l'index (ouvrier chaussonnier). Réduction 1/6;

2° Amputation de deux phalanges de l'index et rigidité

---

[1] La Cour estime que la blessure réduit dans telle ou telle proportion la valeur professionnelle de l'ouvrier, et lui accorde, en compensation, une pension égale à la moitié de cette diminution reconnue. S'il gagnait 1 200 francs par an, pour une réduction de 50 p. 100, il touchera une pension de 300 francs.

du médius (ouvrier apprêteur de fer). Réduction 50 p. 100;

3° Paralysie presque complète de la main et des doigts et atrophie des muscles de l'avant-bras (tourneur sur métaux). Réduction 66 p. 100;

4° Écrasement et amputation de l'extrémité de l'auriculaire. Réduction 2 1/2 p. 100 ;

5° Perte totale de la main droite (maçon). Réduction 3/4;

6° Perte de l'index (ouvrier monteur dans une cordonnerie mécanique). Réduction 1/5.

III. *Bras gauche.* 1° Écrasement complet et amputation (homme d'équipe). Réduction 3/4.

IV. *Main gauche.* 1° Perte des trois derniers doigts et section du tendon de l'indicateur (scieur de long). Réduction 50 p. 100;

2° Perte d'une phalange de l'index (ouvrier papetier). Réduction 10 p. 100;

3° Écrasement de quatre doigts (manœuvre). Réduction 40 p. 100.

V. *Yeux.* 1° La perte complète d'un œil entraîne une réduction de la capacité professionnelle qui peut être évaluée à un quart soit 25 p. 100 du salaire ;

2° La perte partielle mais presque complète de l'œil, entraîne une réduction de 20 p. 100 du salaire.

VI. *Pied gauche.* Bris du pied gauche avec ankylose du cou-de-pied et léger renversement du pied en arrière. Réduction 45 p. 100.

VII. *Hernies.* Hernie inguinale droite (chef d'équipe). Réduction 12 p. 100.

VIII. *Infirmités diverses.* Vertiges résultant d'une commotion cérébrale. Réduction 1/8.

APPENDICE III

La liberté de pensée avant la Révolution.

APPROBATION DES CENSEURS DU ROI [1]

J'ai lu, par ordre de Monseigneur le Vice-Chancelier, un manuscrit contenant la traduction de trois Poèmes de M. Gessner, deux Odes de M. Haller, avec une Ode de Dryden ; et je n'y ai rien trouvé qui m'ait paru devoir en empêcher la publication.

A Paris, ce 6 octobre 1765.

Signé : BOUDOT.

PRIVILÈGE DU ROI

Louis, par la grâce de Dieu, Roi de France et de Navarre ; A nos amés et féaux conseillers les gens tenants nos Cours de Parlement, Maîtres des requêtes ordinaires de notre hôtel, Grand-Conseil, Prévôt de Paris, Baillis, Sénéchaux, leurs Lieutenants Civils et autres, nos Justiciers qu'il appartiendra : Salut. Notre amé Lottin le jeune, Libraire, nous a fait exposer qu'il désirerait faire imprimer et donner au public un Ouvrage qui a pour titre : *Alcimne et Evandre*, Pastorale de M. Gessner, traduit en français, etc. S'il nous plaisait lui accorder nos Lettres de permission pour ce nécessaires. A ces causes, voulant favorablement traiter l'Exposant. Nous lui avons permis et permettons par ces présentes, de faire imprimer ledit ouvrage autant de fois que bon lui semblera ; et de le vendre, faire vendre et débiter par tout notre royaume pendant le temps de trois années consécutives, à compter

---

[1] Tous les livres devaient avoir cette approbation avant de paraître.

du jour de la date des Présentes ; Faisons défendre à tous Imprimeurs, Libraires et autres personnes, de quelques qualités et condition qu'elles soient, d'en introduire d'impression étrangère dans aucun lieu de notre obéissance. A la charge que ces présentes seront enregistrées tout au long sur le Registre de la Communauté des Imprimeurs et Libraires de Paris dans trois mois de la date d'icelles ; que l'impression dudit ouvrage sera faite dans notre royaume et non ailleurs, en bon papier et beaux caractères, conformément à la feuille imprimée attachée pour modèle sous le contrescel des présentes ; que l'Impétrant se conformera en tout aux Règlemens de la Librairie, et notamment à celui du 10 Avril 1725 ; qu'avant de l'exposer en vente, le Manuscrit qui aura servi de copie à l'impression dudit Ouvrage, sera remis dans le même état où l'Approbation y aura été donnée, ès mains de notre très cher et féal Chevalier Chancelier de France, le sieur de Lamoignon, et qu'il en sera ensuite remis deux Exemplaires dans notre bibliothèque publique, un dans celle de notre Château du Louvre, un dans celle dudit Sieur de Lamoignon, et un dans celle de notre très cher et féal, Vice-Chancelier et Garde des sceaux de France, le sieur de Maupeou ; le tout à peine de nullité des présentes : Du contenu desquelles nous mandons et enjoignons de faire jouir ledit exposant et les Ayans causes, pleinement et paisiblement sans souffrir qu'il leur soit fait aucun trouble ou empêchement. Voulons qu'à la Copie des Présentes, qui sera imprimée tout au long au commencement ou à la fin dudit ouvrage, foi soit ajoutée comme à l'Original ; Commandons au premier notre huissier ou Sergent sur ce requis, de faire pour l'exécution d'icelles, tous actes requis et nécessaires sans demander autre permission, et nohobstant clameur de Haro, Charte Normande et lettres à ce contraire ; Car tel est notre plaisir. Donné à Fontainebleau le quatorzième jour du mois de novembre, l'an de grâce mil sept cent soixante-cinq, et de notre Règne le cinquante et unième. Par le roi en son conseil.

Signé : Le Bègue.

Registré sur le registre XVI de la Chambre Royale et Syndicale des Libraires et Imprimeurs de Paris, N° 737. Fol. 394, conformément au Règlement de 1723.

A Paris, ce 22 novembre 1765.

Le Breton, Syndic.

APPENDICE IV

Budgets de la guerre des principales nations de l'Europe.

Allemagne

Les dépenses militaires se sont élevées pour l'année 1899-1900 à la somme de 803 millions, — dont 153 de dépenses extraordinaires.

Autriche-Hongrie,

En 1898, le budget des dépenses militaires s'est élevé à 439 millions.

Espagne (1898-1899),
Budget de la guerre . . . . 146 millions.

Angleterre (1898-1899),
Budget de la guerre . . . . 480 millions.

Italie (1899-1900),
Budget de la guerre . . . . 239 millions.

Russie (1899),
Budget de la guerre . . . . 810 millions.

Suisse,
Budget de la guerre . . . . 30 millions.

(D'après G. Lauth, *État militaire des nations européennes*, Berger-Levrault, édit.).

En 1869, l'Europe entière entretenait 2.200.000 hommes de troupes permanentes ; elle en entretient aujourd'hui 4 millions et pourrait mettre sur pied, en cas de guerre, environ 20 millions! C'est le résultat de la guerre franco-allemande : l'Allemagne nous a donné le régime de la paix armée qui coûte 6 milliards par an à l'Europe[1].

APPENDICE V

Convention d'arbitrage entre l'Italie et la France.

M. Delcassé, ministre des affaires étrangères, et le comte Tornielli, ambassadeur d'Italie, ont signé la convention suivante :

Le gouvernement de la République française et le gouvernement de Sa Majesté le roi d'Italie, signataires de la convention pour le règlement pacifique des conflits internationaux, conclue à La Haye, le 29 juillet 1899 ;

Considérant que, par l'article 19 de cette convention, les hautes parties contractantes se sont réservé de conclure des accords, en vue du recours à l'arbitrage, dans tous les cas qu'elles jugeront possible de lui soumettre.

Ont autorisé les soussignés à arrêter les dispositions suivantes :

ARTICLE 1er. — Les différends d'ordre juridique ou relatifs à l'interprétation des traités existant entre les deux parties contractantes, qui viendraient à se produire entre elles, et qui n'auraient pu être réglés par la voie diplomatique, seront soumis à la cour permanente d'arbitrage, établie par la convention du 29 juillet 1899, à La Haye, à la condi-

---

[1] Lire l'*Appel-programme* de l'*Association de la Paix par le Droit*. (Hôtel des Sociétés Savantes, Paris.) La Société publie un almana intéressant.

tion, toutefois, qu'ils ne mettent en cause ni les intérêts vitaux, ni l'indépendance ou l'honneur des deux États contractants et qu'ils ne touchent pas aux intérêts des tierces puissances.

Art. 2. — Dans chaque cas particulier, les hautes parties contractantes, avant de s'adresser à la cour permanente d'arbitrage, signeront un compromis spécial, déterminant nettement l'objet du litige, l'étendue des pouvoirs des arbitres et les délais à observer, en ce qui concerne la constitution du tribunal arbitral et la procédure.

Art. 3. — Le présent arrangement est conclu pour une durée de cinq années, à partir du jour de la signature.

Fait à Paris en double exemplaire, le 25 décembre 1903.

(DELCASSÉ, P. TORNIELLI.)

De semblables conventions ont été signées avec l'Angleterre (14 octobre 1903) ; l'Espagne (26 février 1904) ; les Pays-Bas (6 avril 1904).

APPENDICE VI

Protestations des députés d'Alsace-Lorraine [1] (1871).

« Les représentants de l'Alsace et de la Lorraine ont déposé, avant toute négociation de paix, sur le banc de l'Assemblée nationale, la déclaration suivante affirmant, de la manière la plus formelle au nom de ces provinces, leur volonté et leur droit de rester françaises.

« Livrés, au mépris de toute justice et par un odieux abus de la force, à la domination de l'étranger, nous avons un dernier devoir à remplir.

[1] Cette protestation fut déposée sur le bureau de l'Assemblée nationale, quand allait être ratifiée la convention signée par M. Thiers avec l'Allemagne.

« Nous déclarons encore une fois nul et non avenu un pacte qui dispose de nous sans notre consentement.

« La revendication de nos droits reste à jamais ouverte à tous et à chacun, dans la forme et la mesure que notre conscience nous dictera.

« Au moment de quitter cette enceinte, où notre dignité ne nous permet pas de siéger, et malgré l'amertume de notre douleur, la pensée suprême que nous trouvons au fond de nos cœurs est une pensée de reconnaissance pour ceux qui, pendant six mois, n'ont pas cessé de nous défendre et d'inaltérable attachement à la patrie dont nous sommes violemment arrachés.

« Nous vous suivrons de nos vœux et nous attendrons avec confiance entière dans l'avenir que la France, régénérée, reprenne le cours de sa grande destinée.

« Nos frères d'Alsace et de Lorraine, séparés en ce moment de la famille commune, conserveront à la France, absente de leurs foyers, une affection fidèle, jusqu'au jour où elle viendra y reprendre sa place. »

.˙.

Quand la France annexa la Savoie et le Comté de Nice, après la guerre de l'unité italienne, elle fit faire d'abord un plébiscite, le 15 avril 1860, à Nice, et le 22 avril en Savoie : ces deux provinces firent un acte d'adhésion libre à la nationalité française. Ce plébiscite eut lieu, avant la cession et sous l'autorité italienne ; il y eut une écrasante majorité.

APPENDICE VII

Effectif des troupes allemandes en Alsace-Lorraine.

Le chiffre des troupes stationnées en Alsace-Lorraine s'élevait en 1900 à :

26 régiments d'infanterie (en tout 75 bataillons)
4 bataillons de chasseurs;
12 régiments de cavalerie (60 escadrons);
47 batteries de campagne;
41 compagnies d'artillerie de forteresse;
16 compagnies de pionniers.

Souvent ces troupes sont à effectif renforcé (640 à 680 hommes pour l'infanterie, 150 hommes pour un escadron).

(D'après G. LAUTH, *État militaire*, etc.)

* *

On écrit de Metz (7 janvier 1904) :
L'état-major de la 86° brigade d'infanterie du 16° corps (général major Kuchne) actuellement à Metz, sera transféré le 1er avril à Saint-Avold.

Cette ville minuscule, qui compte à peine 3.000 habitants, possède actuellement un régiment d'infanterie n° 173, le 14° uhlans et trois batteries d'artillerie.

Lorsqu'en avril prochain elle aura été dotée du régiment d'infanterie n° 174, il y aura donc plus de 7000 soldats, soit une proportion de plus de deux militaires pour un civil. Du reste, en Lorraine, toutes les petites villes se trouvent dans la même situation. Morhange, qui compte 4.000 habitants, possède une brigade complète d'infanterie, un escadron de cavalerie et trois batteries d'artillerie.

* *

En Alsace-Lorraine, du côté allemand, il y a partout trois lignes stratégiques de chemin de fer, militairement dirigées, avec des quais de débarquement tout préparés. Du côté français, il n'existe que deux voies.

* *

CHANSONS ALLEMANDES

Où est le Rhin? Il coule dans la patrie allemande. Vous l'oubliez, Français, qui ne savez pas un mot de géographie. Malheur à nous qui avons dormi tant de siècles! nous vous avons laissé nous disputer les rives de *notre* fleuve.

Vous avez outragé la nation allemande; aujourd'hui nous lavons notre honte. Ils marchent, nos vaillants; gare à vos turcos et à vos zouaves! nos braves vont nettoyer nos frontières de leurs bandes.

Vous nous avez volé des provinces allemandes : l'Alsace, la Lorraine, la Bourgogne. Vous riez, maintenant. Mais bientôt vos dents claqueront de frayeur.

Nous ne vous laisserons pas ces trois provinces : nous les retirerons de vos griffes. Nous serons les maîtres des deux rives du Rhin. L'honneur allemand ternira la gloire française.

*
* *

Que Dieu bénisse les vieux! Ils tombaient comme le tonnerre sur les Français! Nous les valons bien. Ne l'avons-nous pas montré? A Wissembourg, à Forbach, à Wœrth, nous sommes tombés sur les Français.

*
* *

Non, l'Allemagne n'est pas finie; autour des pots de bière notre vigueur renaît. Jurons de détruire tout ce qui est Welche[1].

APPENDICE VIII

LES CAUSES DES GUERRES. — *La Société de la paix de Massachusetts,* ayant recherché les causes des guerres qui ont affligé le monde civilisé depuis le règne de Constantin, a compté 286 guerres qui peuvent être réparties dans les catégories suivantes :

Guerres tendant à un accroissement de territoire.	44
Guerres ayant pour fin la levée de tributs	22
Guerres de représailles.	24
Guerres motivées par des questions d'honneur ou de prérogatives	8
Guerres provoquées par des contestations territoriales.	6
Guerres motivées par des prétentions dynastiques.	41
Guerres d'intervention.	30
A reporter...	175

[1] Français.

Report	175
Guerres causées par des rivalités d'influence politique	23
Guerres commerciales	5
Guerres civiles	55
Guerres de religion, en y comprenant les croisades contre les Turcs et les hérétiques	28
Total	286

(D'après Ch. RICHET, *Les Guerres et la Paix*, Schleicher frères, édit.)

PERTES CAUSÉES PAR LES GUERRES (D'après Ch. RICHET). — Les guerres de Napoléon ont amené la mort d'environ 8 millions d'hommes, dont trois millions de Français et 5 millions d'étrangers.

GUERRES IMPORTANTES DU SIÈCLE

Crimée	784.991
Italie	45.000
Schleswig-Holstein	3.500
Amérique du Nord	381.000
Amérique du Sud	519.000
Guerre de 1866 (Autriche et Prusse)	45.000
Expéditions lointaines et guerres diverses : Mexique, Cochinchine, Maroc, St-Domingue, guerre du Paraguay, etc.	65.000
Total	1.843.491

Durant la même période, les pertes financières ont été, pour les mêmes guerres, les suivantes :

Crimée	8 milliards	500 millions.
Italie	1 —	500 —
Schleswig-Holstein	0 —	180 —
Amérique du Nord	23 —	500 —
Amérique du Sud	11 —	500 —
Guerre de 1866	1 —	650 —
Guerres lointaines	1 —	000 —
Total	47 milliards	830 millions.

On a calculé que la France, si elle se trouvait dans la nécessité de faire la guerre, dépenserait par jour trente millions; — pour l'Allemagne, ce serait la même chose : en dix mois, toutes deux dépenseraient dix-huit milliards. Il faudrait compter en plus l'entretien des femmes et des enfants restés sans soutien pendant les hostilités.

Les dépenses des guerres dans l'avenir et les horreurs des massacres rendront les luttes futures impossibles : les plus téméraires n'oseront pas se risquer à ce jeu épouvantable.

APPENDICE IX[1]
Une dent.
(L'auteur raconte un souvenir d'enfance.)

Assis dans son fauteuil, devant son bureau à cylindre mon père examinait depuis quelques instants une espèce de petit os pointu d'un bout et tout fruste de l'autre.

« Voici, dit-il, la dent d'un homme qui vécut au temps du mammouth, pendant l'âge des glaces, dans une caverne jadis nue et désolée, maintenant à demi couverte de vigne vierge et de giroflées et près de laquelle s'élève depuis plusieurs années cette jolie maison blanche que nous habitâmes pendant deux mois d'été, l'année de notre mariage.

« Cet homme ne connaissait que la peur et la faim ; il ressemblait à une bête. Son front était déprimé. Les muscles de ses sourcils formaient en se contractant de hideuses rides ; ses mâchoires faisaient sur sa face une énorme saillie, ses dents avançaient hors de sa bouche. Voyez comme celle-ci est longue et pointue.

« Telle fut la première humanité. Mais insensiblement,

[1] A lire après *La femme civilisatrice*, p. 47.

par de lents et magnifiques efforts, les hommes, devenus moins misérables, devinrent moins féroces ; leurs organes se modifièrent par l'usage. L'habitude de la pensée développa le cerveau, et le front s'agrandit. Les dents, qui ne s'exerçaient plus à déchirer la chair crue, poussèrent moins longues dans la mâchoire moins forte.

. . . .

« Vieil homme, dont voici la rude et farouche relique, ton souvenir me remue dans le plus profond de mon être ; je te respecte et t'aime, ô mon aïeul. Reçois, dans l'insondable passé où tu reposes, l'hommage de ma reconnaissance ; car je sais combien je te dois. Je sais ce que tes efforts m'ont épargné de misères. Tu ne pensais point à l'avenir, il est vrai ; une faible lueur d'intelligence vacillait dans ton âme obscure ; tu ne pus guère songer qu'à te nourrir et à te cacher. Tu étais homme, pourtant. Un idéal confus te poussait vers ce qui est beau et bon aux hommes. Tu vécus misérable ; tu ne vécus pas en vain, et la vie que tu avais reçue si affreuse, tu la transmis un peu moins mauvaise à tes enfants. Ils travaillent à leur tour à la rendre meilleure. Tous ils ont mis la main aux arts : l'un inventa la meule, l'autre la roue. Ils se sont tous ingéniés et l'effort continu de tant d'esprits à travers les âges a produit des merveilles qui maintenant embellissent la vie. Et chaque fois qu'ils inventaient un art ou fondaient une industrie, ils faisaient naître par cela même des beautés morales et créaient des vertus.

« Tout beau ! la tâche n'est pas finie ; nous serions moins généreux que les hommes des cavernes si, notre tour étant venu, nous ne travaillions pas à rendre à nos enfants la vie plus sûre et meilleure qu'elle n'est pour nous-mêmes. Il est deux secrets pour cela : aimer et connaître. Avec la science et l'amour on fait le monde. »

(ANATOLE FRANCE. *Le Livre de mon ami*, p. 104. C. Lévy, édit.)

APPENDICE X

Le premier couplet de la Marseillaise[1].

« Un chant sortit de toutes les bouches; on eût pu
« croire que la nation entière l'avait composé; car au
« même moment il éclata en Alsace, en Provence, dans
« les villes et dans la plus misérable chaumière. C'était
« d'abord un élan de confiance magnanime, un mouve-
« ment serein, la tranquille assurance du héros qui
« prend ses armes et s'avance; l'horizon, lumineux de
« gloire, s'ouvre devant lui. Soudainement le cœur se
« gonfle de colère à la pensée de la tyrannie. Un premier
« cri d'alarme, répété deux fois, signale de loin l'ennemi.
« Tout se tait; on écoute, et au loin on croit entendre, on
« entend sur un ton brisé les pas des envahisseurs dans
« l'ombre; ils viennent par des chemins cachés, sourds;
« le cliquetis des armes les annonce en pleine nuit, et,
« par-dessus ce bruit souterrain, vous discernez la plainte,
« le gémissement des villes prisonnières. L'incendie rougit
« les ténèbres. Un grand silence succède, pendant lequel
« résonnent les pas confus d'un peuple qui se lève; puis
« ce cri imprévu, gigantesque, qui perce les nues : « Aux
« armes! » Ce cri de la France, prolongé d'écho en écho,
« immense, surhumain, remplit la terre!... Et, encore
« une fois, le vaste silence de la terre et du ciel; et comme
« un commandement militaire à un peuple de soldats!
« Alors la marche cadencée, la danse guerrière d'une
« nation dont tous les pas sont comptés. A la fin, comme
« un coup de tonnerre, tout se précipite. La victoire a
« éclaté en même temps que la bataille. »

(E. QUINET. *Édition du Centenaire*, Hachette, édit.)

---

[1] A lire après *Le Patriotisme de Jeanne d'Arc*, p. 327.

LECTURES RECOMMANDÉES AUX ÉLÈVES

Vallery-Radot. — *Histoire d'un savant par un ignorant.* (Hetzel.)
Jules Girardin. — *Grand-père.* (Hachette.)
Anatole France. — *Le livre de mon ami.* (C. Lévy.)
E. Souvestre. — *Un philosophe sous les toits.* (C. Lévy.)
E. About. — *Le roman d'un brave homme.* (Hachette.)
A. de Vigny. — *Extraits.* (Édition Tréfeu, Delagrave.)
Pour nos enfants. — (Revue excellente que tous les élèves devraient lire.)
Stahl. — *Causeries de morale familière.* (Hetzel.)
Legouvé. — *Les pères et les enfants au XIXe siècle.* (Hetzel.)

BIBLIOGRAPHIE [1]

About. — Le Progrès. (*Hachette et Cie*, édit.)
Beaussire. — La guerre civile et la guerre étrangère. (*F. Alcan*, édit.)
Bluntschli. — Théorie générale de l'Etat, traduit de l'allemand. (*Guillaumin*, édit.)
Bulletin pour l'Action morale.
Depasse. — Le travail et ses conditions. (*F. Alcan*, édit.)
Divers. — Essai d'une philosophie de la Solidarité. (*F. Alcan* édit.) [2]
Divers. — Morale sociale. Leçons professées au Collège des Sciences sociales. (*F. Alcan*, édit.)
Divers. — Questions de morale : Leçons professées à l'Ecole de morale. (*F. Alcan*, édit.)
Driault. — Les problèmes politiques et sociaux à la fin du XIX° siècle. (*F. Alcan*, édit.)
Duclaux. — L'Hygiène sociale. (*F. Alcan*, édit.)
Durkheim. — De la division du travail social. (*F. Alcan*, édit.)
Fouillée. — La Science sociale. (*Hachette et Cie*, édit.)
Fouillée. — Psychologie des peuples européens. (*F. Alcan*, édit.)
Herbert Spencer. — Introduction à la Science sociale. (*F. Alcan*, édit.)

---

[1] Je suis heureux de remercier les Auteurs, ou leurs ayants droit, et les Editeurs qui m'ont accordé avec tant de bonne grâce les autorisations nécessaires. — Je n'ai pu, à mon vif regret, insérer dans ce Recueil des vers de Sully-Prudhomme, l'illustre et bienveillant maître. Ce plaisir m'a été refusé.

[2] Préface de A. Croiset.

IZOULET. — La Cité moderne. (F. Alcan, édit.)
MARION. — La Solidarité morale. (F. Alcan, édit.)
MICHEL. — L'Idée de l'Etat.
NOVICOV. — Les luttes entre les Sociétés humaines. (F. Alcan, édit.)
NOVICOV. — Le Gaspillage des sociétés modernes. (F. Alcan, édit.)
PAYOT. — Cours de morale. (A. Colin, édit.)
PAULIAN. — Paris qui mendie. (Ollendorff, édit.)
RICHET. — Les Guerres et la Paix. (Schleicher, édit.)
STRAUSS. — Pauvres et Mendiants. (F. Alcan, édit.)
STUART MILL. — La Liberté et le Déterminisme. (F. Alcan, édit.)
TARDE. — Les Lois de l'imitation. (F. Alcan, édit.)
TURGEON. — Le Féminisme [1]. (Larose, édit.)
VALLERY-RADOT. — La vie de Pasteur. (Hachette et Cie, édit.)
ZIEGLER. — La question sociale est une question morale. (F. Alcan, édit.)
WAGNER. — Jeunesse. (Fischbacher, édit.)
— Justice. (Fischbacher, édit.)

[1] L'auteur, à propos du féminisme, a abordé et traité avec autorité toutes les questions sociales qui intéressent la génération actuelle.

TABLE DES MATIÈRES

CHAPITRE PREMIER
LA SOLIDARITÉ

1. La solidarité et le sens social (G. C.)	1
2. Action et réaction des individus les uns sur les autres (G. C.)	7
3. Les Malingear et les Ratinois (G. C.)	13
4. La solidarité dans l'espace et dans le temps (G. C)	16
5. La solidarité physiologique (G. C)	19
6. Les membres et l'estomac (La Fontaine)	20
7. La solidarité dans l'organisme social (Ch. Gide)	21
8. La division du travail dans la société (Platon)	23
9. La division du travail dans l'industrie (J.-B. Say)	26
10. Notre bien-être : dangers auxquels il expose les ouvriers qui nous le procurent (Legouvé)	28
11. La solidarité des générations humaines : La science (Pascal)	30
12. Solidarité morale : Les deux nids (Lamennais)	31
13. Solidarité des humbles (G. C.)	33
14. Les premiers hommes (Lucrèce)	34
15. La vie sauvage (G. C.)	37
16. L'homme civilisé (G. C.)	40
17. Bienfaits dus à l'association humaine au cours des siècles (Edmond About)	44
18. La femme civilisatrice (Elie Reclus)	47
18 bis. Appendice IX : Une dent (A. France)	473
19. Répercussion des actes de l'individu sur le milieu social (G. C.)	49
20. L'exemple (Adler)	53
21. La solidarité dès le collège (Stahl)	54
22. Le socialisme du blé (Clovis Hugues)	56
23. La vitre cassée (Bastiat)	57
24. Le couvreur (D'après Izoulet)	58
25. Le mal que souffrent les enfants et le mal qu'ils font (G. C.)	59

26. Notre dette envers la société est payée à nos descendants (Léon Bourgeois) 61
27. Moyens de payer sa dette à la société (Edmond About) . . 63
28. Privilégiés ! Réflexions d'un enfant de la bourgeoisie (G. C.). 70
29. Mutualité interscolaire (G. C.) 78
30. Aux enfants et aux jeunes gens (Paul Desjardins) 80
31. Les œuvres de la solidarité 83
    A) L'œuvre du Petit Sou au Lycée Louis-le-Grand . . 83
    B) La ligue fraternelle des enfants de France..... 84
    C) Œuvre des Colonies de Vacances (G. C.)...... 86
    D) Le pupille du Collège de Brive (G. C.)....... 90
32. Appel aux mères (Mᵐᵉ E. de Pressensé)........... 91
33. Ce qu'est le logement des ouvriers (J. Simon) 92
34. Un devoir social des privilégiés. Les habitations ouvrières (G. C.). 95
35. Les devoirs des privilégiées (G. C.)............. 96
36. Le principe de la coopération (Lamennais)......... 98
37. Les œuvres de la coopération (Rauh)............ 99
38. Les sociétés coopératives de consommation (G. C.) 101
39. Devoirs de la jeunesse instruite (Gambetta) 106
40. Scrupules d'un juré (Tolstoï)................ 107
41. Les scrupules des magistrats (G. C.) 110
42. L'ennemi du peuple : La solidarité est-elle le tout de l'homme ? (D'après A. Darlu.) (G. C.)........... 112

CHAPITRE II

JUSTICE ET FRATERNITÉ

1. Justice (G. C.)....................... 115
2. Respect de la vie du prochain (G. C.)............ 120
3. Le soldat n'est pas un assassin (Maurice Dupin)...... 122
4. Le soufflet de Don Diègue (Marcelle Odinot) 123
5. L'honneur et la vie (Pascal) 129
6. Les médisants (Bourdaloue) 130
7. Conséquences d'un mensonge (J.-J. Rousseau)....... 132
8. La calomnie (G. C.) 134
9. Faux témoignage (G. C.)................. 136
10. Atteinte à la liberté d'autrui............... 138
11. L'esclavage en Afrique (lieutenant-colonel Toutée) 138
12. Exploitation de ses semblables............... 140
13. La justice envers ceux qui travaillent pour nous (Th. Ziegler). 142
14. Les ouvrières de l'aiguille à Paris (G. C.) 144
15. Se mettre à la place des autres (C. Wagner) 147
16. L'ouvrier et le patron : Justice réciproque (Léon Bourgeois). 148
17. Escroc (Lesage)...................... 150

18. La liberté de pensée (G. C.)	152
19. Respect de la pensée d'autrui (E. Wust).	155
20. L'esprit de parti (C. Wagner)	156
21. Respect de la personne humaine chez ses adversaires (Léon Bourgeois)	158
22. Savoir écouter un adversaire (Wagner).	159
23. La tolérance (Jules Lemaître)	160
24. La liberté de conscience (Gabriel Compayré)	162
25. Le colporteur (Lamartine)	163
26. Exemple de tolérance (X.)	164
27. La tolérance religieuse (Voltaire).	165
28. Prière à Dieu (Voltaire)	166
29. L'inquisition en Espagne (Victor Hugo)	169
30. Nécessité de l'assistance publique (Ch. Gide)	174
31. Le chômage (Ch. Gide)	176
32. Les pauvres et les mendiants (G. C.).	178
33. L'opinion ajoute encore à la misère du pauvre (Chamfort).	181
34. Les sports de charité (G. C.)	182
35. L'assistance méthodique (G. C.)	184
36. Les abandonnés (V. Hugo).	187
37. L'assistance accordée aux enfants et aux vieillards (G. C.).	188
38. La charité du cœur : Maman! (Jules Gondoin)	192
39. Le travail, la mort et la maladie (Tolstoï).	194

CHAPITRE III

LA FAMILLE

1. Rôle moral et social de la famille (G. C.)	198
2. Les enfants sont les éducateurs de leurs parents (Legouvé).	204
3. Les enfants ne doivent pas avoir honte de leurs parents moins instruits qu'eux (Legouvé).	206
4. L'esprit de famille : Pasteur (D'après Vallery-Radot) (G. C.)	208
5. Abus de l'esprit de famille (C. Wagner).	212
6. L'esprit de race (D'après Legouvé).	213
7. Le droit d'aînesse (Victor de Laprade)	216
8. Le foyer de famille au XVIIIe siècle dans la noblesse (Taine).	218
9. Le despotisme dans la famille de l'ancien régime (Michelet).	220
10. Lettre de Pasteur après la mort de son père (Vallery-Radot).	221
11. Conduite à tenir envers les domestiques (Fénelon)	221

CHAPITRE IV

1. — LE TRAVAIL

1. Rôle moral et social du travail (G. C.)	224
2. Le travail a créé la civilisation (Thiers)	227

3. L'homme travaille-t-il par plaisir? (Ch. Gide) 229
4. L'homme n'est pas fait seulement pour manger, boire et dormir (Franklin) 231
5. La dignité du travail (Clovis Hugues) 233
6. Les réfractaires du travail (G. C.) 235
7. Le travail fonction sociale (G. C.) 237
8. Les métiers (J. Aicard) 238
9. Métiers (Diderot) 239
10. Les frelons (E. Demolins) 240
11. Le travail est-il seulement une marchandise? (C. Wagner) . 243
12. Tout travail a droit au respect et à l'estime (Edmond About) . 244
13. Utilité pour tous d'apprendre un métier manuel (C. Wagner) . 245
14. L'idéal dans la vie journalière (C. Wagner) 247
15. Les blessés du travail (De Amicis) 249
16. Le travail doit être bien fait (J. Aicard) 251
17. La consigne du douanier (G. C.) (D'après Hugues le Roux) . 252
18. Les vertus professionnelles : le capitaine Logre (G. C.) . . 254
19. Le devoir du médecin (L. Brunschvicg) 256
20. Le fonctionnarisme (J. Lemaître) 258
21. Les professions libérales (J. Lemaître) 259
22. Préjugés (Edmond About) 260
23. La routine (G. C.) 261
24. Exemple d'initiative chez un enfant (J.-B. Say) 263
25. Les enfants ne sont pas habitués à compter sur eux-mêmes (E. Demolins) 264
26. Les Français manquent d'initiative (G. C.) 266
27. L'association (Edmond About) 267
28. Initiative courageuse (Edmond About) 270
29. L'association et l'esprit d'initiative (G. C.) 272

CHAPITRE V

LA PATRIE

1. L'idée et l'amour de la patrie (Boutroux) 274
2. La France (Ch. Turgeon) 277
3. Le génie de la France : Trois grands Français (G. C.) . . . 278
4. La France est une semeuse (Jusserand) 280
5. Le patriote doit respecter la justice, même à l'égard d'un ennemi (Maurice Bouchor) 283
6. La France et la guerre (G. C.) 289
7. Les nationalités (G. C.) 294
8. A la France (Victor Hugo) 299
9. La fraternité des peuples (D'après Vallery-Radot) 301
10. La France et le désarmement de l'Europe (G. C.) 304
11. Un peuple doit être toujours prêt pour défendre le droit (Millerand) 307

TABLE DES MATIÈRES

12. Nécessité d'avoir une armée (Gambetta) 309
13. La patrie française : L'armée est sa sauvegarde (Lavisse) . 310
14. La guerre de 1870 : La force et le droit des nations (Edg. Quinet) 312
15. La force ne doit pas primer le droit (Lalance) 316
16. Le patriotisme français (Jules Ferry) 317
17. L'armée et le militarisme (G. C.) 320
18. L'obéissance du soldat (L. Brunschvicg) 323
19. Le drapeau (Jules Claretie) 324
20. Nos morts (Victor Hugo) 326
21. Le patriotisme de Jeanne d'Arc (Michelet) 327
21 bis. Appendice X : Le premier couplet de *La Marseillaise* (E. Quinet) 475
22. Chacun de nous travaille pour la patrie (G. Séailles) . . . 328
23. Un patriote : Pasteur (D'après Vallery-Radot) (G. C.) . . . 329

CHAPITRE VI

L'ÉTAT ET LES LOIS

1. Fonctions de l'État (G. C.) 335
2. La mort de Baudin (Fallières) 341
3. Signification de la prise de la Bastille (Michelet) 342
4. Socrate refuse de s'enfuir et de désobéir aux lois de son pays (Platon) 344
5. La fraude légale (Molière) 347
6. La loi et le droit (*Pour nos enfants*) 351
7. La souveraineté nationale (Gabriel Compayré) 354
8. Un empereur (P.-L. Courier) 356
9. L'état républicain (Gambetta) 357
10. L'universelle méfiance (André Chénier) 358
11. Le bulletin de vote (Gambetta) 358
12. Puissance morale du bulletin de vote (V. Hugo) 359
13. La liberté individuelle avant la Révolution (Chamfort) . . 363
14. Lettre de cachet 363
15. Les privilégiés sous l'ancien régime (Montesquieu) 364
16. Oppression du peuple sous l'ancien régime (J. J. Rousseau) . 365
17. La torture (A. de Vigny) 367
18. Mansuétude des anciens juges (Victor Hugo) 368
19. Les principes de 1789. — Déclaration des droits de l'homme et du citoyen 369
20. Ronde patriotique 373
21. Le peuple après la Révolution (Erckmann-Chatrian) . . . 374
22. Dialogue entre un lieutenant et un sergent sous la Restauration (P.-L. Courier) 375
23. L'égalité et la liberté (Gabriel Compayré) 377
24. La liberté (Edgar Quinet) 379

25. L'égalité par l'instruction (Ch. Turgeon) 380
26. Les condamnés doivent être traités comme des hommes (A. Darlu). 381
27. Le fonctionnaire doit être humain (Tolstoï). 383
28. Fraternité dans la pratique de la vie (J. Lemaître) . . . 384
29. Guerre civile et fraternité (V. Hugo) 387

CHAPITRE VII

L'HUMANITÉ

1. Les rapports des nations entre elles doivent être réglés par la justice (d'Holbach) 389
2. Les crimes de la guerre : la propriété. 391
3. Prouesses borusses (V. Hugo) 392
4. Les crimes de la guerre : la vie humaine 393
5. Les crimes de la guerre : Atrocités prussiennes à Bazeilles (J. Turquan) 394
6. Cruauté de Louvois (X) 396
7. Les crimes de la guerre : les personnes (Vallery-Radot) . . 397
8. Les crimes de la guerre : la science (Vallery-Radot) . . . 398
9. La civilisation et la guerre. 399
10. Pasteur et la Prusse. 400
11. Les arguments en faveur de la guerre (baronne de Suttner). 402
12. Les bienfaits moraux de la guerre (Novicov) 404
13. Fraternité (V. Hugo). 406
14. Humanité de Louis XV 408
15. C'était à Talaveyra (V. ...) 408
16. Préjugés sur la guerre (d'Holbach) 409
17. Napoléon et la guerre (G. C.) 411
18. Les bienfaiteurs de l'humanité (A. Chénier). 413
19. Un conquérant pacifique : Pasteur (Vallery-Radot) 414
20. Ce que doit être la guerre pour les peuples civilisés. (J. Girardin). 416
21. La Convention de Genève (René Leroi) 419
22. Les droits des belligérants, d'après l'état-major allemand (G. C.). 421
23. Les progrès de la moralité de l'espèce humaine peuvent faire espérer la fin des guerres (G. Moch) 423
24. Le respect de la justice s'étend de plus en plus parmi les nations. (Ad. Crémieux) 425
25. Les guerres deviendront de plus en plus rares (Novicov). 428
26. La formation des États-Unis d'Europe est-elle possible ? (Ad. Crémieux) 429
27. Obstacles qui s'opposent à une fédération européenne (Renouvier). 431

28. Les nations doivent garder leur personnalité (Maurice Croiset)... 432
29. Causes économiques des conflits (G. C.).... 434
30. Solidarité internationale (G. C.)... 436
31. Principe de l'arbitrage (G. C.)... 441
32. Conférence de la Haye (G. C.)... 442
33. L'éducation pacifique (G. C.)... 444

CHAPITRE VIII

LIBERTÉ INDIVIDUELLE ET DISCIPLINE SOCIALE

1. Le bon citoyen (G. C.)... 449
2. Le citoyen doit connaître les affaires de son pays (Socrate). 453
3. Ce qu'un jeune Français doit savoir (Harduin)... 456
4. Budget des dépenses de la France (1904)... 457
5. Obéissons à la loi (V. de Laprade)... 459

APPENDICES

APPENDICE I. Les pionniers de Rochdale... 461
— II. Pensions pour les accidents de travail... 462
— III. La liberté de pensée avant la Révolution... 464
— IV. Budgets de la guerre des principales nations de l'Europe... 466
— V. Convention d'arbitrage entre la France et l'Italie... 467
— VI. Protestation des députés d'Alsace-Lorraine (1871)... 468
— VII. Effectif des troupes allemandes en Alsace-Lorraine... 469
— VIII. Les causes des guerres; pertes, etc... 471
— IX. Une dent (pour le chapitre de la *Solidarité*). 473
— X. Le premier couplet de la *Marseillaise* (pour le chapitre de la *Patrie*)... 473

ÉVREUX, IMPRIMERIE DE CHARLES HÉRISSEY

HENRY PAULIN et Cie, LIBRAIRES-ÉDITEURS
21, rue Hautefeuille, Paris (6e).

GUSTAVE CHATEL
Professeur agrégé au lycée de Rennes.

LECTURES MORALES
(Classes de Quatrième A et B)

1 vol. grand in-18, cartonné à l'anglaise, *2e édition revue.*   **2 fr. 50**

COURS DE MORALE
THÉORIQUE ET PRATIQUE

PAR

L. DUGAS
Docteur ès lettres, Professeur agrégé de Philosophie,
au lycée de Rennes.

I. — **Morale Théorique** : 1. Objet, et Caractères de la Morale. — 2. La conscience. — 3. Le bien, le Plaisir, l'Intérêt. — 4. Le Devoir. — 5. La Responsabilité et la Sanction. — 6. Le sentiment.
1 volume in-8° broché. . . . .   **1 fr. 50**

II. — **Morale pratique.** 1 vol. in-8° broché.
(*Ces 2 volumes pourront se vendre ensemble ou séparément.*)

A. BAROT
Professeur au lycée Montaigne.

LECTURES COURANTES
Recueils élémentaires de Morceaux choisis
(Classes primaires. — Classes élémentaires.)

4 volumes in-18, avec gravures, cartonnés à l'anglaise.

HENRY PAULIN ET Cie, LIBRAIRES-ÉDITEURS

CLASSE DE PREMIÈRE ANNÉE PRÉPARATOIRE. — 1 vol. 2ᵉ édit.
revue. . . . . 1 fr. 50
CLASSE DE DEUXIÈME ANNÉE PRÉPARATOIRE. — 1 vol. . . . 1 fr. 60
CLASSE DE HUITIÈME. — 1 vol. . . . . 2 fr. »
CLASSE DE SEPTIÈME . . . . 2 fr. »

Ces ouvrages sont nouveaux en leur genre et conformes, croyons-nous, à l'esprit des programmes du 31 mai 1902.

Ils sont composés de morceaux de diverses longueurs, précédés d'*épigraphes* et suivis de *pensées*, de *maximes*, de *sentences* d'une portée très générale, donnant, autant que possible, le résumé de la pensée directrice du morceau cité. Ce sera, pour les maîtres, la source d'une infinité de sujets de leçons de toutes sortes. Enfin, conformément aux *indications précises* du programme, chaque mot un peu difficile pour les enfants est expliqué en une note aussi enfantine que possible.

Les plus *longs morceaux* renferment une action complète ; ils habitueront les élèves à lire un récit formant un tout.

Les *morceaux courts* leur offriront un passage clair, parfois d'une incomparable beauté. Ils leur découvriront déjà de bons auteurs avec lesquels plus tard, dans le cours de leurs études, ils feront plus ample connaissance. De plus, ces morceaux de quelques lignes pourront être appris par cœur avec beaucoup de fruit. Ce sera un excellent exercice de mémoire et de récitation.

G. LAURENT
Professeur au collège Chaptal

CHATEAUBRIAND
RÉCITS, SCÈNES ET PAYSAGES

(Classes de Quatrième A et de Troisième A et B)

Un volume in-12, broché . . . . 2 fr.

Cet ouvrage se divise en deux parties. Dans la première, l'auteur expose avec une grande clarté, et à l'aide des *Mémoires d'Outre-Tombe*, ce que fut la vie de Chateaubriand. Dans la seconde, il donne des extraits des principaux ouvrages : *Les Natchez, Atala, René,* le *Génie du Christianisme, Itinéraire de Paris à Jérusalem,* le *Dernier Abencerage,* les *Martyrs.*

Chaque extrait de Chateaubriand, présenté de façon à former un *ensemble complet* et destiné à être lu en classe, est accompagné d'un *commentaire* de l'auteur, *précis* et *court,* et reliant de façon très ingénieuse tous les morceaux entre eux.

COURS
DE
COMPOSITION FRANÇAISE

PAR

M. GRIGAUT
Professeur à l'école des Arts et Métiers
et au collège de Châlons-sr-Marne.

Un volume grand in-12 de viii-204 pages, avec *questionnaires, exercices, sujets de composition,* 2e *édition revue,* cartonné à l'anglaise . . . . 2 fr.

Jules WOGUE
Professeur agrégé au lycée Buffon.

LE THÉATRE COMIQUE
Extraits des Auteurs comiques des XVIIe et XVIIIe siècles

Un volume in-18 broché. . . . . 4 fr.

HENRY PAULIN ET Cie, LIBRAIRES-ÉDITEURS

III. — LANGUES GRECQUE ET LATINE

Jean MONGIN | **Émile GAYAN**
Prof. agrégé au collège Rollin. | Licencié ès lettres.

RECUEIL DE VERSIONS GRECQUES
CLASSÉES PAR ORDRE DE DIFFICULTÉ ET PAR DIALECTES

(Classes de Première et Seconde A)

Un volume in-16 broché . . . . 2 fr.

Ces versions se vendent aussi en feuillets détachés.

Recueil de versions latines (500 *versions extraites des prosateurs et poètes*), par *les mêmes*. 1 vol. grand in-18, broché. (*Paraîtra en Juillet* 1905).

Ces versions se vendent aussi en feuillets détachés, chaque feuillet contenant deux versions. — Aucune référence n'est indiquée. La liste en est fournie, sur demande, aux professeurs.

IV. — LANGUE ANGLAISE

Collection L. LAVAULT et R. OBRY

HUMOROUS STORIES

(Classes de 6e A et B et de 5e A et B)

PAR

Robert OBRY
Professeur au lycée du Havre.

1 vol. in-18, avec gravures, cartonné à l'anglaise . . 1 fr. »

HENRY PAULIN ET Cie, LIBRAIRES-ÉDITEURS

ENGLISH SNAPSHOTS
A Collection of Newspaper cuttings
(Classes de 4º A et B et de 3º A et B)

PAR

Lucien LAVAULT
Professeur agrégé au lycée de Marseille.

1 volume in-18, cartonné à l'anglaise . . . . 1 fr. »

V. — LANGUE ALLEMANDE

ICH LERNE DEUTSCH
Ein Bilder- und Lesebuch für Sextaner
(Classes de Sixième A et B)

PAR

G. DELOBEL
Lauréat de la Société pour la propagation des Langues étrangères,
Professeur agrégé au lycée de Versailles.

1 volume in-18, avec *gravures*, cartonné à l'anglaise. **1 fr. 80**

Cet ouvrage n'est pas un livre de lectures, c'est un recueil de *Leçons de choses* où se trouvent condensées les notions de vocabulaire et de grammaire qui peuvent être enseignées en première année. Le vocabulaire ne contient que l'essentiel. Quant aux notions grammaticales, on s'est efforcé de graduer les textes selon les difficultés essentielles de la construction et de la conjugaison. Enfin nous appelons particulièrement l'attention sur le soin apporté à l'exécution des illustrations.

EN PRÉPARATION, du même auteur :

ICH SPRECHE DEUTSCH
Ein Bilder- und Lesebuch für Quintaner
(Classes de 5º A et B)

1 volume in-18, avec *gravures*, cartonné à l'anglaise.

HENRY PAULIN ET Cie, LIBRAIRES-ÉDITEURS

R. VALETTE
Professeur au lycée Buffon.

LEÇONS DE CHOSES
(Classes primaires. — Classes élémentaires)
4 vol. in-18, avec nombreuses gravures, cartonnés à l'anglaise.

CLASSE DE PREMIÈRE ANNÉE PRÉPARATOIRE. — 1 vol. avec 40 grav.	1 fr. 50
CLASSE DE DEUXIÈME ANNÉE PRÉPARATOIRE. — 1 vol. avec 78 grav.	2 fr. »
CLASSE DE HUITIÈME. — 1 vol. avec 213 grav.	2 fr. 25
CLASSE DE SEPTIÈME. — 1 vol. avec 135 grav.	2 fr. 25

Les quatre volumes de *Leçons de Choses*, destinés aux élèves des *Classes préparatoires et élémentaires* de l'Enseignement secondaire, sont rédigés conformément aux indications des programmes officiels du 31 mai 1902.
Chaque volume contient 34 leçons, à raison d'une par semaine; la moyenne de la scolarité étant de quarante et quelques semaines, il reste, en tenant compte des semaines de composition, un peu de temps pour reviser ce qui a été appris dans l'année.
On s'est efforcé de rédiger chaque leçon le plus simplement possible; on a évité avec le plus grand soin les termes abstraits et tous les mots scientifiques qui ne sont pas absolument indispensables.
On a cherché à rendre l'enseignement attrayant : à cet effet, on a indiqué, pour chaque leçon, un certain nombre de tableaux, d'images ou d'objets qui peuvent être utilement mis sous les yeux des enfants, et toutes les fois que le sujet s'y prêtait, on a proposé une ou plusieurs expériences très simples, qu'il sera toujours possible au professeur d'exécuter.

F. GOHIN
Docteur ès lettres, Professeur agrégé au lycée de Rennes.

BUFFON
DISCOURS ET VUES GÉNÉRALES
(Classes de 2° D et de 1re A, B, C)
1 vol. grand in-18, broché.

www.ingramcontent.com/pod-product-compliance
Lightning Source LLC
Chambersburg PA
CBHW060623250426
43670CB00056B/1076